大学教学名师研究

宋德发 著

湘潭大学出版社

国家社会科学基金教育学青年课题“大学教学名师研究”（CIA100163）的最终成果

目　录

导论　教学学术：迫在眉睫

2002 年，我获得湘潭大学比较文学与世界文学硕士学位，毕业论文探讨的是“俄罗斯诗歌的太阳”——普希金。2007 年，我获得天津师范大学比较文学与世界文学博士学位，毕业论文研究的是美国当代作家约翰·厄普代克。2008 年至 2011 年，出于专业发展的需求，我在四川大学中国语言文学博士后流动站做了第一个博士后，博士后出站报告写的是“19 世纪欧洲作家笔下的拿破仑”。

总之，从硕士研究生到博士研究生，再到博士后，我的研究对象均没有脱离“比较文学与世界文学”的范围。如今，我所在的单位叫“文学与新闻学院”，我所在的学科叫“比较文学与世界文学”，我参加的各种协会和会议都和“比较文学与世界文学”紧密相关。因此，在他者眼里，我是一名“正宗”的比较文学与世界文学研究者。

正因为我主要的学术经历和学术身份都属于比较文学与世界文学领域，与“正统”的高等教育学毫无关系，所以，当我在业余时间（仅仅是业余时间，就是说，我从未松懈自己的专业研究），“紧锣密鼓”乃至“大张旗鼓”地研究高等教育之时，一些同行感到无比惊讶（不是“惊喜”），他们认为我是在不务正业，甚至怀疑我脑子“进水”了。但我不为所动，依然我行我素。为了让自己的高等教育学研究变得更“专业”一些，2012 年 12 月，我进入湖南省教育科学研究院博士后工作站做了第二个博士后——高等教育学博士后，这更引起一些好友的疑问：“你是不是准备转行了?”我无比肯定地回答：“我不是要转行，而是要回归!”

此话怎讲？说来话长。

第一节　呼唤教学学术的背景

自 2001 年 3 月登上湘潭大学讲台至今，十几年来，我一直都有一种身份困惑：“我到底是什么?”近些年来，这种困惑越发明显：“我到底是老师还是学者?”我曾经安慰自己说：“我既是老师也是学者。”但我渐渐发现，这只能自欺而不能欺人，至少欺骗不了自己的学生。这十几年来，我在教学上面投入的精力、时间和心思究竟有多少，自己心知肚明，学生们也能感受得到，只不过不当着我的面点破而已。

应该说，重科研、轻教学，即大学教师将自己视为学者而不是老师，越来越成为一种主流。何谓“主流”？那就是说，大学教育就像剧场散场一样，你顺着走都可能被踩到，谁还敢逆行？作为凡夫俗子，我像这个体制内的大部分人一样，一直朝着学者的方向奔跑：绞尽脑汁地发表专业论文，呕心沥血地出版专业专著，打破头皮去申请专业课题，不亦乐乎地参加专业会议，费尽心思去申报专业奖励，等等，整天忙得晕头转向却还不知道究竟忙了些什么。“幸运”的是，我最终虽然未能成为科研达人，但也算走得“比较顺”，算是体制内的“半成功人士”。

可惜，表面的“成功”掩盖不了我内心的惶恐和焦虑：试想，一个篮球运动员，十多年来，他的篮球技艺没有任何进步或者进步缓慢，却成了一个优秀的田径运动员，是不是有些滑稽和无奈？虽然说打篮球需要相当的田径基础，但有相当的田径基础不等于打得好篮球，否则，博尔特的篮球就应该比乔丹更厉害了。再说，如果一个篮球运动员在篮球场上的成功还比不上他在田径场上获得的荣耀，那就应该称他为“田径运动员”而非“篮球运动员”，问题是，人们依然称他为“篮球运动员”。

我就是那个非常尴尬的篮球运动员。作为一名大学老师，自从业以来，我在教学上面的投入远比不上我在科研上面的投入；我在教学方面取得的业绩远比不上我在科研方面取得的业绩；我在教学方面获得的成就感和自豪感远比不上我在科研方面获得的成就感和自豪感。可是，我毕竟不是科研机构里的研究员，别人称呼我，也是一口一个“宋老师”。我的职称变化流程是：助教→讲师→副教授→教授。就是说，我职业生涯的每一个阶段都与“教”或“讲”密切相关。一言以蔽之，或许比较文学与世界文学专家也是我的一个身份，但显然不是我最优先的身份。

我最优先的身份是：大学教师！

大学教师需要做学科科研，这是毋庸置疑的，至少这有助于我们解决“教什么”的问题。但是，大学教师不能只做学科科研，否则和科研机构的研究员就没有任何区别了，诚如著名教育家张楚廷先生所言：“大学的科研与专门的科研院所从事的科研并不完全相同，大学里的科研，一方面为教学提供更丰富的资源，另一方面大学的科研要与学生培养特别是研究生培养相联系，并且，大学教学本身应当成为科研的对象。”[①] 但并不是每个人都能像张楚廷先生这样，清醒而睿智地认识到大学教师科研的特殊性：一是为教学服务的，二是教学本身就应该成为科研的对象。

就科研在大学所占的位置这个问题上，连著名哲学家雅斯贝尔斯先生也曾经犯过“糊涂”：“教学要以研究成果为内容。因此，研究与教学并重是大学的首要原则。按照我们的大学理想，最好的研究者才是最优良的教师。只有这样的研究者才能带领人们接触真正的求知过程，乃至于科学的精神。只有他才是活学问的本身，跟他来往之后，科学的本来面目才得以呈现。通过他的循循善诱，在学生心中引发同样的动机。

---

① 张楚廷：《再论大学的使命》，《大学教育科学》2002 年，第 1 期。

只有自己从事研究的人才有东西教别人，而一般教书匠只能传授僵硬的东西。”①

我们只能说，雅斯贝尔斯先生信奉的是精英主义教育，认为大学的目标只在于培养少数的尖端科学家。他的主张放在大学日益普及化的今天，或许只适合作少数世界一流大学的教育理想了——但事实上，像哈佛、牛津这样最好的大学，培养的人才大部分也只是比较优秀的普通人而非屈指可数的科学家。所以，我倒是觉得，北京师范大学一位普通教授毛振明对大学理想的界定比雅斯贝尔斯先生更靠谱一些：“我在想，如果北师大的教师全部都是科学家，那人才培养的事情就完蛋了。因为科学家要做自己的事情，要冲击科学尖端难题。而育人不是要自己做到尖端，而是要把学生培养成很尖端的人，这就是科研机构和大学的区别，所以我觉得现在大学的主要精力还是要回到本科的教育。现在大学的很多名教师、名教授已经离开了这个轨道，他们更多的是自己在冲锋陷阵。”②

大学需要理想，但未必需要理想主义。让我们从理想回到常识吧。人们常说，大学有四大职能：人才培养、科学研究、社会服务和文化传承创新。但人们往往忽略了一点：这四大职能固然是被放在一起提及，但不等于说它们是并列的、对等的。“科学研究”只是“人才培养”的重要手段之一，是为“人才培养”服务的；而大学服务社会和传承创新文化主要也是通过“人才培养”来实现的。就是说，大学真正的职能其实只有一个：“人才培养”，即北京师范大学名师龚书铎先生所言的：“老话说教书育人，学校第一件事就是教书，培养学生。学校和研究所是不一样的，学校要教书，这对学校来说是最根本最重要的一点。学生来到学校读书，能不能把学生培养好是学校的责任。”③

既然大学的首要职责是人才培养，那么大学教师的首要职责就应该是教学，次要职责才是科研，其科研是为教学服务的。与此不同的是，研究员的首要职责是科研，次要职责是教学，其教学是为科研服务的。这其实是一个常识，但在当今社会，又有多少人尊重这个常识？如果有人尊重这个常识，那他就是一个有深度的人，有担当的人，有可能成为杰出教师的人。

不同的身份对应不同的职责。当将自己最优先的身份界定为“大学教师”时，我就自然而然地意识到一点：我最重要的使命其实不是“研究”比较文学与世界文学，而是“教”比较文学与世界文学，即我首先是教师，其次才是学者。换言之，我最主要的职责不是自己要搞懂比较文学与世界文学（尽管这也十分重要），而是要帮助学生更好地理解比较文学与世界文学，这就需要我必须精通教学的技艺。

观念的改变推动了我行为的改变。近些年，我做出的第一个显著改变是：有意识削减专业科研的时间，将更多的时间、精力和心思投入到教学上面去。这种改变的效

---

① ［德］雅斯贝尔斯：《什么是教育》，邹进译，生活·读书·新知三联书店1991年，第152页。

② 杜云英等：《“要把学生都培养成良好的中国公民”——记北京师范大学体育与运动学院毛振明教授》，周作宇主编：《人文的路线——北京师范大学名师教学访谈录》，北京师范大学出版社2008年，第219页。

③ 刘雪平等：《“教师要有做教师的良心”——记北京师范大学历史学院龚书铎教授》，周作宇主编：《人文的路线——北京师范大学名师教学访谈录》，北京师范大学出版社2008年，第7页。

果也是立竿见影的：我对教学的理解更深刻了；我每年发表的专业论文相对减少了，发表的教学论文明显增加了；我的课堂教学效果变得更好了；在课下我和学生们在一起的时间更多了，在一起的时候也更真诚和“走心”了；学生们对我的评价随之也更高了。

在努力提高教学水平的过程中，我有时候显得有心无力，即我想提高却不知道如何提高。慢慢地，我有了一个“重要”发现：要想在科研领域有所建树，需要自觉和系统的研究；要想在管理领域成为专家，需要自觉和系统的研究；同样的道理，要想在教学领域不断进步，也需要自觉和系统的研究。于是，我做出了第二个显著的改变：拓展科研的范围，将“教学”当做一个独立的研究对象，像研究比较文学与世界文学那样去研究它。而这种研究，其实正是“传说”中的教学学术。

第二节　教学学术的内涵

教学学术并非什么新鲜事物。通常认为，早在20世纪90年代，针对美国日益下降的本科教学质量，美国前任教育部部长、卡内基基金会主席厄内斯特·L. 博耶（Ernest L. Boyer）就率先提出了教学学术的概念。厄内斯特·L. 博耶（1928—1995）是美国当代著名教育家，他非常敏锐地发现，大学重科研轻教学的功利化倾向越来越明显：“我们把研究看成‘机会（opportunities）’，而把教学当做‘负担’（load）。”[①] 为了批判和反驳这种不良倾向，1990年，他在《学术水平反思——教授工作的重点领域》（*Scholarship Reconsidered: Proritiers of the Professorate*）的报告中，对“学术”的内涵作了重新界定，并且创造性地提出了“教学学术”的概念。

博耶认为，很多学校评价学术水平的标准变得越来越窄，教授越来越被要求从事科研和出版工作，一个年轻教师提升职位、获得安全感，均取决于此，在国际会议上提交一篇论文要比回学校教本科生更有利于达到目的。要想美国的大学和学院保持活力，就应该对学术水平有一个新的观念：

> 我们相信，超出“教学与科研”这一老式的、已令人厌烦的讨论框框，给予“学术水平”这一熟悉的、崇高的提法以更广阔的、内涵更丰富的解释的时代已经到来，这将使学术工作的全面内容合法化。不错，学术水平是意味着参与基础研究，但一个学者的工作还意味着走出调研，寻求相互联系，在理论与实践之间建立桥梁，并把自己的知识有效地传授给学生。我们的具体方法是：教授的工作可以认为有4个不同而又相互重叠的功能。这就是：发现的学术水平；综合的学术水平；运用的学术水

① ［美］厄内斯特·L. 博耶：《关于美国教育改革的演讲》，涂艳国等译，教育科学出版社2002年，第78页。

平；教学的学术水平。[1]

探究的学术（scholarship of discovery），即传统的学科研究，以原创性的发现和发明为目标，是科学家，特别是基础学科科学家的主要使命；整合的学术（scholarship of integration），即对单学科或者多学科知识加以检阅、梳理、辨别、归纳、提炼、综合等等，是知识传播者，特别是教师的主要特长；应用知识的学术（scholarship of application），即将原创或者整合的知识付诸实践的一门学问，比如临床医生、工程师、机械师等，都需要精通此道；教学的学术（scholarship of teaching），即用最恰当有效的方式帮助学习者获得需要、想要的知识，以及学习新知识的方法，通常而言，培训师、教师等，最需要这样的能力。

在很长时间中，大学过于强调"探究的学术"，以至于将"学术"简单地等同于"科学研究"和"创造知识"，这无疑夸大了大学科学研究的职能，抹杀了大学和研究所、大学教师与研究员的区别——如果大学里传授的知识都必须是大学教师自己原创的，那么科学家们原创的知识又做什么用？如果大学老师人人都是科学家，那招收那么多学生干什么？如果大学将人人培养成科学家作为自己的目标，那么人类在科学研究之外的工作又由谁来承担？很显然，当今很多大学，包括那些教学型大学，严重忽略了"教学的学术"，忽略了"知识整合"、"知识传播"的难度和价值。但对大学教师而言，整合知识、传播知识恰恰又是一项最重要的使命和能力。因此，博耶发出呼吁："教学支撑着学术。没有教学的支撑，学术的发展将难以为继"，"我们还要给教学的学术以新的尊严和新的地位，以保学术之火不断燃烧"。[2] 博耶强调教学学术的最终目的是纠正偏科研轻教学的导向，恢复教学的地位和尊严，进而实现教学与研究的再合作，解决大学里科研与教学割裂乃至对立的问题。

雅斯贝尔斯还说过一段比较"靠谱"的话："大学是研究和传授科学的殿堂，是教育新人成长的世界，是个体之间富有生命力的交往，是学术勃发的世界。每一项任务借助参与其他任务，而变得更有意义和更加清晰。按大学的理想，这四项任务缺一不可，否则大学的质量就会降低。"[3] 可惜，这段说得极好的话里，能够被人们重视的似乎只有"研究"这两个字了。至于"传授科学"、"教育新人成长的世界"、"个体之间富有生命力的交往"等，则统统被无视。而高扬教学学术的旗帜和精神，显然有利于人们更完整和科学地理解雅斯贝尔斯对大学这一稍微合理的界定。

这些年，我以一个普通教师的身份，在不少场合和文章中为教学学术摇旗呐喊。在2012年湘潭大学的教学工作会议上，我作为优秀教师代表，做了《想教学与想科

---

① 厄内斯特·L. 波伊尔（博耶）：《学术水平反思——教授工作的重点领域》，国家教委教育发展政策研究中心编：《发达国家教育改革动向的趋势》（第五集），人民教育出版社1994年，第23页。

② ［美］厄内斯特·L. 博耶：《关于美国教育改革的演讲》，涂艳国等译，教育科学出版社2002年，第78页。

③ ［德］雅斯贝尔斯：《什么是教育》，邹进译，生活·读书·新知三联书店1991年，第150页。

研一样多》[①] 的公开演讲，引起与会者的热烈反响，但也仅此而已。我还发表了《呼唤"微观教学学"》[②]《教学研究也是科学研究》[③] 等文章，大力鼓吹教学学术。

我们知道，大学教师的知识结构应该包含三个部分：①内容知识。②教育学知识。③有关特定内容的教育学知识。这样说或许有些抽象，不如举例说明：一个外国文学老师的知识结构应该包含三个部分：①外国文学的知识。②如何教学的知识。③如何教外国文学的知识。一个物理学老师的知识结构应该包含三个部分：①物理学的知识。②如何教学的知识。③如何教物理学的知识。一个绘画老师的知识结构应该包含三个部分：①绘画的知识（自己不会绘画如何教学生绘画?）②如何教学的知识。③如何教绘画的知识（自己会绘画不等于能教学生学会绘画）。

一般而言，大学老师只重视了"内容知识"，却基本忽视了"教育学知识"和"有关特定内容的教育学知识"。甚至有老师坦承，自己在本科、硕士和博士求学阶段，从未学过或者认真学过教育学，更从未研究过具体课程的教育学，而在获得教职之前，也从未获得过具有实质意义的教学培训，就是说，当前大部分大学老师的知识结构是不完整的——知识结构的三个部分至少缺了两个部分。而大学教师要想让自己的知识结构变得完整，就应该重视教学学术而非单纯的专业学术，因为教学学术包含了两大方面：①内容知识的研究——解决教什么的问题。②教学法的研究——解决如何教的问题。

教学学术所倡导的"内容知识的研究"相当于主流的"专业研究"。像我教外国文学，肯定也要研究外国文学。但必须强调的是，教学学术视野中的"专业研究"和通常所见的"专业研究"有一些差异，具体体现为两个方面：

一方面，教学学术的专业研究更强调研究对象和教学对象的统一，即教什么就研究什么，而一般的专业研究往往因为过于崇拜创新而导致研究对象和教学对象的割裂，即教什么就不研究什么。有不少大学老师科研成果很多，但上课却没有什么深度和广度，这就像韦伯所说的那样，"一个人可以是一名杰出学者，同时却是个糟糕透顶的老师"[④]，杰出的科学家赫尔姆霍兹、著名历史学家兰克便是这样的先例。杰出的学者却是糟糕透顶的老师，除了欠缺教师的基本功，另一个很重要的原因就是：他的研究对象太窄，甚至根本不属于上课要讲的范围，所以，对于上课要讲的内容他反而知之甚少。从这个角度上说，大学老师应该要做"杂家"而非"专家"。"杂家"其实也是"专家"，是多个领域的"专家"。

另一方面，教学学术的专业研究更强调表述的口语化和大众化，而这也恰恰是教学语言的特点，一般的专业研究更推崇表述的书面化和精英化，而这恰恰是教学语言

---

① 宋德发：《想教学与想科研一样多（在湘潭大学2013年教学工作会议上的发言）》，《大学的痛与梦——宋德发教育随笔》，湖南人民出版社2014年，第156—159页。

② 宋德发：《呼唤"微观教学学"》，《教育与教学研究》2011年，第7期。

③ 宋德发：《教学研究也是科学研究》，《大学的痛与梦——宋德发教育随笔》，湖南人民出版社2014年，第149—151页。

④ ［德］马克思·韦伯：《学术与政治》，冯克利译，上海三联书店1998年，第21页。

所忌讳的。有的大学老师不懂得教学是口语的艺术，写论文是书面语的艺术；不懂得教学是将理论还原为生活，写论文是将生活提升为理论，所以将论文照搬到课堂之上，导致课堂非常无趣、枯燥和沉闷。高明的大学老师不仅善于将书面语转化为口语，而且善于直接用口语写文章，这样，他的论文和他的讲稿就可以完成“无缝对接”。

教学学术和传统的专业研究还有一个明显的区别就是：强调大学教学法的研究。说有的大学老师从未发表，甚至从未撰写过一篇教学法方面的文章，并非危言耸听和血口喷人。在教学法研究方面，小学老师、中学老师和国外的大学老师都比我们做得好很多。所以说，中国的大学老师不仅缺教学内容，更缺教学方法。很多大学老师差不多是将自己通过专业研究获得的教学内容硬塞给学生，让自己痛苦，更让学生痛苦。假如我们用一些时间和心思去研究一下教学的技术和艺术，恐怕让学生失望和讨厌的几率就会降低很多。

应该说，我所倡导的教学学术和博耶所理解的教学学术，在基本内容和基本精神上是大致相通的，如果说有什么差异的话，那应该体现在两个方面：一是博耶的教学学术主要针对本科教学，而我的教学学术还包含了研究生教学；二是博耶的教学学术主要强调教学方法的研究，而我的教学学术除了强调教学方法的研究，还强调了大学教师的专业研究与研究员的专业研究的不同之处。

那么，教学学术的含义究竟是什么？简单地说，就是探讨如何提升教学水平和教学效果的一种学术。如果说，衡量大学老师科研水平的主要指标是发表论著的数量和质量（如今很多大学将原只是科研手段的课题视为科研水平的关键指标，这是一种异化），那么，衡量大学老师教学学术水平的主要指标则丰富和多元一些，它应该包括：

(1) 不断提升教学水平的能力——包括不断提升课堂讲课水平的能力和课外教学水平的能力，这是教学学术能力的核心。

(2) 是否发表一定数量和质量的科研论著，以代表自己具有部分原创知识的能力，这既区别于完全要原创知识的科学家，又区别于基本无原创知识的中小学老师。

(3) 是否在教学类期刊上发表相当数量和质量的教学论文或专著，这能够体现自己深思熟虑的教学观念、教学思想或教学经验。之所以说大部分大学老师的教学学术水平不高，没有发表任何教学方面的论文或专著便是一个重要标志。

(4) 如果没有教学论文，是否具有撰写教学文章的意识和能力？

(5) 是否能够上具有讨论价值的示范课？

(6) 是否能够做具有启发性的教学方面的公开演讲？

(7) 能否在教学竞赛中获得理想的成绩？

(8) 是否自觉地、经常性地参加教学方面的活动，如听课、被听课、参加各类教学培训等等。

(9) 是否有规律地做有价值的教学改革课题？

(10) 是否将思考如何当一个好老师当成一种习惯？

简言之，我们应该意识到："教学研究"和"学科研究"一样，也是学术，它们的难度和价值是一样的："非经教学学术知识积累，教师就缺乏如何教的知识；非经教学过程的实践与磨炼，教师专业学术就不会活灵活现，非经对实践过程的潜心研究，教师就难以生成个性化的知识体系。大学教学是一个充满学术气质的创造性活动，同专业学术研究一样，它本身是一门无法穷尽的学问。"① 诚如南开大学顾沛教授所言，教学有三个层次：职业；事业；艺术。最好的老师，他的教学应该抵达艺术的层次。因此，我们应该认识到："每一门艺术，都有自己的规律，包括表现内容、表现形式、语言、服装、道具、音乐、唱腔、动作，都有自己的规律。教学的规律，不仅反映在教学内容上，也反映在教学方法上，还反映在教学形式、教学手段上。仅仅埋头教书，与边教学、边钻研教学规律，效果会很不一样，时间越长就越能看出差别来。"②

我甚至认为，对大学教育工作者来说，尤其对长期不知道"教学学术"为何物的大学教育工作者来说，"教学研究"恐怕比"学科研究"更难一些，意义更大一些。或者说，教学学术是那些真正有职业操守、职业能力的大学教师才重视并且能够做得好的一种学术，而绝非只有科研水平不行的大学教师在传统学术体系之外，为了获得聘任和晋升不得已而寻求的旁门左道。

第三节　教学学术的意义

人们很尴尬地发现，大学对一切都进行研究，就是不研究它们自己，这或许是当前大学最让人担忧的一个问题。在我们看来，大学里有三类人是最需要研究大学自己的。

第一类是从事教务管理的同志。很多大学教务处或发展规划处的同志在这方面做得很好。他们要么是教育学的科班出身，精通教育/教学理论，要么凭借丰富的实践和刻苦的学习，渐渐成了教育/教学管理方面的行家。当然，教育/教学管理也是一门精深的学问，从事教务管理的同志依然任重而道远。

第二类是大学的顶层设计者——校领导。我们知道，大学的校领导大部分都来自某个具体的专业，算是科学家。但很多正面和反面的例子表明，一个科学家做了校领导后，还只是研究自己原来的专业肯定不够，还需要拿出一部分精力来研究教育。假如他们能够将全部的精力都用来研究教育，那更是求之不得，更是一所大学的幸运。正因为如此，我曾撰《大学校长要向张楚廷学什么?》一文，恳请大学的校领导们要多思考大学教育方面的问题：

---

① 时伟：《大学教学的学术性及其强化策略》，《高等教育研究》2007 年，第 5 期。

② 北京市教育委员会高等教育处等联合组织编写：《高校名师的教学视野》（第一辑），首都师范大学出版社 2012 年，第 175 页。

张楚廷1983年任湖南师范学院党委书记。1986年至2000年任湖南师范学院、湖南师范大学校长。在执掌校政的18年里，他将湖南师范大学从一所名不见经传的普通省属师范学院办成了全国“211”工程重点大学。

这只是他看得见的，一个很小很小的成就。他看不见的成就则是他的教育思想已经越来越引起人们的重视和敬重。一般的校长卸任第二年，便被人遗忘，而他卸任校长十多年了，依然被人津津乐道，甚至已有不少人通过研究他而获得了教育学硕士和博士学位。

张楚廷的成功源自什么？答案简约而不简单：有一颗做教育家的心！

同很多大学校长一样，张楚廷最初也是一位学科专家，具体而言，他先是湖南师范大学数学系的一位老师，历任数学专业的助教、讲师、副教授和教授，在数学领域著述颇丰。但自担任行政职务以后，他开始有意识地淡化数学家的身份，潜心研习教育学。经过10多年的努力，他完成了从数学家到教育家的角色转变。

从1993年开始，张楚廷远离，也可以说超越了数学研究，进入到更广阔的教育学领域。迄今为止，他已经在《教育研究》《高等教育研究》《中国高教研究》《中国高等教育》《中国教育学刊》等杂志上发表教育学论文800多篇；并在人民教育出版社、高等教育出版社、教育科学出版社、华中科技大学出版社、湖南教育出版社、北京师范大学出版社、湖南师范大学出版社、南方出版社等出版机构出版教育学著作90余部，其中独著40余部，内容涉及哲学、教育学、心理学、数学、管理学等多个领域。其中《张楚廷教育文集》（20卷）更是集中展示了他的教育思想 。

正是通过自觉、系统和长期的研究，张楚廷对什么是好大学，如何办出好大学胸有成竹。一个人研究教育不一定会成为教育家，但成为教育家的可能性要远远大于从不研究教育的人。可以说，张楚廷颇有西方大学校长的风范，是中国当代职业校长屈指可数的典范。他用自己的信念和行动告诉我们：校长就是校长，一旦你选择了做校长，就应该，也必须放弃原来的专业研究。

校长的主要职责就是平时化缘，学生毕业时同毕业生握握手。诚如耶鲁大学校长理查德·雷文教授所言：“当校长如果有时间和精力再去带研究生、搞研究成果，那就会与‘大学工作’背道而驰，除了不明职责地忙个焦头烂额，没任何美妙可言。”这位美国的张楚廷，在担任校长的12年中，没有带过一个研究生，没有主持过一个课题，只出了一本书：《大学工作》。

遗憾的是，现在的中国大学校长（包括副校长和党委书记），有几人舍得放弃原本的专家身份，全心全意地从事教育研究？可以说，绝大多数校长在当上校领导多年后，还没有发表过一篇和教育学有关的论文，更不要说出版教育学的专著了。从未从事教育学研究，只有一个结果：办教育跟着感觉走，也就是说，更多的校领导还是以具体学科的思维来领导一所包含了多种学科的大学。最后，这所大学最强的学科就是校领导所在的学科；这所大学的特色就是校领导所在学科的特色。

当然，有些事情在悄悄地、缓慢地改变。2011年，湖南大学新任校长赵跃宇承诺：担任校长期间不申报新课题、不新带研究生。2012年，北京师范大学新任校长董奇在任命大会上向全校师生公开承诺“四个不”：在担任校长期间，不申报新科研课题；不招新的研究生；不申报任何教学科研奖；个人不申报院士。董奇说，目前中国大学管理的难度和复杂程度前所未有，大学校长必须心无旁骛，自己要用“整个的心”去做“整个的校长”。

如果这两位能够履行承诺，那么，湖南大学有幸，北京师范大学有幸。如果中国所有的大学校长都有这样的承诺并且一诺千金，那么中国的大学有幸。①

第三类就是我们这些一线教师。一线教师研究大学自己，归根结底就是研究如何教学；而研究如何教学，也就是教学学术的关键所在。我国的“教学学术”研究在理论界看起来讨论得还算热闹，但却有不少不足，包括：“有话题没问题——缺乏问题的界定；有自述没综述——文献梳理不足；有想法没方法——缺乏研究设计；有方法没做法——缺乏可操作性；有经验没实验——缺乏实证性；有文字没数字——缺乏数据支撑；有议论没理论——缺乏文本性；有宽度没黏度——信息整合乏力；有广度没精度——缺乏精确参引；有识见没实践——缺乏应用性。”② 我们认为，目前我国的教学学术最大的缺陷或许还在于：教学学术的研究主体主要是专门从事理论研究的高等教育学研究者，而非直接面对具体学生和具体教学的一线教师。他们对教学学术的研究也主要体现为对教学学术定义的重复性阐释，以及对教学学术价值的张扬和呼喊。而更广大的一线大学教师却对教学学术知之甚少，更谈不上付诸实践了。严重一点说，在教学学术的理论与实践方面，中国大学的一线教师在整体上是缺席的。

我们的学术研究不是强调创新吗？为什么极受西方大学推崇的“教学学术”在我国却少有人问津呢？

众所周知，如今的大学教师将绝大部分时间和精力都投向了专业研究，导致原应是本职工作的教学受到了冷落甚至歧视，换言之，很多大学教师的教学活动主要依靠两样东西来支撑：一是良心，二是天赋。可生活的经验告诉我们，你越依赖良心，良心就越靠不住——比如靠官员的良心来预防、发现和遏制腐败效果甚微。而天赋如果缺乏后天的持续学习也终将会耗尽的——比如天赋异禀的江郎也会才尽。所以说，要想保证大学教师的教学水平获得普遍性和持续性的提升，就必须建立比较合理的教学激励机制，通过“他律”来推动“自律”。

可是这种“激励机制”何时能够真正建立起来，这种“他律”何时才能发挥作用，真是不得而知。作为一个个体，我目前能够做的只能是改变自己，让自己更重视教学。而重视教学的一个重要标志就是：认认真真地研究教学。从 2008 年开始，我有意识地做一些教学方面的研究：发一篇专业论文，就发一篇教学论文；写一本专业专著，就写一本教学专著；申请一个专业课题，就申请一个教学课题。我希望通过这

---

① 宋德发：《大学校长要向张楚廷学什么》，《大学的痛与梦——宋德发教育随笔》，湖南人民出版社 2014 年，第 88—90 页。

② 钟志贤：《开放大学的教学学术——内涵、意义及方法》，《中国远程教育》2012 年，第 9 期。

样的努力，在一定程度上做到“教什么”和“如何教”的统一。坦诚地说，不研究教学的时候，自以为已经很懂教学了，一研究教学，就会发现自己对教学其实一窍不通。

不可否认，专业的学科研究和教学有一定的关系，比如可以在一定程度上推动教学内容的“深入”；但专业的学科研究面对如何“浅出”时，往往显得无能为力——很多一流的科学家却是极为糟糕的教师就证明了这一点。总之，各国大学的教学，都存在着比较严重的重教学内容轻教学方法的倾向：

过分重视教学内容的做法存在着一个关键问题，即它必须具备一个前提——学生能记住课堂教学的大部分内容。但事实上，学生记忆的效果和记忆保留的时间，与教师们的主观期望相去甚远。例如，研究者发现人们对具体信息的记忆往往会很快消退。据计算，一名普通学生对讲座课程上具体内容的记忆，在一堂课结束后只能维持15分钟。与之相反的是，兴趣、价值观、认知技能则更容易维持。同理，学生被动接受的概念和知识很容易遗忘，主动参与的学习内容则容易维持。因此，不管今天的授课内容有多么重要，教师也不能假设学生只要来到了课堂，就一定会记住大部分的教学内容。学习结束后学生能记住多少知识、能形成怎样的思维习惯，并不取决于他们选修了哪些课程，而取决于这些课程是如何讲授的、讲授的质量如何。[①]

如何“浅出”，即“怎样教”，属于教育学范畴，纯粹的学科研究是无法解决这个问题的。就像“历史学”只研究“历史”，而“历史教育学”才会研究“如何教历史”。大部分一线大学教师将太多的注意力集中到学科的研究上，却忽略了教育学知识以及具体学科的教育学知识的储备和运用，这导致学科专家越来越多，但好老师却越来越少，具有教育家气质的老师几乎没有，教育家更是难觅踪迹。一项调查表明，仅有8%的教师在备课过程中关注过有关教与学的研究成果，即便在这8%的教师中，许多人也只是翻阅了一些过时的教学理论和研究成果而已。[②] 这个数字放在中国当下的大学，还会缩水许多。

如果说，对大学教务管理者而言，研究高等教育的意义在于帮助他们做更好的执行者，对大学校领导而言，研究高等教育的意义在于帮助他们做更好的设计者，那么，对大学教师而言，研究高等教育，特别是研究更微观的大学教学的意义就在于帮助他们做更好的传播者。那么，大学教师究竟需要什么样的“教学学术”呢？

如前文所言，在大学里，从事教务管理的同志、校领导和大学教师都需要做教学学术，但各自的侧重点又是不一样的。校领导更应侧重“宏观”的大学教育；教务

① ［美］德雷克·博克：《回归大学之道——对美国大学本科教育的反思与展望》，侯定凯等译，华东师范大学出版社2012年，第32页。

② ［美］德雷克·博克：《回归大学之道——对美国大学本科教育的反思与展望》，侯定凯等译，华东师范大学出版社2012年，第33页。

管理人员更应侧重“中观”的教育管理；普通大学教师更应侧重“微观”的大学教学。大学教师虽然也需要思考一些“宏观”和“中观”的问题，但如果没有“双肩挑”的追求乃至当校长的理想，那么，在时间和精力有限的情况下，我们理应将主要的心思放在更具体的教学研究上，这对做一个好老师无疑是有益的。

我之所以特别强调“教学”，并不是说大学教师可以将宏观的教育理念和中观的教学管理完全弃之不顾；而只是想提醒人们，作为从事具体课程教学和学生培养的一线教师，其主要的特长和最迫切的需求应该是自己上好自己的每一堂课和教好每一个学生，至于一个单位乃至一所学校的课如何上好，学生如何教好，理应是院长、处长和校长要考虑的事情。

高校里的教学当然是复杂的，但也是可以化繁为简，分为“课堂教学”和“课外教学”，前者大体属于“教书”的范畴，后者大体属于“育人”的范畴。当然，“教书”中也包含了“育人”，“育人”中也包含了“教书”。无论是“教书”还是“育人”，都是有很多方法、技巧乃至艺术可言的。而方法、技巧乃至艺术的获得，除了独自冥思、苦想和摸索外，恐怕还需要自觉地学习和借鉴他人。而这也正是我将“大学教学名师”作为一个独立而严肃的学术课题展开研究的深层原因。我认为，研究大学教学名师们的教学艺术，既是非常典型的、适合一线教师的“教学学术”研究，也是不断提升自我教学水平的一条无法绕过的“捷径”。

通常而言，一个大学教师的专业成长和发展分为五个阶段：门外汉（如硕士生、博士生）、入门者（入职的头三年）、胜任的教师、能干的教师和教育专家。或许，每个大学老师的天赋不一样，从“菜鸟”成为“教育专家”的时间和路途不一样，但一样的是：“成长 = 经验 + 反思 + 实践”。缺乏足够的教学经验，天赋异禀，也最多成为“胜任的教师”；缺乏足够的反思，经验再多，也不过是“重复昨天的故事”，难以成为“能干的教师”，更不会成为“教育专家”。钟情于教学学术，正是我不断积累经验，并做有效反思的开始。相信，在教学学术的推动下，我距离教育专家的终极理想将不会太遥远。当然，成功永远属于少数，但成长却可以属于大多数。就算因为天赋等原因，我最终没有成为教育专家，那么，我也至少能在教学方面不断获得进步，不断地超越自己。

如上所述，我作为一名比较文学与世界文学研究者，如此用心地研究高等教育绝非心血来潮，而是“蓄谋已久”。而我去做高等教育学博士后，也绝不是要转行，而是要回归：我以前只想做学科专家，所以只研究比较文学与世界文学，但如今我想做一名杰出的老师，所以有意识地研究教学，我是在回归我本来的身份和应有的职责。

第一章　何谓大学教学名师？

如“导论”所论，大学教师要想从普通老师成长为教育专家，不仅需要做教学学术，而且还要做有特色的教学学术。而研究“大学教学名师”，既是典型的教学学术，又是有特色的教学学术——首先它的研究主体是一线的大学教师；其次它的研究对象是一线的大学教师及其卓越的教学；再次它的研究目标是服务于一线的大学教师。为了更深入地理解这个课题的内涵和独特性，我们有必要对“大学教学名师”这个概念做必要的梳理和辨析。

第一节　大学教学名师的定义

“大学教学名师”中有四个关键词：“师”、“名师”、“教学名师”和“大学教学名师”。

何谓“师”呢？汉语是一种奇妙的语言，因此“师”的含义也极为丰富。“师”最初并非指“老师”或者“教师”。如《说文解字》中说：“师，二千五百人为师。”《尚书·周礼》中说：“师，掌军旅之官，若司马也。”这里的“师”均是指一种军队的建制或者官职。

但在本书中，“师”自然是指人们最为熟悉的“老师”或“教师”之意。

韩婴曰：“不言而信，不怒而威，师之谓也。”（《韩诗外传》卷三）意思是说，不用说什么就能获得别人的信任，不必骂什么就能获得一种威严，就是指老师啊。这应该是从“气质”的角度来描绘老师的。不过，大部分古代学者是从“功能”的角度来界定老师的。

荀子说：“礼者，所以正身也；师者，所以正礼也。无礼，何以正身？无师，吾安知礼之为是也？”（《荀子·修身》）意思是说：礼，是用来端正身心的；老师，是用来端正礼法的。没有礼，用什么来修正自己的行为？没有老师，人们怎么知道礼是这样的？按照荀子的理解，“师”就是告诉我们什么是“礼”的人，而“礼”的作用是“端正身心”的，所以“师”就是告诉我们如何做人的人。“师”要教别人懂

“礼”，首先自己肯定要懂“礼”，因此在荀子的观念中，“师”就是自己懂“礼”并且能够教会别人懂“礼“的人。

汉代马融说：“师者，教人以事而谕诸德也。”（《通典》卷五十三）意思是说，老师就是那些教给别人知识并且在知识的传授中传递道德的人。因此，老师应该是既有丰富知识又有高尚道德的人。无独有偶，《礼记·文王世子》对老师的界定与马融相差无几：“师也者，教之以事而喻诸德者也。”

郑玄则言：“师，教人以道者之称也。”（《周礼注疏》卷九）意思是说，老师就是那些教给他人道理的人。《玉篇·帀部》曰：“师，范也。教人以道者之称也。”意思是说，老师就是可以成为别人的典范的人，具体来说，就是指在知晓道理、真理方面可以作为典范的人。扬雄《法言·学行》写道：“师者，人之模范也。”“师哉，师哉，桐子之命也。”意思是说，老师就是他人的榜样，更是孩童的生命。

贾谊《新书·官人》言：“知足以为源泉，行足以为表仪，问焉则应，求焉则得，入人之家足以重人之家，入人之国足以重人之国者，谓之师。”大意是说，知识丰富得像源源不断的泉水，行为端正得足以为人师表，问他问题能够得到即刻解答，求他办的事能够迅速获得解决，如果到了某个家庭，能够使这个家庭受到敬重，如果到了某个国家，能够使这个国家更加繁荣昌盛，这样的人，就叫做老师。

《礼记·学记》中说，“能为师，然后能为长；能为长，然后能为君。故师也者，所以学为君也。”有一种解释是：能当好教师才能做领导，能做领导才能当人君。所以说，当教师的，就是靠他而学习如何做国君的人。考虑到时代在改变，所以，这段话如果这样意译或许更为贴近现实：能做老师，才有资格成为尊长；能成为尊长，才能成为有品格之人。因此老师就是靠他而成为有品格之人的人。

韩愈《师说》中言：“古之学者必有师。师者，所以传道授业解惑也。人非生而知之者，孰能无惑？惑而不从师，其为惑也，终不解矣。”就是说，“师”就是“传授道理、讲授学业、解答疑惑”的人。每个人都有自己的疑惑，遇到疑惑不去问老师，疑惑永远是疑惑。所以说，自古以来，每一位学习者都有自己的老师，离开了老师，学习者的进步无从谈起。

时至今日，或许上述的界定中，有的已经狭隘了一些，但韩愈的界定无疑依然有效。即“师”就是指以“传道授业解惑”为职责的人。师的职能在古今中外应该不会有实质性的变动。当然，“师”的名称在不同的时代或许有所不同，比如明清以来到19世纪，“师”被称为“先生”。19世纪末，辛亥革命元老、中国现代教育奠基人何子渊等将西学（美式教育）引入中国，创办新式学校后，又在《学生操行规范》里面明确将“师”称为“老师”。而绝大部分学生将“先生”改称为“老师”则是从国民政府时期开始，一直沿用至今。

在现实生活中，“老师”的外延可能比“教师”的外延要大，即“教师”肯定是“老师”，“老师”未必是“教师”。比如大学生也称大学的辅导员、行政工作人员为“老师”，但这些“老师”并不是严格意义上的“教师”；还有选秀节目中的选手称评委为“成龙老师”、“张国立老师”、“冯小刚老师”、“黄晓明老师”、“曾志伟老师”、“韩红老师”、“那英老师”、“乐嘉老师”、“鲁豫老师”，等等，甚至苍井空也一度被称为“苍井空老师”。但这些并不上课的人显然不是严格意义上的教师。而在本书中，“老师”显然是狭义上的，是和“教师”同义的。

何谓“名师”呢？“名师”本指精锐的著名的军队。最早见于《韩非子·初见秦》中：“今秦地折长补短，方数千里，名师数十百万。”但在现代汉语中，“名师”显然不再指著名的军队。《辞海》的解释是“著名的教师”，新版《现代汉语词典》的解释是“有名的教师或师傅”。也有学者认为，名师不仅仅指学校中教学能力强、教学质量高的教师，而且指“社会各界影响广泛并拥有追随者和知名度的杰出人才”[①]。如果这个定义成立的话，那“名师”和“名人”就没有区别了。名人，简单说就是有知名度的人，或社会公众人物，包括政治名人、科技名人、文化名人、体育名人等。我认为，就文化名人而言，大致分三个层次或类型：一是对事业毕生追求，锲而不舍，付出巨大心血和汗水，在某一领域成就卓著，作品成为经典，影响了一个时代的家喻户晓的人物；二是通过某种方式（如选秀、大赛、成功塑造一个角色等）一夜成名，拥趸者甚众，但容易昙花一现的明星；三是因吸毒、绯闻等不端言行而在社会上造成负面影响的名人明星。

在我们看来，还是不宜将“名师”的“师”泛化，否则，连成龙、张国立也可以称为“名师”了。“名师”，顾名思义，就是指有知名度的教师。王铁军认为，名师是指“具有高尚的教育伦理精神与职业道德品质、先进独到的教育思想、突出的教育业绩和丰硕的教育科研成果并具有一定社会影响力与公众知名度的教师”[②]。史华瑾认为，名师是在一定时空范围内自然而然形成的，在其所在的地区或领域中，为同行所熟知，被社会认可，为学生欢迎，具有高尚的人格魅力、高超的教学能力、先进的教学理念、超强的学习能力和创新精神的教师。[③] 学者王毓珣认为，名师是至少有九个特征的老师：其一，首先是教师；其二，具有一定的知名度；其三，具有一定的美誉度；其四，具有一定的认可度；其五，具有一定的影响度；其六，具有较高的教师专业素养；其七，具有一定的创造性；其八，具有突出的成就；其九，是在教育领域中自然而然形成的。[④] 王先生对“名师”特征的提炼倒是给我们界定“名师”提供了不少启发，比如说，名师的知名度是内含着“美誉度”的知名度，不单单是有名，更不是指臭名昭著，即本书所研究的“名师”是指有知名度的好老师（“好”代表着美誉度），简言之，好老师未必是名师，名师一定是好老师——假如考虑到“知名”的多元化，好老师也一定是名师，至少在学校之内有名，至少在“民间”有名。当然，名师要有名到何种程度，本书并无一定限制。像孔子、陶行知那样流芳千古是一种有名；像易中天那样在当下被妇孺皆知也是一种有名；像曹顺庆、周益春那

① 程大琥：《试论名师的基本特征》，《中国教育学刊》2000 年，第 3 期。

② 王铁军主编：《名校长名教师成功与发展》，江苏人民出版社 2005 年，第 7 页。

③ 史华瑾：《中等职业学校教学名师群体性特征研究》，辽宁师范大学硕士学位论文 2010 年，第 4—5 页。

④ 王毓珣：《名师概念及特征辨析》，《天津市教科院学报》2005 年，第 4 期。

样，在全国的行业内有名也是一种有名；向孙丰国那样，在学校和单位范围内有名也是一种有名。总之，只要是好老师，且有名到让我们课题组知道的程度，都算是名师。于漪说："名师的关键字是'师'，不能以'名'作为高悬的追求目标。"① 胡寿松教授认为："名师不是明星，名师的'名'并不是明星的'名'，而是树立的一个榜样的意思；名师并不作秀，是机遇和实力的结合。"② 其实，这些说法可以完善一下：我们关注的重点并不是名师的"名"，而是名师的"好"，"好"是我们研究的对象，"名"只是引导我们研究的线索。

何谓"教学名师"呢？其实"教学名师"和"名师"是同一概念，因为凡是教师都必须是搞教学的，名师更是如此。并不存在，至少不应该存在不搞教学的名师。就是说，名师肯定就是指教学名师，如果还有非教学的名师，那最多算名人，而不能称之为名师。当然，在如今的评价体制下，的确存在着不少不搞教学的名师，他们在教学方面的水平、业绩和知名度并不高，但由于在科研、管理或者其他方面多少有些成绩，加上他们也的确是大学里的教师，于是"借助"评价机制上的漏洞，获得了不少教学方面的荣誉、奖励，并且被不知情的媒体误读为"名师"而得到广泛的宣传，久而久之，他们就以"名师"的面目出现在众人面前，比那些真正的好老师的知名度还高。如果我们不擦亮眼睛，就很容易将这些不搞教学或者搞教学但搞得不好的"名师"纳入研究范围。也就是说，本书一再强调是研究"教学名师"，实在是一种无奈的选择，因为如今的大学存在着太多的"科研名师"、"领导名师"等等违背了"名师"本义的"名师"。

何谓"大学教学名师"？娄成武认为，大学教学名师至少具备三个特征：首先，知名度要高。其次，影响力要大。再次，互动性强，与外界建立交流。③ 这个定义根本无法区分大学教学名师和中小学教学名师的不同。我们知道，"大学教学名师"是相对于"中小学教学名师"而言的，特指有知名度的大学教师。学者杨兴林认为，从这个概念的内在逻辑来把握，似有三个方面不可缺少，即学者、教师和名："学者是指在学问上有一定成就的人，尤其是指在某个或几个学术领域有一定研究造诣的人；教师是指传道、授业、解惑的教学工作者；名是指出名的或有名声的。整合这三个方面，高校（大学）教学名师可以理解为就是出名的或有名声的有较高学术造诣、教学艺术、教学的成就的教师，是高校教师中学识渊博、道德高尚、受人敬仰的人。"④ 杨先生特别强调了大学教学名师的"学者"身份，旨在与中小学教学名师区分开来：一般而言，中小学教学名师固然也有很多著作等身的，但很少具有"学者"的身份。不过，过于强调大学教学名师的"学者"身份，也有可能走向一个极端，

---

① 于漪：《名师培养之我见》，《江苏教育研究》2008 年，第 4 期。

② 佟雅囡：《立足讲台　奉献无悔人生——记首届名师奖获得者、南京航空航天大学教授胡寿松》，教育部高等教育司组编：《名师颂》第一卷，教育科学出版社 2007 年，第 264 页。

③ 杜宝贵：《经师 人师 名师——记第二届名师奖获得者、东北大学教授娄成武》，教育部高等教育司组编：《名师颂》第二卷，教育科学出版社 2007 年，第 127—128 页。

④ 杨兴林：《高校教学名师的基本内涵及要求》，《北京机械工业学院学报》2007 年，第 2 期。

即将大学里的著名学者等同于大学教学名师。

应该说，大学里的著名学者也有可能是大学教学名师，大学教学名师也有可能是大学里的著名学者，二者有交叉重叠之处。但是，又不能混为一谈：大学里的著名学者如果从不教书育人，或者教书育人的成就、声誉和认可度很小，那么就不应该被称为大学教学名师；大学教学名师如果学术研究的成就、声誉和认可度不高，也不应该被称为著名学者。而本书的研究，尽可能选择同时是著名学者的大学教学名师，如老北大的名师、西南联大的名师、曹顺庆、周益春等等，但也会选择一些暂时还不算是著名学者的大学教学名师，如年轻的孙丰国副教授等等。

大学教学与中小学教学具有相通性，所以，大学教师如果研究中小学教学名师，对提升自身的教学水平肯定也有帮助，但大学教学和中小学教学也有诸多的差异，比如教学条件、教学目标、教学内容、教学方法、学生水平等就肯定不一样。因此，大学教师研究大学教学名师无疑更具有“合法性”和“合理性”，对自身教学的提升无疑更加直接有效。

第二节 大学教学名师的类型

不少有识之士认识到，大学的荣誉不在于它的校舍和人数，而在于它一代又一代的教师质量。一个学校要站得住，教师一定要出名。当然，这里的“名”，有着一系列的约束和规定：“它必须是名副其实的，绝不是泡沫著作堆积出来的，绝不是花钱买来的，绝不是通过各种方式或利用各种资源或侵占他人成果得来的，绝不是他人吹捧出来的，绝不是媒体包装、炒作出来的，更不是靠个人自吹或采用欺骗手段得来的，也绝不是哪个权力部门或权威机构指定的或‘加封’的，它是这些高校教师长期在科学研究和教育教学工作中不懈探索、追求和努力，以其较高的学术成就、社会贡献和高尚品质获得的，在本质上，它是这些教师的同行、同事、学生以至于社会给予他们的由衷认同和褒奖。”①

而本书研究的诸位大学教学名师，显然都是符合上述约束和规定的。

根据知名度的大小，大学教学名师可以划分为三类：①校级教学名师，即在一所大学内部颇具知名度的名师，像每所大学都有学生们公认的名嘴，如湘潭大学的孙丰国老师、王协舟老师、刘晓丽老师。②省级教学名师，即借助于讲课比赛、省级媒体宣传、不错的学术研究等而在本省获得一定知名度的教师，像湖南科技大学的吴广平教授大致属于此类。③国家级教学名师，即借助全国性媒体宣传、全国性公共平台等外力推动，而在全国范围内颇具知名度的教学名师，比如因“百家讲坛”而走红的厦门大学教授易中天、河南大学教授王立群、复旦大学教授钱文忠等等。④国际级教学名师，即在全世界范围内颇具知名度的教学名师，那显然已经是教育家的层次了，像借助网易公开课而走向世界的哈佛大学教授迈克尔·桑德尔，就算属于此类。当前

---

① 杨兴林：《高校教学名师的基本内涵及要求》，《北京机械工业学院学报》2007 年，第 2 期。

国内的大学中，好像还没有这样的名师。当然，决定名师知名度的因素有很多：①资历——一般而言，一位非常年轻的老师在本校可能很受学生欢迎，但在校外就极少有人知道。②学术水平——一般而言，科学研究更突出，论著更多的教学名师更容易获得更高的知名度。③平台——一般而言，名牌大学的教学名师比非名牌大学的教学名师更容易出名，经常在媒体露面的教学名师比不在媒体现身的教学名师无疑更有名。④被宣传的程度——一般而言，经常被媒体报道的教学名师知道的人自然就更多。⑤政府的推动——一般而言，经常获得政府教学荣誉或奖励的教学名师更容易被人了解。

应该说，教学名师的教学水平同知名度有一定的关系，但有时可能没有必然的联系。一个只在本校有名的校级教学名师未必只有校级的教学水平，他可能已经具备国家级、国际级的教学水平，假以时日和机遇，也会获得更高的知名度。

根据存在时间的不同，大学教学名师可以分为“过去的教学名师”和“现在的教学名师”。很多人以为，真正意义上的大学教学名师只存在于过去的大学，比如蔡元培、蒋梦麟、胡适当校长时的北京大学，梅贻琦当校长时的清华大学，罗家伦当校长时的中央大学，竺可桢当校长时的浙江大学。此看法有一定的道理，但显然过于绝对，因为在当今的大学中，虽然教学名师没有我们期待的那么多，但从绝对数量上看，也是相当可观的，几乎每一所大学都有自己的名牌教师，他们是值得我们学习和借鉴的。当然，这些当下的教学名师，若干年后，能否还被视为教学名师，取决于他们知名度的含金量，也取决于未来社会的需要，是我们无法预测的。

根据存在空间的不同，大学教学名师可以分为“国外的教学名师”和“国内的教学名师”。也有不少人认为，真正意义上的大学教学名师只存在于国外的大学，比如美国的大学、英国的大学、德国的大学、日本的大学，这显然也有失偏颇。且不说过去中国的大学有很多真正意义上的教学名师，就是如今中国的大学，真正意义上的教学名师也是数不胜数。

根据教学对象的不同，大学教学名师可以分为三种：因为本科教学水平高而获得知名度的“本科教学名师”；因为硕士研究生培养水平高而获得知名度的“硕士生培养名师”；因为博士生培养水平高而获得知名度的“博士生培养名师”。应该说，的确有少数人可以在这三种学历层次教育中都拥有高水平，但从现实情况看，这样的人是屈指可数的。这有两个很重要的原因，第一个原因是不同“层次”的大学（严格意义上说是不同培养模式的大学）会很自然地出现分工，比如在教学型高校，研究生数量少，本科教学占绝对主导，故教学名师通常只有“本科教学名师”，研究生培养名师极少；在教学科研型和科研教学型高校，本科教学和硕士研究生教学是重点，故教学名师通常只有“本科教学名师”和“硕士生培养名师”，博士生培养名师很少；在科研型高校，本科生教育、硕士生教育和博士生教育三足鼎立，因此，本科教学名师、硕士生培养名师和博士生培养名师都会大量存在，且可能会统一于一身，但实际上这种情况又很少出现，因为第二个原因——大学老师在发展过程中会自然地有所选择和有所侧重：一般而言，人的能力，尤其是精力是有限的。像一个高水平的博士生导师，通常也是一个比较著名的学者，科研任务极为繁重，很多还要承担大量的行政管理工作；那么，只要他是一个比较正常的人，在硕士生培养和本科教学方面就会自然而然地减少投入，就很少指导硕士生，也极少站上本科讲台。我们至少可以说，他在硕士生培养方面取得的成就和本科教学方面取得的成就已经不足以成为他个人成就的标志。也就是说，当我们将一个老师当做博士生培养名师去研究时，基本就不再考虑他在硕士生培养和本科教学方面的成就了。这样做可能有点绝对，但其实是对现实的一种尊重，我们相信那些身份更加单纯的老师在硕士生培养和本科教学方面更有可能拥有一些值得总结和推广的经验。

根据教学方式的不同，大学教学名师可以分为“课堂教学名师”和“课外教学名师”。一般而言，本科教学以课堂教学为主，研究生培养以课外教学为主，故研究研究生培养名师，主要是研究他们的课外教学而不是他们的课堂教学。当然，本科生教学虽然以课堂教学为主，但课外教学也是不可或缺的。而且从学生的成长来看，课外教学可能比课堂教学更有价值，遗憾的是，在如今的大学教学中，这个环节基本被忽略了。所以，我们研究本科教学名师，不仅要研究那些课堂教学水平高的，还要研究那些课外教学水平高的（尽管数量非常有限）。

根据评定方式的不同，大学教学名师可以分为两大类：政府评选的教学名师和民间（学生、同事等）推崇的教学名师。应该说，民间推崇的教学名师，由于声誉在“民间”，所以，我们知道的少之又少，我们最熟悉的或许只是湘潭大学的那些“民间”教学名师，以及偶然被网络“曝光”的少数教学名师。而大部分能够被外校人知道的教学名师，基本都是由政府评选出来的——每个省份都有自己评选的“省教学名师”，而国家则有教育部评审的“国家教学名师”。

迄今为止，在世界范围内，似乎还找不到一个令所有人满意的奖项，包括诺贝尔文学奖，每次也是争议不断。个人的局限性、群体的局限性，是任何评奖都不能回避的。尤其是国家教学名师评选，更是经常引发激烈的抗议。一种观点认为，政府只能推动名师的成长但绝不能决定谁是名师：“听说现在有由上级行政机关审定的‘名师’。据我所知，北大的名师，从来不是上面定的，既不是学校定的，更不是上级机关定的，只是经过多年的检验在学生心目中自然形成的‘口碑’而已。”[①] 另一种观点认为，政府可以评选谁是名师，但是评选的程序和结果却难以服众。最典型的莫过于第五届国家高等学校教学名师，经统计发现，100 位获奖者中，担任党委书记、校长、院长、系主任、教研室主任、实验室主任、研究所所长等行政职务的，占到九成，还有人身兼几种职务，不带任何“官职”的一线教师仅有 10 人左右。这样的结果自然让人“浮想联翩”。人们有理由提出这样的疑问：大学教学名师评选，一、谁来办？二、谁来评？三、谁来得？四、为什么得？

应该说，政府和民间理解名师的角度可能相同，也可能会有差异，因此，他们心

① 《玉壶存冰心，朱笔写师魂——陈守良教授和他的老师与学生们》，郭九苓主编：《教学的魅力——北大名师访谈录》，北京大学出版社 2010 年，第 243 页。

目中的教学名师可能是一致的，也可能是不一致的，这就会出现同时荣登两大榜单的教学名师，也会出现民间认可但政府不认可或者政府认可但民间不认可的教学名师。而在本书中，政府的评选或者民间的推崇只不过是提供一个让我们知道的讯息而已——毕竟好老师太多太多，我们的视野也非常有限，有时只能根据一些政府的宣传或者民间的传诵来选择研究对象。当我们对这些教学名师作深入的了解之后，只要确定是真正的好老师，至少是在某个方面做得非常好的老师，那么都可以纳入考察的范围，而不以政府评选或者民间推崇为根本性的根据。

第三节 怎样研究大学教学名师？

大学教学名师的本质是好老师，其知名度的主要意义有二：一在于体现了好老师所获得的认可度；二在于为本课题提供了认识和了解他们的线索。故本课题的真正用意是研究我们所知道的好老师究竟“好”在哪里，为什么好。为了探寻他们的“好”，需要借助必要的文献和方法：①听课——现场听课或者观看讲课视频。②采访——亲自访谈名师本人以及熟悉名师的人（学生和同事）。这两种方法表明我们始终坚持一点：研究者尽量“入场”，与研究对象面对面接触。这样做虽然费时费力，但事实证明，感性认识是研究问题的起点，没有大量现场感性知识的积累，理性认识难以实现飞跃。③阅读——研读名师的教案、教学心得、专业类著作和教学教育类著作，以及他人研究名师的相关资料，如访谈、论文、散文、传记等。在此基础上，发掘、整理名师们的教学事迹、教学经验、教学方法、教学观念（主张、理念），并加以借鉴和推广。本课题的研究遵循四个“注重”：

一是注重个案。所有的群体都可能有自己显性可见的或隐性可测的一些规律性的特点，大学教学名师也不例外。大学教学名师的群体性特点让他们与非大学教学名师区别开来。本书也试图对大学教学名师的“群体共性”做力所能及的提炼、概括和分析，但这种纯理论层面的探寻并非本书的重点，本书的重点是在不同类型的大学教学名师中各选择一个或者多个有代表性的个案，宣传他们的教学业绩、总结他们的教学经验、提炼他们的教学方法、张扬他们的教学精神，即本书并不排斥以理服人，但更偏爱以情感人，相信一个个鲜活生动的个案比抽象的、规律性的理性分析更能打动人、教育人。

二是注重经验。一位大学教师研究其他大学教学名师的教学，宏观的视野只是一种背景，“微观”层面的探索才是重点。这里的“微观”包括研究对象的微观——一位大学教学名师的一门课、一堂课，乃至一举手一投足；二是研究目标的微观——不是要从根本上变革什么教育现状，不是为管理者们提供管理之道，不是要为高教专家们提供理论资源，而只想对研究者自身教学水平的提升起到局部的帮助，最多对同道者教学水平的提升起到一点帮助作用。这些微观的追求决定了本课题在研究每个个案时，更注重经验的总结而非理论的梳理和创造（其实绝大部分大学教学名师虽然教学实践是丰富且高水平的，但的确缺乏明确的教学理论）。经验是可以言传的，但更需要“意会”和“体悟”。这就需要研究者自身不仅具备相当的教学经验，同时还要发自内心地热爱教学，只有这样，才能敏锐准确地感受、把握和凝练出研究对象的经验。

三是注重当下。首先是时间上的当下。本课题固然也要研究过去的大学教学名师，但那不是重点，一是因为我们已经无法亲临现场，亲眼目睹过去的大学教学名师究竟是如何教学的。录音机发明于1898年，摄影机发明于1874年，所以可以听的历史和可以看的历史都只有100多年，况且，录音机和摄像机极少用于给老师上课录音或者录影，所以关于过去的大学教学名师，我们能够找到的也只能是回忆性的文字材料。可是文字和事实很多时候有不小的差距，更何况这些文字材料也是相当零星的，通过它们来还原过去的大学教学名师教学的风采，几乎是不可能的。二是因为过去的大学和现在的大学有很大的差异，他们的教学精神虽然依然具有生命力，但具体的教学经验是否还适合如今的大学教学？比如说西南联大的名师们将本科生当做研究生一样培养在如今的大学已经很难复制，因为如今的大学不可能像西南联大那样，八年只招收100个左右的研究生。其次是空间意义上的当下。本课题固然也会关注国外的大学教学名师，但也不是重点。一是因为本人没有任何在国外大学求学的经历，没有亲身体验过国外大学教学名师们的现场教学，就教学研究而言，没有切身的体会，是很难有发言权的。二是因为国外大学的教学和中国大学的教学有着诸多的差异，因此，他们的教学名师们的教学风采我们可以欣赏，但未必可以推广。故本课题还是会将注意力集中在国内的大学教学名师身上。

四是注重实践。一位一线教师研究教学，其首要目的就是要提高自身的教学水平，并且帮助那些想提高教学水平的同行们提高教学水平。也就是说，能否发表一些文章固然是检验本课题实施情况的尺度，但是否在实质上提高了自我和他人的教学水平，才是衡量本课题研究效果的关键指标。如果通过研究大学教学名师，研究者以及有机会共享本研究成果的大学一线教师，其教学水平没有获得丝毫的进步，那么就算发表再多的论文，这样的研究也缺乏足够让人信服的价值。

鉴于上述的种种考虑，我们对本书的写作框架和思路作了如下的设计。

导论旨在结合自己的心路历程和现实观察，探寻教学学术的提出背景，界定教学学术的内涵，张扬教学学术的意义，为本书写作的背景做一个感性和理性并重的交代。

第一章到第三章，均为“理论篇”。第一章主要梳理“大学教学名师”的概念，并对“大学教学名师”的类型做一个力所能及的划分。第二章主要提炼和归纳大学讲课名师（即大学名嘴）的一些基本特征，希望为那些志在做大学名嘴的同行们提供一些借鉴。第三章主要提炼和归纳大学的研究生培养名师（即大学名导）的三个基本特征。本书原想对大学教学名师的评选展开讨论，但考虑到真正的名师，如本书所写的那些老北大的名师、西南联大的名师们，的的确确是自然形成的，而非任何机构评定的，所以觉得没有必要去讨论一个“伪问题”。至于大学教学名师的成长规律，或许也是一个非常有价值的话题，但很难找到一个令人信服的群体性样本——像国家教学名师，算是一个比较整齐统一的群体性样本，但由于其评选过程和评选结果并没有获得普遍的认可，因此他们的成长规律也很难具备普遍性的意义。

第四章到第十二章，均为“个案篇”。在我们看来，就指导具体的教学而言，研究个案比研究理论，更具有现实指导性。但世界如此之大，我所知道的大学教学名师很多，我所不知道的大学教学名师更多。那么，又该如何选择研究对象呢？为了让我的选择更加合情合理，我预设了四条标准：一是真有水平的；二是在学生和同行中间真有认可度的；三是我已经非常了解或者通过必要的途径可以比较了解的；四是在某些方面具有代表性的。按照这四条标准，第四章和第五章，我以老北大的名师和西南联大的名师作为“过去的”大学教学名师的代表，根据文字回忆，着重“还原”他们的教学业绩与教育精神，为今日的大学教师提供参照。第六章以哈佛大学最会讲课的老师迈克尔·桑德尔作为国外课堂讲课名师的代表，重点探讨他的讲课艺术，以及对现实的启发。第七章以中国最会讲课的大学老师易中天作为中国课堂教学名师的代表，重点探讨他的讲课艺术，及其成功的“秘诀”。第八章选择我的同事，年轻的孙丰国副教授作为“课外教学名师”以及青年老师的代表，重点探寻他的课外教学艺术，并且借此讨论课外教学的价值与方法。第九章选择湖南科技大学的吴广平教授作为课堂教学与课外教学兼备的大学教学名师的代表，重点探寻他教书育人的成就、方法和理念。第十章选择湘潭大学张铁夫先生作为硕士研究生培养名师的典范，探寻他的研究生培养艺术。第十一章和第十二章选择湘潭大学周益春先生和四川大学曹顺庆先生分别作为理工科和文科博士生培养名师的楷模，探寻他们的博士生培养之道。

总之，这些个案基本兼顾了过去的名师和当下的名师、国外的名师和国内的名师、本科教学名师和研究生培养名师、课堂教学名师和课外教学名师、文科名师和理工科名师、资深名师和青年名师、校内名师和校外名师等方方面面，从而展现不同类型的名师的不同风采。

第十三章到第十八章，均为“实践篇”。研究大学教学名师，既是目的，也是手段。说是“目的”，是指通过自觉和虔诚的研究，来宣传名师们的业绩，揭示名师们的特点，提炼名师们的精神；说是“手段”，是指通过研究名师来提升自我和他人的教学水平，换言之，研究名师最有效的、最有价值的成果不仅仅体现为发表了论文，出版了专著，更体现为提升了研究者自身和有机会接触到该研究成果的其他大学老师的教学水平。因此，作为该项课题最主要的研究者，我想结合自己的教学实践，梳理一下通过研究大学教学名师，自己的教学水平如何获得了看得见、摸得着的进步。第十三章主要谈研究名师之后自己所形成的讲授观；第十四章主要谈研究名师（主要是沈从文）后，自己如何在“写作课”教学过程中推行更合理有效的课外教学；第十五章主要谈研究名师之后，自己是如何录制中国大学视频公开课的；第十六章主要谈研究名师之后，自己是如何申报教育部“精彩一课”的；第十七章主要谈研究名师之后，自己是如何为同行们上公开示范课的；第十八章主要谈研究名师之后，自己如何通过公开演讲，推广自己的研究心得。

第二章　大学名嘴的七大特征

名师≠名嘴。有些大学老师未必是名嘴，却可以通过高水平的课外教学和独特的人格魅力而成为名师，如沈从文。但名嘴≈名师，尤其是在课外教学被忽视乃至被无视的当今大学，会讲课的老师和好老师几乎成了同义词。因此，将名嘴作为大学教学名师中一个相对独立和独特的群体加以考察，是完全有必要的。不过，需要说明的是，本书所论及的诸位大学名嘴，在课外教学方面可能也成绩不凡，只不过因为研究的需要，在此处更突出他们的讲课而已。

必须承认，大学名嘴有各自的个性。诚如赵凯华教授所言："教师讲课就像是舞台上的演员给观众做表演。演员的表演差别很大，老师的讲课风格也不尽相同。说起教学方法来，我们常常有一个认识，就是教无定法。回想起我的老师，以及接触过的很多同行，再联系到自己的体会，每一个好教师的讲课都各有一些风格和特色，这一点特别像舞台上的演员。我比较喜欢京剧，现在好像很多年轻人也还都喜欢，京剧的演员有各种流派，差别很大，比如，四大名旦各有特色，可是都能得到观众的称赞。"①

不过，大学名嘴也肯定有共通性。概括起来，不外乎可以从两个大的方面考察：讲课观念和讲课行为（能力）。讲课观念是教师头脑中所具有的对讲课的基本认识、看法和态度；讲课行为又称讲课表现、讲课效果，它在一定程度上体现了教师的讲课观念，但更多地受制于教师的讲课能力。如果说讲课观念反映了教师"如何想"，那么讲课行为则反映了教师"如何讲"。大学教学名嘴，一是有好的讲课观念，知道什么是好的讲课；二是有突出的讲课能力，可以将好的讲课观念付诸实践。而细说开来，大学名嘴又至少具有七个共同特征。

---

① 《教师是舞台上的演员——赵凯华老师谈基础课教学》，郭九苓主编：《教学的魅力——北大名师访谈录》，北京大学出版社2010年，第175页。

第一节 天赋

据说古希腊的德谟斯忒斯原先患有口吃的毛病，后来发奋苦练，竟至于把石头含在嘴里练习发音，结果成了古希腊的第一位雄辩家。这个“据说”，成了不少中小学学生在议论文中论证勤能补拙的重要论据。问题在于：一，这只是“据说”而已，是真是假，无法考证；二，如果是真的，也只是个案而已，难以说明普遍性的问题；三，又有多少老师为了练口才而口含石头呢？至少这样的大学老师我至今未见到一位。在我们看来，发奋苦练，或许可以治好口吃，但成为雄辩家，天生不口吃的人，可能性会更大一些。

根据学者宋鑫等人的调查研究，北大教师对教学的投入态度是：“情有独钟”占26%，“乐于参与”占65%，“愿意关心”占9%，“毫无兴趣”选项没有一个人填写，“抵触教学”的仅有1人。有高达89.4%的教师认为“我热爱教学”，只有0.8%的教师认为自己不符合“热爱教学”的判断。对“我会首先认同自己是一名教师，而不是一个科研工作者”的回答，有54.9%的教师表示赞同，30.9%的教师表示“一般”，只有14.2%的教师表示不赞同。[①] 好的，“热爱教学”的教师竟然高达89.4%，可是成为名嘴的教师又有多少呢？肯定远远没有这么高的比例吧？那么，为何大多数热爱教学的老师却无法成为名嘴呢？缺乏足够的天赋是不是一个重要原因？

王一川先生举了一个例子，从一个侧面说明天赋对于成为名嘴的重要性：“龚翰熊老师，他讲课非常精彩，具有强大的感染力，善于把我们带入到外国文学作品的世界中去。另外还有一位同样教外国文学课的戴震老师，虽然他上课非常用心，但授课效果不是很好，每当他上课就有一些同学选择逃课，以至于后来只要这位老师一上课，不少同学就感到没劲。但后来毕业时我们才知道，戴老师为了把第二天的课讲好，头一天晚上总是整晚备课，准备很充分，因为他知道77级的学生基础好又善于思考，需要全力应付。而每次他给我们讲完课回到家，就会瘫坐在沙发上很久说不出话来。”[②] 说到敬业，说到努力，北京师范大学的戴震老师可谓是教师的典范，但是他的讲课却让学生“感到没劲”，唯一的解释就是：戴震老师缺乏讲课的天赋。

著名学者和作家周国平，文章写得极为漂亮，但讲课却非常一般。他亲口承认：“凡是读过我的书的人一致认为，听我的讲座远不如读我的书。”[③] “其实我是不太喜欢做讲座的，对于这方面的邀请一般都拒绝，因为我有自知之明，我这个人口才不好，刚才主持人说余秋雨先生来这里讲过，我可没有他那个出口成章的能力。我自己觉得我最喜欢的事情就是坐在家里看书、写东西，我觉得这是我最舒服的状态，所以

---

① 宋鑫等：《“教学学术”视角下的大学教学现状研究——基于北京大学的大样本研究》，《中国大学教学》2014年，第8期。

② 杜云英：《“从游和研究是我的本分”——访北京师范大学文学院王一川教授》，周作宇主编：《人文的路线——北京师范大学名师教学访谈录》，北京师范大学出版社2008年，第445页。

③ 周国平：《周国平人文讲演录》，上海文艺出版社2006年，第201页。

一般我也不太愿意出来做讲座。”[1] 他还说：

在演讲这件事上，我有自知之明，知道自己不是这块料。善演讲的人有三个特点，而我都缺乏。一是记忆力，名言佳例能够信手拈来，脱口而出，而我连自己写的东西也记不住。二是自信心，觉得自己是个人物，老生常谈也能说得绘声绘色，而我连深思熟虑过的东西说起来也没有信心。三是表演欲，一面对观众就来情绪，而我却一上台就心慌。所以，每接到这类邀请，我的第一反应是推辞，万一心软接受了，灾难便从此开始，直到讲演之日没有一天心安。从实践看，我的讲演也基本上是一个失败的历史，经常怀着对自己沮丧和对听众歉疚的心情走下讲台的。[2]

认为天赋决定一切，不是唯物主义者，认为勤奋决定一切，也不是唯物主义者。在大学里，如果说课外教学的水平更靠态度，那么，课堂讲课的水平则更靠绝对的能力。而在讲课能力的形成过程中，天赋是必不可少的基础。尤其是想从数量较多的“讲课好的老师”晋升为屈指可数的“名嘴”，天赋的作用就尤为重要。关于天赋对于成为顶尖人才的作用，作家马笑泉在《还原廖耀湘》中，有一段话写得极好：

在各行各业，那些出类拔萃的人物，除了后天的努力和机缘外，天赋也是一个不可忽略的因素。天赋欠佳，就算再勤奋，也难以取得创造性的成就。有人常以爱因斯坦小时候反应迟钝为例，来说明后天勤奋决定一切，却不知爱因斯坦的先天大脑构造就异于常人：他大脑中负责视觉思考和空间推理的区域——顶叶，要比常人的大百分之十五。而且，它不像常人的大脑那样，被大脑外侧裂分成两个部分，而是一个相对完整的部分。换了一个普通大脑，就算天天冥思苦想，恐怕也难以蹦出相对论这样石破天惊的构想。还有人常引用爱迪生的名言：天才，是百分之一的灵感，百分之九十九的汗水，却从未想过，若没有那百分之一的灵感，百分之九十九的汗水都会作废。这百分之一的灵感出不出现，主要是由天赋决定的。[3]

著名学者刘再复对天赋的理解更加全面和得体。他将关于天才的定义归纳为四种不同意见。第一种是强调天才是上帝制造的，自天而降的，即强调天才的先验性、先天性与神秘性，也可以说是强调天才的神性与魔性及不可知性。第二种意见，强调天才是父母给的，即强调天才的遗传性、生理性。第三种意见，是强调天才乃是自己争来的，即强调天才的自创性，也就是后天现象。持守这一意见的人，几乎不承认天才的存在。第四种意见，强调天才是老师给的，即教育传授的结果。

在强调先天（天分）与强调后天（勤奋）的争论中，刘再复采取“中道”立

① 周国平：《周国平人文讲演录》，上海文艺出版社 2006 年，第 89 页。

② 周国平：《周国平人文讲演录 · 自序》，上海文艺出版社 2006 年，第 1 页。

③ 马笑泉：《还原廖耀湘》，《湖南文学》2015 年，第 1 期。

场。他非常欣赏美国心理学家华生对爱迪生关于天才的描述的理解：天才确实是百分之一的天才与百分之九十九的勤奋，但不是爱迪生所说的加法，而是乘法。这就是说，两者都极为重要，两者都是天才的根本条件。如果没有百分之一的生理性条件，也就是说天分是零，那么，后天的九十九乘以零还是零；但如果具有“一”的前提而没有后天的努力，“一”也没有用。后天“九十九”（勤奋度）乘一得九十九，后天“六十六”乘一得六十六，后天“三十三”乘一得三十三，如果后天是懒洋洋的零状态，那么先天的“一”也必将归于零结果。华生的说法最接近真理：天才需要先天的生理性的前提（“一”），又需要后天的文化性提升，而“提升”过程，舍“勤奋”别无他法。①

在我们探寻大学名嘴是如何勤奋的问题之前，我们必须要强调，能够最终成为大学名嘴的，至少是有一个“一”的，即讲课方面的天赋。2014 年 6 月，湘潭大学举办第一届教职工演讲比赛，参赛选手多为刚刚入职不久的青年教师。五分钟的演讲，基本可以看出哪些老师更适应站在讲台上，哪些老师更适合做科研工作。最后获得一、二等奖的五位老师，根据“可靠消息”，都是各自学院非常受欢迎的老师，算是院级名嘴，而他们将来成为校级及校级以上名嘴的几率要远远大于那些获得三等奖的老师。至于那些没有获奖的老师，也许在科研上会有所成就，但成为名嘴的可能性则微乎其微——今天湘潭大学的那些名嘴，当年参加过校级讲课比赛的，多是一等奖获得者，至少是二等奖获得者。

实际上，大凡公认的名嘴，在口语表达方面，多半有着超出常人的天赋的。像哈佛大学明星教授迈克尔·桑德尔，虽然从未公开承认自己具有讲课的天赋，但是听过他的《公正》课的听众，都会有一个共同的感觉：桑德尔教授有一种天赋，可以让复杂的问题变得简单、易于理解。将复杂的问题表述得很简单，这正是教师所要具备的一种天赋，正像将简单的问题表述得很复杂是做学者的一种天赋一样。哈佛大学另一位明星教授，“哈佛大学最受欢迎的幸福课”——《幸福的方法》的主讲老师泰勒·本－沙哈尔，则公开承认自己具有教学方面的天赋：“教学是我的天分。我在集团里教过总裁，在大学里教过学生，还教过问题青年。讲课使我感到开心，它带给我当下的益处以及未来的益处——快乐和意义。我讲课是因为我想教（因为我热爱教课），并不是因为这些课需要我教（去满足他人的要求）。”② 言下之意，他是为讲台而生的，讲课对别人来说是一种负担和痛苦，对他而言却是一种享受和快乐。

天生享受讲台的，北京大学名嘴周民强也是一位。他说：“我这个人很奇怪，就是一到了讲台上，我的心情就放开了，非常的高兴。可以说，就是非常喜欢去做这个教学工作，所以，我的备课、写讲稿，花的时间就多一点。倒不是说我有什么了不

① 刘再复：《教育论语》，福建教育出版社 2012 年，第 80—82 页。

② ［美］泰勒·本－沙哈尔：《幸福的方法》，汪冰、刘骏杰译，中信出版社 2013 年，第 122 页。

起，但许多教师确实做不到这一点。”①

北京师范大学物理系名嘴梁灿彬坦承：“我认为自己的资质平平，但我认为我的教学天赋很好，许多其他天赋包括物理天赋一般，所以我认定我是一个教书的料，我一定要做一个好老师，这是我的首要任务，而且我也认为做一个好老师影响重大。”那么，他讲课的天赋好到什么程度呢？据他回忆：大学二年级时，18 岁，第一次讲课，没有看稿，整堂课一气呵成，同学们反映非常好，几十年后，老同学聚会，还记得当时他讲的这堂课。那次的成功也大大地激励了他成为一个老师的决心。后来参加工作，“第一节课就很叫彩”②。

蒋昌建，被誉为“复旦最受欢迎的老师”。虽然说复旦大学博士和耶鲁大学博士后给了他成为名嘴的底蕴，但不可否认的是，这几个身份在复旦大学的老师中是极为稀疏平常的。而让蒋昌建的讲课从优秀走向杰出的，正是他表达方面的天赋：他是 1993 年首届国际大专辩论会冠军队的核心，最佳辩手。担任四辩的他，总结陈词中一句“黑夜给了我黑色的眼睛，而我用它来寻找光明”，被新加坡《联合早报》评价为“词锋锐利，反应敏捷”。当年辩论赛顾问王沪宁曾回忆：“第一次到新加坡广播局试音的时候，蒋昌建一开口，他那特有的男中音和有魅力的嗓音，就吸引了大家。新加坡广播局的郭奕好小姐，就向我这里看，并伸出大拇指。”如今在网络论坛上，仍有人怅然回忆：“那时候我们模仿蒋昌建的说话和表情，梦想有一天像他一样气势如虹。他影响了我们整整一批人。”③

更具有代表性的或许是易中天了。刘道玉在自己的著作中很详细地回忆了初登大学讲台的易中天是如何风靡武汉大学的校园的：

> 事实证明，易中天的确是一个优秀的人才，他是中文系讲课最受欢迎的教师之一。1983 年，他为本科生开设的《文艺审美心理学》，首开了这一领域的先河。这是一门跨越文学、美学、心理学的边缘学科，如果没有渊博的知识，是很难胜任这门新的课程教学的。他的课程是安排在教三楼 001 教室，它是学校那时最大的教室，可容纳 300 多人。他开设的这门课，当时吸引许多学生，甚至连华师、华工的学生也赶来听课。为了抢到一个座位，学生们都要提前去排队，去晚了的学生，只能站在走廊上、趴在窗台上听。他开设的选修课，曾轰动一时，有些报纸还专门作了报道。
>
> 为什么易中天的课程获得了如此的成功呢？当时，我曾经总结了他的成功经验，并向全校作了介绍。他的成功在于：一是，他讲授的内容新，不同于那些几十年一成不变的老式课程，所以学生们爱听；二是，他思维敏捷，口才好。这就像俗话所说的：“一年胳膊、两年腿、十年练就一张嘴。”因此，没有良好的口才，要获得满意

---

① 《心血铸就的教学丰碑——采访数学系周民强教授》，郭九苓主编：《教学的魅力——北大名师访谈录》，北京大学出版社 2010 年，第 131 页。

② 刘雪平：《深情注科教——访北京师范大学物理系梁灿彬教授》，周作宇主编：《人文的路线——北京师范大学名师教学访谈录》，北京师范大学出版社 2008 年，第 148 页。

③ 徐琳玲：《蒋昌建这 20 年》，《南方人物周刊》，2014 年，第 8 期。

的教学效果是困难的，现在许多教师教学的弱项也就在于此。三是，他富有激情，不仅能够调动学生们的兴趣，而且还能够抓住他们的心理，知道他们需要什么，他们的疑点、难点在哪里。①

或许，很多人认为，那些天赋平平却通过后天无比的努力而让事业达到一定高度的人才值得尊敬。其实，那些因为天赋异禀而最终取得成功的人，同样值得敬重，因为他们了解自己，善于选择。大学名嘴大多具有讲课的天赋，他们没有因为外界的诱惑和干扰而选择大学教师之外的职业，而是积极、主动、自觉地选择了一个可以最大程度发挥自己天赋的职业，这种选择的智慧，难道不值得借鉴和欣赏吗？

北京大学孙祁祥教授说："我感觉做好教学工作很重要的一点，就是老师对这个职业要热爱。对于我来说，有一些机会去做别的工作，比如说去政府部门，去公司等，但我仍然选择了教师这个职业。因为我热爱这项工作。"② 毫无疑问，热爱教师这个工作，这是一种天赋，而毅然决然地选择教师这个工作，这是对自己天赋的一种认识和尊重。

李萌昀老师，刚登中国人民大学讲台之初，就成了学生心目中的"男神"。很显然，具有讲课天赋，是他年纪轻轻就成了讲课明星的主要原因。而他最值得称道的地方就在于：一开始就很清醒地知道自己想要什么，擅长什么："2010 年博士毕业，李萌昀又作出一个关键选择，放弃进科研机构的机会，选择了当大学老师。'我想成为好学者，更想成为好老师。'李萌昀说，走上讲台可以直接和上百个年轻人交流，帮助他们选择看待世界的方式，找到认识自己的方法，'还有比这更精彩的职业？'"③ 可以说，正是这次明智的选择成就了一个名嘴李萌昀。

再比如说蒋昌建，由于他的才华和名气，硕士研究生毕业后，别人为他设想的就业可能性有：做外交官、走仕途、经商下海等等。"当时是有很多选择，其中一些超出自己的预期，"蒋昌建坦承，"我对自己比较了解，喜欢自由自在的，如果你个性上做不到这一点，就不要给人添麻烦，也不要为难自己。"④ 于是，他还是很坚定地按既定道路走——继续读博，留美做博士后，回国留校任教。在复旦园里，他教书写书，过了 20 年"平淡得如同白开水"的生活，也比一般人更轻松地成为大学名嘴。

第二节　勤奋

大学名嘴大多有一个"1%"——讲课天赋。在此基础上，他们又是愿意再付出"99%"努力的人。他们为讲课所做的最充分的准备，主要从两个角度展开：一是内

---

① 刘道玉：《大学的名片——我的人才理念与实践》，湖南教育出版社 2010 年，第 35—36 页。

② 孙祁祥：《跬步集》，北京大学出版社 2011 年，第 73 页。

③ 《80 后大学老师国学课上讲韩剧》，《人民日报》2014 年 8 月 12 日。

④ 徐琳玲：《蒋昌建这 20 年》，《南方人物周刊》2014 年，第 8 期。

容；二是形式。

“一门课真要上好的话，需要投入的时间和精力，是个无底洞。”[①] 这是很多大学名嘴的一个共识。北京大学丘维声说：“像我讲高等代数讲了 12 年，但是我每次上课都重新备课，不去看以前的教案。尽管平时很忙，既要搞科研，还要写教材，但是我坚持重新备课，要讲出新的水平。”[②] 北京大学名嘴洪子诚这样回忆自己的备课：“我从 77 级开始上当代文学史的课，一直到退休前，教过十多届学生。每次的讲稿我都重写，退休的时候讲稿积累了很多。为什么每次都要重写讲稿呢？一是因为当代文学史课程变动很大，需处理现实里面的很多文学现象、问题，对当代文学的看法也经常调整，不是那么固定；二是因为从一开始上课一直到退休的时候，我上课都非常紧张，所以要把讲稿非常详细地写出来。我的讲课还比较受学生的欢迎。”[③]

北京大学李中华老师说，我的唯一经验就是要认真，学生对我的评价也是李老师上课比较认真，比较有责任心，一节课如果我没有什么准备，我也可以讲，就是侃来侃去，两三个小时很容易侃出来的。但是给了学生什么？备课准备，要用非常认真的态度来对待，而且课堂上的讲授要有计划。这节课，比如讲孔子，让学生了解什么？因为孔子可讲的东西太多了，讲讲他的生平，东扯西扯，讲一些故事，两个小时也一会就过了，学生也特别爱听，但那不行啊！关于孔子，你要知道最重要的是哪些问题，这就需要老师认真对待。[④]

北京大学戴灼华教授说：备课时必须把遗传学的基本概念、基本原理反复吃透，反复思考，必须用最准确、最简练的语言，深入浅出地传授给学生。对于每一堂课，哪怕是讲了十遍、八遍，上课前我仍然要重新备课，还要查阅新的文献，重新思考教学内容的知识要点和逻辑关系。阅读相关的多本教科书，然后在自己深刻理解的基础上，信心百倍地在讲台上把它讲深，讲透。如果做不到这点，我心里就会不安。我绝不轻易地、随便地对待任何一堂课。为了上好课，我可做到废寝忘食，甚至可以拒绝干扰我备课的任何事情。上课前一天，亲友要来见我，我会婉言拒绝。[⑤]

朱良志也是一位对讲稿很讲究的北大名嘴：“我上一次课，至少准备几天时间。这也成了自己研究工作的一部分。我至少有三本书是在我上课的基础上形成的，比如说《中国美学十五讲》。每次课我准备的时间比较长，从一个完全新的问题、一个新颖的角度不断向前推进。学期开始我有总体上的考虑，每堂课讲什么问题，我尽量有

① 《学术理想 家国情怀——访古汉语老师邵永海》，郭九苓主编：《教学的魅力——北大名师访谈录》，北京大学出版社 2010 年，第 10 页。

② 《锤炼数学思维，紧跟时代步伐——访数学学院丘维声教授》，郭九苓主编：《教学的魅力——北大名师访谈录》，北京大学出版社 2010 年，第 173 页。

③ 《鼓励争鸣 重在思考——洪子诚老师谈文学史教学》，郭九苓主编：《教学的魅力——北大名师访谈录》，北京大学出版社 2010 年，第 1—2 页。

④ 郭九苓等：《观乎人文，以化成天下——李中华教授谈国学教育》，《北京大学教学促进通讯》，http：//llt. pku. edu. cn/? p = 262。

⑤ 郭九苓等：《勤奋为师，严谨以教——生命科学学院戴灼华教授访谈》，http：//llt. pku. edu. cn/? p = 381。

一个综合性的设计。"[①] 由此可见，从内容上看，为讲课所做的最好的准备就是科研。当然，此科研非彼科研。"彼科研"是为了应付评价体制而做的，"此科研"是为了提升讲课内容而做的，两种科研的目的、心态和方式完全不一样。科研和教学是如何统一的，朱良志的备课给我们提供了很好的示范。

北京大学生物学教授杨安峰，讲课虚实结合、首尾兼顾，大量的材料与理论结合，突出重点、难点，深入浅出。做到这些，他有个很不错的方法："备忘录"，即备课时，详细写下总体设计，用什么例子，用什么参考书，挂图是什么，怎样安排顺序，无不细细构思；课后，又及时记下同学的反映，自己忽略的细节，为以后的教学、编书留下铺垫，以免措手不及。[②] 而且，每次课前，他还会将精心准备的教案，如放电影一样过一遍，进一步巩固。

中国科学技术大学名嘴陈国良，短短几年间，他的备课讲义已经积累了七大卷，每卷四本，摞起来足有几尺高。而他每年的讲课都会更新其中的1/3，常讲常新，始终让学生感到新鲜。正如他在《周日小记》中所说的："每当有课，便谢绝一切事务，闭门备课。灯影之下，面对教案若有所感，时而喃喃自语，时而点点画画，时而下笔纵横，天长地久，积累的教案竟达数十本，堆积起来有几尺高，虽看上去似为一堆废纸，但却是一笔一画涂写出来的。"[③]

南开大学名嘴程鹏教授，接到一门新课后，立刻停下正在做的科研课题和正在写作中的论文，借来大量的教学参考书，全副身心都投入到备课当中。白天，看书学习，准备资料，并且不时登门向退休的老教师求经。晚上，当年幼的孩子睡着之后，他就在两家合用的客厅一角写教案。微黄的灯光，浸透衣衫的汗水和一沓沓密密麻麻写满了字、画满了化学符号的稿纸，伴随着程鹏度过了一个又一个不眠之夜。[④]

诚如钟锡华老师所言：为使课讲起来生动自如，富有激情，是要做精心准备的。哪些地方是要有思想火花的，哪些地方是要体现智慧灵光的，一定要使用什么例子之类调动大家积极性的问题，头一天我在脑子是要仔细过一遍的，经过充分的考虑和思想的酝酿。如果准备不好，我讲课过程就不够流畅，情绪就不饱满。[⑤]

20世纪80年代初，在宁夏农村服务了21年的王声涌调到大学当老师。为了上好他调到暨南大学的第一堂课，在讲课的前一个星期天，他面对空教室把要讲的课从头到尾预讲了一遍。此后，每个星期天，他都对着空教室把下周要讲的课预讲一遍。这一预讲就预讲了一年半。他说，这一年半的苦练，一是练表达，二是练计时，因为

① 《为人生的美学——访美学名师朱良志》，郭九苓主编：《教学的魅力——北大名师访谈录》，北京大学出版社2010年，第34—35页。

② 北京大学研究生会、MBA联合会组编：《北大名教授访谈记》，机械工业出版社1998年，第186页。

③ 胡胜友：《心中有学生 教室就比天还大——记首届名师奖获得者、中国科学技术大学教授陈国良》，教育部高等教育司组编：《名师颂》第一卷，教育科学出版社2007年，第305页。

④ 冀宁：《遇上他是学生的幸运——记第二届名师奖获得者、南开大学教授程鹏》，教育部高等教育司组编：《名师颂》第二卷，教育科学出版社2007年，第93页。

⑤ 《精益求精，在经典中把握时代——钟锡华老师谈他的课程建设与教学工作》，郭九苓主编：《教学的魅力——北大名师访谈录》，北京大学出版社2010年，第186页。

“不能贪污学生的时间”，三是练板书。①

厦门大学沈明山教授说：“第一堂课要怎么讲？我先写讲稿，一下子写了13张，修改后定稿抄正，害怕自己断了思路就背讲稿，可是背好和讲出去还是有差距，干脆自己找了块床板当黑板，又找了个录音机关在宿舍里试讲，什么地方要板书，写在什么地方，什么情景需要什么肢体语言，一遍一遍不厌其烦。直至现在，我还保留着试讲的备课方式，很多人都说你讲了这么久可以信手拈来，但是作为教师不能把学生作为试验品，我一定要把最成熟的知识奉献给学生。”②

被誉为武汉大学四大名嘴之一的哲学教授赵林，又是如何备课的呢？一次下课回家，赵林塞着耳麦走在校园里，迎面而来的同事打趣说道：“赵老师还真时尚，走路都听着歌！”赵林说，“这是我刚上课的录音，我正好在路上再听一遍，看哪些地方讲得不好。”同事把耳机拿过来一听，果然是讲课录音，不禁被赵林老师的敬业精神所打动。③

北京大学杨立华教授，将备课延伸到日常生活之中：“上过我的课的同学都知道，我喜欢电影、诗歌、文学，讲课时我就会把这些和教学内容关联起来。这也跟我自己的思考态度有关系，我特别强调‘随事格物’，就是在一切事物上我都会认真思考。我看足球会思考，看电影会思考，读一首诗也会思考，听音乐也会思考……另外我还机缘巧合地和诗歌、文学、电影这些领域最高水平的人有交往，受到他们的熏陶。这就丰富了自己，而且会使课程更有感染力。”④

暨南大学名嘴张世君，为了让讲课图文并茂，年过50，却“不爱红装爱科技”：“为了制作真正的融文字、图像、视频、声音于一体的多媒体课件，做到插播的视频小而精，要哪段有哪段，鼠标一点视频就出现，我长期收集图像视频资源，熟悉影碟，大量看片，记录播放时间，确定需要内容，精心剪辑视频段落，一帧一帧截取视频图像。这是一个费时间、耗精力、花钱财的事情，个中的辛苦只有做的人才最清楚。但我乐此不疲，感到快乐。为了这个快乐，我搞垮了两台电脑，玩烂了三台影碟机和两架照相机，剪辑了1200段视频段落。”⑤

北京大学教授钱理群说：很多人觉得我上课随便讲就可以讲很好，其实大家都误会了，我是精心准备的，有详细的讲稿。讲稿大概分为两类，一种是几乎一个字一个字写出来的，还有一种就是列一个详细的提纲。我曾长期担任过中学教师，所以养成了上课前要做充分准备的习惯。不仅讲课内容，包括板书写什么、怎么写、写哪里，

---

① 卢丽君：《人民予我者多 吾之奉献却微——记首届名师奖获得者、暨南大学教授王声涌》，教育部高等教育司组编：《名师颂》第一卷，教育科学出版社2007年，第423页。

② 李静：《教好学生是我一生的课题——记第二届名师奖获得者、厦门大学教授沈明山》，教育部高等教育司组编：《名师颂》第二卷，教育科学出版社2007年，第283页。

③ 陈博雷：《名师的三大法宝——记第三届高等学校教学名师奖获得者、武汉大学教授赵林》，教育部高等教育司组编：《名师颂》，教育科学出版社2008年，第305页。

④ 郭九苓等：《反思、节制、敬畏——哲学系杨立华老师的治学之道》，《北京大学教学促进通讯》，http：//llt. pku. edu. cn/？p=263。

⑤ 张世君：《外国文学史》后记，华中科技大学出版社2007年。

哪些需要长期留下来，哪些写完要立刻擦掉，我都预先要设计、规划。①

北京大学蒋绍愚这样介绍自己的备课经历：有些课，我尽管已经讲了十多年了，但我不会把原先的讲义原封不动地印发给学生，而总是力求把国内外学术界的最新成果和我自己研究的最新看法放到讲授内容之中，所以，每年的讲义和讲授内容都会和前一年有较大的不同。这样做确实是很花时间的，讲一次课是100分钟，而我每备一次课总要整整一两天。”②

清华大学名嘴程佳惠老师，初登清华大学讲台的时候，刚刚流行那种功能简单的收音机，她买了一台，把这重要的第一课从头到尾录了下来，回去以后仔细听，反复琢磨哪句话多了哪句话少了。在此后很长时间她都保持着这个习惯。③ 正因为有了这样的良苦用心，程佳惠老师才能把“运筹学”这门在旁人看来无比枯燥的课讲出一种艺术的感觉。她的课，学生反映没有一句废话，因为程老师对课堂的设计和准备几乎是精当到每一句话甚至每一个用词的。程佳惠老师为上课所做的准备，可以称之为“磨课”。经验告诉我们，一个人听自己的讲课，是一件很烦恼的事情。但作为老师，要想成长，这又是必需的一个过程。我曾在《如何走上大学讲台——青年教师提高讲课能力的途径与方法》（湘潭大学出版社2013年）中，专设第七章“磨课”，对“磨课”的方式和方法做了比较详细的论述。程佳惠老师的“磨课”属于典型的“自磨”，易中天的“磨课”也属于这种类型：

张斌：讲《汉代风云人物》您觉得游刃有余吗？

易中天：没有哪个节目是游刃有余的，只能是呕心沥血。

张斌：您为了一集《汉代风云人物》，您为一集三国大概要做什么样的准备？

易中天：一集大概需要5天的准备时间。案头工作包括看书、思考、结构、写成文字。我每一集是把全文写出来的。

张斌：这5天什么都不能干了？就是为了电视上呈现的不到一小时的节目。

易中天：所有无关的事都不能做。各种史书必须重读，还要确实。而且，像《史记》、《汉书》、《三国志》、《后汉书》都是纪传体的史书，它的特点就是同一个事件的记录可能分散到好多人的传里面，在谈这一个事件的时候，必须把相关所有的人的传都要看一遍，如果对这个传，历史上有不同的解释，要把相关不同的解释都找来。你把这个事情弄清楚以后，你才能选一个主题，写成一个六七千字的文稿。④

---

① 郭九苓等：《一位理想主义者的教育观——访中文系钱理群先生》，《北京大学教学促进通讯》，http://llt.pku.edu.cn/?p=1508。

② 北京市教育委员会高等教育处等联合组织编写：《高校教师的教学视野》，首都师范大学出版社2012年，第29页。

③ 刘颖、牛小玢：《做个简单人——访管理科学与工程系教授程佳惠》，《师者——清华管理学院教授访谈录》，机械工业出版社2006年，第189页。

④ 张斌：《误人子弟？央视名嘴张斌拷问易中天》，“人民网”2006年5月24日。

其实易中天已经对自己的备课轻描淡写了，为了台上的精彩，他何止准备了五天，他其实已经准备了一辈子。

另一位“百家讲台”的名嘴阎崇年，虽然不是大学老师，但是他为讲课所做的内容准备和形式准备、短期准备和长期准备，比较完整地展示了大学名嘴们潇洒背后的不潇洒：“在‘百家讲坛’，每讲一次，就如同进一次‘炼狱’。没有研究的当然不能乱说，还要琢磨讲法——讲‘筋骨’，大家听起来没意思；讲‘血肉’，节目时间有限。怎么办？绞尽脑汁。”①

一言以蔽之，大学名嘴都是为了上课做了最可能充分准备的人。

第三节 理念

大学教学名师，除了热爱讲课，无一例外都是懂讲课之人。换言之，他们对什么是好的讲课、应该怎样讲课，有着明确而合理的理解。因此，他们的整个职业生涯，其实都是在实践自己的讲课理念。

北京大学名嘴郭弘教授说：作为一名教师，你绝对不能永远照本宣科，过去怎么理解现在还是怎么理解。② 这说的是讲课的底线问题。如今照本宣科的方式更加多元化：既有照着讲稿读的，也有照着 PPT 念的，还有照着教材内容背诵的，最含蓄的是照着一两篇论文讲的。

北京大学名嘴朱良志说，好的讲课应该是有意思的、通俗的、能理解的、有启发性的：“当然不是给学生讲浅的东西，而是要把比较有意思的、深邃的东西用比较通俗的语言讲出来，这是一个教师应该做的。现在为什么让教师写教材？跟这个有关系，你必须要把它讲清楚了，讲通俗了，使大多数人能够理解。”③

北京大学蒋绍愚说：“我认为课堂教学一定要使学生感兴趣。如果一门课让学生听得索然无味，只是由于课堂纪律的约束才不得不坐在教室里，那只能说是教学的失败。但这样的‘兴趣’不等于‘风趣’。‘风趣’不是教学的根本。有的课程，教师在保证教学质量和教学深度的前提下，经常有一些风趣的言谈，使得课堂气氛很活跃，这当然是好事。但是，课程的性质不同，教师的风格不同，并不是每一门课程都必须讲得很风趣。如果一味追求风趣而不在课堂的质量、深度上下工夫，那就是舍本逐末，甚至会成为哗众取宠。”④

北京大学数学名嘴丘维声认为，大学老师不仅要写教材，而且要超越教材：“教

---

① 邢宇皓：《阎崇年：上百家讲坛，如进炼狱》，“光明网”2008 年 2 月 19 日。

② 《一知而十解，游刃有余——郭弘教授的学习与教育观》，郭九苓主编：《教学的魅力——北大名师访谈录》，北京大学出版社 2010 年，第 208 页。

③ 《为人生的美学——访美学名师朱良志》，郭九苓主编：《教学的魅力——北大名师访谈录》，北京大学出版社 2010 年，第 33 页。

④ 北京市教育委员会高等教育处等联合组织编写：《高校教师的教学视野》，首都师范大学出版社 2012 年，第 22—23 页。

材总有相对的稳定性和规范性，不可能像讲课那么灵活。从纯技术的角度来讲，授课也不能照搬教材，否则学生的注意力不可能在你讲的内容上。讲课与教材最大的区别是授课是一个领导思维和探索未知的过程，从过程和板书的次序中学生能够领悟数学思想，增长解决问题的能力。这在教材上是很难充分体现的。"①

在北京大学名嘴陈守良看来，好的讲课应该用思想的展示吸引学生的注意力，而播放PPT则是讲课之大忌："作为一个教师，某种程度上要像京剧演员，一上场就要成为注视的焦点，让学生全部注意你，要镇住全场。京剧演员是用他的艺术来吸引观众，教师应该是以你的思想来吸引学生。你提出的问题，你的逻辑推理，你的结论，要进入学生的脑子里，让学生跟着你转，跟着你想。现在很多教师用电子媒体，有了PPT，学生笔记都不用抄了，很多知识就从老师的电脑转到学生的电脑，就是不进人脑。"②

北京大学名嘴杨立华老师认为，好的讲课包含几个要素：能够为当下提供正能量；有学术涵养；态度认真；有互动；有节奏；有激情："我的教育理念就是要发扬中国的传统精神，让它成为改变我们当下精神状态的力量和来源。其实前面我已经讲到了一些，第一点是教学要建立在学术的基础上，就是'学养'。第二点就是教学态度要认真。我的《中国哲学》讲了这么多年，每一年我都重新调整讲稿。第三点是在教学的具体过程中，要注意跟学生的互动，针对学生的特点对讲课的节奏进行调整。讲课的节奏，包括知识量的安排，讲课时语言、语速的调整，内容深浅度的调整等等。在北大这个地方不要怕讲得深，我试过讲很深的东西，学生也能跟得上。"③

电子科技大学彭启综认为，好的讲课，可以让课堂呈现出几种状态：一是严肃的，比如学生不能在课堂上吃东西，玩手机；二是宽松的，比如学生可以自由发问，老师善于使用幽默调节气氛；三是绝不是照本宣科的；四是有内在的逻辑美；五是有一定的即时性而非有计划的互动；六是给学生的信息是适度的；七是电子教案的文字是清晰的，图形是美观的，整体上是朴素而非华而不实的。④

北京大学名嘴刘书华教授认为，好的讲课至少包含着几大要素，包括极好的个人表达能力；通俗易懂；吃透内容；经常举例；有前沿的内容：

> 讲课不但是传授知识，也是一门艺术，除了个人的表达能力外，主要是对课程内容的掌握和融会贯通程度。但是课程与课程不一样。比如基础课，上课要能让学生产

---

① 《锤炼数学思维，紧跟时代步伐——访数学学院丘维声教授》，郭九苓主编：《教学的魅力——北大名师访谈录》，北京大学出版社2010年，第173页。

② 《玉壶存冰心，朱笔写师魂——陈守良教授和他的老师与学生们》，郭九苓主编：《教学的魅力——北大名师访谈录》，北京大学出版社2010年，第237页。

③ 郭九苓等：《反思、节制、敬畏——哲学系杨立华老师的治学之道》，《北京大学教学促进通讯》，http：//llt. pku. edu. cn/？p＝452

④ 北京市教育委员会高等教育处等联合组织编写：《高校教师的教学视野》，首都师范大学出版社2012年，第62—66页。

生兴趣，有吸引力，一定要讲得通俗易懂，最好结合生活中的一些理解和应用讲解。对一些很枯燥的基础课，像数学、物理，我觉得主讲教员首先要把课程内容吃透，不能照本宣科。内容都吃透了以后，你的课才能游刃有余，有些理论你也可以发挥，讲的内容学生也能很快理解。

我们也上过大学，上过很多课程，有些老师照本宣科，这种课容易睡觉，他的课程我们听不听没关系，回去看看课本是一样的。所以说要把课程讲好的话，就要把课程，特别是基础课的内容吃透，要讲得非常灵活。比方说为了帮助学生理解理论概念，经常举一些例题，使学生听你的课时必须集中精力，如果精力不集中而走神，那精彩的概念理解和生动的解题例子会落掉，就会有损失感。你要照本宣科讲解和推导，学生掌握了你的上课习惯和规律了，你推的和讲的与课本一样，这样你的吸引力和课堂的秩序就不好掌握了，这是基础课教学。

那么专业课教学呢，要讲得有吸引力，你必须抓住学科前沿，讲学科国内外最新发展动态和新理论成果，讲国家和社会的需求，提高学生投身到专业学习的兴趣和动力。学科专业基础知识随着科学技术和社会的发展，其理论和知识结构也在不断地更新和进步，专业课的教学要传授基本的专业基础理论及其应用，所以你要抓住学科的前沿，讲一些学科新的理论和方法，使学生感到学习有方向和目的，学生的学习就有动力，就能吸引学生学好专业课。

上好课的技巧没什么，就是教员要努力，要把课备好。另外，要注意活跃课堂教学气氛，也是提高教学质量的关键。那么如何活跃课堂教学气氛呢？例如，当你讲一些很枯燥的专业理论的时候，随时结合讲一些理论在研究和自然科学中的应用例子，可大大活跃课堂气氛，并帮助学生更好地理解，提高教学质量。我在讲授环境生态学中的一些基础理论时就是这样做的。①

王协舟是湘潭大学公共管理学院教授，湘潭大学青年名嘴之一，曾获湘潭大学青年教师讲课比赛一等奖（2012 年）和湖南省普通高校青年教师教学能手称号（2012 年）。关于他的讲课艺术，我曾在《王协舟：讲台上的林志炫》（载《大学的痛与梦》，湖南人民出版社 2014 年）中有所描述。而他自己对讲课境界的追求和我对他讲课水平的描述是基本一致的（系首次公开发表）：

我认为对教师教学能力与素养的考察，一是体现为教师对教学内容的准确把握和生动解读，二是体现为教师对教学形式的科学设计与完美呈现，只有二者的最佳协调、有机统一，才是好的教学。

从内容上看，无非“准确科学、充实丰富、前沿新颖、贴近现实”四个要求。准确科学即不能传授错误的知识和信息，不能误导学生；充实丰富即一堂课必须要求

① 《教无定法 唯精是道——刘书华教授谈教学》，郭九苓主编：《教学的魅力——北大名师访谈录》，北京大学出版社 2010 年，第 190—191 页。

知识含量，尤其是学会引导学生去检索、鉴别、利用、评价数字学术资源；前沿新颖即不能只盯着教材照本宣科，知识视野要开阔，教材上的知识都具有一定的滞后性，要多浏览并及时向学生介绍学术会议信息、期刊论文观点等；贴近现实即不能单单依靠教材上的经典案例，要有鲜活的现实案例，把知识学习与生活感悟、工作体验结合起来，举一反三，让学生在学习知识的同时品味生活，感受人生，提升能力。

从形式上看，有“情感蕴含、形象展示、语言表达、技术运用”四个要求。从情感蕴含看，要有激情，激情满怀，激情洋溢，激情燃烧，激情四射；从形象展示看，要全力塑造并充分展现阳光灿烂、充满活力的精神面貌，绝不可以疲惫不堪、萎靡颓废的状态出现在学生面前，要注意仪表着装，可以随意但不能随便，可以休闲但要得体，不能着奇装异服，肢体动作和表情要符合课堂教学需要，可以夸张、含蓄、优雅，但要贴切、自然、不做作；从语言表达看，要注意语义、语势和语趣，有格调，有档次，有品位，注意知识性、科学性、创新性，还要注意趣味性，要生动形象，底线是正确无错话，稍好一点是干净无废话，最高境界是优美无空话；从技术运用看，学会基本的多媒体技术已是大势所趋，编排、链接、动画、色彩、视频、音频都可以用，但注意，技术的功能在于锦上添花，技术要为教学效果服务，不能本末倒置，不为技术所困，不为技术所累，不被技术因素绑架，要借助技术依靠技术，但不过度地依赖技术。

总之，教书就是育人。教学是有模式的，而且一定是个性化的，是有着自己的风格的，但是形成模式不等于僵化呆板，展现个性不等于随便应付。上好一堂课不容易，但可以通过自力更生做到；上好一门课相对较难，但仍然可以通过短期内强化训练、精心包装来实现；一辈子上好每一门课，就难上加难了，因为这必须靠使命感、责任感、自豪感、荣誉感来实现，靠良心驱动、终身学习、毕生追求来实现。

什么是好的讲课呢？王协舟先生从内容和形式上加以界定：从内容上看，体现为“准确科学、充实丰富、前沿新颖、贴近现实”四个要求；从形式上看，有“情感蕴含、形象展示、语言表达、技术运用”。一个大学老师，如果对讲课没有追求，讲课水平不高，是无法做出这样的提炼的。

刘晓丽是湘潭大学文学与新闻学院的一名副教授，2015 年湘潭大学青年教师讲课比赛一等奖获得者，在学院内有很多粉丝。她对什么是好的讲课有着极为独特、精准、生动、形象的理解，而这些理解完全可以视为“好的讲课”的国际标准（系首次公开发表）：

《来自星星的你》是韩国 SBS 电视台 2013 年 12 月末播出的特别企划剧，也是一部浪漫爱情喜剧，讲述了朝鲜时代从外星来到地球的神秘男人都敏俊，一直生活到 400 年后的现代，在和身为国民顶级女演员的千颂伊陷入爱情的过程中，不同星球的两人消除彼此之间的误解，克服危险追寻真爱的故事。该剧除在韩国获得极高的收视率外，它还在整个亚洲地区走红，在中国网站的点击量更是超过 25 亿，并成为史上

第一部百度指数破400万的电视剧。地铁、公司、校园、食堂、厕所……凡是有人的地方，几乎都可以接收到关于这部电视剧的信息。微博、朋友圈被“教授依赖症”、“瞬间移动”、“时间暂停运动”、“炸鸡啤酒”等词汇刷屏，人人都在说都敏俊、千颂伊，人人都在谈论这部电视剧。作为地球人的我，也不免在好奇心的驱使下过了一把追韩剧的瘾，在网络上观看了《来自星星的你》。看后感觉，该剧流行、受众人追捧是有理由的，并由此想到作为教师，我们的课堂教学要受学生追捧、欢迎，也应该可以而且需要从中借鉴一些经验。

首先，作为教师，在准备课堂教学时应该像拍电视剧那样做好编剧的工作。《来自星星的你》在编剧上逃离了一般韩剧编剧“车祸、癌症、死不了”的俗套，在外星人题材的穿越线和俊男美女的爱情线中插入一条杀人线，让剧情充满悬疑感，能持续吊起观众的胃口。教师在课堂教学的准备阶段，即备课时，也应该像编剧那样，以教材上的理论为核心和主题，精心挑选和组织事例、案例、语料等材料，认真思考和研究讲课模式。在新媒体语境下，教师不应只将视角放在教材已有材料或其他文本材料上，而应使用音频、视频与文本结合等多种手段，与时俱进，多关注新颖、生动、时尚的材料，多关注学生的实际需要，紧扣实践谈理论。在讲课模式的选取上，我们应像编剧一样，于每一堂课的“剧情”安排上下工夫，如何起承转合，如何凸显主题，如何使教材上平面的内容变得立体充实……像好的编剧一样备好课是有效实施课堂教学的基础，也是一堂课能否受学生欢迎的前提和保障。

其次，作为教师，在课堂教学的实施过程中需要做好导演的工作。有了好的“剧本”，如何在课堂上实施，教授给学生，以取得好的教学效果，“导演”技巧也甚为关键。教师在课堂上做导演就是要把握课堂节奏，根据学生的现场反应和反馈，适时调整讲课内容的详略，安排学生互动。不少教师可能都有过这样的经历，有时候我们在与学生讨论问题时，常会因为一些学生不可预见性的提问和参与，涉及一些与授课内容无关的话题，最后甚至脱离授课主题专门去谈论这些无关内容，直至下课铃响起才会猛然觉醒。这就是教师的课堂导演能力存在不足。只有教师掌控课堂教学局面，收放自如，才能使学生紧跟教师步伐，思想不游离于课堂之外，使教师顺利地完成每一堂课的既定教学任务，使教学有条不紊地进行和开展。

最后，作为教师，在课堂教学中当然还要做一个好演员。演员演绎的是剧本，教师演绎的是课本，他们都需要受众的接受和认同，教师在某种意义上与演员是有共同之处的。不得不承认，很多时候，我们是因为喜欢那个演员、那个明星才去看、才去喜欢那一部剧。既然这样，我们也完全有理由相信，不少学生是因为喜欢一个老师才喜欢那一门课的。《来自星星的你》成功的主要原因之一在于演员的“角色魅力”。不少网友在评论中表示，看第一集完全是因为全智贤。在这一集中，全智贤将“有颜无脑”的美女演绎到极致，比如在SNS上的发言常常闹出“常识错误”，却依然我行我素；在电梯里遇到金秀贤，不分青红皂白就误以为是跟踪自己的粉丝，各种粗鲁言语大肆奚落之后，才发现是误会却依然镇定自若。网友大赞：“女神不仅扮丑可以，耍贱更是一把好手。”复旦大学中文系教授严锋在微博上也说：“《来自星星的你》最抓人的是全智贤的精彩表演，因为从来没有在一个大众青春偶像身上看到这么多性格类型的集合：女神、花痴、小女生、女汉子、野蛮女友……四百年的古典浪漫与现代飞扬的青春混搭，看似冰与火的形象，她都能瞬间转换，毫无违和感。”当然，我们说教师要是一个好演员，并不是要教师像全智贤那样“既做得了女神，又能扮二卖萌”，而是说教师应该像好演员那样语言表达清晰流畅，富于感染力，能把“学术化”的理论表达得形象化、生动化、生活化，使学生易于接受、乐于接受。在课堂教学中，最起码的要求应该是教师必须要脱稿讲授，而且力求语言表达清晰、流畅、生动。也许要求每一个教师都使用标准的普通话不太实际，尤其是在湖南这样一个方言语境下，让每个人的普通话都标准更是有难度，但能让学生听懂老师讲的话，这是必须坚守的原则。如果学生都听不懂教师讲的话，上课就变成了猜字猜句游戏，老师讲的是什么内容就无从谈起了，课堂教学自然也是失败的。在表达清晰的基础上，如果教师能再添加一些表演元素式的讲课技巧，使表达更加生动、形象，这必然更能增加学生对课堂教学的兴趣和参与度，激发其学习的积极性和主动性，自然也能增强教学效果。

《来自星星的你》中的男主人公都敏俊也是一位大学教师，虽然涉及工作的戏不是很多，但同样的身份，让观剧的我更有认同感。剧中有一个片段让我很有感触：一天，都敏俊在晨跑时，被一个女学生叫住，学生问都敏俊还记不记得自己，都敏俊很尴尬地表示不记得了。结果学生很难过地说自己很喜欢上都敏俊的课，并因此故意在考试中考了不及格以得到重修的机会，这也是成绩优秀的她大学期间唯一的一门重修……虽然是电视剧的情节，可能有些夸张，但这应该就是一个教师做得成功的体现吧。做一个好的编剧、导演、演员，向一个成功的教师努力吧！

根据刘晓丽老师的论述，我们可以将好老师提炼为：好的男老师 = 男神 + 男神经；好的女老师 = 女神 + 女神经。应该说，只有一个热爱教学、精通教学、语言丰富和思想深邃的老师，才能对教学谈出如此耳目一新却又人人心中有的感受。

孙丰国，系湘潭大学文学与新闻学院副教授，他的讲课艺术，我曾撰文《孙丰国：讲台上的拿破仑》（载《大学的痛与梦》中，湖南人民出版社 2014 年）予以“鼓吹”。他对什么是好的讲课有着朴实无华的解释（系首次公开发表）：“准备充分”——这既是“好的讲课”的表现，也是“好的讲课”的前提；充满激情；内容充实：

我觉得在上课方面没有谁是天才，充分准备是最重要的，一定程度上说，准备的程度直接决定了上课的水平。

2001 年 9 月我参加工作，上的第一节课让我终生难忘，可谓教训深刻。以前做学生的时候，感觉老师们上课挺容易的，随便讲讲就是一节课，觉得上课没什么大不了的。再加上自我感觉基础还不错，有一些积累，所以准备方面不够充分。结果上课的时候，前 20 分钟还好，但后面感觉内容跟不上了，思路也乱了，几乎是前言不搭后语，可以用“举步维艰”来形容。好在，我在第一堂课就意识到了认真准备的重要性，以后，我在这方面还是做得比较好的。一堂课大概要讲6000—8000字，尽管不一定全部写出来，但一定要做好比较系统的规划。包括所谓的“即兴发挥”，也是要在课下准备的。

要充分准备的，我想首要是授课内容，同时也包括表达方式。相同的内容，不同的表达，效果也会有很大不同。在表达上，包括语气、逻辑、设问、提问、和以往知识点形成关联，甚至搞点小幽默等，这些都是要提前设计的。

此外还需要有激情。激情首先是一种心理状态，这种状态的形成，我想首先还是来自对职业，特别是对教学的热爱，还有对学生的热爱。读书的尽管只是学生，但其中涉及了太多人的期待。在校学习的成本是非常大的，很多家庭全家人的辛苦劳作才能勉强支持一个学生所需的费用。像我们院，大概有25%的学生需要贷款才能完成学业，要让他们在学校的每一堂课都学到有用的知识，提高自身的能力，为未来改变自己和家庭的命运做好知识储备。有时候想到这些，就成了我充满激情上好每堂课的动力。课堂上饱含激情，全身心地投入，能更好地激发学习气氛，带动学生的学习兴趣。同时，自己努力认真的工作状态，也会给学生起到以身作则的榜样作用。另外，很多外在的“样子”也可以比较好地带来激情。具体来说，第一，提前到达教室，一般5—10分钟左右，可以更早地使师生进入课堂状态。第二，一般不坐着讲课，要给学生敬业的感觉，老师敬业很可能也会带动学生“敬业”。第三，声音尽可能大一点，抑扬顿挫一点，把走神的学生拽回来。第四，经常更新课堂内容，如果内容长时间不变的话，多次反复，可能自己也觉得无聊。

最后是内容充实。根据广告学的学科特点和未来工作的需要，我对理论的讲述比较精（精炼）、简（简要）、短（时间短）。一方面广告学专业相关理论比较少，学生对理论兴趣不大，本科教育还是要以培养实践应用能力为主。同时，我加强了案例的分量。案例更加具体，可以结合现实，把相关的知识和应用讲得更加透彻。在案例的选择上，一是要详略得当，有些可能为了说明一个很简单的问题，几句话就带过了，有的可能会用很长时间。比如在广告策划课程中，我讲农夫山泉这个例子，大概讲两三节课。讲这个品牌整体的发展历程，从品牌诞生一直到讲课的当天，包括品牌领导者的背景、品牌诞生的背景、历次和竞争对手竞争的情况，包括产品概念、价格策略、广告运作、公关运作等等。通过这种大案例，学生会系统地学到很多，可以全景式地把握广告和品牌运作的一些方法。二是要多讲新的案例、正在发生的案例和学生可以直接体验到的案例，这样的话学生的兴趣更浓，印象更深，因为也是自己经历过的，讲起来也更有激情，也更到位。说实话，在广告方面，有些很早的国外的所谓经典案例，因为时代不同，文化不同，老师自己也很难体会到底精彩在哪里，这种案例我一般不讲。

我之所以不厌其烦地全盘引用三位青年“校级”名嘴的论述，并非为了“凑字数”，而是出于两点思考：一是一线的大学教师平时很少直接、公开、详细地谈讲课。上述的三位名嘴，若不是我三番五次地软硬兼施，他们也不会将自己埋藏在心中多年的讲课理念第一次用文字的方式加以梳理、归纳和提炼。但这些文字由于多种原因，又很难在期刊报纸上发表，假如我不在本书中原汁原味地呈现出来，实在可惜。二是我将他们的讲课理念原封不动地摘录于此，也是想印证本书的一个观点：有讲课理念不一定会成为大学名嘴，但大学名嘴首先一定是有一个很好的讲课理念的。

当下中国最有名的大学教师之一的易中天认为，写书要树立“读者至上”的观念，要把读者真正当成“上帝”，当成“衣食父母”，当成“服务对象”。当然，人心各异，众口难调。让所有人满意，是不可能的。问题的关键，只在于我们有没有这份心。“说起来，这也是我多年教学的经验。实际上，写书和上课，道理是一样的：谁不把学生和读者放在心上，学生和读者就不会把他放在眼里。”① 无论是著述者还是老师，都要考虑到初学者和非专业人士的接受：“接受是很重要的。对方不接受，你这课就白上了。这就一要让人产生兴趣，二要让人听得明白。拽，端着，卖关子，故弄玄虚，那是唱‘空城计’时使用的招。真有‘百万雄兵’的，不这么着。”“在我看来，好的教案，就像好的剧本，也要有悬念和动作。问题，就是悬念；历史就是动作。有悬念，有动作，就好看。好看，就吸引人，也就能达到传播效果。1983 年我第一次在大学上课，就是这个路子。2005 年上‘百家讲坛’，仍然是这个路子。至于这种入门方式，算是一脚踹开，还是念了‘芝麻开门’之类的咒语，倒其实是无所谓的。”②

南京大学著名教授潘知常，对讲课也有着自己独特的追求。他讲《红楼梦》之前，就对如何讲心中有数。潘知常将之前有关《红楼梦》的讲法归纳为三类。

第一类讲法叫做“为考据”的。这是 1949 年前主流的讲法，大致又可以分为两种情况：一是“索引派”，探究的是作品与历史的关系，尤其是作品里的人物和历史上的哪些人物是对应的，如看见秦可卿就去猜测秦可卿影射的是谁，看见林黛玉就去猜测林黛玉影射的谁。刘心武在《百家讲坛》讲《红楼梦》，用的就是这种讲法。二是“考证派”，研究作品与作家的关系，将《红楼梦》视为作家的自传。

第二类讲法叫做“为社会”的。这是 1949 年之后最典型的讲法。该讲法将《红楼梦》看成中国社会的百科全书，说它反映了中国的阶级斗争史，写的是四大家族的历史。当年蓝翎在南京大学上课时，用的就是这种讲法。

第三类讲法叫做“为文学”的。其中又可分为两派。一派是评点和题咏。还有一派是作品分析，如分析作品的主题思想、艺术特色、人物性格和语言特点等等。

对于这三种讲法，潘知常都是持批评态度的。在他看来，这三种讲法的主要缺陷在于：在作品之外兜圈子，哪怕是“为文学”的讲法，看起来是研究文学作品，但只是研究文学作品的构成要素（好比房屋），而不是文学作品的灵魂（好比家庭）。而潘知常准备用自己的方式讲《红楼梦》了。

---

① 易中天：《态度决定成败》，《易中天文集》第八卷前言，上海文艺出版社 2011 年，第 3 页。

② 易中天：《一脚踹开，还是念个咒语》，《易中天文集》第四卷前言，上海文艺出版社 2011 年，第 3 页。

潘知常采用的是“为美学”的讲法：将这部作品当做一个世界，一个独立的世界，挖掘它在解释人生、解释社会上究竟有多好，究竟有多深刻，以及为什么会如此之好，如此之深刻。[①]

第四节　知识

大学老师讲一门课的目标是什么？至少有三个方面：(1) 传授学科的基础知识。(2) 培养一定的思维能力。(3) 传递学科的某种精神。有的大学老师对讲课目标的设定过低：只为了传授学科的基础知识；有的大学老师对讲课目标的设计过高：只是为了传递学科的某种精神。其实，好的讲课，应该说三个层次的目标是完美统一的，至于哪个层次的目标占据主导，这要取决于课程本身的特点、教学目标的需要等。像理工科课程，基础知识的传递应该占大头；社会科学课程，思维能力的培养可能要更加重视；人文科学课程，恐怕更要注重精神的传递了。

人们常常有一种误解，就是大学名嘴讲课，都是不太重视基础知识传授的；甚至认为，在高度信息化时代，老师要传授的基础知识，学生都能自己找到，因此这个环节完全可以省略了。持如此观点者，没有考虑到这样的现实：一是学生可以找到，但是否愿意去找呢？二是老师经过年复一年的储备，所掌握的基础知识远比学生更加丰富；三是老师掌握的基础知识是经比较、辨别、梳理、提炼过的，所以更营养，更有价值，更容易消化吸收。就是说，大学名嘴，都是有知识的人。

美国学者肯·贝恩在解答“最优秀的教师知道什么？了解什么？”这个疑问时，这样说道：

> 毫无例外地，杰出的教师非常了解他们所教的科目。他们都是活跃的成就卓著的学者、艺术家或者科学家。其中有些人出版了多部享有盛名的著作，这些著作长期以来受到学术界的重视；其余的人出版物相对较少，还有少数几位老师事实上没有出版物。但不管有无专著出版，杰出的老师在各自的领域内追求重要的智力和科学或艺术的发展，从事调查研究，对他们所教的学科有重要而独到的见解，经常广泛涉猎其他领域（这些领域有时跟他们自己的领域相距甚远），强烈关注他们学科中更为概括性的问题，比如史实的记载、辩论和认识论方面的讨论。[②]

校园作家何大草，作为长期在四川师范大学任教的校园作家，对大学校园生活非常熟悉，在其最新的长篇小说里调侃了那些缺乏知识的大学老师：

① 潘知常：《〈红楼梦〉为什么这样红——潘知常导读〈红楼梦〉》，学林出版社 2008 年，第 6—15 页。

② ［美］肯·贝恩：《如何成为卓越的大学教师》（第 2 版），明廷雄等译，北京大学出版社 2014 年，第 16 页。

我父亲在中文系新闻专业当硕导。他念本科时在校报干过两年通讯员，暑期中茅盾来这儿开会，他去招待所采访了三次，三次都被工作人员挡开了。他倒不气馁，写了篇毫无现场感的《三访茅盾》，主要内容都是茅盾的生平背景介绍，在校报上登了一大版。后来留校教新闻，《三访茅盾》一直是他自编教材的第一篇。没做过一天记者，倒教了一茬一茬的本科生、硕士生。我问父亲，做这个教授，有没有力不从心的时候呢？他回答："我比大多数人强多了。"我又问强在哪里呢？他说："我毕竟有一篇《三访茅盾》啊！"

我母亲比我父亲还要随和些。她教外国文学，也是硕导，她老实跟我承认，一本外国文学的原著她也读不懂。……外国名著的翻译本，她也绝大多数没读过，读过的，多是缩写本。她说，照本宣科，如果"本"没有错，也不算误人子弟嘛。①

传记中除了名字是真的，其他的都是假的；小说中除了名字是假的，其他的都是真的。像小说中"我的父亲母亲"这样缺乏基本知识的大学老师的确很多，也就是说，大学名嘴拥有丰富的知识是多么可贵的素质。因为有了丰富的知识，大学名嘴才可以超越低水平重复的教材，才可以直截了当、简明扼要地交代清楚既基础又略带前沿的课程知识。

北京师范大学名嘴童庆炳先生说，自己上文学理论课，首先要做的就是把这门课最基本的概念、最基本的知识讲清楚：

对本科生的教学或教育问题，先从教学讲，我觉得一个老师要抓住一些最基本的东西讲好。比如说文学理论课，可能有三十到四十个概念是最基本的概念，作为老师，一定要把这些概念给学生讲清楚，讲透彻，让学生真正把知识吸收进来。因为这些最基本的概念连接着最基本的知识。现在有一些老师在课堂上东拉西扯，不是围绕最基本的问题来讲，迁就学生，让学生觉得有意思，能够笑一笑，乐一乐就行了，或者给学生放个电影，然后讨论电影，老师随便说几句，课就结束了。学生也觉得挺好，看了电影，挺高兴的，老师也讲得蛮生动的，这就够了。在我看来，这种课偶尔上上可以，但我觉得每门课都有它最核心的问题，一门课的几个核心问题和核心概念，一定要给学生讲清楚，这是教学质量高低的标志之一。②

北京大学名嘴陈少峰说：我自己在教学中有两个可以归结为特点的东西，一个是信息量比较大，二是要先自己进行比较充分的研究，有了专著，或者有很多论文再去上这个课。有些老师介绍的都是别人的思想，他自己没有琢磨透，然后讲出来学生也是云里雾里的，这个问题我们应该避免。现在的教科书，今后应该有个改革的方向，

---

① 何大草：《忧伤的乳房》，安徽文艺出版社 2014 年，第 264 页。

② 杜云英：《"为祖国教育事业健康服务五十年"——访北京师范大学文学院童庆炳》，周作宇主编：《人文的路线——北京师范大学名师教学访谈录》，北京师范大学出版社 2008 年，第 367—368 页。

不能仅仅介绍知识体系，还应该能够训练学生表达自己对这个领域里面本质问题的独特理解。[①]

北京大学温儒敏教授认为，大学老师如果上的是针对本科生的基础课，那么应当注重“基础”。比如现代文学课，就是了解现代文学史轮廓，掌握相关的知识，学习初步运用文学史眼光观察分析文学现象，尝试对作家作品作鉴赏和评论。这些都属于“入门”，是进入学术研究前最基本的学术训练，所以课程内容安排不要太深，密度不宜过大，应考虑大学低年级学生普遍的接受水平，有相对的稳定性。温儒敏教授将自己的上课内容界定为“相对稳定的最基本的内容”。当然，作为国家级名嘴，温教授对哪些内容是“最基本”的，哪些内容是“相对稳定”的，他自然了然于胸。[②]

“老师给学生一碗水，自己要有一桶水”，就是对老师的知识储备量的一种要求。但对大学老师来说，一桶水是远远不够的，因为一桶水毕竟不多，而且是死水。大学名嘴，一般拥有的都是一井的水，量多，还取之不尽。更杰出的大学名嘴，拥有的可能是一条溪流，不仅水的量多，用之不竭，而且水是鲜活的、灵动的。这样说吧，拥有知识的老师未必是名嘴，但名嘴一定是拥有知识的人。

为了储备更多、更好、更有营养的知识，大学名嘴比非名嘴无疑要更加努力。也就是说，大学名嘴，未必是第一流的学者，但绝大部分都是不错的著述家。就文科老师而言，多半都是著作等身的好学者，少数著述不丰富的，其实也算是博览群书、精通思考之人，这足以保证他们比学生和一般的老师知道得多很多。

可以说，大学名嘴用自己的行动证明，科研和教学是不矛盾的。但必须强调的是，大学名嘴们所钟情的科研，算是“真”的科研，而非“假”的科研。所谓“假”的科研，是指单纯以政府课题、政府奖励、八股文支撑起来的科研，这些科研，纯粹是为了讨好体制而做的，数量很多，却没有自己的语言，尤其是没有自己的思想。因此，这些“假”的科研，成果越多，和讲课的距离却越远。而“真”的科研，基本是为了学术而学术的，不为政府课题，不为奖励（尽管也有可能获得政府奖励），不用八股文，用充满灵气、才气的语言，写自己的发现、见解和思想。因此，这种科研，成果越多，对讲课的提升就越明显。何谓“假”的科研，读一读那些充满迂腐味的学术论著就知道了；何谓“真”的科研，读一读迈克尔·桑德尔、易中天、潘知常、童庆炳等人的论著就了解了。

第五节　方法

北京大学名嘴邵永海说：“做老师的都知道一句话：‘你要给学生一碗水，你自

---

① 《让我们的学生更有智慧——陈少峰教授谈他的教学与课程》，郭九苓主编：《教学的魅力——北大名师访谈录》，北京大学出版社 2010 年，第 58 页。

② 北京市教育委员会高等教育处等联合组织编写：《高校名师的教学视野》（第一辑），首都师范大学出版社 2012 年，第 362—363 页。

己要准备一桶水。’这一碗水不是说从这个桶里一舀就完了，所以这个比喻也有不对的一面。不对的一面就是说，一桶水里面哪些水放到碗里面，其实是经过精心的反复的琢磨、斟酌的，这体现你的教学思路、教学风格，同时也体现你的教学水平。”①

如果说，如何让桶里的水更多、更好，属于知识范畴，那么，如何从桶里舀水，舀哪些水，则属于方法范畴。对讲课来说，方法不是万能的，但没有方法是万万不能的。北京大学名嘴武际可说：“教书不能像念经。讲课要讲重点、难点，重点和难点要反复重复，而且要换着花样地重复。要不断加深学生对重点和难点的掌握，要以不同方式反复向学生提醒这些重点和难点。假若教师不分轻重缓急，像念经一样从头到尾宣读一遍，而不论学生掌握与否，那么这样的教学方法肯定是要失败的。”② 这段话就是说，讲课有无方法，学生的学习效果是截然不同的。

简言之，相同的内容，普通老师讲出来，让人听起来是一种感觉，大学名嘴讲出来，让人听起来又是一种感觉。大学名嘴除了在语音、语调、气质、气场等方面比普通老师更胜一筹，在讲课方法方面，肯定要精通很多，即至少都有一个属于自己的“招牌动作”。像易中天，以幽默风趣而著称；于丹以语言甜酥、教态优雅为标志(尽管有争议)；迈克尔·桑德尔以善于讲有张力的故事而广受称颂；谢利·卡根以深沉的理性和潇洒不羁的教态享誉全球；泰勒·本-沙哈尔凭借简单营养的“心灵鸡汤”而让《幸福的方法》成为哈佛大学最受欢迎的“幸福课”。

北京大学韩济生老师和我们慷慨分享了他讲医学课的几大方法：

有时我会讲一些实际生活中的事例、新闻，或者放一些录像资料，让学生觉得课程内容与他们的生活很近，效果很好。一次我到北师大去讲一点额外的补充知识、扩大知识面的课，都是一年级二年级的学生。一般来说理科的学生还好，文科的学生你给他讲疼痛原理啊、戒毒原理啊根本不能吸引他的兴趣。我先放了一段资料录像，介绍我如何做疼痛研究，如何做针刺镇痛、针刺麻醉、针刺戒毒等等，让他们扩大视野，扩大他们的知识面。

还有就是讲课一定要重点突出，用生动的比喻，深入浅出的讲解，给人以深刻的印象。我在讲课的时候，一堂课，几十张 PPT 图像，我只要求学生重点记住一张或两张图。举例来说，有的药容易成瘾，一吸就上瘾，有的不容易上瘾，要上瘾有什么条件呢？必须药效强，药物入脑快，而且作用短。好像“桂林山水”，一个一个尖峰。你吃一次药或注射一针，兴奋一下，药效很快消失，陷入痛苦，这时你不得不再用一次药，海洛因就是属于“桂林山水”这一类药；还有些药起效慢，维持时间长，血药浓度有点像“云贵高原”似的，一次用药以后，维持 24 小时作用，这类药就不

---

① 《学术理想 家国情怀——访古汉语老师邵永海》，郭九苓主编：《教学的魅力——北大名师访谈录》，北京大学出版社 2010 年，第 16 页。

② 《兼容并包 夯实基础——武际可老师谈当前教学与教育》，郭九苓主编：《教学的魅力——北大名师访谈录》，北京大学出版社 2010 年，第 203 页。

容易成瘾，因为它没有高度兴奋与高度痛苦做对比。所以我说，一种短效而强烈的药就是“桂林山水”式，容易成瘾，海洛因属于这种；美沙酮是“云贵高原”式，比较不容易成瘾，可用来脱毒。这样举例，比较易懂易记。

再举个例子，就是如何解除吗啡应用中的不必要顾虑。很多人癌症痛，痛得要命，还坚持不用吗啡，为什么？因为人们牢固的思想，认为吗啡不是好东西，用完了就会成瘾的，药物成瘾是个可耻的事情。所以多数医生都认为应该尽量少用，病人也有惧怕心理。我们现在要纠正这个观点。但究竟什么时候用吗啡会成瘾，什么时候用吗啡不会成瘾呢？讲解这个问题的时候我用形象比喻。讲台的桌面在这里，这是我们人愉快和痛苦的平衡点。一个人在痛得要命的时候，情绪低落如同坠入深渊（落到桌面以下），这时用吗啡，是解除痛苦，使情绪回到桌面上来，这种情况不会成瘾；相反，当你现在处于正常状态，为了追求愉快你去用海洛因，用药后曲线猛然上升到桌面以上去，产生极度愉快（称为欣快）感，这就容易上瘾。

举完这样的例子，我强调这个图大家一定要记住。一堂课下来（两个小时），要是能记住这么二三个图，就值了。你回想一下，每节课你都能记住二三个图吗？不见得！我希望每一堂课都能留下一点东西，甚至几十年都不忘的东西。而不要多多益善，讲得多，很快就都忘了。全是重点，等于没有重点。

我觉得一个好的医学教师一定要有比较深的阅历和人生的经历。我经常拿自己的错误来做例子穿插在教学里面引起注意。比如，我在实习的时候，有一个小姑娘，猪囊虫病。吃的猪肉有一种寄生虫，它到了身体里以后，卵就通过血液扩散到身体各地方去，到哪个地方它就成为一个小囊，并发育长大，好像一个个疙瘩。一旦进入脑子，所产生的症状各种各样，定不了位，不容易诊断。最后小姑娘死了。做解剖的时候才发现她患的是猪囊虫病。再去摸摸皮肤下面，确实摸到很多疙瘩，而早些时候就没有想到这个可能性，没有做出诊断。所以我说，好多事情不仅要有理论知识，还要有亲身的成功或失败的经历，这样才能逐渐提高。我讲课经常间隔地穿插这些东西，让学生提高自己的警觉度，这样当然不容易打瞌睡了，因为它是活生生的例子啊。①

北京大学戴灼华教授的讲课方法是这样的：“我比较喜欢用手势或其他的肢体语言和表情，配合语言来吸引同学注意，讲到高兴的时候会手舞足蹈。比如讲到遗传病DMD（Duchenne 型肌营养不良）时，该病患儿呈现肌无力，腓肠肌假性肥大，患者从卧位站立表现一种特殊的 Gower 征。我会在讲台前表演患者如何艰难而痛苦地慢慢一步步从地上站起来！有时候我会自编手语，讲述在一个隔离的小岛上遗传性耳聋人是怎样生存，怎样遗传着耳聋基因的。我有时候也会讲一些很幽默的故事和笑话。当年吴仲贤先生和李汝祺先生，他们都会讲很多跟遗传学历史发展相关的一些人物故事。我会结合我自己的理解，把那些故事讲给学生听，活跃课堂气氛，比如摩尔根

① 郭九苓等：《言传身教，教学相长——韩济生院士谈医学教学》，《北京大学教学促进通讯》http://llt.pku.edu.cn/?p=56。

（T. H. Morgen）和 C. C. Li（李景钧）的故事。”①

湖南大学名嘴蒋海松，上《法律与音乐》课时，别出心裁地以音乐会的形式，将整堂课分为六个乐章，用古琴、古筝演奏乐曲作起承转合。在第一乐章《法律的摇篮曲：法律起源、成长、归向的音乐解读》中，湖南大学幼儿园的小朋友集体合唱一首感谢母亲的儿歌《好妈妈》，以此婉转表达音乐是法律之母，法律最终会归向音乐的道理。第二乐章《奇妙的二重奏：中西方音乐传统比较与中西法律传统比较》以古筝演奏曲《青花瓷》《梁祝》和巴赫的《圣母颂》，两组分别来自东西方的音乐对比，反映中西方不同文化透过音乐而表现出的不同法律理念和法律精神。一首激扬澎湃的《黄河大合唱之黄河颂》男声独唱开启了第三乐章——《乐教和法制：内与外的交响》。这一章蒋海松重点讲述了乐教的反思，在这里他将法律比喻成音乐，举例说宪法犹如《命运交响曲》，是崇高神圣的主旋律；刑法犹如《十面埋伏》，剧烈刚正；而民法就像莫扎特的《小夜曲》，舒缓亲切，正是“在法律面前每个人都是一个国家”；婚姻法如巴赫的《爱的交响曲》一样丰满和谐。第四、五乐章，蒋海松分别用贝多芬交响曲的创作与德国民法典的一脉相承，用手风琴演奏《西班牙斗牛士》来反思法律与音乐的共同矛盾。最后一章蒋老师将视野扩展至科学与艺术的聚散离合，将法律与音乐的关系深化下去。悠悠萨克斯《回家》结束了这次别开生面的公开课。

在课堂中几乎所有音乐均为现场演奏，表演者不仅有湖大学生，还有五六岁的幼儿园的孩子，也有其他社会人士。在课程结束后，记者现场采访了上课学生，有学生表示这种课堂形式真的“hold 不住”，平常在大学课堂很少有这种形式，非常新鲜，把枯燥的法律用艺术的形式表现出来，在欣赏表演中接受了知识；也有学生说蒋老师的课很有创意，邀请了许多社会名人来到课堂，丰富了他们的知识面，希望其他课程也能像这样“有创意”地设计。

李元洛，1937 年出生，湖南长沙人，因为诗歌创作和文艺评论而成为“名人”，他在前 20 年，粉笔灰纷纷扬扬，落满了青海西宁一中和湖南湘阴县一、二中，岳阳师范专科学校等等中学与师专的无数讲台；在成名后，担任了湘潭大学、西南师范大学的兼职教授，湖南师范大学的名誉教授，以及毛泽东文学院的主讲教师。在郭务强的文章中，李元洛的讲课，有两个重要的方法，一是提问；二是“带一个录音机”：

上午 9 时，一个高大的身影大步迈向讲台。掌声四起，我们期待的著名诗歌评论家李元洛先生走进了教室。走上讲台，一脸慈祥的元洛先生脱下外衣，精神抖擞地面对我们，一个简单的提问成为他上课的开场白：“今天是重阳节，宋代诗人潘大临一句‘满城风雨近重阳’成了今天的成语，有哪位学员知道这个典故？”

也许是因为紧张，台下一片肃静……

---

① 郭九苓等：《勤奋为师，严谨以教——生命科学学院戴灼华教授访谈》，《北京大学教学促进通讯》http：//llt. pku. edu. cn/? p＝382。

元洛先生给大家圆了场："满城风雨近重阳"是北宋著名诗人潘大临的名句。在中国文学史上，潘大临以"满城风雨近重阳"一句诗奠定了他在文学史上的地位。"满城风雨近重阳"虽仅一句，却气势恢宏，境界开阔，摹景生动，是难得的佳句，所以能"一句足矣"。当时，满座同学无不伸颈侧目，以为妙绝……

接着元洛先生围绕他讲课的题目《唐诗与现代》，讲了四个问题：一是唐诗的特色与贡献，二是唐诗繁荣的原因，三是唐诗是当代生活的宝典，四是唐诗与当代文学创作。在他的引领下，大家仿佛穿梭时空，回到繁荣的唐朝，充分领略了原汁原味的唐诗风采。

讲课中，元洛先生避免单独表演，鼓励我们参与，喜欢我们提问。讲到唐诗繁荣的原因时，他先让同学们自己来分析。开始课堂上还是鸦雀无声，他只好点名请坐在靠前排中间的一位男同学来谈，并说："'近水楼台先得月'，你离我最近，你先说。"这位同学嗫嚅而言，有点拘谨，但谈到了唐朝经济繁荣、国力强盛这个原因，元洛先生充分肯定了他讲得好的地方并在不经意中修正他的不足，然后以点拨者、赏识者的身份鼓励大家大胆发表自己的意见，引导大家一起讨论。同学们七嘴八舌议论开了，有的说是因为当时政治清明，没有文字狱；有的则向元洛先生提问请教当时科举考试有没有诗歌的内容，并开玩笑说，如果有，唐诗繁荣的原因就可能跟"高考指挥棒"有关……元洛先生及时归纳概括，让大家在潜移默化中逐渐靠近问题的核心。

元洛先生上课时提着一个盒式录放机放在讲台上，当时我纳闷，教授讲课多有带手提电脑的，学识渊博、满腹经纶的元洛先生带个录放机干吗？

元洛先生说，"诗歌"都是可以唱的，所以《诗经》以前叫《乐经》，比如说一开始就是"关关雎鸠，在河之洲。窈窕淑女，君子好逑。"说完，他按下录放机的播放按钮，边说"唐诗也是可以唱的"，边叫我们欣赏歌唱家何纪光演唱的《将进酒》、《蜀道难》。他自己则微闭着眼，轻点节拍，陶醉在来自远古的歌赋之中……

他说，何纪光是我们湖南的，他唱的两首名曲是《挑担茶叶上北京》和《洞庭湖鱼米乡》。刚才播放的两首配乐古诗，是郭建光生前在台湾特意为我专门录制的，大家很难听到。接着问我们："大家听了后，是不是仿佛回到唐代了？"大家笑笑说："是！"元洛先生说："听到这豪迈的歌唱，让我们更加理解唐诗的恢弘和博大。我每次听这首《蜀道难》每次都是听得热血沸腾，仿佛回到我的青年时代。我看到现在流行歌手的演唱会上，追星族的如醉如痴，手里还摇着荧光棒，非常地投入，我真的不太理解，我想如果是李白来了他们这样还差不多！"

是啊，作为学员，我平生第一次听到这样的配乐古诗吟唱，醺然欲醉之中恍如时空错位，自己已不在教室的座位上而是置身于古代的唐诗里，不知不觉间沐浴着美丽的诗的瀑布，在飞流直下长达千年的惊心动魄的浸透里，身心尽爽——这是我们精神的家园，是我们忙忙碌碌的现代人一份清凉的天地，感觉真的很过瘾。

听完元洛先生的课，我在想，别小看这个录放机，腹笥充盈的饱学之士，要让自己腹中的学问传授给听课者，传授艺术真的很重要。①

北京大学名嘴朱良志从大家能感觉到的小问题入手，来讲一个比较大的问题，而不是把这个理论排出三点四点。从具体事例，从可以把握的东西入手，力求讲得有意味一些。像中国艺术很讲言外之意、意外之象，含不尽之意见于言外，于是诞生了一个很有中国特色的美学概念："含蓄"。为了让"含蓄"不再含蓄，朱良志以中国园林中的"曲径"作比方："中国园林为什么把好好的通天大道，弄得弯弯曲曲，快要看到了，却突然来一个遮挡。颐和园一进门的时候就有一个大东西把你挡住。扬州的园林，你沿着弯弯曲曲的小径走进去，转一个弯，然后豁然开朗，有一片大的世界。这就是'曲径通幽处，禅房花木深'。"②

北京大学陈跃红教授，讲课也有自己的一套。比如每节课他都会进行一些主题设计。诸如"贾宝玉伦敦奇遇记"、"天堂中的小说（戏剧、诗歌）对话"等，让学生想象两个小说家，比如吴承恩到天堂遇见了巴尔扎克，他们讨论小说的概念、原理、创作等等。设想吴承恩读了巴尔扎克的《高老头》，巴尔扎克读了吴承恩的《西游记》，然后双方有个对话。他还会给学生一个提纲，学生可以根据他的提纲来谈，来想象他们怎么谈小说，有哪些共同和差异的认识。他还会指定《红楼梦》这本书，让学生分组来讨论，一组假定自己是非洲人，再设计不同的身份，像非洲酋长的儿子和贫民，会怎么看？再假定一组是来自苏格兰的人，站在英国莎士比亚的角度来看《红楼梦》，怎么评价？或者是印度、日本读者的读法等等，经过这些问题的思考与讨论，学生基本上就能掌握比较文学的基本思路了。③

北京大学教授王岳川，和我们分享了自己讲课的一种有效方法：

还有一次教学经历我印象非常深刻。我1988年毕业留校后，当时北大有一门面向全校的选修课叫"当代西方最新思潮"，邀请了很多专家讲授，每人讲一个主题，我分到的是"后现代主义"。这门课程不要考试，也不点名，学生一点都不"怕你"，再加上那个年代思想活跃，你只要五分钟讲不好下面就开始窃窃私语，十分钟讲不好恐怕就要被轰下来。北大的学生就是这样，他们能够容忍尖锐但不能容忍平庸，能够接受挑战但不接受僵化，可以允许说得不周延，但决不允许你老调重弹，如没水平他绝不在那儿伺候你。老师按部就班地讲课是绝对不行的，但也正因为如此，北大老师在教学实践中也产生了许多难能可贵的新思想。

虽然我已有成功的教学经验，但这次上课压力很大。上课地点是在一教的101阶梯教室，我感觉那个教室就像古罗马的审判团一样，"法官"们高高地坐在上面，我

---

① 郭务强：《李元洛的讲课艺术》，《握手名师——一位中学校长的拜师手记》，珠海出版社2010年。

② 《为人生的美学——访美学名师朱良志》，郭九苓主编：《教学的魅力——北大名师访谈录》，北京大学出版社2010年，第33页。

③ 郭九苓等：《现代学术与教育之道——访中文系陈跃红教授》，《北京大学教学促进通讯》，http://llt.pku.edu.cn/?p=1660。

站在最底下。当时正是寒冬腊月，我一进去眼镜上就蒙了一层水雾。等我能看清楚的时候，吓了一跳：阶梯教室里全是人，连过道都站满了，少说有两三百人。我那时没什么名气，再加上比较年轻，在我回过身在黑板上写讲演题目的时候，他们就已经开始议论纷纷，一些同学开始收包，准备走了。那已经是20多年前的事情了，我对当时的场景记忆犹新。我在写黑板时就暗暗下了决心：我一定要在两分钟内让全场鸦雀无声——我真的做到了！当我一回头，用清晰的嗓音说明最重要的观点时，全场立马就安静了下来。当我讲了两个小时的时候，我说："时间到了，但今天没有讲完，非常抱歉"，但大家热烈鼓掌要求我继续讲下去，最后讲了三个半小时才下课。

前两分钟很关键，尤其是第一次讲大课。当时我说："我们今天讲的是postmodern，即后现代主义。这一概念同现代主义及前现代主义一起构成一个系统。邓小平告诉我们要走向现代化，这也说明我们正处于前现代。与此同时，西方的欧洲走向了现代，而美国已经走到了后现代。"这时下边还是不太安静，我就给他们讲了一个有震撼力的事例。我说："最近，《山西发展导报》报道了这样一个惨烈的事件，山西农村一个万元户（编者注：20世纪80年代农村有钱家庭的代称）让自己的亲侄女给他1岁的儿子当小保姆，这个小女孩只有9岁。他的儿子喜欢让小姐姐把自己往上举，但那个小姑娘力气不够，当举到第十次的时候没接住，孩子摔下来，抽搐一会儿后死了。这个舅舅盛怒之下，冲出来当场抓住小姐姐的腿将她撕成两半。当天晚上，宗法势力强盛的农村，集体判处这个舅舅死刑，并集体把他活埋了。这个故事中有两个问题，一是'有钱人为所欲为'，二是'宗法势力超越法律'。在中国走向现代化，并力图融入世界的时候，这类问题我们应该怎么看？由此，我们今天一起探讨前现代、现代和后现代之间的关系和关联。"就这样，下边的学生一下就被我的叙事和问题意识深深吸引，开始进入严肃的问题域思考了。①

北京大学名嘴陈少峰比较重视把哲学的分析跟生活之中的例子结合起来，并且创造充满张力的话题，调动学生思考和讨论的欲望："比如讲应用伦理学中的安乐死问题，不管你赞成还是反对，都要把理由摆出来。要摆出理由首先要充分地去了解支持或反对安乐死有哪些伦理上的理由（比如不道德、有害生命），哪些非伦理上的理由（比如经济价值）。在讨论的时候，有西方的背景，有中国人的背景，不同背景之间有什么冲突、区别？这样讨论，学生就能够知道，考虑问题的时候应该怎么分析，要考虑哪些细致的背景和角度。"②

北京大学名嘴董志勇善于"情感传染"。例如在讲产权的时候，他就举了一个很典型的例子，说在英国有一个老太太在她的房子里已经住了半个多世纪。国家铁路要

---

① 郭九苓等：《做止于至善的学问，培养第一流的人才——访中文系王岳川教授》，《北京大学教学促进通讯》，http：//llt. pku. edu. cn/？p＝1575。

② 《让我们的学生更有智慧——陈少峰教授谈他的教学与课程》，郭九苓主编：《教学的魅力——北大名师访谈录》，北京大学出版社2010年，第56页。

经过这里，但是这个老太太死活不肯搬家。英国政府没有办法，就只好把这个铁路拐了个大弯。这到底是一件好事情还是一件坏事情？同学们于是围绕这样的一个案例进行了非常激烈的讨论。这就是创造一种“情感传染”，帮助学生感受到产权的重要性，进而能够自觉、自愿、自主地学习产权理论。这样的实际案例比空泛的理论更容易被学生所接受。①

王稼军，北京大学获得“第四届高等学校教学名师奖”的三位教师之一，主讲本科生的《电磁学》。该课程涉及的概念都比较抽象，王老师通过各种各样的教学手段，努力把抽象的概念具体化：一是“把这个理论的创建过程说给学生听，像讲故事一样，慢慢地就把学生引入电磁学的世界里，就能让他们感觉非常自然”。二是借助现代科技：从1993年起，就开始制作计算机辅助教学软件，用计算机软件演示物理过程。三是将一些有趣的Discovery影片做成两三分钟的剪辑片断，从而使物理教学更为直观，也给学生的学习增添了许多的乐趣。②

2014年8月12日的《人民日报》刊载了一篇文章——《80后大学老师国学课上讲韩剧》，宣传和表扬了中国人民大学80后老师李萌昀的教学方法和教学艺术：

“古代诗文写作”是中国人民大学国学院本科生的必修课。写诗词，得通音律，这堂课讲的便是音乐与诗词的关系，授课者是一位身穿中式外套的年轻人。只见他从包里拿出件开孔的鹅蛋形乐器，一上嘴，空灵婉转的乐音氤氲开来。

……

一曲《卜算子》演罢，课堂便似回到宋朝，学生们已身处缥缈凄清的宋词里。其实上李老师的课，经常会玩这样的“穿越”。有时候是洞箫，有时候是吉他，有时是吟唱。执教4年，每堂课都精雕细琢，李萌昀说，与传授知识相比，他更希望传统文化能与学生们的生活形成某种关联。③

北大名嘴周民强上课以启发性为特征：讲课当然先要把基本的东西搞清楚，但是你光把书上的东西教会他，这是不够的，还得有启发式教育。什么意思呢？就是让他不仅是“学会”，还要“会学”。我们北大数学系的学生，都是高分进来的，你不能耽误人家。所以我讲定理的时候一般先有一个提问，把问题提得非常明确，让他觉得问题很有意思。另外我证明的时候，就特别强调指出其中的关键点在什么地方，有时候要强调两三遍，让他明白问题的本质。将来如果定理还要推广或者实际应用，这往往也是关键之处。……另外，我不看讲稿上课。上课时除了在黑板上写东西外，就是

---

① 《敬业 乐业 爱业——董志勇谈用心去教学》，郭九苓主编：《教学的魅力——北大名师访谈录》，北京大学出版社2010年，第88页。

② 《把讲课当作一门艺术的知心老师——记第四届高等学校教学名师奖获得者、北京大学教授王稼军》，教育部高等教育司组编：《名师颂》，教育科学出版社2010年，第14页。

③ 《80后大学老师国学课上讲韩剧》，《人民日报》2014年8月12日。

来回走动，下去走，走动中还会提问题，最后面一个学生他也不敢做别的事。[①]

可以说，大学名嘴讲课，虽然最终以内容和内涵取胜，却无不精通传播的艺术。

第六节 生活

苏珊·乌提丽关于教师素养的一段论述，我觉得极好："所有进入这间'教室'的人都应当被视作一个完整的个体。就像胡克所说，我们必须'用一种尊重和关心学生灵魂的方式来教学'，但是，如果要做到这一点，首先要求我们，提升自己成为一个完整的人。(Hooks，1994：13)。作为一个教师，我也投身到这样的努力中，我不能允许自己被学术体系和晋升体系所禁锢，整日就只关注科研项目和发表论文。当我在教室的时候，我同时也是一个骑自行车的人、一个经常参加音乐会的人、一位母亲、一个遛狗的人，换言之，我是一个完整的人，一个介于很多社会团体之间的公民。同样，教室也应当成为一个欢迎完整的学生加入的地方。没有这些，就不可能创造出胡克所想象的教室。"[②]

大学教师，不管学术多么精深，都应该从生活中来，又回到生活中去。而大学名嘴，在讲课时差不多都善于将学术与生活紧密联系起来。北京大学田昭舆教授正是如此，他说：

> 我自己的体会是，讲课时例子举得好很重要，最好能跟日常生活、社会有直接联系，学生印象就会特别深刻。譬如我讲关于泥石流的课，说到泥石流是怎么产生，就讲我亲眼看见的泥石流的过程，讲起来就比较生动。还有两个关于滑坡的故事：一个老太太提了鸡蛋去走亲戚，正好赶上滑坡，从山上滑到山下，人毫发无损，鸡蛋一个都没破。原因是山整体滑坡，她就像坐滑梯一下滑下来了。另一个故事是说，一次滑坡底下正好有母女两人在耕地，一看山轰轰地响，赶快把牛放了，两个人开始跑。牛和母亲是往两边跑，正好是往泥石流的边缘跑；她的闺女往前跑，想离滑坡远一点，但正好是泥石流的运动方向。最后她的闺女就给埋了，母亲和牛没事。为什么？因为泥石流的特点是前缘特别快，人跑不过它；两边受到阻碍，速度就慢下来了，所以往两边跑更安全。通过这些实际的例子，学生就知道滑坡、泥石流是怎么回事，遇到类似灾害应该怎么躲，相关知识也会记得特别清楚。[③]

北京大学沈岿老师，在人们的生活方式和法律基本理念之间很自然地建立联系。

---

① 《心血铸就的教学丰碑——采访数学系周民强教授》，郭九苓主编：《教学的魅力——北大名师访谈录》，北京大学出版社 2010 年，第 135—136 页。

② 苏珊·乌提丽：《越过教室的围墙：用评估策略来促进自主学习》，［澳］埃恩·海：《教学的智慧——来自世界最好的大学教师的经验》，邢磊译，华东师范大学 2014 年，第 93 页。

③ 郭九苓等：《正视现实，生于忧患——访城市与环境学院田昭舆教授》，《北京大学教学促进通讯》，http：//llt. pku. edu. cn/？p＝327&replytocom＝209。

比如，他通过人们在夜晚红灯前的三种选择来阐明三个法律概念："在寒风凛冽的夜晚，在没有警察在场的情况下，有的行人见了红绿灯会停下来，有的行人会左右看看，如果没有车会跑过去，有的就是不管怎么样都要冲过去。这些行为表现及所持的立场，都可以与法律基本理念挂起钩来。第一种行为和立场就是严格的规则主义，表现了对法律的绝对信仰；第二种就是便宜主义，对法律的执行建立在不影响其他人（开车人）正当权益的基础上；第三种就是无论如何都要奔向自己的利益，不管对别人会造成什么样的影响，是对法律的漠视。有的时候，日常生活上的东西可以通过这种解读，给学生讲述一些基本理念和信仰，我相信学生通过这种方法学到的东西，不仅仅是专业知识，更多的是广泛意义上的行为规则的问题。"①

北京大学数学教授陈家鼎上课时坚持理论联系实际的原则："既要使学生掌握概率统计的基本理论，又要使学生认识这些理论如何灵活运用，从而培养学生解决实际问题的能力。而且对于这些非数学系的学生来讲，怎么吸引他们的注意，哪些问题上可以用概率论的方法来解决，这点特别要紧。所以我们在讲课和教材里头都很注意这个方面。比如学了'独立试验序列'的概念，我们就介绍乒乓球赛局的概率分析。乒乓球在2000年以前是21分制，现在是11分制，那么这个改革到底是针对什么呢？这个改革的目的要使取胜的不定性增加。中国的乒乓球水平太高，比赛往往没有悬念，要使得不定性增加，观赏性才能提高。定性的感觉是优秀运动员取胜的概率比以前低了，但究竟低多少呢，怎么用定量的方法去分析这个事情呢？'独立实验事例'的理论就恰好可以用到这里。"②

再以李萌昀为例。一次上"古代小说与文化"课，李萌昀的课件中忽然出现了美国影星安吉丽娜·朱莉的照片，与之并列的是古代仕女图。从两张图片出发，李萌昀带领学生考察古今与中西审美观的差异，并从这种差异开始，去探寻根源和变化的过程。"既关注古今之同，也关注古今之异"，李萌昀的学术方法，在不经意间得以传授。韩剧《来自星星的你》大热时，李萌昀花了两天时间"把情节过了一遍"，然后和学生一起分析情节模式和文化意味，让学生思考文化商品的生产过程。"其实大部分的古代小说和现在的日韩剧一样，也曾属于流行文化，有着类似的生产过程，"李萌昀说，"创作者如何定位受众类型、如何设置符合读者趣味的桥段，古今都有相通的地方。"③ 李萌昀还认为，如果传统文化研究只停留在纸面上，那么离古人的真精神总是隔着一层，推广传统文化，必须身体力行。

北京大学名嘴周民强是这样上数学课的：

怎么能够达到趣味性呢？这需要下工夫，首先是结合数学史，我有空闲时间就去

---

① 郭九苓等：《吸取时代精华，保持教学活力——沈岿老师谈法律教学中的问题》，《北京大学教学促进通讯》，http：//llt. pku. edu. cn/？ p＝115。

② 郭九苓等：《合理设计，用心引导——数学学院陈家鼎教授访谈》，《北京大学教学促进通讯》，http：//llt. pku. edu. cn/？ p＝453。

③ 《80后大学老师国学课上讲韩剧》，《人民日报》2014年8月12日。

读数学史，讲一些数学的故事，同学就很爱听了。因为逻辑证明有时候很苦，比较难，数学让人感觉枯燥就是这个证明。但是又必须严格证明，所以你插一些故事，一方面让他轻松一下，不要整个课一两个小时都那么严肃；另一方面你的故事又跟数学相结合，也有助于理解。比如说，一般学习的积分叫做黎曼积分，它是按照变量的区间来分割再求和的。实变函数讲的勒贝格积分则是按照函数的高度来分割再求和的。于是我就把两种积分的意思通俗地给他们讲出来：假如我欠你1736块钱，我要还给你。在微积分课上按照你们学的积分是怎样还法呢？按从口袋取钱的先后来计算：就是我拿出来一块钱，再拿出五毛，一块五了；再拿出一个五块的，六块五，再拿出五分，六块五毛五；再拿出一张一百，一百六十多了；再……，就这么一个还法。我告诉他们这就是一种直接黎曼积分的思想。但勒贝格积分的思想就不一样了，我把一千七百多块钱都先拿出来，把一百的放成一摞，五十的放成一摞，二十的放成一摞，我这么数给你，显然是另一种办法。拿这种通俗的例子来认识这两种积分求和的概念，他一下子就清楚了。讲了像这样一些例子，同学就很感兴趣，愿意跟你交流。所以说，学生不爱学数学，一方面是数学很深奥导致学生兴趣不大，另一方面也跟教师如何建立同学对数学的兴趣、使之愿意去学是有很大关系的。

另外，有个同学跟我辩论，说数学是一门艺术，到了高深以后可以自由创造。我首先鼓励他，说你有这样的体会很不错，数学的确在达到某种高度以后有一种自由创造的境界，它跟艺术是有很多共同的地方，比如艺术讲美，我们数学也讲美、讲对称。但另外一方面呢，数学是科学，艺术它不属于科学，两者有本质区别。我说对于艺术的美，大家都讲，但是有很多不同的观点。但我们讲数学中的勾股定理，几千年以前是这样，现在也是这样，不会变的。但是美的观点就不同，现在讲一个姑娘漂亮，以苗条为美，但在唐朝就不是这样。为什么说杨贵妃是美女呢？是因为她长得肥。还有的少数民族的耳环很大，有的还有鼻环，他们一定认为是美，但是我们不一定觉得美。我就跟女同学说，你打个大耳环、鼻环试试看，大家都笑。我说大家都听过一首歌，叫《月亮代表我的心》，什么叫“月亮代表我的心”？我就问女同学，女同学说那代表纯洁。我说也许是这样，这是艺术，但这不是科学。如果用自然科学的观点看，月亮表面温度平均是零下三十多度，怎么能代表我的心，学生们就哄堂大笑。下面我就不讲了，他已经明白了。

我的意思就是一方面要肯定他的一些洞见，另外一方面又让他懂得本质上还是有区别的，艺术和科学不一样，举例子效果最好。

总之，我把一些故事、历史插到讲课里面去，当然这要和数学教学内容配合好。这个效果很好，有些同学在贺年卡里面就说，过去不爱学数学，上了周老师的课对它才有兴趣。我退下来后，同学还到系里请愿，说下学期课还希望周老师讲。也就是因为我下了一些工夫在教学上，把课讲得不枯燥，有趣。①

---

① 《心血铸就的教学丰碑——采访数学系周民强教授》，郭九苓主编：《教学的魅力——北大名师访谈录》，北京大学出版社2010年，第133—135页。

周民强老师为我们生动演示了如何让数学课充满人文情怀：结合数学故事、生活故事、历史故事等等，让抽象的数学课回归到丰满的人类生活和日常生活中来。

北京大学名嘴杨立华老师，是一个业余生活非常丰富的人，而他也善于将日常生活自然地融入到哲学课堂上："我喜欢电影、诗歌、文学，讲课时我就会把这些和教学内容关联起来。这也跟我自己的思考态度有关系，我特别强调'随事格物'，就是在一切事物上我都会认真思考。我看足球会思考，看电影会思考，读一首诗也会思考，听音乐也会思考……另外我还机缘巧合地和诗歌、文学、电影这些领域最高水平的人有交往，受到他们的熏陶。这就丰富了自己，而且会使课程更有感染力。当然这些兴趣不是最重要的，最重要的还是知识和学术的传承。"①

南开大学教授顾沛，在"数学文化"课堂上，将人们观念中固有的对数学的认识完全打破，没有烦琐的数字和公式，没有严密得令人窒息的逻辑推理，有的只是轻松与和谐、文化与美感，连他自己有时都深深地陶醉其中："其实数学中有很多美，例如对称美、简洁美、协调美。这些美在艺术上的表现形式也很多，比如绘画，文艺复兴之前的绘画作品立体感不强，自从达·芬奇开始，他运用透视几何学的原理进行绘画创作，立体效果明显增强。《最后的晚餐》就是最明显的例子。所以说许多艺术和文化形式的美感都是通过数学表现出来的。我既要给学生们灌输数学知识，也要灌输数学的精神、思想和方法。"②

吉林大学教授宋天佑，讲课声情并茂，言语风趣幽默，善于旁征博引，使课堂气氛活跃。他在讲解硫化铜不能溶于盐酸时，居然会联想到《西游记》中孙悟空那重达1.35万斤的金箍棒，来说明用盐酸溶解硫化铜的不可能性。在讲到皓矾时，他说"皓"是洁白的意思，之后便情不自禁地背诵起范仲淹《岳阳楼记》中的名句："而或长烟一空，皓月千里，浮光跃金，静影沉璧"③。

中国科学技术大学教授程福臻，电磁学这门课他已经教了20多年，但他仍然将其当做新课一样地对待，至今仍要用1∶4以上的时间备课。为了增强课程的互动性，他恰当地引入科学家的故事。比如在讲授放电现象时，穿插了富兰克林为考察电的威力，把好多个莱顿瓶连接起来存储电荷，并捉了一只火鸡来做实验的故事：实验还未开始，富兰克林就碰到了莱顿瓶，产生了极强的电击，当场把富兰克林击晕了。当他苏醒过来时，诙谐地说：好家伙，我本想电死一只火鸡，结果却差一点电死了一个

① 郭九苓等：《反思、节制、敬畏——哲学系杨立华老师的治学之道》，《北京大学教学促进通讯》，http://llt.pku.edu.cn/?p=263。

② 张伟涛：《教书像演一台戏——记首届名师奖获得者、南开大学教授顾沛》，教育部高等教育司组编，《名师颂》第一卷，教育科学出版社2007年，第100页。

③ 何卓等：《坚守在大学讲台上——记首届名师奖获得者、吉林大学教授宋天佑》，教育部高等教育司组编，《名师颂》第一卷，教育科学出版社2007年，第148页。

傻瓜。①

我们知道，不少大学老师在自己的研究领域过于偏执，导致两眼不闻窗外事，一心只读圣贤书，脱离了社会，脱离了生活。理工科老师的知识面太窄，社会科学和人文科学老师的知识面也不见得很丰富，所以上课缺乏生活气息，让学生感到自己所学的课程似乎是没有人间烟火的，是完全脱离当下生活境况的独立和抽象的存在。

一位中学教育家说出了很多大学老师都很难说出的教学理念，值得我们反思和借鉴："人类创造知识的目的，是为了改善生活，使生活更加美好和有意义，而不是为了考试和个人发展。仅仅把学知识与考试挂钩是一种价值迷失。所以我们在讲课时，除了要关注考试外，还要广泛联系与知识有关的生活现象和人类职业活动，要让学生掌握知识的同时，理解知识的意义与价值。我不赞成老师总把考试重点挂在嘴边，尤其是在非毕业年级，这样会使学生学习倒胃口，这样的教学是不成功的。价值引领而非考试导向的知识教育，会使学生获得主动发展的不竭动力和热情。我们要培养学生的社会责任感，引导学生关注知识在生活中的用途，了解知识在改变人类生活中的作用，激发学生运用知识来创造和改变世界的欲望和冲动，有助于培养学生的社会责任意识。这种价值引导的教学是潜移默化润物无声的教育，胜过空洞的说教。"②

第七节 精神

著名教育家刘长铭先生说："境界反映了教育者对待生活、社会和世界的态度，反映了教育者的职业操守与职业精神，体现了教育者对理想与崇高的追求。一个好的课堂，应当是充满正能量的课堂，是赋予了教育者的态度、精神、生命与价值观的课堂，是充满了热情、激动、憧憬、情感激荡和心灵互动的课堂，是将精神和人格引向高尚的课堂……"③ 这段话适用所有的课堂，自然也包括大学课堂。

著名哲学家雅斯贝尔斯认为，教学可分为三个层次，第一层是上课和学习教材、知识以及可以参阅的资料。第二层次是参加老师的思考活动，参加研究和论证的工作。第三个层次是对无法说出来的，但在内心却始终感受到的、引导个人精神前行的东西的阐述。——学习哲学知识，参加哲学讨论，使哲学思考转化为日常的生活。大学教学应该同时具备这三个层次。④ 这段话自然也适用于大学名嘴们的讲课。可以说，大学名嘴们的讲课，除了知识教育外，还包含着心理教育、生活教育、生命教育、人格教育等因素。换言之，大学名嘴的讲课是蕴含着某种精神的。

---

① 杨保国：《三尺讲台书写四十载无悔人生——记第二届名师奖获得者、中国科学技术大学教授程福臻》，教育部高等教育司组编《名师颂》第二卷，教育科学出版社 2007 年，第 277 页。

② 刘长铭：《我所理解的好课标准》，刘长铭新浪博客，http：//blog. sina. com. cn/s/blog_ 5c937fb10102uzro. html。

③ 刘长铭：《我所理解的好课标准》，刘长铭新浪博客，http：//blog. sina. com. cn/s/blog_ 5c937fb10102uzro. html。

④ ［德］雅斯贝尔斯：《什么是教育》，邹进译，生活·读书·新知三联书店 1991 年，第 159 页。

北大名嘴朱天飚认为，大学教学，精神的熏陶很重要：

我们应该反思的是，大学到底应该教什么，是要教一门技术吗？我个人感觉，咱们是有点朝着这个方向走了，咱们专业化太严重了，这其实不是大学的目的。大学的英文叫做 university，是普及、普遍的意思。学生来上大学不是学一门手艺，而是想通过大学提高素质，使视野更加广阔，这样培养出来的人才以后可以胜任各种工作。所以国外大学的定位首先是通识教育，而不是技术培训。比如我在悉尼大学获得的学位叫做 Bachelor of Arts，也就是人文学士学位，这个学位没有一门必修课，而且所有的课都可以选，如果想学数学、文学、心理学等，都可以学。这样中外大学在理念上就有区别，国外是通识性教育，通过大学培养高素质的人才，而我们的理念是通过大学培养专门人才。①

北大名嘴张世秋说："教学首先是要培养健全的公民，其次是在健全公民的基础上，培养特殊的专长，如果为了保证它的特殊专长而放弃对健全公民的培养，只能适得其反。首先要让他们学会去承诺并承担责任，这个素质是很重要的，我想这跟我们教育孩子多少有些相似。"②

北大名嘴杨立华说："哲学始终是这样，它不能直接解决吃饭问题，但是一种好的思想能指向一种好的生活态度。这种好的生活态度使得人们在富足的时候能够彬彬有礼，在贫困的时候能够不失人的本质。"③

北京师范大学教授童庆炳先生，注重通过仪表传达一种精神："老师在上课的时候一定要神采奕奕，要非常大方，非常有精神。即使你今天生病了，带着病上课，但是你在上课的时候，你应该是很振奋的，因为讲台是很神圣的，你面对学生讲授知识这个过程是很神圣的，要让学生感受到老师是用非常神圣的态度来对待他们。平时我在家里穿得很随便，但一到上课那一天，我像过节日一样，我总是要把最好的衣服拿出来穿，西装，领套，都是成套的，熨过的，鞋要擦得锃亮，头发梳得很整齐，走上讲台，要让学生有眼睛一亮的感觉。在我六十岁以前，我从来不坐着讲，我永远站着，加上很多手势，想办法与学生有很多的交流。"④

北京大学钱理群教授，上课有一种强大的气场，这种气场对学生有着巨大的吸引力：

---

① 《扩展自由选择的空间，培养独立思考的能力——朱天飚老师谈教育教学问题》，郭九苓主编：《教学的魅力——北大名师访谈录》，北京大学出版社 2010 年，第 65 页。

② 《主动学习 尊重自己——张世秋教授访谈录》，郭九苓主编：《教学的魅力——北大名师访谈录》，北京大学出版社 2010 年，第 81 页。

③ 郭九苓等：《反思、节制、敬畏——哲学系杨立华老师的治学之道》，《北京大学教学促进通讯》，http：//llt. pku. edu. cn/？ p = 263。

④ 杜云英：《"为祖国教育事业健康服务五十年"——访北京师范大学文学院童庆炳》，周作宇主编：《人文的路线——北京师范大学名师教学访谈录》，北京师范大学出版社 2008 年，第 370 页。

确实有不少同学说过听我的课好像处在一个“气场”中一样，我一坐在那儿就能把学生“罩住”，他们始终能感到一种吸引力甚至“控制力”。孔庆东以前听我课的时候，一开始是坐在第一排，但后来他就坐到教室的角落里去了。他说他要反抗我对阅读和思想的控制力，但又舍不得不听，所以只好离我距离远一点。还有一个学生曾经说：“钱老师，您课上得太好了，听完您的课我们宿舍整整一个星期都在谈论。”因为我的课信息量太大，他们需要用一个星期来消化。这也说明我的课是有局限的，没有给同学留下足够的自由思考空间。

在我快退休之前，有个学生的话使我很受感动，他说：“钱老师您知不知道您在我们学生中的地位？您对我们最大的触动不在于您在课堂上具体讲什么，而在于您讲课的态度，让我们感觉到您还在坚守您的理想主义，坚守您的启蒙主义。这使我们知道人还可以那样活着，尽管我们不一定选择您的道路，但这本身就对我们构成了一种意义和价值。”其实我觉得后期在北大可能主要起这个作用，也就是描述另外一种可能性。人需要有各种活法，社会需要有各种观念，除了“主流”意见外，还得有一种“非主流”意见，否则学生只知道这一条路，其实也很危险。我曾经开个玩笑，说我自己是北大树林里的一只乌鸦，一个树林里必须有喜鹊也有乌鸦，这才能保持生态平衡。北大最可贵的地方就在于它包容不同选择、不同理想、不同追求的老师，而且很多老师都很强大，这就使得学生有一个选择和吸收的余地。①

北京大学名嘴邵永海教授，谈古汉语教学时，谈自己的讲课理想时说：“授课老师和这门课，要能够达到天人合一的境界，一直是我所追求的。我们可以设想，讲老子、庄子，假如说，一个利欲熏心的人，不是从心里欣赏老庄的思想，你让他去讲老庄，他无论如何也讲不好。同样的，对古代汉语，你没有一种很深的情怀在内心，也讲不好。”②

我的大学老师，长沙理工大学的夏先培先生，也将看起来缺乏精神的古代汉语讲得充满了精神。不妨举两个例子。第一个例子就是他的敬业精神。他在长沙理工大学中文系 2001 级校友毕业十年座谈会上，有一段讲话非常感人：“大家都记得我很严格，很严厉，在座的，有些同学我还记得因为迟到我叫你们不要再进教室。中国传统的说法：为师者，应该有天地父母之心，为师要有为师的样子。我让你们背古文，那时候也有好多人提醒我，说古代汉语课，好像没有听说过要被背书的，要背书应该是古代文学课的事情，古代汉语不做这个要求，免得自寻烦恼、自找苦吃，我很感谢他的好心，提意见的人也是内行，也是中文专业毕业的，但是我这么多年一直坚持下来。30 年了，只要我上古代汉语课，我都是提前十几分钟到教室，后来我们的主校

① 郭九苓等：《一位理想主义者的教育观——访中文系钱理群先生》，《北京大学教学促进通讯》，http：//llt. pku. edu. cn/？ p = 1508。

② 《学术理想 家国情怀——访古汉语老师邵永海》，郭九苓主编：《教学的魅力——北大名师访谈录》，北京大学出版社 2010 年，第 16 页。

区搬到云塘，每天有古汉语课，我都是坐第一班车，有时候天还没有很亮，就到了那边，也是提前几十分钟进教室，如果有人问说有什么东西支撑你这样做了几十年，说来可能有点自负，不过从年龄来说也可以这样讲，我一直把学生看作我自己的孩子。”第二个例子就是他对《庖丁解牛》的分析。在字词句分析得极为透彻之后，夏老师联系自己的工作和生活，对这篇课文内含的精神作了这样的提炼：

我一直非常欣赏庖丁的那种敬业精神，他不光是敬业，还能够以审美的态度对待职业，对待事业，对待工作，能够把那样一份血腥肮脏的工作做得那样富有诗意，那简直是令人神往啊！人家动不动就说，某某某，是杀狗的，人家说庖丁杀牛了，但是你不觉得那有任何不爽，一点都不血腥。这段里面还有一句话“牛不知其死也”。牛死了都不知道自己怎么死的，毫无痛苦地死去，能够做到那个份上，一般人就关注庖丁那出神入化的技巧：“善哉！技盖至此乎”，但是我们更应该关注的是庖丁以审美的态度对待工作对待事业那样一种精神。其实很多事情在道理上是相通的。我记得好像是居里夫人说过，“工作者是美丽的”。这里我也可以说一说我自己的感受。我在进入大学当老师之前，曾经当过六年知识青年，当过八年工人，就是说在工厂和农村，我一共干了14年，然后才去读研进入大学当老师。前些年有记者采访我，就问我说，你对自己的工作满意吗？我说非常满意，就是对自己的教师职业，对自己的专业汉语言文学事业非常满意。在从事这个工作的时候我感到非常愉悦，所以有些人可能不理解我为什么早上那么早起来抓着学生背书呢？因为我从这里面能够收获到一种审美愉悦，有同学当年不理解，问我，老师你放过我吧！别叫我背了，我也问过同学：你觉得我每天听你磕磕巴巴背一些我自己早就滚瓜烂熟的东西是很有趣味的吗？我不是从这个里面获取趣味，我是对一块璞玉进行雕琢，把它琢成一件价值连城的工艺品、艺术品，我是在这个过程中收获了愉悦。我也有学生出去以后当了老师，他跟我诉说自己的苦恼，他说我控制不住，看见好学生我就喜欢，看见不好的学生我就很讨厌，我说你这就不是作为老师应有的心态，我说你必须调整，如果无法调整，我劝你离开教师这个岗位，后来他就没有再教书了。对于老师来说，就是我们应该有传统所讲的天地父母之心，对所有的学生都应该一样。同样，你们不管从事什么工作，我就希望你们做那份工作不要只把它作为一份谋生的职业，如果停留在“不做没饭吃”这个层面应该是比较可悲的，希望你们把每一份工作都做到审美的层次。

上海师范大学教授卢家楣，善于通过细节来熏陶学生。他在教学中很重视学生的行为规范训练，不断完善一系列课堂教学管理措施，课前、课后的黑板怎么擦都有明确规定，上课、下课时师生要相互问候敬礼，迟到的学生要向大家鞠躬道歉。通过这些看似平常的点滴小事，他培养了师范生认真负责、尊重他人的品质。①

---

① 刘伟、杨宇辰：《以情优教结硕果 火炬精神育人心——记第四届高等学校教学名师奖获得者、上海师范大学教授卢家楣》，教育部高等教育司组编：《名师颂》第四卷，教育科学出版社2010年，第196页。

韩济生在医学课堂上传达一种医学精神："医生是一个非常讲究如何做人的职业。我们这一代人，经历了不同的时代，上学时从旧社会到解放，以后又经历各种运动，对做人和做事方面有许多体会。比尔盖茨也说过，一个成功者，哪怕是商业上的成功者，当他谈及自己经历的时候，绝大多数都是谈做人，而不是谈做事（如何赚钱）。年龄越大，接触越多，我越感觉做一件事情要成功，技术是一方面，但是做人是更重要的。医生犯的错误，很多都不是医术问题，而是责任心问题。所以，我们这一代人讲课里会自觉贯穿做人的道理，千方百计引到这个方向，来影响学生。通过讲课中来讲自己的体会，讲自己在关键的时候应该做什么选择，这是润物无声的办法。做教师的影响力还是很要紧的，在年轻教师里面，也应该提倡这点，不要百分之百都是技术性的东西。"①

在精神的传达方面，南京大学名嘴潘知常是非常有代表性的。他讲《红楼梦》，讲《水浒传》，讲《三国演义》，讲《悲惨世界》，讲安徒生童话，等等，除了有知识、有方法、有生活外，始终贯穿一些正能量的精神：原则、悲悯、爱、宽恕等。比如下面这两段话：

我一直在想，如果鲁智深生活在今天，他最有可能在我们社会公共生活中的哪一块冒尖呢？这个人本性不坏，喜欢做"梦"，自我感觉超好，走到哪里都觉得自己就是正义附体，绝对有理；打着"正义"的招牌，缺少个人主见，却高度热衷于"我要代表正义消灭你！"鲁智深最像谁？不错，就像当今活跃于公共网络空间的那些"以键盘作为武器""爱砍谁就砍谁的"——"网络暴民"。网络暴民很坏吗？有一句流行语前半句说得很好："网络暴民都是好孩子。"

鲁智深，也是一个好孩子，但是，就是长不大。②

咱们平时说"做人要有原则"，这看起来是个大道理，实际上不是。坚持原则其实是人类社会发展到今天所总结出来的最简单的生存大道之一，它所强调的是，如果所有的人都坚持原则，那么，这个社会就会很轻松，很简单，而且，所有的人都能够从坚持原则里不同程度地受益，也最终会受到这个社会的保护。但是，如果原则被打破，就像朱仝这样鼠目寸光地去考虑问题，去处理事情，原则靠边站，我眼前的这几个朋友才要紧，无疑就会把事情搞复杂。从局部看，从眼前看，你确实获益了；可是整个社会的正常秩序却因此而受损了，而社会的受损最终还是会恶性反馈到个人的头上，那时你再发现大祸临头，就已经晚了。③

可以说，听潘知常讲课，不仅能学到知识，学会思维，还能获得精神的熏陶。我

① 郭九苓等：《言传身教，教学相长——韩济生院士谈医学教学》，《北京大学教学促进通讯》，http://llt.pku.edu.cn/?p=56。

② 潘知常：《说〈水浒〉人物》，上海文化出版社2008年，第46页。

③ 潘知常：《说〈水浒〉人物》，上海文化出版社2008年，第185页。

觉得，他的讲稿是有情感、有信仰的，那就是鄙视邪恶、暴力、虚伪，张扬善良、仁爱、真诚。我们来看他对扈三娘命运的慨叹："扈三娘在失去亲人以后已经没有了自己的感情，没有了自己的意志，没有了自己想要的生活，她的心死了。可是，我们怎么解释那面最美丽、最张扬的旗帜——'美人扈三娘'？在沙场阵前，她依然飒爽英姿，斗志昂扬。或许，这就是扈三娘赔偿给自己的一个精神世界，一个卑贱人生中的高贵精神世界。她的花容是暗淡的，但她对人生的热情和爱心却在精神的世界里张扬着。不过，既然扈三娘是始终无语的，那么，对于她的选择，我们所能够作出的最好选择，其实也应该是——无语。在我看来，这或许才是对于她的最大的尊重。"①

再来读他对潘金莲最后的评说，也让我们无比动容："封建社会强加给了潘金莲一个不得不接受的命运：艰难的生存环境、她所不爱的老公以及礼教束缚等等。而那个社会给每一个人提供的自我拯救的空间却又实在太小，对于潘金莲来说，更是如此。因此，潘金莲不想追求自己的幸福便罢，如果她想争取自己的权利和幸福，就必须铤而走险，就必须不顾一切，必须鱼死网破。所以，透过潘金莲的故事，我们更应该看到一个民族背后的精神创痛，而不能把这个创痛简单地归结于潘金莲，如果是这样，就实在太有失公正了。"②

最后，还是忍不住引用他对武大郎悲剧的一番喟叹："在武大郎的悲剧面前，我的心情异常沉重。因为摆在我们面前的是一个非常严峻的社会问题和人性问题，这就是：像武大郎这样的一个好人，最后的结局竟然如此之惨，那么，普天之下又还有谁敢再做好人？如果一个社会做好人成本这么大，如果一个社会谁善良谁付出的代价就大，那这个社会谁还敢善良，谁还敢做好人？"③

总之，一堂好的课，存在三种境界：人在课中，课在人中，这是第一种境界；人如其课，课如其人，这是第二种境界；人即是课，课即是人，这是第三种境界，境界越高，课的痕迹越淡，终至无痕。因此，课的最高境界乃是无课（无课，也就是感觉不到自己在上课，在工作。在课堂中，师生已进入了一种忘我的境界，也许在上课，也许当时的课堂就是真实的生活，忘了生活，忘了时空，忘了身份，课即是人，是现实……）。大凡大学名嘴的课，多半属于第三种境界。因此，大学名嘴们的课，已经不知不觉具有一种只可意会不可言传的气场和气质，因为这种气场和气质：

演讲的效果固然和内容有密切的关系，而内容也可以从印出来的文字中看到，但是印出来的文字却无法反映出演讲时的一切。在演讲中可以透过音调、手势以及精辟透彻的分析无意间造成一种气氛，而这种气氛只有透过说出来的话以及在演讲中——不可能在简单的对话和讨论中——显示出来。有些隐藏着的东西，只有在气氛的激促下，教师才会讲出来。教师在无意间表达了他严肃的思考，他对此的疑惑不解，这

---

① 潘知常：《说〈水浒〉人物》，上海文化出版社 2008 年，第 224 页。

② 潘知常：《说〈水浒〉人物》，上海文化出版社 2008 年，第 67 页。

③ 潘知常：《说〈水浒〉人物》，上海文化出版社 2008 年，第 79 页。

样，教师就真正让听众参与了他的精神生活。①

精神这种东西，很多时候，只可意会不可言传。不过，有时候又是可以言传的。比如，《民国那些人》中这样写历任中央大学、北京大学、四川大学等校教授的蒙文通的课堂：

他讲课有两个特点，第一是不带讲稿，有时仅携一纸数十字的提要放在讲台上，但从来不看，遇风吹走了也不管；第二是不理会下课钟，听而不闻，照讲不误，每每等到下堂课的教师到了教室门口，才哈哈大笑而去。

他的考试也颇有趣味，不是先生出题考学生，而是由学生出题问先生，往往考生的题目一出口，先生就能知道学生的学识程度。如学生的题目出得好，蒙先生总是大笑不已，然后点燃叶子烟猛吸一口，开始详加评论。考场不在教室，而在川大旁边望江楼公园竹丛中的茶铺里，学生按指定分组去品茗应试，由蒙先生掏钱招待吃茶。②

著名学者钱理群这样评价蒙文通的课堂轶事："这样的课，绝就绝在它的不拘一格，它的随心所欲，显示的是教师的真性情，一种自由不拘的生命存在方式，生命形态。因此，它给予学生的，就不只是知识，更是生命的浸染、熏陶。在这样的课堂里，充满了活的生命气息，老师与学生之间，学生与学生之间，生命相互交流，沟通，撞击，最后达到了彼此生命的融合与升华。这样的生命化的教育的背后，是一种生命承担意识。"③

精神或许就是很多年后，学生在忘记了知识、方法、生活等具体内容之后，还依稀记得的那些东西吧?!

---

① ［德］雅斯贝尔斯：《什么是教育》，邹进译，生活·读书·新知三联书店1991年，第155页。

② 徐百柯：《民国那些人》，中央编译出版社2007年，第206页。

③ 钱理群：《承担，独立，自由，创造——钱理群先生从〈民国那些人〉谈起》，《汕头大学学报》2007年，第6期。

第三章　大学名导的三种风格

随着高校升级运动如火如荼地展开，研究生的规模日益扩大，比重日益增加。而研究生教学和本科教学，在教学对象、教学目标、教学方法等方面，均有着很大的差别。因此，在大学教师中，有必要将研究生导师视为一个相对独特和独立的对象加以考察。研究生导师既有平庸的，也有杰出的。那些杰出且有一定知名度的研究生导师，可称之为大学名导。

大学名导都是好的导师，他们大致可以划分为三种风格：逍遥派、慈父慈母型和良伴型。这三种风格各有千秋，又殊途同归——主观上都体现了好导师的良苦用心，客观上都能够培养出理想的研究生。青年导师可以结合自身的特点以及研究生的具体情况，对这三种风格作批判性继承。

第一节　逍遥派导师

在接受记者采访时，上海师范大学教授萧功秦戏称自己指导研究生的方式属于亚里士多德的逍遥派：

对我的研究生，我还是按照我的方法来带的。整整三年，研究生每两个星期一定要到我家里来和我谈一次，我最多是八个研究生一起带的，每个人把在两个星期里面思考过程中产生的一些想法和大家分享。把你的问题提出来，这也会刺激我产生一些新的想法，我就会和你像谈话一样讲出我的观点来，其他研究生也一样，在我谈过之后也会讲出他们的想法。

这种方式就像亚里士多德的“逍遥学派”，没有主题，看到星星谈星星，看到地上的草长出来就谈草，这样就会把思想融会贯通，不断磨砺。我甚至对他们的论文都不太重视，但结果很有意思，我现在所有研究生的论文都是“优”。这个是不用教的，只要你真正热爱学问，在三年里你有这种信念，那么你研究的质量就会很好。[①]

已故北京大学教授王瑶也是逍遥派导师的代表。据弟子钱理群回忆：

提到王瑶的教学，大家就会想到他那个著名的烟斗。王瑶从来不给我们上课，第一次见面就打招呼说，你们平时没事不要来找我。一个星期只准我们去他家一次。他的生活习惯是凌晨三四点睡觉，因此每天上午谁都不能上他家去，大概下午三四点钟，才开始接待来人。所以我们一般都是四点以后去的，坐在那里海阔天空地闲聊，想到什么就谈什么。其实很少谈学术，大多是谈政治，谈思想，谈文化，谈人生。先生一边抽烟，一边悠悠地说，谈到兴处，就哈哈哈地发出王瑶式的笑声。有时会突然沉默，烟雾缭绕之中隐现出先生沉思的面容。我们只静静地听，偶尔插几句话，更多的时间里是随着先生沉思。所以我们几个弟子都说，我们是被王瑶的烟斗熏出来的。

他的指导方法也很特别，我把它概括为“平时放任不管，关键时刻点醒你”。一入学开一个书单，以后就不管了，你怎么读、怎么弄他通通不问，而且关照你平常少到他那儿去。其实这个放任不管，我倒觉得这正是抓住了学术研究的特点。学术研究是个人的、独立的、自由的精神劳动，因此它从根底上就应该是散漫的。散漫，并不是无所事事。一个真正的学者，一个有志于学术的学生，学术研究是他内在生命的需要，根本不需要督促。看起来他在闲荡、读闲书，其实总在思考。看起来漫不经心，其实是一种生命的沉潜状态，在淡泊名利、不急不躁的沉稳心态下，潜入生命与学术的深处，进行自由无羁的探讨与创造，慢悠悠地做学问。这是不能管的，更不能乱管。搞学术就是得无为而治，王瑶深谙无为而治的奥妙。[②]

除了萧功秦、王瑶，还有不少好导师也属于逍遥派。比如著名经济学家于光远，平时很忙，不能每天盯着研究生的一言一行，但通过面谈，尤其是创造性的笔谈，在宏观的和方向的层面指导研究生，取得了很好的效果。他与研究生之间的笔谈后来形成《导师与研究生的对话》一书（湖南教育出版社，1989 年），值得新晋导师们读一读。

逍遥派导师有几个共通性：（1）对研究生只“问”不“管”，用钱理群评价王瑶的话说，就是“平时放任不管，关键时刻点醒你”，即平时给研究生足够的时间和空间自由发挥，但会经常性，甚至有规律地询问研究生的近况和打算，发现有什么方向性问题，再点拨一番，这显然不同于“放羊人型导师”对研究生的既不“管”也不“问”。（2）经常和研究生见面聊天，一个学期大概可以聊 10—20 次左右，所以和研究生没有陌生感，对研究生的学习情况算是比较了解，如果聊得比较深入，对研究生的生活情况也略知一二。（3）由于仅限于见面聊天，所以和研究生的关系尚达

---

① 廉思：《工蜂——大学青年教师生存实录》，中信出版社 2012 年，第 200 页。

② 钱理群：《王瑶怎样当北大教授》，《教书育人》2007 年，第 1 期。

不到亲密无间的程度，研究生对他们也是既“敬”又“畏”。诚如王瑶先生，就明确主张老师和学生之间关系不要太密切，应该有个距离，所以他本人给钱理群他们的感觉是“外表是很严峻的”、“有点冷”、“有点距离”。(4) 和研究生保持适当距离，让师生之间产生了相当的美感和无限的想象。这一点，如果读读钱理群深情的回忆文章《王瑶怎样当北大教授》，感受可能会更深一些。

对于逍遥派导师的“只问不管”，有些研究生比较适应，比如萧功秦的弟子们。萧功秦教授说他对学生的毕业论文不太重视，但结果很有意思，他指导的毕业论文都是“优”。原因大致是：通过日常“闲谈”中的潜移默化，他的研究生对学术动了真感情；有了真感情，就会为研究真心付出；为研究真心付出后，毕业论文就变得相对简单了。有些研究生不仅适应，而且很喜欢。比如钱理群，他认为王瑶的“放任不管”倒正是抓住了学术研究的特点——学术研究是个人的、独立的、自由的精神劳动，从根底上就应该是散漫的。所以一个有志于学术的学生，会视学术研究为内在生命的需要，根本不需要外部的督促，对于这样的学生，导师是不能管的，更不能乱管，而王瑶的逍遥派指导法正体现了学术要无为而治的奥妙。

当然，有些事物，有人适应，就有人不适应；有人喜欢，就有人不喜欢。其实，今日之研究生，并不是每个人都像萧功秦和王瑶的研究生那样，既有做学问的兴趣，又有做学问的潜质，还有做学问的自觉性和自我调控能力。有些研究生一旦碰到逍遥派导师，第一反应是：“这个导师怎么不管我？太不负责任了！”对于这些学生的质疑，清华大学教授倪以信旗帜鲜明地批评到：“有的学生曾抱怨导师不管自己，或指导太抽象，这其实是一种懒汉思想，自己拿不出像样的看法哪怕是最初级不完善的看法去向导师请教，一切等着导师来管，拨一拨，动一动，这样势必无法提高自己独立搞科研的能力。”① 很明显，倪以信教授也是一位逍遥派导师。

第二节　慈父慈母型导师

如果说逍遥派导师一派道家风范，以师法自然，尊重研究生的个性、自由为乐，那么，慈父慈母型导师则表现出儒家气质，以及佛家悲天悯人的心怀和菩萨的心肠，他们对“一日为师，终身为父”有着特殊的情结，对“多年师徒成父子”有着特别的向往，因此，在自己的研究生求学期间，乃至毕业之后，他们会用很多时间、很多精力，尤其是很多情感的投入，将原本有些陌生和距离的师生关系升华成亲密无间、充满脉脉温情的家人关系。

北京大学法学院资深教授芮沐（1908—2011）是“慈父型导师”的代表之一。“老芮疼学生，比他自己的儿子还亲”，这是芮先生的夫人常挂在嘴边的一句话。芮先生从来不要学生为自己做事，却乐于为学生“打工”——这是典型的父亲对子女

---

① 倪以信：《谈谈导师对我的教诲和指导》，周文辉主编：《导师论导——研究生导师论研究生指导》，北京理工大学出版社2012年，第11页。

的心态。20世纪80年代，芮先生觉得经常去学生宿舍和学生交流还是不太方便，就自己出资800多元为学生装上电话。这在当时算得上一笔不小的开支，但先生却为"方便联络"而开心不已。1980年7月4日，芮先生身患严重的肝病，住院多日仍不见好转，只好从北京地坛医院转到日坛医院，途中，他突然从担架上用手支起半边身躯，问前来探望的研究生程信和："你的论文要定题了吧?"就在去医院的路上，带病的芮先生为学生定下了毕业论文的选题方向。1998年夏，研究生张智勇博士毕业后留北大任教。暑假时，他在家乡举行了简单的婚礼。回到学校后的一天傍晚，有人敲门，张智勇开门一看，居然是芮先生和师母！在狭小的房间里，芮先生把一个精致的八音盒和一张写有祝福的贺卡送到张智勇手里，拍了拍他的肩膀，充满鼓励地说："现在的条件可能不如意，但却能激发你们刻苦努力、上进，美好的明天就在前面。"①

北京师范大学童庆炳教授亦是如此。所以他和一部分学生的感情是：我是他的老师，同时又是他的父亲：

在学生遇到困难时，要爱护学生，要想尽一切办法帮助学生，不让学生有一种无助的感觉，让他时时刻刻感觉到他即使所有东西都失去了，但背后还有老师的支持，如果自己解决不了这个问题，还有老师会帮助他。有些学生很困难，拖家带口来学习，我知道他们很困难，要供房子，要带孩子，老婆也没有工作。我就说："当你揭不开锅的时候，你就给我打个电话，你只要说'童老师，我遇到困难了。'我就会让你过来，给你两千块钱，算借给你了，等你工作以后再还。"他就放心了，他知道即使自己揭不开锅，"别人可能拒绝我，但老师会借给我钱，在我最苦难的时候，还有老师会帮助我，所以我不会放弃信心，我不会胡思乱想。"②

"如果你在生活学习上出现了困难，舒老师一定会不遗余力地去帮助你。"北京师范大学舒华教授，像母亲关爱孩子一样，培养自己的研究生。17岁就跟随舒华攻读硕士研究生的毕彦超，便得到了逢年过节到导师家吃饭的待遇。当她妈妈生病的时候，舒华更是专门送上了托人从山西带回来的阿胶作补品。如今北京师范大学认知所副教授韩在柱，当年被心理学院录取时属于自费生，需要一次性缴纳3万元的学费。舒老师立即帮他支付了一部分的学费。"当年要是没有舒老师的资助，我的博士肯定念不成。"韩在柱动情地说。③

南开大学教授程鹏，对学生的培养与关心是绝对无私不求回报的，那种感觉，就像父母对待自己的孩子一样。实验室有同学生病住院了，程老师会在第一时间赶过去

---

① 张琳、孙占龙：《北大名师》，北京大学出版社2010年，第30—32页。

② 杜云英：《"为祖国教育事业健康服务五十年"——访北京师范大学文学院童庆炳》，周作宇主编：《人文的路线——北京师范大学名师教学访谈录》，北京师范大学出版社2008年，第373页。

③ 李勉：《心理学讲坛上的科研尖兵——记首届名师奖获得者、北京师范大学教授舒华》，教育部高等教育司组编：《名师颂》第一卷，教育科学出版社2007年，第85页。

看他，如果遇上他在外地出差，就一定会打电话嘱咐我们代表他去探望，并且一再叮嘱要带上东西。做实验时，学生不小心摔坏了一个玻璃容器，他从来不责怪，而是先问有没有扎伤，反复强调打扫卫生时一定要小心。①

武汉大学郭齐勇也是慈父型导师的代表。他时常接济自己的研究生。2002 年学校对全国优秀博士论文的指导老师奖励了三万元，他将其中一部分分给博士生指导小组所有成员后，将余下的两万元全捐助给了院内的贫困生。2005 年他获得学校师德标兵，有 2000 元奖金，他也转赠给了贫困生。有一位博士生的母亲患病需要治疗，他分三次共支援了五千余元。多年来，他让自己的博士、硕士生参与自己的教学、科研工作，做助教、做助研，他从科研经费上支持学生，给予一些补贴或奖励，还联络企业与佛教慈善基金支持贫困生。在学业上，他也是不遗余力地帮助学生，到海内外开会或讲学，从不忘给自己的硕士、博士生购买、复印急需的书籍、资料。②

北京大学医学教授严世英是“慈母型导师”的典型代表。她的博士生段得琬做博士课题的时候，和另一名研究生被派到美国联合培养。由于文化差异和双方兴趣点的不同，再加上她们年轻气盛，考虑事情不够周全，导致中美双方产生了误解。课题合作出现了危机，同伴另寻出路不辞而别，让独留异国他乡的段得琬形单影只无所适从，人生中第一次尝到了“走投无路”的滋味。段得琬拨通了国内严老师的电话，电话的另一端沉默了片刻，随后是令段得琬印象最为深刻的一句话——“回来吧，大家一起想办法把课题做下去……”电话那边忽然传来一股胜似慈母般的温柔，电话这边，段得琬压抑许久的泪水瞬间如泉涌般奔了出来！大洋彼岸街头的电话亭里，一个“泪人儿”似的小姑娘就这样抱着听筒，慢慢地，身体颤抖着，蹲了下去。多年后，段得琬回忆这段鲜为人知的往事时依然泪水在眼眶里打转：“那时的我，就像一个迷途的孩子，抓住了母亲温暖的手，一下子就有了家的感觉……”③

一般而言，慈父慈母型导师有几个共通点：（1）年龄较长，阅历丰富，各种个人得失早已经被岁月的风风雨雨冲淡。（2）宽厚谦让、正直中和、淡泊名利、甘为人梯。（3）既“问”又“管”，不仅关心学生的学业，还关心学生的生活，研究生无论是学术上还是生活上出现困难的时候，总会响起他们温暖的声音，出现他们慈爱的身影。（4）从不占学生的“便宜”，只想着让学生多占自己的“便宜”，包括在经济上给予学生力所能及的援助。（5）与研究生在一起的时间很长，乃至像传统的家庭一样，和研究生一起学习，一起生活，所以经常亲自下厨改善研究生的伙食成为他们的一个标志。（6）注重细节育人、情感育人、品格育人。

在我们的视野中，用自己的奖金和稿费资助学生，“对学生的家长、老人的健

---

① 冀宁：《遇上他是学生的幸运——记第二届名师奖获得者、南开大学教授程鹏》，教育部高等教育司组编，《名师颂》第二卷，教育科学出版社 2007 年，第 96 页。

② 北京市教育委员会高等教育处等联合组织编写：《高校名师的教学视野》（第一辑），首都师范大学出版社 2012 年，第 467 页。

③ 张琳、孙占龙：《北大名师》，北京大学出版社 2010 年，第 61—62 页。

康，家里的关系、环境，个人的恋爱婚姻，都很关心”[①] 的北京大学教授翟中和；经常邀请学生到家里“撮一顿”，给学生做“冻鱼蘸豆酱”，学生生病了多次探望并解囊相助的暨南大学教授饶芃子；[②] 学生留校过寒假时，定会请到家中吃年夜饭，学生找工作或考博时，写推荐信写得手酸的湘潭大学教授张铁夫；[③] 关心学生的学习、生活、收入、婚姻等问题，“为许多博士生介绍过对象、操办过婚事、调解过夫妻矛盾”的刘泉，[④] 等等，都属于慈父慈母型导师。

第三节 良伴型导师

如果说逍遥派导师和研究生主要是指导和被指导的关系，慈父慈母型导师和研究生基本是关爱和被关爱的关系，那么，良伴类导师与研究生在学术上更多是一种合作关系，在生活上更多是一种朋友关系。或者说，逍遥派导师喜欢道家的逍遥自在，慈父慈母型老师偏爱儒家的伦理亲情，那么，良伴类型导师更倾向于现代契约的冷静和理性。

在良伴类导师看来，“导师和研究生，不仅是一般意义上的师生关系，而且是科研工作中的合作者”[⑤]，“导师应该把他们看作与自己一起做学问的青年学者”[⑥]。因此良伴型导师，诚如冯长根教授，“总是把博士生当做同事介绍给同行，从来不把博士生当学生”[⑦]。概而言之，良伴型导师和研究生的主要相处方式，既不是隔三差五的“聊天”，也不是事无巨细的“父母式的关心”，而是朋友、同事之间的科研合作。像北京师范大学教育技术学院教授何克抗，就是如此。他以自己主持的国家级课题为平台，每年组织学位点的十多位博士和 30 多位硕士组成多个实验研究小组，深入到中小学第一线去进行教学改革的实践与研究探索，每学期都要下去多次（一学期 2 到 4 次不等，每次长则十天，短则两三天）。[⑧] 可以说，科研合作是他们培养研究生科研能力的一种手段，而非为了利用、剥削研究生。这样，他们与研究生之间往往会形成一种有声或无言的现代契约关系。因为是现代契约关系，所以有两个基本特点：

一是双方是基本平等、独立的，不存在明显的强势方和弱势方。清华大学经济系教授李子奈，在博士生入学的第一次见面时，就给每个学生发一张纸“约法三章”：

---

① 张琳、孙占龙：《北大名师》，北京大学出版社 2010 年，第 261—262 页。

② 谢苗枫：《暨大教授饶芃子：“说到底不过是学生的老师”》，《南方日报》2007 年 9 月 10 日。

③ 宋德发：《研究生导师要做的十件事——以张铁夫先生的研究生培养方式为例》，《学位与研究生教育》2008 年，第 11 期。

④ 徐俊：《德艺双馨 严爱相融——记第三届高等学校教学名师奖获得者、武汉理工大学教授刘泉》，教育部高等教育司组编：《名师颂》第三卷，教育科学出版社 2008 年，第 315 页。

⑤ 郑大钟：《做思想上的知心者 学术上的合作者》，《学位与研究生教育》1989 年，第 4 期。

⑥ 卫兴华：《恪尽职守 甘为人梯》，《学位与研究生教育》1995 年，第 4 期。

⑦ 冯长根：《如何当好博士生导师》，中国科学技术出版社 2013 年，第 5 页。

⑧ 杜云英：《“要把差的学生变成优秀的学生”——记北京师范大学教育技术学院何克抗教授》，周作宇主编：《人文的路线——北京师范大学名师教学访谈录》，北京师范大学出版社 2008 年，第 61—62 页。

第一，在学校期间，不准给老师送任何礼品，一斤水果也不行。第二，学习期间发表论文，如果老师没有参与实质性的工作就不署名，参与了实质性工作而不是执笔者，名字署在后面，只有当老师是执笔者的时候才署在前面。第三，老师离开学生两周以上必须通知学生，学生从事与博士生课程和论文无关的事情应该告诉老师。[①] 无独有偶，北京大学中文系教授陆俭明跟博士生第一次见面时，向他们说明彼此需要建立三重关系：（1）教学上是师生关系。这意味着彼此都要严格要求。（2）学术上是平等关系。这意味着学术问题平等讨论，只服从真理，不存在学生必须听老师的这一“规矩”。（3）生活上是朋友关系。在生活上可以随便一些，不必太讲规矩，不必太客气，不必太拘谨。[②] 李子奈的“约法三章”和陆俭明的“三重关系”看起来是小事，其实却清晰地表明了一种价值导向：在以后的日子中，至少在研究生求学期间，导师和学生是互有权利和义务的，双方都必须尊重彼此的权利，履行各自的义务。

二是双方共同工作是相互帮助、优势互补、互利互惠的，不存在导师侵占研究生劳动成果的事情。复旦大学政治学教授曹沛霖说：“老师训练学生做课题，有一点一定要注意：如果老师要学生帮着做课题，那么在学术上就应该是‘伙伴’关系，不是‘老板’关系。现在大家都把这种关系看作‘老板’和‘伙伴’的关系，我认为应该是‘伙伴’关系，是平等的。老师做不过来课题的时候叫学生做是可以的，但是我认为所有的成果应该是平等享受，门户开放的。这就像美国的门户开放主义，利益均等。”[③] 北京大学教授黄枬森任第一主编，编写《马克思主义哲学史》时，合作者包括他的学生陈志尚。陈志尚说：“黄老师虽然是全书第一主编，却坚持和大家平分稿费，绝不多拿一分钱。”“黄老师总是这样，我和他一起编书时，第一作者是他，他就坚持平分稿费；第一作者是我，他就一定让我多拿稿费，自己拿少的一部分。”[④] 或许，师生之间谈钱有些俗，但是该给学生钱时却不谈钱了，更说明导师俗不可耐。这是一个很简单也很了不起的道理：导师邀请学生一起做课题，就像邀请同行一起做课题一样，应该根据他们的工作量付给足额的报酬，而不能因为是自己的学生，就可以随意克扣工资，甚至全部占为己有。

我们要考虑到，自然科学和社会科学研究比人文科学研究更需要团队合作，就算人文科学研究，有时候也需要多个学者在一起完成一个大的科研项目，因此，导师和学生一起完成科研任务，并借此实现教学目标，也是情理之中的事情。从导师和学生一起做科研来看，良伴型导师和“老板型导师”表面上有些类似，但本质上却不同，诚如中国科学院研究员王德华所言：“始终认为师生关系不同于老板与雇员的关系，它是一种情分。研究生不是劳动力，研究生为求学而来，学生所做的一切研究工作不应理解为是给导师做的，但导师对研究生的培养所耗费的精力则是应该的，这是一种

---

① 牛小玢：《师者——清华经管学院教授访谈录》，机械工业出版社 2006 年，第 87 页。

② 北京市教育委员会高等教育处等联合组织编写：《高校名师的教学视野》（第一辑），首都师范大学出版社 2012 年，第 75 页。

③ 陈雁：《师道——口述历史中的复旦名师文化》，复旦大学出版社 2012 年，第 353 页。

④ 张琳、孙占龙：《北大名师》，北京大学出版社 2010 年，第 233 页。

责任。”[①] 换言之，“老板型导师”承包课题，基本分配给研究生去完成，自己则做甩手掌柜，课题结束后，也不会给予研究生与工作量相匹配的物质和精神报酬；而良伴型导师申请到课题后，往往是与研究生共同完成，课题结束后，会给予研究生与其贡献值对等的物质和精神报酬。

应该说，对研究生而言，只要导师“好”，那么，究竟如何“好”，他们并不是太在意。不过，作为青年导师，在努力做一个“好”导师之前，还是应该想一想，哪一种“好”法才更适合自己，也更适合学生。所以，不得不重提“因材施教”这句古话了，但需要说明的是，这里的“材”不仅指学生，还包括导师。

首先，我们应该意识到，导师和导师是不同的，比如说过去的导师和现在的导师不能同日而语；名牌大学的导师和普通高校的导师不能一概而言；资深导师和新晋导师不能相提并论；人文科学的导师和社会科学、自然科学的导师不能混为一谈；博士研究生导师和硕士研究生导师不能等量齐观……就是说，“因材施教”的第一层意思是指导师要根据自己的特点来选择指导研究生的方式。比如像我这样一位普通高校的青年硕士生导师，对逍遥派导师只能敬佩却不能复制，因为我不具备萧功秦、王瑶那样的学术底蕴、人格魅力和无形又强大的“气场”，想“熏陶”学生恐怕也熏陶不了。至于慈父慈母型导师，我是无比地敬佩，但自己过于年轻，还找不到做父母的感觉；可以借鉴他们，和研究生在一起的时间长一些，对研究生的关爱多一些，就是说，目前我努力将研究生当做弟弟妹妹一样去培养，希望自己能够成为一个“仁兄型导师”。关于良伴型导师，我也特别向往，从他们身上我学会了对研究生的时间、空间、劳动和人格的尊重。但我从事的人文科学研究比较崇尚“单打独斗”，加上我本人还算年轻力壮，精力旺盛，所以和研究生的科研合作还不多，如果有的话，也绝不侵占研究生的科研成果。

其次，我们还应该意识到，研究生和研究生也是不一样的，尤其是今天的研究生更加多元化，导师更应该针对不同的研究生选择不同的培养方式。在这方面，北京理工大学的梅凤翔做得非常好。他从 1991 年开始招收力学方向的博士研究生。这些博士生出身差异很大，有学力学的，有学数学的，有学物理学的，还有学工程的。他就针对博士生的能力、性格、志趣等具体情况实行不同的教育。首先，让学力学出身的学生补近代数学，让学物理出声的学生补力学和数学，让学工科出身的学生补数学和力学。其次，在博士学位论文选题方面，提倡学生根据志趣自己选题。[②] 北京大学陈少峰教授的经验也值得借鉴。陈少峰以“想不想做学问”为尺度，将研究生分为两类：做学问的和不做学问的，前者按照做学问的方式培养，后者按照就业的方式来培养。相应地，他开设的课也分为两类：一类是纯粹的学问课，如中国伦理学史；一类

---

① 王德华：《为人不易 为学实难——浅谈研究生的培养》，周文辉主编：《导师论导——研究生导师论研究生指导》，北京理工大学出版社 2012 年，第 58 页。

② 北京市教育委员会高等教育处等联合组织编写：《高校名师的教学视野》（第一辑），首都师范大学出版社 2012 年，第 212—213 页。

是应用课，如应用伦理学、企业伦理等。他还以“能不能做学问”为尺度，将“做学问”的研究生分为四类：优、良、中、不及格。[①] 对于“优”的学生，就少管一点——这就与逍遥派导师有异曲同工之妙了；对于“不及格”又不用功的研究生，就多管一点——这就和慈父慈母型导师不谋而合了。

我们可以将陈少峰的“分类指导”更加完善一些。比如对想做学问且能做学问的研究生，尤其是博士生，导师可以做逍遥派，只问不管；或者做良伴型导师，给他们提供做科研的机会和平台，在实战中提高他们的科研水平，顺便改善他们的生活条件。对自学能力、自控能力不强，科研潜力差的研究生，尤其是刚入门的硕士生，这两种指导风格可能都不合适——逍遥派导师可能会导致他们无所事事，从而变成了“放羊人型导师”；良伴型导师可能会导致他们心态压抑和精神抑郁，从而变成了“老板型导师”。对于家境不佳或性格内向的研究生，导师可以做慈父慈母型，主动联系他们，在物质和精神上帮助他们。不过，生活上的照顾和学术上的严格不可混淆，否则慈父慈母型导师有可能变成“保姆型导师”，让研究生失去独立科研和生活的兴趣和能力。

北京师范大学王静爱教授认为：“作为教师来讲，要把学生看成中心，要为学生着想。每个学生都不一样，作为教师，就要努力去了解不同的学生，了解他们各自的目标是什么，他们各自的特点是什么，因‘人’制宜地采用最有效的方法去引领他们，去帮助他们实现目标。比如说，对聪明勤奋的学生，要超前培养；对勤奋但不够聪明的学生，要启发培养；对聪明但不够勤奋的学生，要督促培养；对既不聪明也不够勤奋的学生，要耐心培养。这样，最终要达到把好的学生培养得更好，把较好的学生培养得好，把较差的学生培养得较好的目标。”[②] 这段话给我的启发就是：青年导师不妨吸收三种风格的导师各自的长处，然后根据自身情况以及研究生的情况，对研究生做分类指导，这样基本做到了原则性和灵活性、绝对公平和相对公平的统一：对每个研究生都很关心和爱护，这是原则性和绝对公平；根据性格、能力尤其是培养目标的不同，为研究生做不同的规划，并以此为基础开设课程、分配时间和设置指导方式，这是灵活性和相对公平。

① 郭九苓：《教学的魅力——北大名师访谈录》，北京大学出版社 2010 年，第 60 页。

② 杜云英：《散却金针度众人——访北京师范大学地理学与遥感科学学院王静爱教授》，周作宇主编：《人文的路线——北京师范大学名师教学访谈录》，北京师范大学出版社 2008 年，第 404—405 页。

第四章　老北大名师们的教书育人

老北大常被我们当做一面镜子，照出当今大学的缺憾。在老北大的诸多“好”中，最被津津乐道的是它的名师们。在“怀旧者”看来，这些名师无疑是教书育人的典范，值得今人敬佩和学习。那么，他们究竟是如何教书育人的呢？由于当年缺乏录像和录音设备，如今我们只能根据一些零散和抽象的文字素描，对他们的为师之道作一些粗略的梳理和勾勒。

忆及老北大名师们的作品，当属张中行的散文集《负暄琐话》和《负暄续话》最为集中和细致，故被我们作为考察中心。张中行（1909—2006），国学大师，与季羡林、金克木两人并称“未名湖畔三雅士”，又与季羡林、金克木、邓广铭三人并称“未名四老”，1931 年至 1935 年就读于北京大学中文系期间，聆听过诸多老北大名师们的教诲。多年以后，虽然这些“记忆都是零零星星的，既不齐备，又不清晰，只是一些模模糊糊的影子”①，但依然能够大致反映出老北大名师们教书育人的水平和特点。

第一节　不会教书的章太炎们

在张中行的笔下，老北大的名师们可以分为“会教书的”和“不会教书的”。第一个不会教书的正是“国学大师”章太炎（1869—1936）。大概是 1932 年，章太炎在北京大学研究所国学门讲《广论语骈枝》，张中行因故错过，但后来从同学那里获得一些间接的评价：“过于专门的，有如阳春白雪，和者自然不能多”②。不久后，章太炎又做了一次“下里巴人”的公开讲演，张中行这次得以一睹风采：

我去听，因为是讲世事，谈己见，可以容几百人的会场，坐满了，不能捷足先登

① 张中行：《负暄琐话》，中华书局 2006 年，第 1 页。
② 张中行：《负暄琐话》，中华书局 2006 年，第 4 页。

的只好站在窗外。老人满头白发，穿绸长衫，由弟子马幼渔、钱玄同、吴检斋等五六个人围绕着登上讲台。太炎先生个子不高，双目有神，向下望一望就讲起来。满口浙江余杭的家乡话，估计大多数人听不懂，由刘半农任翻译；常引经据典，由钱玄同用粉笔写在背后的黑板上。说话不改老脾气，诙谐而兼怒骂。现在只记得最后一句是："也应该注意防范，不要赶走了秦桧，迎来石敬瑭啊！"其时是"九一八"以后不久，大局步步退让的时候。话虽然以诙谐出之，意思却是沉痛的，所以听者都带着愤慨的心情目送老人走出去。①

通过这段描述，大概可以"猜出"章太炎先生"教书"的水平。首先，他的学问是比较广博的，既精通"阳春白雪"的专门学术，又通晓世事，可以作"下里巴人"的讲演。其次，他善于通过联系现实引发听众的共鸣。比如在这次讲演中，他将在日本侵略者面前步步退让的当局比作秦桧和石敬瑭，让听者的心情"沉痛"和"愤慨"。再次，他的讲授是充满激情的，在打动听众之前，已经打动了自己。最后，他的讲授气场十足，"满头白发，穿绸长衫，由弟子马幼渔、钱玄同、吴检斋等五六个人围绕着登上讲台"，颇有大师风范。

但是，章太炎的讲授也是有严重缺点的，那就是"普通话"水平太差："满口浙江余杭的家乡话，估计大多数人听不懂，由刘半农任翻译；常引经据典，由钱玄同用粉笔写在背后的黑板上。"假如没有刘半农作"口译"和钱玄同作"笔译"，这次讲演是否还可以产生那么好的效果？假如他不只是做一次讲演，而是给本科生上一门32学时的专业基础课，每堂课都要带两个翻译（而且还是大师级别的翻译）是否现实？由此可以大胆推测，他在上《广论语骈枝》这门专业课时，"和者自然不能多"，不仅仅是因为这门课冷僻，恐怕同他的表达能力不足，让"大多数人听不懂"有着密切的关系。

毋庸讳言，按照当今大学对一名普通老师的要求，章太炎因为"满口浙江余杭的家乡话，估计大多数人听不懂"，无法胜任本科生的日常教学，但可以凭借高深的学问和在学界的声望，"手把手地"指导硕士生和博士生，并且偶尔做一次全校性的学术讲座。

第二个不会教书的是马幼渔（1878—1945）。马幼渔1913年至1937年任北京大学教授。张中行听过他一年课，讲的是文字学中的音韵部分。对他的讲课水平，张中行的评价是："口才也不见佳，因而讲课的效果是平庸沉闷，甚至使人思睡。"②

第三个不会教书的是熊十力（1885—1968）。张中行写道："我最初见到熊先生是三十年代初期，他在北京大学讲佛学，课程的名字是'新唯识论'吧，选这门课的人很少。我去旁听几次，觉得莫测高深，后来就不去了。"③"选这门课的人很少"，

① 张中行：《负暄琐话》，中华书局2006年，第4页。

② 张中行：《负暄琐话》，中华书局2006年，第9页。

③ 张中行：《负暄琐话》，中华书局2006年，第23页。

可能有两个原因，一是这门课比较偏和怪，学生不感兴趣；二是讲这门课的熊十力不太会讲，不受学生欢迎，口口相传，愿意选课的自然就越来越少。喜欢学习的张中行不知“底细”，慕名选了这门课，发现根本听不懂，“后来就不去了”。他不仅自己不去了，回去后还会在同学中间宣传一番（他的这段追忆也是一种公开的宣传），无意中会让这门课的“票房”更加惨淡。

第四个不会教书的是刘半农（1891—1934）。1933 年 9 月到 1934 年 6 月，刘半农在中文系开了一年的“古声律学”课。张中行当时正对乐府诗有兴趣，就选了，于是便有了这样一段评述：

> 上第一堂，才面对面地看清他的外貌。个子不高，身体结实，方头，两眼亮而有神，一见即知是个精明刚毅的人物。听课的有十几个人。没想到，半农先生上课，第一句问的是大家的数学程度如何，说讲声律要用比较深的数学。大家面面相觑，都说不过是中学学的一点点。他皱皱眉，表示为难的样子。以后讲课，似乎在想尽量深入浅出，但我们仍然莫明其妙。比如有一个怪五位数，说是什么常数，讲声律常要用到，我们终于不知道是怎么求出来的。①

学生听不懂刘半农的课，至少有三个原因：一是这门课太难；二是学生的基础不太好；三是刘半农先生想“深入浅出”却不知如何“深入浅出”。刘半农专治语音学，但还是个杂家，有多方面的兴趣，比如写小品文、打油诗、歌词（代表作是《教我如何不想她》），甚至酷爱照相（据说在非职业摄影家里，造诣名列第一）和研究照相（写出了理论专著《半农谈影》）。应该说，从学识的深度和广度上看，专家兼杂家的刘半农是极适合在大学里讲课的。遗憾的是，同样由于表达能力欠缺，他在讲台上未能充分展示出自己的魅力。

第五个不会教书的是顾颉刚（1893—1980）。顾颉刚那时候是燕京大学教授，在北京大学兼课，算是北大的兼职教授。张中行这样评价他在北大上的《禹贡》课：“可是天道吝啬，与其角者缺其齿，口才偏偏很差。讲课，他总是意多而言语跟不上，吃吃一会，就急得拿起粉笔在黑板上疾书。写得速度快而字清楚，可是无论如何，较之口若悬河总是很差了。我有时想，要是在中学，也许有被驱逐的危险吧？而在红楼，大家就处之泰然。”② 在张中行看来，顾颉刚的口才奇差，如果去教中学，估计会被直接开除。

第六个不会教书的是孟心史（森）（1868—1938）。孟心史（森）是著名的《红楼梦》研究专家，张中行久仰其大名，便“怀着看看这位精干厉害人物的心情才去听他的课的”，但孟先生“出奇的沉闷”的讲课却让他非常失望：

---

① 张中行：《负暄琐话》，中华书局 2006 年，第 42 页。

② 张中行：《负暄琐话》，中华书局 2006 年，第 91 页。

及至上课，才知道，从外貌看他是既不精干，又不厉害。身材不高，永远穿一件旧棉布长衫，面部沉闷，毫无表情。专说他的讲课，也是出奇的沉闷。有讲义，学生人手一编。上课钟响后，他走上讲台，手里拿着一本讲义，拇指插在讲义中间。从来不向讲台下看，也许因为看也看不见。应该从哪里念起，是早已准备好，有拇指作记号的，于是翻开就照本慢读。我曾检验过，耳听目视，果然一字不差。下课钟响了，把讲义合上，拇指仍然插在中间，转身走出，还是不向讲台下看。下一课仍旧如此，真够得上是坚定不移了。①

最后两位不会教书的是伦哲如（明）（1875—1944）和林公铎（损，原写攻渎）（1891—1940）。如果说前面几位名师不会教书，或是因为观念问题——不知道如何教书，或是因为表达问题——先天口才不佳，那么这两位不会教书，就是因为态度问题了。伦哲如（明）讲目录学，对讲课一点都不用心："可是有些事却糊里糊涂。譬如上下课有钟声，他向来不清楚，或者听而不闻，要有人提醒才能照办。关于课程内容的数量，讲授时间的长短，他也不清楚，学生有时问到，他照例答：'不知道。'"② 按照当今大学的考核标准，伦哲如（明）的讲课会经常出"教学事故"，并因为态度一点都不端正而被学生告到教务处去。林公铎上课时"常常借酒力说怪话"、"自视很高，喜欢立异，有时异到等于胡说"。譬如有一次，有学生问他："林先生这学期开什么课?"他回答："唐诗。"学生又问："准备讲哪些人?"他回答："陶渊明。"（注：陶渊明实为东晋诗人）不仅如此，他还是一个典型的"愤青"，常常在课堂上"发牢骚，说题外话"，以至于讲诗时，一学期未见得能讲几首，就是那么几首，有时也喜欢随口乱说。由此可见，林公铎过于玩世不恭、消极颓废，讲课内容空泛，课堂上胡言乱语，缺乏正能量，自然不能让学生喜欢，以至于胡适当系主任的时候，终于忍无可忍，将他解聘了。

张中行还写到了一些其他不会上课的老北大老师，由于这些老师不属于"名师"，就不再赘言。

第二节　会教书的黄晦闻们

在张中行的笔下，还有一些老北大的名师属于"会教书的"。第一个会教书的是黄晦闻（1873—1935）。黄晦闻先讲顾亭林诗，后讲《诗经》，张中行听过他两年的课，对他的讲课风格比较熟悉：

他虽然比较年高，却总是站得笔直地讲。讲顾亭林诗是刚刚"九一八"之后，他常常是讲完字面意思之后，用一些话阐明顾亭林的感愤和用心，也就是亡国之痛和

① 张中行：《负暄琐话》，中华书局2006年，第91页。
② 张中行：《负暄琐话》，中华书局2006年，第91页。

忧民之心。清楚记得的是讲《海上》四首七律的第二首，其中第二联“名王白马江东去，故国降幡海上来”，他一面念一面慨叹，仿佛要陪着顾亭林也痛哭流涕。我们自然都领会，他口中是说明朝，心中是想现在，所以都为他的悲愤而深深感动。①

通过这段话可以发现，黄晦闻讲课有三个特点：一是有风度和气场，虽然年事已高，但“总是站得笔直地讲”；二是感情充沛，以情动人，让学生“为他的悲愤而深深感动”，实现了深层次的师生互动；三是密切联系当下，即讲完诗歌的字面意思，再辨析其中的象征意思，进而将象征意义与当时的中国现实自然地贯通起来，做到了“理论联系实际”。

第二个会教书的是刘叔雅（1889—1958）。刘叔雅上课坐着，讲书，眼很少睁大，总像是沉思，自言自语。有一次讲木玄虚《海赋》，多从性质和作用的方面发挥，张中行觉得他确实看得深，说得透，对于他的见解，同学们都是尊重的。又一次，刘叔雅泛论不同的韵的不同情调，说五微韵的情调是惆怅，举例，闭着眼睛吟诵：“风压轻云贴水飞，乍晴池馆燕争泥。沈郎憔悴不胜衣。”念完，停一会，像是仍在心里回味。如此投入和沉醉的讲课感染了张中行的情绪，情不自禁地联想刘叔雅老师是不是觉得自己就是“沈郎憔悴不胜衣”呢？通过张中行的描绘，可以发现刘叔雅讲课有四个特点：“看得深”（深入）；“说得透”（浅出）；有感情（像是仍在心里回味）；效果好（他的见解同学们都是尊重的）。

第三个会教书的是俞平伯（1900—1990）。在张中行求学期间，俞平伯的本职是在清华大学，但到北大兼课，讲诗词。张中行这样描绘第一次听他讲课的情景：

第一次上课，也是我第一次见到，觉得与闻名之名不相称。由名推想，应该是翩翩浊世之佳公子，可是外貌不是。身材不高，头方而大，眼圆睁而很近视，举止表情不能圆通，衣着松散，没有笔挺气。但课确是讲得好，不是字典式的释义，是说他的体会，所以能够深入，幽思联翩，见人之所未见。我惭愧，健忘，诗，词，听了一年或两年，现在只记得解李清照名句“帘卷西风，人比黄花瘦”的一点点，是：“真好，真好！至于究竟应该怎么讲，说不清楚。”他的话使我体会到，诗境，至少是有些，只能心心相印，不可像现在有些人那样，用冗长而不关痛痒的话赏析。俞先生的诸如此类的讲法还使我领悟，讲诗词，或扩大到一切文体，甚至一切人为事物，都要自己也曾往里钻，尝过甘苦，教别人才不至隔靴搔痒。②

毫无疑问，俞平伯的讲课具备了“深入浅出”的特质。所谓“深入”，是指他对所讲内容有精深的研究，体现了一位大学者应有的素质；所谓“浅出”，是指他善于表达自己的体会和感受，能真正触动学生的文学之心。当然，俞平伯的讲课还有需要

① 张中行：《负暄琐话》，中华书局2006年，第6页。
② 张中行：《负暄续话》，中华书局2006年，第34页。

改进的地方，那就是要注意自己的仪表和着装。按今天的标准来看，大学老师的仪表可以素朴，但不可以邋遢；着装可以随意，但不可以随便。

在张中行的笔下，最会讲课的老师有三位，其中钱穆排名第三，钱玄同排名第二，胡适排名第一："记得上学时期曾以口才为标准排名次，是胡适第一，钱先生第二，钱穆第三。"① 钱穆（1895—1990）排第三，是因为他能讲话，有时还谈笑风生，可惜乡音太重，如说"黄河"，北方学生总以为是说"王五"。看来，普通话不好虽然也能讲好课，但在水平相近的情况下，还是比普通话好的老师稍逊风骚，像钱玄同（1887—1939），也正因为普通话标准而排在钱穆之前："这也难怪，钱玄同先生是研究并动手制定'国音'的，身体力行，所以表现于讲课，连语音也是无懈可击的。"当然，钱玄同的讲课不只是普通话标准，在内容上也是"深入浅出，条理清晰，如果化声音为文字，一堂课就成为一篇精炼的讲稿"。钱玄同的讲课还有一个优点，那就是态度认真，不要大牌："中国音韵沿革一周两课时，连续讲。钱先生很少请假，所以每周可以见到一次……口才好，立着讲，总是准时开始，准时结束。"②

胡适（1891—1962）被誉为老北大第一名嘴是实至名归，如另一位北大毕业生，著名学者柳存仁（1917—2009）所言，在他读书时，即已听说胡适"已被列入世界十大演说家之一"③。据张中行描述："当时同学们都有个共同的感觉，胡博士聪明过人，所以精力过人。三十年代初，他讲大一普修的中国哲学史，在第二院大讲堂（原公主府正殿）上课，每周两小时，我总是去听。现在回想，同学们所以爱听，主要还不是内容新颖深刻，而是话讲得漂亮，不只不催眠，而且使发困的人不想睡。"④不难发现，胡适深谙学术传播之道，他自身学问精深广博，经史子集无所不问，无所不写，但在大一上中国哲学史时，却因材施教，以普及为己任，选择符合新生接受能力的讲授内容，而不是卖弄学问，故意炫耀"新颖"和"深刻"。与此同时，他语言表达能力极强（"话讲得漂亮"），讲课深入浅出、通俗易懂、生动有趣，所以不仅不催眠，还能让想睡觉的学生也精神抖擞。再加上在课堂之外成就斐然，声名远播，风流潇洒——年轻，清秀、白净，永远是"学士头"，永远穿长袍，因此他是一位不折不扣的实力派兼偶像派名师，"粉丝"如云，拥趸众多，也是情理之中。

需要特别强调的是，胡适的讲课之所以能"力压"钱玄同名列第一，还因为拥有一个无敌杀招——幽默。相比之下，钱玄同就偏于严肃了："胡先生名列钱先生之前，是因为有时加点风趣，能使学生破颜为笑。钱先生则总是郑重其事，与友朋间或书札中的表现不同。这证明钱先生性格的重要一面是认真负责，上课堂，所传是师道，专由外表看就不得不偏于严肃。"⑤ 由此可见，幽默对增强大学教师的个人魅力有着不可估量的作用。

---

① 张中行：《钱玄同文集·序一》，中国人民大学出版社 1999 年，第 2 页。

② 张中行：《钱玄同文集·序一》，中国人民大学出版社 1999 年，第 2 页。

③ 陈平原、夏晓虹：《北大旧事》，生活·读书·新知三联书店 1998 年，第 295 页。

④ 张中行：《负暄琐话》，中华书局 2006 年，第 33 页。

⑤ 张中行：《钱玄同文集·序一》，中国人民大学出版社 1999 年，第 2—3 页。

第三节 老北大的名师们是好老师吗？

老北大的名师中，有会教书的，也有不会教书的，不会教书的还要稍多于会教书的。对此，张中行看得很清楚："在大学（尤其是北京大学）授课，重学而轻法（教学法），就我听过课的一些文史界名流说，多数是笔高口低"①，这恰好和柳存仁的听课印象不谋而合："至于教室内的演讲，虽未必完全到了'陈腐'的程度，但是能够催人睡觉的，可也真有好些个人。"② 张中行、柳存仁对老北大名师们讲课水平的整体评价，大致可以破除我们的三大迷信：一是对名牌大学的迷信——北京大学和其他大学一样，不会教书的老师也是比会教书的老师多；二是对名师的迷信——"名师"之"名"未必都是通过教书而获得的，像章太炎、熊十力、刘半农等大师级学者，凭借研究而享有盛名，讲课水平却一般，未能获得当时学生的认可；三是对过去大学的迷信——常被今人当做"偶像"的老北大，他们的老师和我们今天大学的老师其实一样，也是不太重视本科讲课的。

那么，强调老北大名师们讲课水平的有高有低，是否是在为今日大学老师漠视教学、不会教学寻找借口？当然不是！的确，老北大的名师中有会讲课的，也有不会讲课的，但从整体上看，他们都是好老师。黄晦闻、胡适、俞平伯、钱玄同等人既会研究，又会教书，还会育人，自然是好老师；章太炎、熊十力、马幼渔、刘半农等人会研究却不会讲课，同样是好老师，因为他们在教育的另一个核心环节——"育人"方面做得非常好。

第一看章太炎。张中行这样评价他："学问方面，深、奇；为人方面，正、强（读绛）。学问精深，为人有正气，这是大醇。治学好奇，少数地方有意钻牛角尖，如著文好用奇僻字，回避甲骨文之类；脾气强，有时近于迂，搞政治有时候就难免轻信，这是小疵。"③ 所以，在张中行这个学生心目中，尽管章太炎很少讲课，就算讲课，大部分学生也听不懂，但由于他学问精深独到，为人正直大气，依然是好老师："一眚难严大德，舍末逐本，对于太炎先生，我当然是很钦佩的。"④

第二看马幼渔。马幼渔由于"口才不佳"，加上在学术和行政方面看不出有什么突出之处，故张中行起初像其他同学一样，对他"毫无惧意，甚至缺乏敬意"，但日久天长，他才明白，自己在校时期和同学们对马先生的认识是不对的，深层的马先生是一位有境界、有品格的人：

他通达，识大体，以忠恕之道待人，并非庸庸碌碌。旧日有些印象像是沾点边，

① 张中行：《钱玄同文集·序一》，中国人民大学出版社 1999 年，第 2 页。

② 陈平原、夏晓虹：《北大旧事》，生活·读书·新知三联书店 1998 年，第 295 页。

③ 张中行：《负暄琐话》，中华书局 2006 年，第 4 页。

④ 张中行：《负暄琐话》，中华书局 2006 年，第 4 页。

也是似是而非，比如好好先生，这是我们把他的宽厚看作无原则地迁就。其实，他律己很严，对人的迁就也仅限于礼让。在这方面，可记的事情颇不少，随便举一些。还是任系主任时候，他家的某一个年轻人报考北京大学，有一次，不知是有意还是无意，在马先生面前自言自语地说："不知道今年国文会出哪类题。"马先生大怒，骂道："你是混蛋！想叫我告诉你考题吗？"又，有一次，同学李君请马先生写些字，留作纪念。马先生沉吟了一会，不好意思地说："真对不起，现在国土沦陷，我忍辱偷生，绝不能写什么。将来国土光复，我一定报答你，叫我写什么我写什么，叫我写多少我写多少。"马先生可谓言行一致。北京大学迁走了，他借贤内助善于理财之助，据说生活没有困难，于是闭门读书，几年中不仅不入朝市，而且是永远不出大门。他爱国，有时爱到近于有宗教的感情。他相信中国最终一定胜利，而且时间不会很久。我们每次去，他见面第一句话总是问："听到什么好消息吗？"为了安慰老人，我们总是把消息挑选一下，用现在流行的话说是报喜不报忧。①

第三看熊十力。张中行是这样评价他的："在一般人的眼里，熊先生是怪人。除去自己的哲学之外，几乎什么都不在意；信与行完全一致，没有一点曲折，没有一点修饰；以诚待人，爱人以德：这些都做得突出，甚至过分，所以确是有点怪。但仔细想想，这怪，与其说是不随和，毋宁说是不可及。"② 就是说，张中行在了解熊十力之后，认为他是一个纯粹的学者，完全沉浸在自己的哲学世界中，与世无争，言行一致，以诚待人，爱人以德，单纯得没有一丝杂质，这些宝贵的品质值得他学习和模仿。

第四看刘半农。刘半农身上那种侠士风范让张中行敬佩仰慕："他对世事很关心，甚至有路见不平、拔刀相助的肝胆。写文章，说话，都爱憎分明，对于他所厌恶的腐朽势力，常常语中带刺。'五四'时期，他以笔为武器，刺旧拥新，是大家都知道的。"③

第五看顾颉刚。张中行虽然对顾颉刚的讲课评价不高，但对他的学识却赞叹有加："顾先生专攻历史，学问渊博，是疑古队伍中的健将，善于写文章，下笔万言，凡是翻过《古史辨》的人都知道。"④

第六看孟心史。在张中行看来，不会讲课的孟心史也是有学问的人。孟心史研究《红楼梦》有一套，他写《董小宛考》，证明董小宛生于明朝天启四年（1624），比顺治大 14 岁，死时年二十八，顺治还是 14 岁的孩子，因此，他推论"索引派"说《红楼梦》中的贾宝玉是顺治的替身，林黛玉是董小宛的替身，完全不可能。孟心史对这段公案的裁决，让张中行钦佩不已。

---

① 张中行：《负暄琐话》，中华书局 2006 年，第 10—11 页。

② 张中行：《负暄琐话》，中华书局 2006 年，第 26 页。

③ 张中行：《负暄琐话》，中华书局 2006 年，第 26 页。

④ 张中行：《负暄琐话》，中华书局 2006 年，第 91 页。

最后看伦哲如和林公铎。在张中行看来，这两位对教书最不认真，却也是各有所长。伦哲如“知识丰富，不但历代经籍艺文情况熟，而且，据说见闻广，许多善本书都见过”，林公铎“年岁很轻就到北京大学中国语言文学系任教授……据说他长于记诵，许多古籍能背；诗写得很好”①。

由此可见，那些不会教书的老北大名师们虽然在“教书”方面有所欠缺，但在“育人”方面却颇有成效。而他们的“育人”更多是通过更难做到的“身教”来完成的。他们的“身教”主要体现为两大方面：一是有真学问。他们不仅善于做学问，而且真诚地热爱学问，是为“求知”和“真理”而学术，是“为学术而学术”，是真正意义上的“科研达人”，学生就算不喜欢听他们的课，但至少愿意读他们写的书。与此相反，今日大学里的那些“科研达人”更多是“课题达人”、“论文达人”，为了制造更多的学术 GDP，他们在科研之外花费的时间和精力远多于科研本身，所以他们做出的科研只能“糊弄”评价机制，却征服不了学生的心。二是有真性情。他们个性鲜明和独特，不像今日大学老师被一套统一的体制磨掉了自我；他们活得简单和纯粹，不像今日大学老师活得复杂和功利；他们言行一致，充满正义感和社会责任感，不像今日大学老师言行脱节，满足于个人安逸和庸碌的生活，该说话的时候不敢说话，该承担责任的时候不敢承担责任。

总而言之，老北大的名师们或许有这样那样的缺点，但整体而言，都是有人格魅力的，是能够在课堂之上以及课堂之外，对学生产生潜移默化影响的。很多年后，让张中行这位国学大师念念不忘、无比欣赏和敬重的，恰恰正是这种人格魅力，这也从一个侧面印证了教育的最高境界不是知识的传授和能力的培养，而是“一种人格对另一种人格的影响，一个灵魂对另一个灵魂的滋养，一颗心灵对另一颗心灵的启迪”②。

总之，老北大的名师们可能会教书，也可能不会教书，两者的比例和当今大学差不多，因此说，今日之大学老师，和他们相比，欠缺的或许不是在课堂之上的会教书，而是在课堂之外所拥有的真学问、真性情和独特的人格魅力。而一所大学，如果没有一批真正热爱学问、热爱人生、热爱学生的老师，也就没有值得学生追忆的精神和灵魂，这恰如陈平原先生所言：“能被无数学子追忆不已的，方才是此大学‘生命之真’。此等生命之真，不因时间流逝而磨灭，也不因政见不同而扭曲。”③

① 张中行：《负暄琐话》，中华书局 2006 年，第 91—92 页。

② 张康桥：《为什么做教师——教师生涯中必须反思的几个关键性问题》，重庆大学出版社 2007 年，第 10 页。

③ 陈平原、夏晓虹：《北大旧事》，生活·读书·新知三联书店 1998 年，第 3 页。

第五章　西南联大名师们的教书育人

当人们对现实不满的时候，往往寄希望于“远方”或者“过去”。因此，当我们反思和批判当今大学教学的时候，“国外”的大学老师和“过去”的大学老师常常被当作两面典型的镜子，映照当今大学老师的不足。在“过去”的大学老师中，“老北大”的名师们和“西南联大”的名师们，更是被津津乐道。“老北大”名师们的教书育人，我们已用专章讨论，现在，不妨再来回忆、梳理、总结和评析一下“西南联大”名师们的教书育人。

西南联大是一所在国难中诞生的大学。1937 年，抗日战争爆发，北京大学、清华大学、南开大学被迫迁至长沙，组建长沙临时大学。1938 年 4 月又西迁昆明，改成国立西南联合大学，5 月 4 日上课，直至 1946 年 5 月 4 日结束课业，7 月 15 日召开最后一次校务委员会会议，终完成自己的历史使命。如今，越来越多的有识之士在深思和探寻：这所于困苦中坚守的临时大学，如何能在短短八年中培养出那么多杰出的人才？答案是多方面的，超一流的师资无疑最为关键。

的确，西南联大没有大楼，只有茅草屋，却集中了北大、清华、南开三所著名大学的优质师资，可谓卧虎藏龙，名师荟萃。从学缘上看，它的教授大多留学过国外，以 1939 年的 179 位教授、副教授为例：留学归来的占 87%，其中留美 97 人，留欧陆 38 人，留英 18 人，留日 3 人，只有 23 人未曾留学；5 位院长全是留美博士，26 位系主任中，只有 1 位没有留过学。从学术上看，他们的教授大多是各自领域的名家和大家，像哲学心理学系的冯友兰、汤用彤、金岳霖，中文系的闻一多、朱自清、王力，历史系的陈寅恪、钱穆、雷海宗，外文系的吴宓、叶公超、钱锺书，数学系的华罗庚、陈省身，物理系的周培源、叶企孙等等，更是大师级人物。

这些还只是“账面”上的强大，如今不少大学也号称有院士多少、“长江学者”多少，但教学质量却并不如意。因此说，西南联大师资的优质更体现为一种“内涵”。换言之，他们不仅在学缘上“大有来头”，在学术上声名显赫，更可贵的是，他们有一颗做教育家的心，流露出教育家的气质，甚至说就是教育家。对如今的大学教师而言，更值得学习的，或许不是他们的学术研究，而是他们的“教书育人”。

第一节 “教授的教学都极认真”

讲课是大学教师的基础性和根本性工作，可在如今的大学里，有不少教授，尤其是一些“名教授”，轻视和“抛弃”讲课，甚至以科研、管理任务繁重等理由拒登讲台。那么西南联大的名师们又是如何看待讲课的呢？

西南联大的名师们几乎都是学术大家，对教学却又极为尊重。[①] 朱自清认为：“文化是继续的，总应该给下一代着想，如果都不肯为青年服务，下一代怎么办？”[②] 所以，他不仅以身作则，身患痢疾，晚上还批改学生的作业，白天还去上课，[③] 而且公开反对教师只顾自己的学术研究。可以说，像朱自清这样重视教学的，在西南联大已经蔚然成风。据余冠英先生回忆说：“教授的教学都极认真，所有教授不管多么有名气都亲自给本科生讲课。可以说，没有一个不上课的教授，许多名教授还亲自给大一的新生上基础课。”[④] 更重要的是，这些教授登上本科生讲台，并不是做做样子或者混混课时，而是发自内心地热爱讲台。因为这份热爱，他们渴望讲好每一堂课，并为此付出了真诚和有效的努力。可以说，不摆谱，不托大，不敷衍，不临时抱佛脚，而是尽一切所能，提前做最可能充分的准备，这就是西南联大名师们对教学的态度。

吴宓备课“像钟表般守时，像奴隶船上划船苦工一样辛苦”[⑤]，他“每晚预备明日上课抄笔记写纲要，逐条书之，又有合并，有增加，写完则于下加以红笔勾勒”，第二天清晨，他又早起，“一人独自出门，在室外晨曦微露中，出其昨夜所写各条，反复循诵”[⑥]。

闻一多备课，在一张裁缝用的大案板上摆满了一摞摞的书，中文的，外文的，线装的，精装的，平装的，琳琅满目，许多书中夹有写着小字的纸条，他一边看书，一边要做卡片。目睹此景的学生不由慨叹：“原来先生讲一堂课，事先要下多么大的功夫啊！”[⑦] 不仅如此，每次讲完课后，他还请一个学生代为收集同学的反映，同时请

---

① 西南联大经费有限、图书资料有限、实验设备有限，无法大力发展科学研究和研究生教育（九年中培养出的研究生不超过100人），这也在客观上“帮助”教授们专注于本科教育，以及本科教育中的课堂教学。

② 李钟湘：《西南联大始末记》，载钟叔河等编：《过去的大学》，长江文艺出版社2005年，第339页。

③ 在联大，朱自清开设“国文”、“宋诗”、“文辞研究”等课，对教学极为认真负责。一次，他身患痢疾，可仍坚持为学生批改作业。夫人劝他休息，他说：“我答应明天发给学生的。”就这样，他在书桌边放上马桶，为学生改了一整夜的作文，自己也拉了30多次。天亮时，他脸色蜡黄，眼窝凹陷，人都变了相，仍然坚持去为学生上课。参见陈竹隐：《追忆朱自清》，西南联合大学北京校友会校史编辑委员会编：《笳吹弦诵在春城——回忆西南联大》，云南人民出版社1986年，第105页。

④ 唐绍明：《浅析西南联大成功之路》，西南联大北京校友会编：《我心中的西南联大——西南联大建校70周年纪念文集》，清华大学出版社2008年，第31页。

⑤ 孙法理：《亦狂亦侠亦温文》，载中国人民政治协商会议·重庆市委员会学习及文史委员会编：《重庆文史资料》第1辑，西南师范大学出版社1997年，第74页。

⑥ 钱穆：《八十忆双亲 师友杂忆》，生活·读书·新知三联书店1998年，第202页。

⑦ 诸有琼：《梦萦师情》，西南联大北京校友会编：《我心中的西南联大——西南联大建校70周年纪念文集》，清华大学出版社2008年，第98页。

另外一个学生提早到教室，把他准备讲的诗目预先写在黑板上。闻一多“上课的认真和对效果的追求，对学生的影响很大”[①]。

郑天挺备课教课极认真，夜间，在宿舍楼读书备课研究撰著，[②] 虽非通宵达旦，但深夜不眠乃经常事。另有学生回忆：“我看见他授课之前搜集了大批资料，写成了成万张卡片，到讲课的时候，将这些卡片，从事编排，持之有故，学有实据，写成了教学的提纲和讲稿，讲起来条理非常清楚，从容不迫，委婉动人，我就是得到实惠的一个人。”[③] 吴有训家住在离昆明十几里的农舍里，虽然第二天还要步行一个多小时去城里上课，但他夜晚依然在一盏油灯的相伴下看书、写作和备课。[④] 张景钺、李继侗、吴韫珍共同给二年级学生开设了一门植物学基础课，“三位教授在开课之前，聚在一起讨论课程内容、深度、分工和教材等问题”[⑤]。最充分的准备往往都是以“没有准备”的方式呈现出来的。衡量一个老师备课是否充分，有一项非常直观和简单的指标：讲课能否脱稿。可以说，备课充分是讲课脱稿一个基本的前提，讲课脱稿是备课充分一个自然的结果。正因为备课充分，所以，西南联大的名师们大多做到了脱稿。

吴宓“上课不带书和讲义、卡片，在讲解作者生平，名著情节的时间、地点以及引用一些著作中的原文，他都能准确无误地说出，并写在黑板上。”[⑥] 温源宁的回忆几乎一样：“他严守时刻，像一座钟，讲课勤勤恳恳，像个苦力。别人有所引证，总是打开书本念原文，他呢，不管引文多么长，老是背诵。”[⑦] 赵瑞蕻也说：“吴宓先生记忆力惊人，许多文学史大事，甚至作家生卒年代他都能脱口而出，毫无差错。”[⑧] 燕卜荪给三年级学生上《莎士比亚》，连书本都没有，“凭记忆在黑板上默写了整出《麦克白斯》”[⑨]，一时传为佳话。在赵瑞蕻的记忆中，燕卜荪更加“神奇”：

> 那时候，图书等设备十分贫乏，开头那几个星期，连《莎士比亚全集》也找不到；而燕卜荪自己的许多书都搁在长沙还未带来。于是，就在这样的一个环境里，燕

---

① 吴宏聪：《学术自传・八十自述》，《吴宏聪自选集》，广东人民出版社 2007 年，第 6 页。

② 王永兴：《忠以尽己，恕以及人——怀念恩师郑天挺先生》，西南联大北京校友会编：《我心中的西南联大——西南联大建校 70 周年纪念文集》，清华大学出版社 2008 年，第 135 页。

③ 谢国桢：《悼念郑天挺先生》，封越健、孙卫国编：《郑天挺先生学行录》，中华书局 2009 年，第 7 页。

④ 郭奕玲、沈慧君编：《吴有训的科学贡献——吴有训科学论著、讲演、文稿、谈话集》，鹭江出版社 1997 年，第 233 页。

⑤ 陈阅增：《生物学的拓荒者张景钺教授》，西南联大北京校友会编：《我心中的西南联大——西南联大建校 70 周年纪念文集》，清华大学出版社 2008 年，第 209 页。

⑥ 彭国涛：《我的导师吴宓先生》，西南联大北京校友会编：《我心中的西南联大——西南联大建校 70 周年纪念文集》，清华大学出版社 2008 年，第 106 页。

⑦ 温源宁：《吴宓先生》，《人物剪影十七幅——一知半解》，南星译，岳麓书社 1988 年，第 3 页。

⑧ 赵瑞蕻：《我是吴宓教授，给我开灯！——纪念吴宓先生》，《离乱弦歌忆旧游》，湖北人民出版社 2008 年，第 82 页。

⑨ 赵毅衡：《燕卜荪：西南联大的传奇教授》，《百年清华 百年外文：1926—2011 清华大学百年华诞暨外国语言文学系建系 85 周年纪念文集》，清华大学出版社 2012 年，第 105 页。

卜荪先生就大显身手，表现了他惊人的记忆力。在“莎士比亚”班上，第一本读的是《奥赛罗》（Othello），大家都没有书，全凭他的记忆，整段整段地背出来，写在黑板上，给大家念，再一一加以讲解。在“英国诗”班上，最初几天，乔叟（Chaucer）和斯宾塞（Spenser）的一些诗篇也都是他一字不错，一句不漏地默写出来的。他还躲在楼上那间屋子里，那么认真地辛苦地把莎翁名剧和其他要讲的东西统统凭记忆在打字机上打出来。这事真使人想起当年秦始皇焚书坑儒以后，天下无书，大部分全靠那些白发皓首的大儒将经书整部整篇背诵出来那种传奇一般的神异故事。燕卜荪先生记忆力之强和他对于祖国文学遗产的熟悉，真叫我们钦佩；他的认真的教学态度使大家十分感动。[①]

雷海宗“上课没有底稿，也从来没有带过任何一个纸片，可是一提起历史上的某某人哪一年生、哪一年死，或某件事发生在哪一年，他全都是脱口而出，简直是神奇”[②]。“陈寅恪上课，“夹一个包进来，然后打开书，可是他基本不看，因为他对那些材料都历历如数家珍，张口就是引什么什么古书中的哪一段，原话是什么什么”[③]。温德给学生讲弥尔顿的长诗《失乐园》，“这首长约一万行的长诗有些段落，他不是照本宣科朗读而是在背诵，在歌唱，在疾呼”[④]。贺麟讲课，“从不念讲稿，语言生动活泼，通俗易懂”[⑤]。金岳霖讲课，“不带书本，不带讲稿，走进课堂只带一支粉笔”[⑥]。罗庸先生的家当被一把大火烧得精光，故他讲《习坎庸言》，手边始终没有任何书籍，只有一个巴掌大小的薄薄的小本子，上面写着纲目，偶尔翻翻。他是凭着坚强的记忆和明晰的思辨力，把16个专题讲得原原本本，娓娓动听。[⑦]

如果说课讲得好不好和天赋多少有关，那么，上课能否脱稿主要是看态度了。西南联大的名师们上课，给人的第一印象是：信手拈来，挥洒自如，极少照本宣科，其敬业精神自然无可置疑。而这种敬业精神反过来也影响着学生，因为当年的学生和如今一样，也看不起照着书读的老师：“老师照本宣科读成了播音员，而且还没有播音员抑扬顿挫有味道，学生也不会得到真正的启发。”[⑧] 如果老师能够脱稿讲课，并且还能有所发挥，那学生自然欢迎。比如说，吴宓在脱稿之后的自由发挥就成了学生难

① 赵瑞蕻：《怀念英国现代派诗人燕卜荪先生》，《离乱弦歌忆旧游》，湖北人民出版社2008年，第48—49页。

② 何兆武口述，文靖撰写：《上学记》，生活·读书·新知三联书店2006年，第149页。

③ 何兆武口述，文靖撰写：《上学记》，生活·读书·新知三联书店2006年，第120期。

④ 彭国涛：《回忆温德教授》，西南联大北京校友会编：《我心中的西南联大——西南联大建校70周年纪念文集》，清华大学出版社2008年，第121页。

⑤ 张世英：《贺麟先生引领我走上了哲学之路》，《我的思想家园》，中国三峡出版社2009年，第102页。

⑥ 任继愈：《忆金先生一堂教学和两则轶事》，刘培育主编：《金岳霖的回忆与回忆金岳霖》，四川教育出版社1995年，第126页。

⑦ 周定一：《罗庸先生和他的两本书》，西南联大北京校友会编：《我心中的西南联大——西南联大建校70周年纪念文集》，清华大学出版社2008年，第79页。

⑧ 何兆武口述，文靖撰写：《上学记》，生活·读书·新知三联书店2006年，第109页。

以忘却的纪念：

> 关于背诵，我是得益匪浅。上课时，我一听到老师照本宣科，就会心不在焉；因为照本宣科不能融入自己的感情，不能引起听众的兴趣，不能导致心灵的交流，不能使听众受到感动，所以多半失败。吴（宓）先生讲课有条有理，我还记得他讲到英国五大浪漫主义诗人时说：华兹华斯是自然中见新奇，柯勒律治是新奇中见自然，拜伦是表现自我的诗魔，雪莱是追求理想的诗神，济慈是沉醉于美的诗人。真是要言不紊，一语中的。吴先生不但自己背诵，也要求我们多背诗。①

反观如今的很多大学老师，哪怕不做科研，不搞管理，也未必能做到每堂课都可以脱稿。其实，对大学教师而言，讲课脱稿不是一个最高的要求，而是一个最基本的要求。讲课不能脱稿，归根结底，还是因为准备不够充分。

西南联大的名师们对讲课的重视不仅体现为备课充分，而且体现为非常自觉地自己提高讲课的能力——在相互听课中探索教学之道。在如今的少数大学，虽然教师相互听课已经明确为一种制度，却未能成为一种自觉的行为，因为大部分老师会以"家里事多"、"科研任务重"、"完全没有必要"等缘由，能逃避就逃避，能糊弄就糊弄，能造假就造假。而在西南联大，教师相互听课虽未形成为明确的制度，却已经成为一种自觉的行为。

汤用彤讲课，"冯友兰也每堂不缺地去旁听"②。冯至讲歌德，哲学系的沈有鼎也去听："坐在冯先生对面的是一位奇特人物。他个子瘦小，看样子四十岁上下，也穿着蓝布大褂，但是打了补丁。进课室后，拿下头上破了边的大草帽，顺手放在墙角，坐下来就专心听讲，一动不动，更不看旁人一眼。"③ 沈有鼎还于1942年6月到11月间，旁听了陈康的《柏拉图的年龄论》、冯文潜的《美与丑》和朱自清的《宋诗的思想》等课程。④ 并且，根据朱德熙的回忆，沈有鼎还去听了唐兰（立庵）先生的古文字课："当年在联大听先生课的，除了中文系同学外，还有两位教授，一位是物理系的王竹溪先生，一位是哲学系的沈有鼎先生。"⑤ 陈寅恪讲课时，吴宓、朱自清、浦江清、北京大学的德国教授钢和泰等都去听，⑥ 尤其是吴宓，"风雨无阻，每堂必

① 许渊冲：《似水年华》，生活·读书·新知三联书店2008年，第76页。

② 熊德基：《联大的回忆与思考》，北京大学校友会联络处编：《笳吹弦诵情弥切——国立西南联合大学五十周年纪念文集》，中国文史出版社1988年，第49页。

③ 闻山：《蓝天白云黄金树——忆冯至先生》，《传记文学》2004年，第11期。

④ 冯姚平：《最怀念的是昆明——记父亲冯至在西南联大》，西南联大北京校友会编：《我心中的西南联大——西南联大建校70周年纪念文集》，清华大学出版社2008年，第111页。

⑤ 朱德熙：《纪念唐立庵先生》，《联大教授》，新星出版社2010年，第42页。

⑥ 邹文靖：《缅怀学贯中外古今的陈寅恪教授》，西南联大北京校友会编：《我心中的西南联大——西南联大建校70周年纪念文集》，清华大学出版社2008年，第138页。

到"[①]。郑昕开《康德哲学》课，数学系教授程毓淮也来听。[②] 正如张世英在回忆中说："旁听在西南联大蔚然成风，不仅学生旁听老师的课，而且老师之间互相旁听之事，也经常有之。我亲身经历的是，闻一多与沈有鼎，两人同开'易经'课，经常互相旁听。"[③]

毋庸讳言，天然的自尊心让同时代的学者相互认同、相互欣赏成为一件很难的事情。西南联大的名师们在学术上自成一家，对自己的专业研究都是相当自信甚至自负的，如果他们只是把自己当做学者的话，未必能够以"学生"的心态去聆听另一个身边学者的"教导"。而他们之所以乐意坐在另一个学者的课堂之上，主要还是因为他们非常看重自己教师的身份。为此，他们可以"放下身段"，虚心向同事学习讲课的技法，其出发点显然是为了学生而不是为了自己。

第二节　"听这样的课，真是超高级的艺术享受"

一个大学老师如果有真诚的态度，相信讲课水平也不会差到哪里去。如果再有一点讲课的天分，那自然会成为学生喜爱的讲课高手。西南联大的名师们已经有了讲课态度，同时也有一定的讲课天分，因此，他们的讲课成为学生美好的回忆，也就不足为怪了。

吴宓的讲课，在西南联大是一道风景和一种现象："每堂课都济济一堂，挤满了本系的甚至外系的同学。这是当时文学院最'叫座'的课程之一。"[④] 有学生评价："滔滔不绝，有声有色，如数家珍，让我至今难以忘怀。他讲课极为生动，特别是讲述那些名著中故事，更引人入胜，让你不知不觉犹如亲历其境。"[⑤] 李赋宁则说："他讲课的特点是不需要看讲义，就能很准确、熟练地叙述历史事实；恰如其分地评论各国作家及其作品，历史地位和文学价值。"[⑥]

闻一多的讲课，有学生评价："当时联大中文系最叫座的教授是闻一多、罗庸两先生。尤其是闻一多，他讲《楚辞》，连教室外边都围满了人。听课者都是慕名而来的外系同学和校外人士。"[⑦] 闻一多之所以有众多拥趸，和他高超的讲课艺术是分不开的："庄子的一篇《逍遥游》，闻先生就讲了半个学期。讲课内容十分丰富。讲解，

① 黄延复：《文史大师陈寅恪》，《联大教授》，新星出版社 2010 年，第 15 页。

② 任继愈：《〈西南联大启示录〉观后感》，西南联大北京校友会编：《我心中的西南联大——西南联大建校 70 周年纪念文集》，清华大学出版社 2008 年，第 161 页。

③ 张世英、杨澜洁：《我的西南联大——张世英的片段记忆》，《学术月刊》2013 年，第 2 期。

④ 赵瑞蕻：《我是吴宓教授，给我开灯！——纪念吴宓先生》，《离乱弦歌忆旧游》，湖北人民出版社 2008 年，第 82 页。

⑤ 彭国涛：《我的导师吴宓先生》，西南联大北京校友会编：《我心中的西南联大——西南联大建校 70 周年纪念文集》，清华大学出版社 2008 年，第 106 页。

⑥ 西南联合大学北京校友会编：《国立西南联合大学校史——1937 年至 1946 年的北大、清华、南开》，北京大学出版社 2006 年，第 139 页

⑦ 朱德熙：《纪念唐立庵先生》，《联大教授》，新星出版社 2010 年，第 41 页。

注释，考证；中国的、外国的、古代的、现代的传说和神话，旁征博引，引人入胜。难怪同学们说，听闻先生讲课是一种艺术享受。"① 学生汪曾祺对闻一多的讲课更是激赏有加：

他的讲课很有号召力，许多工学院的学生会从拓东路（工学院在昆明东南角的拓东路）步行穿过全城，来听闻先生的讲课。闻先生讲课，真是"神采奕奕"。他很会讲课（有的教授很有学问，但不会讲课），能把本来是很枯燥的考证，讲得层次分明，引人入胜，逻辑性很强，而又文词生动。他讲话很有节奏，顿挫铿锵，有"穿透力"，如同一流的演员。他教过我们楚辞、唐诗、古代神话。好几篇文章说过，闻先生讲楚辞，第一句话是："痛饮酒，熟读离骚，可以为名士。"是这样的。我上闻先生的楚辞课，他就是这样开头的。他讲唐诗，把晚唐诗和后期印象派的画放在一起讲。我记得他讲李贺诗，同时讲法国的点彩派，这样的东西比较的研究方法，当时运用的人还很少。他讲古代神话，在黑板上钉满了用毛边纸墨笔手摩的大幅伏羲女娲的石刻画像（这本身是珍贵的艺术品）。昆中北院的大教室里各系学生坐得满满的，鸦雀无声。听这样的课，真是超高级的艺术享受。②

贺麟的哲学概论课，由于太受欢迎，便将教室设在昆北食堂，"是联大最大的教室，可容两三百人，每次课前，同学从四面八方匆匆赶来占座位，门外的台阶上总是站得满满的"③。

雷海宗讲课，有学生评价："雷先生授课艺术之高，有口皆碑。一登上讲台，辄口若悬河，从其庞大的知识宝库中掏出的粒粒珠玑连串闪耀，令听众感到内容全面系统，且字斟句酌，无虚言冗语，逻辑性强。每堂课自成段落，最后画龙点睛，有条不紊，益显其驾驭渊博知识的功力和才识。"④ 学生王敦书对老师的讲课更是赞不绝口：

雷先生讲课声音洪亮，极有条理，深入浅出，鞭辟入里，内容丰富，生动活泼。他讲授历史事件人物既有丰富内容，又将因果关系分析得清晰透彻，使人听了感到余兴未尽。他每节课的讲授计时很精确，每节课结束时，恰巧讲完一个题目，告一段落，下节课再讲新的，前后衔接自如。有的同学反映，课后把他讲授专题的笔记稍加整理润色，就是一篇有头有尾的文章。

……

这一切都表明雷先生学问渊博，研究深到，口才好，思路清楚透彻，教学认真负

---

① 诸有琼：《梦萦师情》，西南联大北京校友会编：《我心中的西南联大——西南联大建校70周年纪念文集》，清华大学出版社2008年，第98页。

② 汪曾祺：《修髯飘飘——记西南联大的几位教授》，《中国教育报》1991年4月7日。

③ 张世英：《贺麟先生引领我走上了哲学之路》，《我的思想家园》，中国三峡出版社2009年，第102页。

④ 杨生茂：《博而蓄约 大而存精——雷海宗撰〈西洋文化史纲要〉读后感》，《探径集》，中华书局2002年，第323页。

责，又讲究教学方法，这才能使讲课成为一门艺术，挥洒自如，引人入胜。他在西南联大为外系开设中国通史课，不仅文科的，许多理工科的学生也选此课，还有不少慕名而来的旁听者，课堂总是挤得满满的。①

陈寅恪的讲课，有学生评价："他讲课时大家都聚精会神地洗耳恭听，因内容丰富多彩，见解超凡入圣，谁也不愿轻易放过。每当下课铃响，大家都有依依不舍、时光流逝太快之感。陈先生讲课都有他独到的心得和深邃卓见，最令同学们敬佩的是他能利用一般人都能看到的材料，讲出异常新颖而又十分正确的见解，大家听讲以后都由衷地钦佩与赞叹。"②

罗常培的讲课，有学生评价："一口标准的普通话，字正腔圆，抑扬顿挫，音调铿锵，十分悦耳。"③"讲课条理清楚、引人入胜。语言学中某些内容，尤其涉及音韵学问题的，每每叫初学者感到艰涩，他却能深入浅出、举重若轻，间或举某些特异的语言现象，以加深学生的理解和兴趣。"④

叶公超的讲课，有学生评价：语音的纯正、动听，遣词造句幽默、秀逸，让学生们心悦诚服，无限敬仰，"讲授生动……讲得深入浅出，循循善诱，引导学生进入这一高深的学术园地"⑤。在学生赵瑞蕻的心目中，讲授《印欧语言学概论》和《十八世纪英国文学》的叶公超"英文说得那么自然、漂亮、有味儿，听他的课实在是享受"⑥，"富有特殊的风度，时常穿着一件米色风衣，衔着一个烟斗，微驼着背部。他讲课时的姿态和神情，纯正漂亮的英语……生动的描述和精彩的评论，给我们留下了十分深刻的印象，至今未忘。"⑦

汤用彤的讲课，有学生评价："他讲印度哲学史，就将我们带到印度历史上的哲学家思想中去，讲欧洲大陆理性主义就将我们带到笛卡尔、斯宾诺莎、莱布尼茨的思想体系中，讲魏晋玄学又将我们带到王弼、嵇康、阮籍、郭象、僧肇等人的思想体系中。他给我们全面地忠实地介绍这些哲学家的思想，材料丰富而又不显得烦琐，分析清晰而又不流于空疏，即使自由主义习气很浓的同学，也舍不得缺课。"⑧

---

① 王敦书：《忆雷海宗师》，《联大教授》，新星出版社 2010 年，第 74—75 页。

② 邹文靖：《缅怀学贯中外古今的陈寅恪教授》，西南联大北京校友会编：《我心中的西南联大——西南联大建校 70 周年纪念文集》，清华大学出版社 2008 年，第 140 页。

③ 诸有琼：《梦萦师情》，西南联大北京校友会编：《我心中的西南联大——西南联大建校 70 周年纪念文集》，清华大学出版社 2008 年，第 97 页。

④ 罗圣仪：《被称为"文直公"的语言学家罗常培》，西南联大北京校友会编：《我心中的西南联大——西南联大建校 70 周年纪念文集》，清华大学出版社 2008 年，第 74 页。

⑤ 李赋宁：《回忆老师叶公超先生》，西南联大北京校友会编：《我心中的西南联大——西南联大建校 70 周年纪念文集》，清华大学出版社 2008 年，第 100—101 页。

⑥ 赵瑞蕻：《离乱弦歌忆旧游——纪念西南联大六十周年》，载《离乱弦歌忆旧游》，湖北人民出版社 2008 年，第 30 页。

⑦ 赵瑞蕻：《离乱弦歌忆旧游》，湖北人民出版社 2008 年，第 156 页。

⑧ 邓艾民：《汤用彤先生散忆》，西南联合大学北京校友会编：《笳吹弦诵情弥切——国立西南联合大学五十周年纪念文集》，中国文史出版社 1988 年，第 73 页。

温德上英诗、戏剧和语音课。从公布的名单看，每届选英诗的学生 35 人左右，实际听课的五六十人。正像学生回忆的那样："他上课的时候，不仅教室内座无虚席，就连教室两边的窗前都站满了人，室内大多数是外文系学生，室外则大多数是非外文系学生，有些甚至是校外慕名来听课的。"① 在讲课中，"他从诗的内容出发，时而眉飞色舞，时而咬牙切齿地体现诗的奔放和抑郁的思想情感"，使学生得到美的享受。有次，他讲弥尔顿的《失乐园》，"用假声装作魔鬼撒旦反对上帝的权威，发出要求自由的呼喊"，学生"都被他那惟妙惟肖的表情和清脆悦耳的嗓音所感动"②。

蔡维藩的讲课，有学生评价："他讲西洋通史用的是南京普通话，娓娓动听。有时用英语讲，轻重音也很准确。他学识渊博，讲课层次分明，中心突出。讲课从不带书和笔记，而是'空手道'。"③

冯友兰的讲课，有学者这样评价："在深入浅出地普及哲学思想方面，他是个无可否认的天才。在授课和写作上，他表现出同样显著的天赋。谈到上课，校友用了'原创的'、'创造性的'、'渊博'、'融会贯通'之类的字眼来形容。他授课不带任何讲稿，但引用史宾诺莎、黑格尔和杜威时，他随意自如，就像引用孔子、孟子和荀子一样。"④

吴晗在西南联大讲授《中国通史》时不过 33 岁。中国历史教科书传统上是按朝代顺序，但他不这样讲，而是按石器时代、殷商社会、春秋封建、战国七雄、土地制度、从募兵到征兵、刑法制度、科举制度等专题来讲，这启发学生："就是对史料要有综合分析，要多读书；掌握丰富的资料，从中形成自己的观点。泥古不化，只会死抄书是不可能有创意、有发展的。"⑤ 有学生评价他的讲课："讲课生动，思路清晰，颇受学生欢迎。"⑥ 更有学生说："他的通史课由于尖锐的嘲讽而富有生气，吸引了大约五百名学生，这么多人只有食堂才能容纳得下。吴晗能够在选课的学生之外吸引很多旁听生，靠的是教学技巧和政治倾向，而联大向来以高标准严要求著称，这所大学的学生绝对不是照本宣科就能敷衍过去的。"⑦

郑天挺在西南联大讲《明史》《唐史》和《清史》。他"讲得非常之系统，一二三四、ABCD，从头讲起，什么政府组织、经济来源，有哪些基本材料等等，比中学系统的课程提高了一个档次"⑧。还有学生说："郑师讲课，注意讲清楚基本问题，每

---

① 彭国涛：《回忆温德教授》，西南联大北京校友会编：《我心中的西南联大——西南联大建校 70 周年纪念文集》，清华大学出版社 2008 年，第 120 页。

② 郭冠球：《忆温德教授》，《云南师范大学学报》1990 年，第 3 期。

③ 黄清：《追忆历史系蔡维藩教授》，西南联大北京校友会编：《我心中的西南联大——西南联大建校 70 周年纪念文集》，清华大学出版社 2008 年，第 141 页。

④ ［美］易社强：《战争与革命中的西南联大》，饶佳荣译，九州出版社 2012 年，第 132 页。

⑤ 胡邦定：《我在西南联大读书》，《炎黄春秋》2013 年，第 10 期。

⑥ 王宏志：《吴晗在西南联大》，西南联大北京校友会编：《我心中的西南联大——西南联大建校 70 周年纪念文集》，清华大学出版社 2008 年，第 149 页。

⑦ ［美］易社强：《战争与革命中的西南联大》，饶佳荣译，九州出版社 2012 年，第 127 页。

⑧ 何兆武口述，文靖撰：《上学记》，生活・读书・新知三联书店 2006 年，第 115 页。

讲到关键处，辄结合史源及有关研究，阐述自己看法；每讲完一章，做小结，联系前后发展源流，介绍史料及参考书，非常具体。”① 另有学生评价：“他所开的明清史的课程，讲授十分精彩，深受同学欢迎。”②

李继侗的讲课，有学生评价：“当年，在西南联大南区某教室里，时而鸦雀无声，时而哄堂大笑。那是继侗老师在深入浅出、生动活泼地讲授普通生物学、普通植物学等课程。同学们的学习紧跟着继侗老师的语言、感情节奏进行着。”③

张景钺的讲课，有学生评价：“他给我们讲的普通植物学课十分生动活泼。有一次张先生说要增加一堂课，同班一位同学立刻说增加几堂课都可以，上这门课是享受，不是负担。”④

赵访熊的讲课，有学生评价：“讲课深入浅出，极为生动，深受学生欢迎，也带动其他教师讲好高等数学课，使西南联大和清华工科‘高等数学’课长时间保持较高的教学质量，成为普遍受到学生欢迎的课程。”⑤

刘仙洲的讲课，有学生评价：“刘先生讲课概念清楚，深入浅出，理论联系实际，能使学生扎扎实实地打好学习机械工程的知识基础……他的讲课，语句简练，条理清晰，论述透彻，板书极其工整，一丝不苟，同学们都感到比较容易接受，很易记笔记。”⑥

杨石先的讲课，有学生评价：“采用英文教本，用流利的英语加上汉语注解讲课。每讲新内容时，他都先用英文在黑板上写下标题，然后口述讲课要点，口齿流利，语言简练，问题讲得极为清楚。他善于运用启发式教学，又在讲课时辅以课堂演示实验，生动地吸引着听课者倾心听讲。”⑦

吴有训的讲课，有学生评价：“吴先生是中国优秀的教育家，工作严谨认真，注重授课艺术。他讲课准备充分，选择内容适当。他上课常只带个提纲，但却阐述透彻，合乎逻辑，还辅以课堂演示。尽管他说话带有江西口音，但口齿清楚，声音洪亮，学生总是全神贯注地听讲。”⑧

……

在学生的回忆中，当年西南联大的名师中间，可谓讲课高手云集。那么，有没有

---

① 成庆华：《怀念先师郑天挺先生的教诲》，封越健、孙卫国编：《郑天挺先生学行录》，中华书局 2009 年，第 73 页。

② 熊德基：《对联大的回忆与思考》，西南联大北京校友会编：《我心中的西南联大——西南联大建校 70 周年纪念文集》，清华大学出版社 2008 年，第 39 页。

③ 李建武：《李继侗教授在西南联大》，《联大教授》，新星出版社 2010 年，第 209 页。

④ 陈阅增：《生物学的拓荒者张景钺教授》，西南联大北京校友会编：《我心中的西南联大——西南联大建校 70 周年纪念文集》，清华大学出版社 2008 年，第 208 页。

⑤ 李庆扬、张鸣华：《为提高理工科数学教学奋斗一生的赵访熊教授》，西南联大北京校友会编：《我心中的西南联大——西南联大建校 70 周年纪念文集》，清华大学出版社 2008 年，第 260 页。

⑥ 董树屏：《忆德高望重的刘仙洲教授》，《联大教授》，新星出版社 2010 年，第 220—221 页。

⑦ 申泮文：《怀念严师杨石先教授》，《联大教授》，新星出版社 2010 年，第 182 页。

⑧ 金恒年：《科学的楷模——我们的理学院院长吴有训》，《联大教授》，新星出版社 2010 年，第 133 页。

不会讲课的呢？答案是：有，但不多。据现有资料可知，不太会讲课的有沈从文和陈达。在汪曾祺的笔下，“沈先生不长于讲课”，“沈先生的讲课，可以说是毫无系统”，“他的湘西口音很重，声音又低，有些学生听了一堂课，往往觉得不知道听了一些什么”①。在刘绪贻的记忆中，陈达“上课时正襟危坐，按照事前准备的提纲，字斟句酌地讲，显得枯燥而无风趣”。对这种教学法，学生们在课外有些闲言碎语，有一次，还有忍无可忍的学生在课堂上当面给予批评：“如果陈先生将讲课内容印成讲义发给我们，我们只要几小时或一天便可仔细阅读完毕，剩下的时间可以读别的书，不更好吗?”②

总体来看，就算排除记忆模糊或者为尊者讳等因素，也可以肯定一点：西南联大的名师们是比较善于讲课的。善于讲课，就为人才培养打下了扎实的基础。就像郑敏在回忆中说：“冯（友兰）先生的‘人生哲学’与‘中国哲学史’课却像一种什么放射性物质，一旦进入我的心灵，却无时不在放出射线，影响着我的思维与感性结构。这两门课加上汤用彤先生的魏晋玄学、郑昕先生的康德与冯至先生的歌德是我的知识建构中的梁柱与基石。”③ 可见课讲得好，从低层次上看，可以帮助学生在最短的时间中掌握一门课程的基本知识、基本概念和基本原理；从中层次上看，可以激发学生对这门课程的兴趣，让他们在课程结束之后，保持着继续学习的动力（如攻读研究生）；从高层次上看，可以给学生以精神上的影响，因为“教师是一部特殊的‘教材’”④，在课堂上，学生一边听老师讲纸质的教材，一边在心里阅读和分析教师这部“教材”。因此说，讲课的最基本的情感特征就在于给学生提供一个榜样，“有效的讲课能够激发起学生模仿教师的动机，采纳一位学者的价值标准和技能技巧”⑤。

当然，教学并不仅仅指课堂讲课，还包含着其他重要的环节，比如说课外教学。课讲得好自然有利于人才培养，但人才培养仅靠课讲得好是不够的，缺乏了必要的课外教学，人才培养的过程是不完整的，结果也是不理想的。甚至可以说，课堂讲课的不足可以通过课外教学来弥补，而课外教学的缺失却无法通过课堂讲课来挽救。从学生的最终成长来看，课外教学应该是比课堂讲课更为重要的一个教学环节，而西南联大的名师们在这方面同样做得很好。

第三节　“沈从文对学生的影响，课外比课堂上要大得多”

沈从文虽然不太会讲课，但依然是好老师，一是因为他教的是更注重实践的写

---

① 汪曾祺：《沈从文先生在西南联大》，徐柏容等：《汪曾祺散文选集》，百花文艺出版社 1996 年，第 46—51 页。

② 刘绪贻：《回忆我的师长》，《文汇报》2010 年 6 月 19 日。

③ 郑敏：《忆冯友兰先生的“人生哲学”课》，《郑敏文集 · 文论卷（下）》，北京师范大学出版社 2012 年，第 838 页。

④ 张楚廷：《教学细则一百讲》，湖南师范大学出版社 1999 年，第 186 页。

⑤ ［美］伯特 · B. 利兹马等：《大学教学法》，蔡振生译，高等教育出版社 1987 年，第 134 页。

作，“手把手”的指导比课堂讲课效果更好；二是因为他的确在课外教学方面投入了很多的时间和精力：“沈先生教写作，写的比说的多，他常常在学生的作业后面写很长的读后感，有时会比原作还长。”学生通过读这些“读后感”，写作能力自然慢慢提高。不仅如此，“学生写作写得较好的，沈先生就做主寄到相熟的报刊上发表。这对学生是很大的鼓励。多年以来，沈先生就干着给别人的作品找地方发表这种事。经他的手介绍出去的稿子，可以说是不计其数了”。因此说，“沈从文对学生的影响，课外比课堂上要大得多”①。不太会讲课的沈从文通过高效的课外教学，达到了教学目的，成为受学生尊敬和欢迎的好老师。那些会讲课的老师再匹配合理的课外教学，自然更能保证教学效果。正像赵瑞蕻深情回忆的那样：“当时师生之间的情谊，尊师爱徒的学风，民主自由的气氛，教学相长的优良传统，也是诸多积极促进的因素。那时课余，师生之间可以随意接触谈心，可以相互帮助和争论；在春秋佳日的假期中，师生结伴漫游或喝茶下棋，促膝聊天，海阔天空，无所不谈。”②

熊德基在回忆西南联大的学习经历时感叹：“特别是在野外实习中，师生打成一片，同住山村野店，风餐露宿，可以随时向老师提问质疑，也可以随意谈天说地，其收获远比在教室里听课深刻具体。”③

温德下课后，乐于与学生接近，师生关系融洽。有时上课逢空袭警报，他就和学生们一道疏散，从联大新校舍后门出去，沿铁路右行，到英国领事馆花园中去看书或聊天。经常有学生去到他家中，他会煮好咖啡招待，然后谈话，话题自然离不开抗日战争、英诗、莎士比亚等。在学生心目中，“他不仅是一位受人尊敬的老师，也是一位和蔼可亲的兄长”④。

金岳霖下课后，也常和学生一起漫步走回北门街的宿舍。一边走，学生一边向他提出听课时产生的疑问，或者提出不同的意见，他总是亲切地耐心地作出解释，这让学生获益良多：“这种课后漫步，对我帮助很大，加深了我对他讲课的理解。我曾想到逍遥学派大师亚里士多德，大概也是这样在逍遥的漫步中教导学生的。”⑤

李广田的课外教学体现为指导文学社团，他先后担任过冬青社、文聚社、文艺社的导师，活跃在学生社团中，从思想到文学活动，和学生打成一片，指导学生的课外写作活动。当年的学生深情追念说：“前后三年，就像上课和创作那样认真、热情，不遗余力。他是不分课内课外，一直勤勤恳恳、踏踏实实，以培养文学青年为己任的

① 汪曾祺：《沈从文先生在西南联大》，徐柏容等：《汪曾祺散文选集》，百花文艺出版社1996年，第48—49页。

② 赵瑞蕻：《我是吴宓教授，给我开灯——纪念吴宓先生》，《离乱弦歌忆旧游》，湖北人民出版社2008年，第85页。

③ 熊德基：《对联大的回忆与思考》，西南联大北京校友会编：《我心中的西南联大——西南联大建校70周年纪念文集》，清华大学出版社2008年，第42页。

④ 彭国涛：《回忆温德教授》，西南联大北京校友会编：《我心中的西南联大——西南联大建校70周年纪念文集》，清华大学出版社2008年，第120页。

⑤ 周礼全：《回忆金岳霖师二三事》，《理有固然——纪念金岳霖先生百年诞辰》，社会科学文献出版社1995年，第20页。

导师。”[①]

吴宓在课堂外和学生关系也不同一般。学生可以和他平等地讨论问题和诗歌唱和；学生请他答疑解惑时，他有求必应，尽心尽力；他还和学生一同散步、谈天，请学生上餐馆。特别是对女同学，他尤其照顾。女同学茅于美回忆：“我们师生数人走在狭窄的铺着石板的街道上，先生总是尽量照顾我们，遇有车马疾驰而来，他就非常敏捷地用手杖横着一拦，唤着苏生和我，叫我们走在街道里边，自己却绅士派地挺身而立，站在路边不动，等车马驰过才继续行走。”[②]

杨石先把热情倾注在青年学生成长的各个方面。1941 年，蒋明谦考取清华第五届公费留学生，给他写信寻求帮助，他的回信长达十多页，信中对如何选择学校、导师、课程甚至行装、旅途以及国外礼节等作了详细的指导。[③]

由此可见，西南联大的名师们将教学从课堂延伸至课堂之外的每一个角落，在家中、在路上、在山野间、在小餐馆里，在散步、聊天、喝茶、书信往来时，他们与学生“打成一片”，履行着培养学生的职责。甚至有学生回忆，“当年在联大上课时，警报一响，我们跑到后山去，飞机向地下扔炸弹，我们都趴在地上，左右一看，同学、老师都在一块”[④]。这种在课堂之外，通过“同呼吸、共命运”甚至“生死与共”的遭际所培养出来的师生情，对学生的成长作用是无法估量的，是任何物质条件和课堂教课所无法替代的。诚如吴宏聪先生所言：“我认为西南联大最令人难忘的是学风，最值得珍惜的是师缘。”[⑤] 有论者还将这种教育方式归纳为“从游模式”，张扬了一种大鱼前导、小鱼尾随，相交深厚、耳濡目染的从师之道，旨在陶冶和塑造学生的精神品性。[⑥]

反观今日之大学，或许会讲课的老师也大有人在，但上完课就“闪人”、“开溜”，消失得无影无踪的更是比比皆是。从这个角度看，在课外教学过程中，西南联大的名师们那些“有言”的教导和“无言”的熏陶更让我们汗颜和敬佩。

第四节　“所有的教师对学生的要求都很严”

在讲课态度、讲课水平和课外教学等方面，西南联大的名师们对得起“老师”的身份和“名师”的称号，换言之，他们既是学术大家，也是教育家，至少具有教育家的气质和情怀。就像刘绪贻评价吴宓所言：“我认为，吴先生一生的成就中，最

---

① 李岫：《李广田先生活跃在学生社团中》，西南联大北京校友会编：《我心中的西南联大——西南联大建校 70 周年纪念文集》，清华大学出版社 2008 年，第 93 页。

② 刘绪贻：《回忆我的师长》，《文汇报》2010 年 6 月 19 日。

③ 梁吉生：《教育家、化学家杨石先先生》，西南联大北京校友会编：《我心中的西南联大——西南联大建校 70 周年纪念文集》，清华大学出版社 2008 年，第 202 页。

④ 张友仁：《陈岱孙教授永远活在我们心中》，西南联大北京校友会编：《我心中的西南联大——西南联大建校 70 周年纪念文集》，清华大学出版社 2008 年，第 231 页。

⑤ 吴宏聪：《学术自传・八十自述》，《吴宏聪自选集》，广东人民出版社 2007 年，第 4 页。

⑥ 参见唐桂丽：《论西南联大文学学科从游模式的美育意义》，华东师范大学硕士学位论文，2012 年。

能得到学术界公认的，是作为一个诲人不倦的大学教授的业绩。"[①] 应该说，在西南联大的名师中间，能够匹配此等赞誉的，远不止吴宓一人。时至今日，我们重新梳理他们的教书育人，就会发现，他们值得今日的大学教师们敬仰和模仿，除了外在的教育态度、教育方法，还有内在的教育精神。在诸多的教育精神中，尤为值得一提的是：发自内心地爱学生。

发自内心地爱学生，第一个表现是"严格"。我们注意到，无论是课堂讲课还是课外教学，西南联大的名师们都是讲"规矩"的，注重用"他律"来保障教学效果。就像杨振宁说的那样："那时，所有的教师对学生的要求都很严，而我们学生学习的态度也确实很认真。"[②] 比如生物系主任李继侗，他的"普通生物学最为同学所畏惧，普通植物也很难过关，教学严格闻名全校"[③]。杨石先讲课，"第一次上课就给学生约法三章。规定女生坐第一二排，男生坐在后排；把学生座椅按行列编号，每人座位固定，不许更动。这样，谁不到课，座位就空着，他从讲台上一眼望去就可知道谁缺课。每次上课他很快便点完了名，学生迟到超过十分钟，就不准进入课堂，记为旷课。这些微细的地方都显示出杨先生对学生的严格要求和追求课堂效率"[④]。

吴达元上法语课，经常要求学生回答问题，回答不出来，就会毫不客气地批评，并且有时会让学生站着，不请坐下，女同学也不例外。有些女生认为自己是个女的，吴老师会对她们客气些，想不到吴先生男女一律平等，女的答不出来，照样挨批，导致有的女生哭鼻子。这让上法文课的同学每次课前像要上战场似的，都放下闲书，或者停下别的作业，专门准备法文。一时宿舍里、茶馆里，甚至马路上，都可以听到学生念法文的声音。在上法文课的那天，同学们更加紧张。这样的严格无疑增加了学习过程的"痛苦"，但也增加了学习过程的"快乐"。吴达元教过的同学，第二年再上法语，不仅能跟上进度，而且愈学愈有兴趣。大部分同学在学完两年后就能看莫泊桑、雨果、罗曼·罗兰、纪德等的原著；有的学生在读书期间便在刊物上发表法国文学的译作。这些同学几乎异口同声地说，有这样的成绩都是在吴达元先生严格要求下"逼出来"的。[⑤]

张克忠讲授《化工概要》和《化工设计》两门课，据学生姚玉英回忆："张先生常常是还没讲课就考试，使大家非常紧张，上他的课之前必须预习，而考试之后，他又会根据考试中反映出的问题进行有针对性的讲解，这样一来，大家记忆非常深刻。"姚玉英还谈起："一次我做实验时，用电炉加热，由于我想去拿一些东西，只离开了片刻。正巧被张先生看到，他狠批了我一顿，因为按操作规程是不允许的。百

---

① 刘绪贻：《回忆我的师长》，《文汇报》2010 年 6 月 19 日。

② 杨振宁：《读书教学四十年》，史芊芊主编：《世界经典演讲辞大全集》，外文出版社 2012 年，第 211 页。

③ 李钟湘：《西南联大始末记》，钟叔河、朱纯编：《过去的大学》，长江文艺出版社 2005 年，第 179 页。

④ 申泮文：《怀念严师杨石先教授》，《联大教授》，新星出版社 2010 年，第 181—182 页。

⑤ 严宝瑜：《回忆严格的法语老师吴达元先生》，西南联大北京校友会编：《我心中的西南联大——西南联大建校 70 周年纪念文集》，清华大学出版社 2008 年，第 117 页。

分之一的疏漏都可能带来无法弥补的损失。”①

比吴达元、张克忠更“不近人情”的老师大有人在。朱自清教授的兄长朱物华任物理系教授，他很注意学生的缺席问题，多次对学生强调，按照教务通则的规定缺席超过三次，就不能参加考试，并说：“假如你缺课太多，你将不及格。”② 李继侗老师，即使学生（包括他自己的儿子）考59.5分也不给及格。③ 刘仙洲教授的考试，学生会因误算小数点后一个数而被判零分。④ 吴晗对考试十分严格，一个班学年结束考试的成绩，最低的才12分，还有59分的。“这说明吴先生对学生要求很严。为的是培养一种作风，一是一、二是二，绝不马虎。”⑤ 朱自清的《宋诗选》期末考试，平时颇得器重的学生得了低分。朱自清解释说：“因为你答的主要是我讲的，没有自己的见解，所以给你低分。”⑥

由此可见，西南联大的名师们不怕麻烦，不怕学生在背后“骂”，奉行“宁愿让学生恨一个学期，也不能让学生恨一辈子”的原则，通过课堂、课外和考试等环节的严格要求，发掘学生学习的潜力和动力，大大增强了教学效果。

发自内心地爱学生，第二个表现是“包容”。如果说“严格”是一种科学精神，是对学生要不要学习的一种原则性态度，那么“包容”则是一种“民主”意识，是对学生学习方式的一种灵活性处理。何兆武先生回忆说：

学生思路开阔了，逐渐形成自己的判断，不一定非要同意老师的观点，这是很自然的事情，而且可以公开反对。记得有一次数学系考试，有个同学用了一种新的方法，可是老师认为他做错了，这个同学就在学校里贴了一张小字报，说他去找这位老师，把某杂志上的新解法拿给他看，认为自己的没有错。这在解放后似乎是难以想象。……还有一个理学院的同学，姓熊，他对所有物理学家的理论都不赞成，认为他们全是错的。周培源先生那时候教力学，这位熊同学每次一下课就跟周先生辩，周先生说：“你根本就没懂！你连基本概念都没弄通！”可是这位同学总是不依不饶，周围还有很多人听，每次路过理学院都看见他们站在院子里辩，都变成南区教室的一景了。⑦

西南联大的名师们大都受欧风美雨的洗礼或者五四精神的陶冶，秉承“独立之精神，自由之思想”的信念，在严格的同时，也极为尊重学生的自我意识。这种尊

---

① 良辰：《化工系奠基人张克忠》，西南联大北京校友会编：《我心中的西南联大——西南联大建校70周年纪念文集》，清华大学出版社2008年，第255—256页。

② 杨慧中：《西南联大学生笔下的大师》，《云南日报》2010年8月13日。

③ 李建武：《李继侗教授在西南联大》，《联大教授》，新星出版社2010年，第209页。

④ 唐绍明：《浅析西南联大成功之路》，西南联大北京校友会编：《我心中的西南联大——西南联大建校70周年纪念文集》，清华大学出版社2008年，第31页。

⑤ 胡邦定：《我在西南联大读书》，《炎黄春秋》2013年，第10期。

⑥ 王缉国、张谷：《国文通才王力》，北京大学出版社2008年，第103页。

⑦ 何兆武口述，文靖撰写：《上学记》，生活·读书·新知三联书店2006年，第100—112页。

重体现在课堂教学之中。潘光旦教授在讲授家庭问题时提出一种观点：知识妇女最好在40岁以后才参加工作，在此以前在家照顾孩子，使子女可以健康成长，40岁再参加工作，可以做到家庭事业两不误。他讲完马上就有女同学提出异议，另外一些男同学则表示赞同，双方展开辩论。潘光旦则含着烟斗单腿拄着拐杖，含笑听着，他没有下结论，因为这只是一种观点，各人可以独立考虑，也可因人而异，问题在于通过这种方法可以培养学生自由思考、不同观点互相辩论的习惯。[①]

金岳霖上课，“个别不懂事的同学竟敢当面顶撞金先生：‘您的看法有矛盾，不对。’金先生不以为忤，不断地说‘唔！唔！’金先生大度，全班同学无不敬重”[②]。这种课堂民主给何兆武留下了非常深刻而美好的印象：“只记得有一个湖北的同学，年纪很大了，课堂上总跟金先生辩论，来不来就：‘啊，金先生，您讲的是……’我们没那个水平，只能听他们两个人辩。我觉得这样挺好，有个学术氛围，可以充分发挥自己的思想，如果什么都得听老师的，老师的话跟训令一样，那就不是学术了。”[③]

这种尊重也体现在课外教学之中。周礼全毕业论文的指导老师是金岳霖，但他却在毕业论文中批评了金岳霖的“朴素实在论”。金先生把他叫到家中，提出了一系列的问题和批评。周礼全一个一个作出答辩。金先生又对他的答辩进行批评。周又为他的答辩辩护。这样一来一往，辩论越来越激烈，声调也越来越高。辩论从下午两点多一直延续到快六点。周礼全担心论文会不及格，但最后却得了一个高分。[④] 陈达不太会讲课，学生刘绪贻忍不住批评：“如果陈先生将讲课内容印成讲义发给我们，我们只要几小时或一天便可仔细阅读完毕，剩下的时间可以读别的书，不更好吗?”陈先生听了后，从他的脸色变化来看，是很生气的。但事实证明，他是一个胸襟旷达的大学者：刘绪贻的课程论文打了95分，学年考试成绩也列全班之冠，本科论文还得到陈先生亲自指导，也得了95分。刘绪贻毕业后，陈先生留他在自己主持的清华大学国情普查研究所工作，刘绪贻因故要去重庆工作时，陈先生又帮忙写介绍信，将他推荐给经济部属的资源委员会的负责人。[⑤]

这种尊重还体现在教学之外：“那时，还出现了一个新名词，就是‘泡茶馆’，因为坐得很久，所以叫‘泡’。‘泡茶馆’也成为联大师生（尤其是学生）日常生活中的一个组成部分了。那时，学校附近如文林街、凤翥街、龙翔街等有许多本地人或外来人开的茶馆……许多同学经常坐在那里泡杯茶，主要是看书、聊天、讨论问题、写东西、写读书报告甚至论文等等。自由自在，舒畅随意，没有什么拘束；也可以在

---

① 李凌：《略述西南联大的学术自由和兼容并包》，西南联大北京校友会编：《我心中的西南联大——西南联大建校70周年纪念文集》，清华大学出版社2008年，第37页。

② 张世英、杨澜洁：《我的西南联大——张世英的片段记忆》，《学术月刊》2013年，第2期。

③ 何兆武口述，文靖撰写：《上学记》，生活·读书·新知三联书店2006年，第112页。

④ 周礼全：《回忆金岳霖师二三事》，《理有固然——纪念金岳霖先生百年诞辰》，社会科学文献出版社1995年，第20—21页。

⑤ 刘绪贻：《回忆我的师长》，《文汇报》2010年6月19日。

那里面跟老师辩论什么，争得面红耳赤。”①

总之，西南联大的名师们用实际行动践行着“教师是民主的榜样”的信念。王浩将这种学习氛围称为“谁也不怕谁的日子”，“在这样的日子中，教师之间，学生之间，师生之间，不论年资和地位，可以说谁也不怕谁。……教师与学生相处，亲如朋友，有时师生在一起学习新材料”②。正是在这种氛围下，西南联大才得以培养出许多基础知识扎实和学识渊博，又具有创新意识和创新能力的人才。

发自内心地爱学生，第三个表现是“善待学生”。抗日战争的旷日持久，大后方的物质匮乏，让西南联大几乎每个教师和学生都面临着生活拮据的窘境。1937 年上半年（即抗日战争发生以前），一个教授的平均月薪约为 350 元法币，到了 1943 年下半年，联大教授的平均月薪为 3697 元法币，而物价比 1937 年上半年上涨了 405 倍，因此 3697 元收入只等于 1937 年的 8. 3 元！西南联大的名师们当年经济上的苦况难以想象！更难以想象的是，他们在物质上难以自保的情况下，还竭尽所能，援助经济条件更差的学生。杨石先最苦难时不得不靠典当衣物度日，但学生申泮文就是靠了他的援助得以继续学业的。③ 李继侗靠工薪为生，还得维持两个儿子上大学，但不止一次地将自己省吃俭用节约下来的钱资助特困同学，且从未听到他向人讲过，他也不愿别人提起它，甚至设法不让被帮助的人知道。④ 钱端升一生很少为自己或为家眷去求过别人，但他 20 世纪三四十年代毕业的学生中，很多人在经济上或工作上得到过他的帮助。⑤ 何炳棣考取清华第六届庚款不久即将出国，老师闻一多及师母预先为他饯行，“准备了一顿非常丰盛的晚餐。主菜是用全只老母鸡和一大块宣威腿炖出来的一大锅原汁鸡火汤，其醇美香浓，使我终生难忘”⑥。在学生的记忆中，郑天挺对学生的关爱延伸到了为学生找工作：“在旧社会里，大学毕业是经常找不到工作的，语云：‘毕业就是失业’，为了让学生能够就业，先生往往利用各种关系，帮助学生就业，对学有专长的学生，辄以自己的学术威望和社会地位，推荐给有关部门，以发挥他们的专长。”⑦

……

很多年过去了，西南联大名师们的事迹已经渐渐沉淀为故事。当下的大学老师又

① 赵瑞蕻：《离乱弦歌忆旧游——纪念西南联大六十周年》，《离乱弦歌忆旧游》，湖北人民出版社 2008 年，第 26 页。

② 王浩：《谁也不怕谁的日子》，《云南文史资料选辑》第 3 辑，云南人民出版社 1988 年，第 66 页。

③ 梁吉生：《教育家、化学家杨石先先生》，西南联大北京校友会编：《我心中的西南联大——西南联大建校 70 周年纪念文集》，清华大学出版社 2008 年，第 202 页。

④ 李建武：《博学多才、乐于助人的李继侗教授》，西南联大北京校友会编：《我心中的西南联大——西南联大建校 70 周年纪念文集》，清华大学出版社 2008 年，第 208 页。

⑤ 钱大都：《父亲钱端升的治学和为人》，西南联大北京校友会编：《我心中的西南联大——西南联大建校 70 周年纪念文集》，清华大学出版社 2008 年，第 224 页。

⑥ 何炳棣：《读史阅世六十年》，广西师范大学出版社 2005 年，第 183 页。

⑦ 潘镛：《回忆我的老师毅生先生》，封越健、孙卫国编：《郑天挺先生学行录》，中华书局 2009 年，第 91 页。

能从他们的故事中获得怎样的启示呢？或许，从他们身上，我们获得的最大的感悟就是：一个优秀、杰出的大学老师，不仅仅需要才能，更需要品德。具体来说，大学老师自身的才华甚至才华横溢固然重要，但是不是发自内心地热爱教书、热爱育人的事业则更为重要。

不可否认，当今的大学，有不少科研能力突出的老师，但他们未必能像西南联大的名师们一样，将个人的优秀和学生的成长紧密结合起来。他们在自己的科学研究方面，倾其所有，殚精竭虑，但对于学生培养却无比吝啬自己的时间和精力。他们对课堂讲课投入少，课堂讲课水平不尽如人意，而且对课外教学不够重视，所以，在学生关于大学的回忆中，他们的身影无比模糊，甚至是完全缺席的。

一言以蔽之，西南联大的名师们对学生的培养早已经超越了具体的方法，上升为以高贵的人格和高尚的情操来塑造人。他们在民族苦难时期，对生活保持着乐观和坚韧的态度；对学术保持着纯粹、无功利的心；对教育保持着忠诚、热爱的信念。他们贫贱不能移，威武不能屈；吃苦在前，享乐在后；严于律己，宽以待人。反观今日之大学，争相标榜所谓“世界一流大学”，还拟订了种种硬指标，搞得人心惶惶却效果甚微。其实，认真思考西南联大名师们的教书育人，我们会发现我们是把简单的问题搞复杂了：大学里最硬的指标正是教师，一个大学拥有一批心灵高贵、头脑智慧一流的老师，它就是一流大学，否则，校舍再大，楼房再气派，设备再先进，CSSCI 论文再多，全都白搭。

第六章　迈克尔·桑德尔的讲课艺术

迈克尔·桑德尔（Michael Sandel），1953年生，美国著名哲学家、政治学家、艺术与科学院院士，当代西方社群主义最著名的理论代表人物。应该说，作为一名学者，迈克尔·桑德尔算得上功成名就，享誉学界。不过，真正为他赢得超越学科及至全球性盛名的并不是他的学术研究，而是他的讲课。

1980年，27岁的迈克尔·桑德尔开始在哈佛大学开设本科通识课程“公正”（类似我们的全校性文化素质讲座）。学校按照惯例只给他安排了一个能坐15人的小教室。一年后，学生增加到300多人。第三次开课，学生人数激增到800多，此后一直维持在千人上下。随着听众的逐年暴增，学校不得不一次次更换更大的教室，直到最后入驻大雅之堂——哈佛大学地标式建筑，有1166个座位的桑德斯剧院（非常有古罗马剧场的感觉）。30年来，已经有超过15000多名大学生修读了这门哲学课。2007年秋季，更是有1115名学生选修该课，创下了哈佛大学的历史记录。他也因此被誉为哈佛大学“最受欢迎的课程讲席教授”之一。

2010年以来，借助网络课程，迈克尔·桑德尔和他的“公正”风靡全球。尤其在中国大学校园里，迅速掀起一股收看“公正”课的旋风。据统计，在数百门网络公开课中，“公正”排名第一，63.5%的受访者听过这门课。[①] 成千上万的人带着无比的欣赏和崇敬之情，感触和感叹道：这是一种从未见过的“不一样的讲授”，如果我们的老师也是这样讲课该有多好！因此，我们将桑德尔作为国外大学名嘴的代表是比较恰当的，分析他讲课的基本特点及其对中国大学老师的启示是不无价值的。

第一节　“我们先讲一个故事”

“这是一门关于什么是公正的课。我们先讲一个故事。”这是迈克尔·桑德尔开讲的头两句话，不一样在哪里？对，正是那句“我们先讲一个故事”。“公正”是一

① 吴浩：《逃课 淘课 蹭课——网络公开课风靡现象的反思与启示》，《中国青年研究》2011年，第9期。

门政治哲学课，理论性、抽象性、思辨性都很强，在我们的记忆中，中国大学老师应该是这样开场的：

这是一门关于什么是公正的课。我们先讲两个概念：结果主义的道德准则和绝对主义的道德准则。第一种，结果主义的道德准则——它强调，事情的正确以及道德与否，取决于你的行为所产生的后果，其中最著名的例子是以边沁为代表的功利主义。第二种，绝对主义的道德准则——它强调，世界上存在着绝对的普遍的道德准则，有明确的责任和权利，任何行为只要是违背了这些原则，无论结果怎么样，就算其最终取得的结果是好的，也是不道德的。这一理论以康德为代表人物。

差一点的老师，在介绍完，可能是照着讲稿或者 PPT 读完这两个概念后，接着就是讲两节课“边沁如何说，康德如何说”了。好一点的老师，背完这两个概念，再列举一两个不痛不痒的例子加以说明。“好一点”的学生（多数时候是女生）奋笔疾书，为期末考试做准备；而“差一点”的学生（多数时候是男生）却早已身在曹营心在汉了。

“结果主义的道德准则”和“绝对主义的道德准则”，也正是迈克尔·桑德尔在第一讲中要重点介绍的两个政治哲学概念，事实上，他也的确花了不少的时间来界定这两个概念。但是，他显然认识到，这两个概念虽然对专业研究人员而言再普通不过，但对初学者来说，还是比较抽象的。所以，他遵循从感性到理性、从个别到一般的接受原理，先讲一个对谁而言都不抽象的故事——“一场电车事故”：

假设你是一辆有轨电车的司机，正在铁轨上疾驶，电车的刹车突然失灵，但你发现这时在铁轨末端有五个工人，另一条分叉铁轨上只有一个工人。这时该如何选择？我们再假设另一种情景，假如你是一个旁观者，站在桥上，此时电车开过，你旁边有一个非常胖的人靠在桥上，你可以推他一下，他便会摔下桥挡住电车的去路，虽然他会被压死，但因此另外五个人将得救，这时又将如何选择？

再有，六个刚刚经历过一场可怕的电车事故的病人向你求医，一个是重伤，五个轻伤，无论你专注于重伤的还是轻伤的，另一方都会死。你又会如何选择？另有一种情况，五个人都急需不同的器官，此时有一个健康的人，你是否会拿这健康的人的器官救活这五个人？当然我们也可以选择让五个人中先死去的人把其健康器官捐赠出来治好另外四个人。

听完这些故事（尽管是假设的），作为听众，你是否会被不知不觉地吸引，然后开始思考，并有了发言的冲动？你可能会站起来说：“为了五个人，哪怕牺牲一个人也是值得。”这种想法，用专业术语说，就是“结果主义的道德准则”，它强调，事情的正确以及道德与否，取决于你的行为所产生的后果，这一理论，以边沁的功利主义为代表。

你也可能会站起来说："即使是为了救回五条人命，杀害一个无辜者，这行为本身也是错的。"这种观念，用专业术语说，就是"绝对主义的道德准则"，它强调，世界上存在着绝对的普遍的道德准则，有明确的责任和权利，任何行为只要是违背了这些原则，无论结果怎么样，就算其最终取得的结果是好的，也是不道德的。这一理论以康德为代表人物。

听到这里，你是否还会觉得这两个抽象的概念很抽象？是否有在课下阅读边沁和康德著作的欲望？你看，仅仅是讲一个假设的故事，便将两个极为艰涩的专业概念解释得清楚明白，让学生在不知不觉中理解了这两个概念，而且开始思考这两个概念的真正内涵。那么，中国大学老师为什么很少像这样讲故事呢？哪怕是文学课，很多老师也迷恋"普遍"和"规律"的阐发，而不愿讲故事。比如讲莎士比亚，极少讲莎士比亚的故事以及莎士比亚讲述的故事——作品的情节，更多地是在辨析莎士比亚作品的特点、莎士比亚与时代的关系、莎士比亚在文学史上的贡献，等等。因为在不少人的观念中，讲故事是一种肤浅的做法，是"讨好"、"迎合"学生，是低水平的表现，如果是这样的话，那讲了一辈子故事的莎士比亚本人岂不是很"悲催"？

迈克尔·桑德尔显然是一个重视故事的人。他在原本缺乏故事的政治哲学课上，讲了很多的故事——每一讲25分钟左右，大部分都至少讲述一个故事：

第二讲《同类相残案》：为了求生，救生艇上的三个人杀死并且吃掉了第四个人——因为生病而快要死的男童。如果你是陪审团，会判他们有罪还是无罪？

第三讲《给生命一个标签》：20世纪70年代，福特·品脱（Ford Pinto）的邮箱出现了安全问题，但厂家没有安装安全设备，因为安装安全设备需要付出13700万美元，而因为安全问题所需要的赔偿4950万美元（不安装安全设备，会导致180人死亡，180人受伤和2000辆车受损）。如何评价厂家的行为，以及生命的价格？

第四讲《如何衡量快乐》：在课堂上播放了《辛普森》《勇敢者的优秀》和《哈姆莱特》，然后请学生辩论：观看这三个视频，哪个可以获得最大的快乐？

第五讲：《自由选择》：乔丹年收入为3100万美元，每年还从耐克及其他公司得到4700万美元。如果每年要他拿出三分之一的收入交给政府做二次分配，这是否公平？

第六讲《我属于谁?》：一家私人消防公司，在你支付了费用后，家里如果着火，他们会赶过来灭火。一位房主今年刚好没有续缴费，房子又刚好着火了。消防队来了，但只在一边观看。房主说，我立刻补交费用。消防队却说：你不能等车撞毁了再买保险。如何评价这家私人消防公司的行为？

第七讲《这是我的土地》：美国人发明了治疗艾滋病的新药。南非爆发了艾滋病危机，但购买美国的新药耗费巨大。于是南非政府想购买山寨版的。美国政府说：不行，你必须尊重知识产权。南非政府该如何是好？如果真的购买了山寨版的新药，美国政府又该如何是好？

第八讲《满合法年龄的成年人》：无故事。

第九讲《雇枪》：美国为了打伊拉克，设计了三种征兵方案：1. 增加工资和福利。2. 抽签和摇号。3. 花钱雇人。请问，你们倾向于哪一种？

第十讲《出售母亲》：一对年轻夫妇想生个孩子，但妻子无法生育。他们便支付1万美元，雇佣一个环卫工人的妻子为代孕母亲。这个29岁的环卫工人生下孩子后，改变了主意，决定留下这个孩子。请问如何评价这个环卫工人的“违约”行为？

……

如果绝大部分人都认同这是一种简单却又高明的讲授的话，那么给我们第一个重要的启示就是：我们不要急于炫耀我们已经知道的专业术语，先从所有人都听得懂、都想听的故事开始讲起，等他们的注意力被吸引以后，再顺其自然地亮出我们“引以为傲”的概念和理论。

故事，狭义地说，是指讲述具有一定形象或情节并有感染力和吸引力的人或事。广义地说，故事是指过去的事，故去的事。老师面对的是学生，大学教师面对的是大学生。在很多人看来，只有小孩子才喜欢听故事，只有没有文化的人才需要听故事。这是一种完全违背常识的谬论，根本不需要反驳。湘潭大学特聘教授吴岳添先生是著名的法国文学学者，曾多次受邀给前国家主席江泽民讲“法国文学”。江泽民先生通常都是闭着眼睛，静静地听着。当听到“乔治桑与肖邦的爱情故事”时，他突然睁大了眼睛，恳请到：“请吴先生再讲一遍。”这个时候吴老师明白了一个道理：“看来，喜欢听故事和人的年龄、文化层次没有必然的联系。”其实，就算没有这样的例子，我们也应该懂得，喜欢听故事是人的一种本性。就像毛姆说的那样：“听故事的愿望在人类身上，同财产观念一样是根深蒂固的。自有历史以来，人们就聚集在篝火旁或市井处听讲故事。”①

老师在课堂上讲故事，其实是对人的本性的一种尊重。要不要讲故事，与学生的“层次”无关，与学生的专业无关，与学生的“层次”和“专业”有关的，只是讲多少故事，讲什么样的故事，以及如何讲故事等。

其实，在知识分工之前，人类的很多知识都是通过文学故事的方式来承载和传播的。比如中国的《史记》和西方的《荷马史诗》。高小康在《人与故事》中描述过人们想象中的荷马时代的一幅图景：“篝火旁围坐着大圈呵欠连天的人们，有老人，年轻人，还有孩子，与他们一起坐着的是一位盲人，他一边拨弄着七弦琴，一边向人们娓娓讲述着那永远讲不完的神祇、英雄与祖先的故事。”② 随着知识的分化，故事被纳入了文学创作的范畴，其娱乐性和虚构性得到发挥，而在知识传播方面的合法性却受到了限制。但是，这并不意味着，讲故事只是文学课的特权，其实，在任何一门课程上，都可以也需要讲故事。

相比较而言，理工科的课堂上，故事要讲得少一些，但是也不能一点都不讲。中

① ［英］毛姆：《巨匠与杰作》，孔海立等译，华东师范大学出版社1987年，第17页。

② 高小康：《人与故事·导言：讲故事的动物》，东方出版社1993年，第1页。

国科学院院士、数学家林群在回忆给他深刻影响的数学老师时说："他最主要的特点是，半堂课讲课，半堂课讲故事。不爱满堂灌，把学生搞得晕晕乎乎的。他讲课的方式让学生很轻松地得到很多知识，很多启发，培养很多兴趣。"① 著名教育家张楚廷先生谈到数学课堂时，也认为故事不可缺少：

其实，数学不只是推理，不只是认真；其实，数学也可以说是由故事写成的。那里有祖冲之的故事，刘徽的故事，阿基米德的故事。学算术，有杨辉的故事，高斯的故事；学代数，有韦达的故事，伽罗华的故事；学几何，有毕达哥拉斯的故事，达·芬奇的故事……而且，还有生活中的数学故事，现实中的故事，想象中的故事；别人的故事，自己编撰的故事。数学教育在相当程度上可以是故事性的，而且应当是故事性的。数学教育必定要有论证，有计算，然而，即使是在论证中，计算中，也可以有许多有趣的、好听的故事；如果数学教育中只剩下纯粹的论证、纯粹的计算，那肯定是一种失败。数学中可亲近的东西没有了，数学中可体验的东西没有了，数学中可供欣赏的东西没有了，于是，它极可能让学生感到枯燥，并疏远它，厌恶它。会觉得它如一位在他们生活之外的教育者，因此与之保持长长的距离。在数学教育的现实中，这种现象罕见吗?②

数学课可以也需要讲故事，同样，在天文学里，有哥白尼的故事、布鲁诺的故事、康德的故事；在化学里，有拉瓦锡的故事、门捷列夫的故事；在生物学里，有达尔文的故事、谈家桢的故事。那么，文科课堂更应该如此。

第二节　"有谁愿意给我一个理由吗?"

2011 年，迈克尔·桑德尔应邀到中国北京、上海等地讲学。中国大学生幸运地面对面聆听他的演讲。他的课，一如既往，始于案例和发问。

"有两个兄弟，威廉和维迪。弟弟威廉是美国马萨诸塞州大学校长，一位受人尊敬的人物；而哥哥维迪是黑帮人物，被指控犯有 19 项谋杀罪。联邦调查局找到威廉，威廉却谎称自己不知道哥哥的下落，并拒绝协助警方调查。一名联邦检察官在陪审团面前向他施压，'你对你哥哥的忠诚，要大于你对马萨诸塞州人民的忠诚吗?'威廉回答：'我没有义务帮助任何人去抓他。'同学们，如果你是威廉，你会怎么思考?"

台下一阵躁动。有学生发言，认为威廉做错了，他应该把马萨诸塞州人民的利益放在首位；然而反对意见也同时出现，认为威廉没有"义务"帮助别人逮捕哥哥，至少，他有保持沉默的"权利"。

---

① 周静等:《教师专业技能——走向专家型教师之路》，高等教育出版社 2010 年，第 63 页。

② 张楚廷:《故事性教育，隐喻性教育》，《张楚廷教育文集》第 13 卷《基于公理的教育学卷》，湖南人民出版社 2012 年，第 482 页。

桑德尔于是发起了一轮“举手表决”。结果，只有少数人认为弟弟应配合警方逮捕哥哥，而大部分学生选择了沉默。桑德尔没有发表任何评论，而是话锋一转，抛出了下一个问题：“假如我们讨论的不是谋杀，而是一场考试。你知道你兄弟作弊了，你会怎么做？保持沉默还是向学校举报？”

学生们的选择起了变化。有一半人选择沉默，一半人选择向学校举报。有学生发言解释自己选择的变化：“第一件事我会举报，第二件事我不会。因为前者是杀人，后者会造成不公平，但不会像杀人一样触犯刑法……”

桑德尔微笑着对同学们的意见做了一个小结：“看来大家的冲突点在于，有些人认为家庭成员之间的忠诚高于一切价值，有些人却认为公正公平的理念应当超越家庭甚至于高于一切，还有一些人觉得，那得看具体情况。”

桑德尔的质询并未结束，相反，那才刚刚开始——

“假如你是一名忠诚的公司雇员，工作努力并回报丰厚。但当有一天你发现公司为了赚取更多利益，在生产的食品里加入有害添加剂。你会怎么做？会举报公司吗？”

“那如果这一切发生在清华呢？一个国际评估团来到你们学校，对你进行访谈，了解情况。你知道一位教授在考试评判分上不公平，但你很清楚，如果把这说出来，很可能会影响学校与学院的排名。为了学校的声誉，你究竟选择沉默，还是坦诚以告？”

“当具体的情景是国家呢？比如，奥运会来临，你却知道本国最有希望的夺得金牌的运动员，由于谎报了年龄才得以参加比赛。你会把真相说出来吗？”

……

这是典型的“桑德尔教学”——不断地诘问、应答、反驳和再追问。对于一个案例，他很少给出一个非此即彼的论断，而是以“苏格拉底式”的质询启发每一位听众，让他们在不断的追问和思考中打破思维的定势，重新体会道德的标准与价值。他从不引领学生达到某个结果，而是让他知道每一个选择背后的伦理代价，以及人们应该为此承担的责任。①

我将桑德尔的这种讲课风格称为“充满对话性”。的确，充满对话性是“公正”课第二个与众不同的地方。在我们的记忆中，中国大学的课堂几乎都是独白的（当然，外语课另当别论），这也是常被有识之士诟病之处。诟病的声音越来越强烈了，也确实有不少老师试图作出改变，但效果并没有期待的那样明显。而在课堂互动方面，“公正”课恰恰也可以成为我们的榜样，它告诉我们，以传统讲授为主导的课堂，不仅可以互动，还可以互动得很自然、很深刻，其秘诀就在于讲述的故事要充满“张力”。

不仅讲故事，而且讲有“张力”的故事，这是在会讲故事的老师中，迈克尔·桑德尔的更高明之处。那么何谓有“张力”的故事呢？为了更好地说明这个问题，

---

① 吴海云：《迈克尔·桑德尔：世界上最受欢迎的老师?》，《凤凰周刊》2011 年，第 6 期。

不妨另举一个例。易中天也是非常善于讲故事的大学老师，而且有时候也像迈克尔·桑德尔，从一个故事开始，然后引入一个理论话题。比如在讲《周易的启示》时，他先讲了一个故事：

大家好！今天我们讲《周易的启示》。

讲中国智慧，为什么要从《周易》开始呢？我先讲一个故事。1798 年 7 月，拿破仑率领他所向披靡的远征军来到了埃及。当他们在吉萨高原壮丽的晚霞下，亲眼看见那海一般辽阔、夜一般寂静的土地上，那些默默无言巍然矗立的金字塔的时候，几乎所有的人都被震撼了。他们不由自主地停下脚步，甚至放下了武器。拿破仑，这位被黑格尔称之为“骑在白马上的时代精神”的英雄，也按捺不住内心的激动，以一种发自内心的崇敬，庄严地对他的远征军说：士兵们，4000 年的历史正从这金字塔上看着你们！

这个时候，谁不会肃然起敬呢？

这个时候，谁又能无动于衷呢？

这，恐怕就是古老文明的魅力了。

我们今天要讲的《周易》，就是这样一种古老的文明。

应该说，易中天为了引出《周易》，先讲了一个拿破仑的故事，也是恰当而高明的。但和迈克尔·桑德尔所讲的故事比较起来，缺少了点张力。具体来说，迈克尔·桑德尔所讲的故事本身构成了讲课内容不可分割的、有机的组成部分，没有这些故事，整个讲课是不完整的，结构上是残缺的。而易中天所讲的故事固然精彩，但尚未构成整个讲课内容不可或缺的一部分，如果去掉，也不影响接下来讲授内容的完整性。

细细回味“公正”课上的故事，我们可以发现，这些故事可能是虚构的，也可能是真实的；可能是过去的，也可能是当下的，但有一个共同特点：都是令人“纠结”的。换言之，这些故事具有一些显著特点：争议性和探究性。用他自己的话说：“因为当我们进行伦理学的授课时，不能靠抽象的演说，这十分无聊，而且永远也无法说服今天的学生。因此我举出充满矛盾的例子，比如一个道德伦理上的两难之境，告诉学生们在这个问题上曾经有过的看法——不同立场的，不同角度和深度的，接下来，就请学生们选择立场和观点，并且为自己的立场和观点辩护。然后他们就会发现，在自我辩护的过程中，他们必须要考虑道德的因素；更重要的是，他们想要试图摆脱自己陷入的道德窘境，唯一的途径就是思考，更深更全面的思考。”①

从表面上看，讨论这些故事并不需要太专业的知识，几乎每个学生都可以说出自己的看法，然后，又的确没有人可以给出一个确定的答案。总之，根据这些故事设置的问题，答案不是知识性的，而是思想性的；不是唯一的，而是多元的。即每个人都

① 吴海云：《迈克尔·桑德尔：世界上最受欢迎的老师?》，《凤凰周刊》2011 年，第 6 期。

可以说，却谁也拿不准，因为拿不准，所以一探究竟的欲望更加强烈。不妨再以“一场电车事故”为例。当迈克尔·桑德尔讲完这个故事后，课堂上的“对话”便随之展开：

迈克尔·桑德尔：现在我要问第一个问题：如果你是那个电车司机，你会怎么做？让我们来调查一下。多少人会把电车转到旁边的轨道？（大部分学生举手）多少人不会？（小部分学生举手）让我们先听听大多数人的意见。原因是什么呢？有谁愿意给我一个理由吗？

一女学生：如果你可以只撞死一个人，那么你选择撞死五个人是不对的。

迈克尔·桑德尔：这是一个很好的理由（全场发出笑声）。还有谁要补充？大家是否同意这个解释？你来。

一男学生：我想这和在“911”事件是同样的道理，我们将那些把飞机撞向宾夕法尼亚州空地的人视为英雄，因为他们选择了牺牲飞机上的人，而不是选择撞向有更多人的大型建筑物。

迈克尔·桑德尔：杀死少数人能使更多的人存活，这是你们大部分人的理由，选择让电车转弯的理由？是吗？现在听听那些少数人的理由，那些不会转弯的人的看法。你！

一亚裔男生：我认为这和种族灭绝主义、极权主义是同一类型的。为了救活一个种族，你就能杀害其他人。

迈克尔·桑德尔（问该亚裔男生）：那么在这种情况下你会怎么办？为了避免像种族灭绝主义者那样，你就宁愿撞死那五个工人？（全场哄笑）

亚裔男生：理论上是这样的。

迈克尔·桑德尔：真的会？

亚裔男生：是的。

迈克尔·桑德尔：好吧，这是一个勇敢的答案。谢谢！还有谁？

……

我只是截取了课堂上的一些精彩片段，已可以基本完整地反映出“公正”课互动的特点：对话性。针对同一个问题，学生的观点是不一样的（有多数派和少数派），不同观点的学生各抒己见，形成相互之间的对话；观点相同的学生，论证观点的证据或者表达观点的方式也不一样，相互之间也形成对话。更重要的是，老师既是提问者，也是倾听者，他会针对不同的声音，作出精炼的总结，但不做最终的评判，这构成了师生之间的平等对话。在简短、紧促、充分的对话中，师生都是真诚的倾听者（从他们的眼神可以看出）、积极的发言者（如果时间允许，相信每个学生都会站起来发言）和“痛苦且快乐”的思考者。在这样的课堂氛围之下，估计想做其他事情是不可能的。

有评论认为：“他用一些或普通或极端的例子引导学生对日常道德问题进行思

索，帮助他们在面临日常道德抉择的时候能够更好地运用批判性思维。桑德尔像一位催眠师，在他的引导和诘问下学生神魂颠倒地对道德进行沉思，并常被置于两难的道德窘境中。在桑德尔的课堂上，道德问题从来不是黑白分明的，他所制造的道德窘境十分尖锐，以至于唯一的解脱途径就在于思考。"① 他们的回答看似简单，但其实已经进入了桑德尔教授的问题世界。桑德尔与这些年轻人的对话不免让人们想起2000年前苏格拉底式的讨论。有评论说，他以"苏格拉底的方式"——不断地诘问、应答、反驳和再追问——在课堂上呈现出来，使学生通过对具体个案的辨析和争论，来培养批评思考以及推理论说的能力。

第三节　"现在我简单总结一下"

超强的课堂组织能力，这是"公正"课第三个"不一样"的地方。如果说，讲故事、让课堂充满对话，主要体现了一个教师的讲课观念、讲课方法，那么，把故事讲得精彩，一下子就抓住学生的心，故事之后的课堂对话自然并走向深入，那主要体现了一个教师的讲课能力。

作为一名大学教师，迈克尔·桑德尔的讲课能力明显高人一筹。他虽然不是帅哥，但红光满面、西装革履、举止潇洒、台风稳健；他虽然不是播音员，但其英语普通话水平相当于我们汉语普通话的一乙，且说话铿锵有力、抑扬顿挫，听起来很舒服，这足以保证他可以很轻松地表达出想要表达的东西。当然，语言表达能力强，也只是一个大学教师的基本功而已。问题是，像迈克尔·桑德尔这样基本功扎实的，在中国的大学教师中，还真不多见。

更让人敬佩的是，迈克尔·桑德尔有超强的课堂组织能力。华东师范大学历史系教授刘擎说：

我到美国访学时，到哈佛大学去现场观摩过桑德尔教授的课。那是一个古老的剧场，有几百个学生听课。那么大一个场面，又是一种注重参与和互动的教学方式，这对任何一名教师来说，都是实实在在的考验。这是面向全校本科生的通识课。学生的每次提问都是即兴的，非常个性化的。而桑德尔教授，既能够让学生活跃地参与讨论，又能把课程要求的内容娓娓道来，对整个场面控制调度自如，这种驾驭能力令人佩服。在他深入浅出、见解敏锐、举重若轻的风格背后，是对理论本身的烂熟于胸和灵活运用。这是一位优秀教师的境界。②

这可能是由于天赋，也可能是由于经验（他已经从教30多年），更可能是由于后天不懈的揣摩、研究和总结。总之，让课堂上充满"民主"，这是他的意识，而

① 石剑峰：《迈克尔·桑德尔用苏格拉底的方式拷问"正义"》，《东方早报》2010年3月26日。

② 柳森：《名校公开课缘何持续发酵》，《解放日报》2011年6月21日。

"民主"之后又能"集中"，这是他的能力。具备此能力，至少应具备两个基本条件：

一是丰厚的专业储备。"公正"虽然是一门全校性通识课，但毕竟也是一门高端、大气、上档次的政治哲学课，必要的专业性以及以此为基础的深度是必不可少的。为了吸引听众，迈克尔·桑德尔可以讲大众化的故事，可以为大众创造发表不专业言论的平台，但他一定要做专业化的总结，有了这些总结，一堂课才能在普及的基础上提升。而迈克尔·桑德尔的总结，既简短，又有力，这同他深厚的专业储备是分不开的。作为学者的迈克尔·桑德尔或许不如作为教师的迈克尔·桑德尔有名，但不可否认的是，他的确是一位很有学问的学者。且不说他是哈佛大学教授和美国人文艺术与科学学院院士，单说他已经出版了与授课内容密切相关的《自由主义与正义的局限》（*Liberalism and the Limits of Justice*，1982年）、《自由主义及其批评者》（*Liberalism and its Critics*，1984年）、《民主的不满：美国在寻求一种公共哲学》（*Democracy's Discontent*：*America in Search of a Public Philosophy*，1996年）、《公共哲学》（*Public Philosophy*：*Essays on Morality in Politics*，2005年）、《反完美案例：基因工程时代的伦理学》（*The Case against Perfection*：*Ethics in the Age of Genetic Engineering*，2007年）、《正义读本》（*Justice*：*A Reader*，2007年）、《公正，该如何做才好?》（*Justice*：*What's the Right Thing to Do*?，2009年）等专著，就可以"断定"，他对自己要讲的专业内容是有深入研究的，可以很自然地将故事与专业性的评述有机结合起来。尤为难能可贵的是，桑德尔的写作方式和讲课方式几乎是无缝对接的，即喜欢和善于结合丰富的案例（故事）来表述理论。以至于中国学者邓正来在翻译和阅读他的《金钱不能买什么?》时，发出慨叹："这本书难的不在于理论，难的是举了太多例子。我真的觉得这么一个大哲学家怎么会关心这么多小的例子。"[①] 毫无疑问，他将这种表达习惯带入了课堂。比如说，在"众声喧哗"之后，迈克尔·桑德尔立刻将两种观点用专业术语概括为：刚才我们的讨论已经涉及一些道德准则，究竟是哪些道德准则？一个是"结果主义的道德准则"，另一个是"绝对主义的道德准则"。可谓言简意赅，绝不拖泥带水。紧接着，他又用一段学术语言对这两个概念的来龙去脉做了精要的提炼和概括（这一部分有念写好了的稿子的嫌疑，如果能够更口语化一些，并且不念稿子，效果会更好）。这给我们一个积极的启发就是：虽然大学老师要重视教学，但不等于要轻视科研，或者说，为了重视教学，我们更应该围绕着教学的内容做综合性、创造性并举的研究，唯有如此，才能保证课堂教学的专业信息量。

二是超强的应变能力。有记者问："你的公开课非常受欢迎，诀窍在哪里?"桑德尔回答："好的授课人应该让课堂充满互动，风险在于一旦学生自由表达观点，有时会说出一些与授课人相反的观点，这样恰是课堂的魅力所在。"[②] 课堂上只有教师

---

① 邓正来：《市场的道德局限及对中国的启示——评迈克尔·桑德尔〈金钱不能买什么〉》，《探索与争鸣》2013年，第3期。

② 吴丹：《迈克尔·桑德尔——先富起来的人总以为成功靠他们自己，实际情况并非如此》，《二十一世纪商业评论》2013年，第25期。

的独白或者简答的、知识性的"问—答"，那么，教师应变能力不强，或者没有应变能力，都不会有太大问题。问题是，当像迈克尔·桑德尔那样，讲一个没有固定答案的故事，再让学生自由地表达观点（学生说什么，根本无法预料，除非预先设计好了），那么，应变能力就显得尤为重要。这就好比做一个娱乐节目主持人总比做一个新闻主播更考验他的临场反应一样。从这个角度看，迈克尔·桑德尔倒像汪涵（《天天向上》主持人）和孟非（《非诚勿扰》主持人），既可以让现场气氛热烈、自由、温暖，又能收放自如，张弛有度，让课堂充满逻辑性和层次感。实际上，迈克尔·桑德尔的每节课只有25分钟左右，讲故事大概要5分钟，自己总结大概要8分钟，学生发言大概要12分钟。学生发言是随机的，谁发言，发什么言，都不可预料，如果现场掌控能力不足，可能会导致不着边际的闲聊或者没完没了的争论。而迈克尔·桑德尔总能因地制宜地用"这是个非常好的主意，只可惜你的办法绕开了我们要讨论的哲学观点。我们先把这些事例和争论放一边"等加以调整和引导。

这的确是一种水平，可能需要相当的天赋和经验，完全靠后天的努力未必可行。诚如孙祁祥教授所言："作为一个好老师，你要有能力去驾驭这样的讨论或辩论。对这样的问题你自己有很深很全面的了解，或有很丰富的生活体验，并且有很高超的语言方面的能力才行，打铁还得自身硬嘛。组织一场讨论课，对老师的智力、能力、专业素质的挑战都是很大的。现在的学生真的是很聪明、智商很高的，他们接触各种各样的机会也很多，如果老师没有办法驾驭这样的讨论的话，那几场讨论下来，讨论成一锅粥了，大家吵完以后，反而不知道怎么回事了。学生就会说，哎哟，我们通过这种讨论，案例教学也罢，收获不大。我感觉有些老师就有这样的问题，他让学生讨论，自己就坐在那，学生讲完以后老师基本上没有太多的评论，他也没办法去做出评论，或做的评论可能还没有学生的精彩。"① 做这样的老师固然很难，不过，相信只要做一个有心人，还是会有不少大学教师到了一定年纪之后，也可以像迈克尔·桑德尔那样，在课堂上做到随心所欲。

好的，我们也做个总结。迈克尔·桑德尔的讲课有着自己的风格，或者说，自己的"套路"，这个"套路"总结起来其实很简单："老师讲故事——学生评论故事——老师总结学生的评论。"这种简单有效的讲课方式，很多大学老师不知道用，知道用的大学老师，却用得没有那么好。当然，还有一种解释，那就是桑德尔的讲课方式看起来简单，实质并不简单，这是对话式教学的典范，而中国大学老师最不擅长的恰恰就是这种教学方式。

第四节　迈克尔·桑德尔的启示

著名教育家德雷克·博克认为："围绕大学课程问题有许多争议，但几乎所有教

---

① 郭九苓等：《传授知识、开阔眼界、训练能力——访孙祁祥教授的特色教学》，《北京大学教学促进通讯》，http://llt. pku. edu. cn/? p = 58。

师都认同：培养学生的批判性思维能力是本科教育的重要目标。教师达成共识的原因显而易见：仅仅学会记忆信息对学生来说意义不大，因为信息很快就会被遗忘，何况知识总量不断膨胀，没人可以掌握所有重要的知识，人们甚至无法判断哪些知识是最重要的，概念和理论的价值也不大——除非学生学会将它们应用于新的情境之中。批判性思维能力——提出相关问题、认识并定义问题、分辨各方观点、寻找并使用相关证据、最终作出严谨合理的判断——是有效利用信息和知识的不可或缺的手段，批判性思维既可以服务于实用性目的，也可以是纯思维性的。”①

哲学家雅斯贝尔斯也坚信：“年轻人必须学会正确地发问。他必须潜心深入到知识的最底层，系统全面地学习它。不过他没有必要囫囵吞枣地把一堆事实照单全收。如果这样，知识就不会有长久的价值。一旦考试过去，它就会被抛弃到九霄云外。在已经对知识有所了解之后，决定性的因素就不再是已经学到手的东西，而是要看一个人面对知识的判断力。因此，关键不在于掌握作为事实存在的知识本身，而是要看一个人有没有这样的能力和主动性，走远一些自己来审视这些事实，深入地思考它们，看看应该问些什么问题。”②

雅斯贝尔斯还将知识分为两大类：现行知识与原初知识，“原初知识赋予现行知识以本义，但这两种知识方式的可教性与传递性却不相同。数学、天文学及医学知识的内容与熟练的技巧都可以以简单的、直接的方式传递给学生。但是关涉人的存在本源和根本处境的哲学却无法传递。因为诸如：真理是什么？真理的正确性又在何处？可传授的知识与全部生命之意义从何而来，又将到何处去？这一切是人设定的标准么？”③

我们不能确定桑德尔是否受过雅斯贝尔斯的影响，但从他的行动来看，他和雅斯贝尔斯可谓英雄所见略同。应该说，桑德尔的讲课，依然是他讲得多，学生讲得少，因此，从形式上看，依然属于“讲授式”教学而非讨论式教学；但由于是高水平的讲授，是能够激发学生参与、思考的讲授，故本质上并非“独白式”教学。

与迈克尔·桑德尔不一样的是，我们最擅长的是“独白式”教学。所谓“独白式”教学，和“讲授式”有些相似，但又不完全一样。高水平的“讲授式”教学，看起来是老师一个人在独霸讲台，其实暗含着频繁的互动。比如易中天的讲课，虽然学生根本插不上嘴，但由于他讲得有思想、有趣味、有悬念，学生的心早已经随着他的讲授一起波动、一起激动、一起思考、一起想象。低水平的“讲授式”教学，可以称之为“党委书记式”教学或者“相声演员型教学”，“前者照本宣科，枯燥乏味，后者插科打诨，不着边际”④。总之，都是根本不考虑学生的兴趣、需求和感受，用无趣的言语唠叨无意义的内容，学生的人坐在教室，但心早已经飞到九霄云外。也就

---

① ［美］德雷克·博克：《回归大学之道——对美国大学本科教育的反思与展望》，侯定凯等译，华东师范大学出版社 2012 年，第 75 页。

② ［德］雅斯贝尔斯：《大学之理念》，邱立波译，上海人民出版社 2007 年，第 74 页。

③ ［德］雅斯贝尔斯：《什么是教育》，邹进译，生活·读书·新知三联书店 1991 年，第 17 页。

④ 黄修毅：《爱上网络公开课——哈佛大师们的平民讲堂》，《人物画报》2010 年，第 16 期。

是说，低水平的“讲授式”教学才是“独白式”教学。“独白式”教学有几大特征：

教师教，学生被教；
教师无所不知，学生一无所知；
教师思考，学生被思考；
教师讲，学生听——温顺地听；
教师制定纪律，学生遵守纪律；
教师做出选择并将选择强加于学生，学生唯命是从；
教师做出行动，学生则幻想通过教师的行动而行动；
教师选择学习内容，学生（没有征求其意见）适应学习内容；
教师把自己作为学生自由的对立面而建立起来的专业权威与知识权威混为一谈；
教师是学习过程的主体，而学生纯粹是客体。①

因为这些特征，“独白式”教学让教育变成了一种存储行为：“学生是保管人，教师是存款者。教师不是去交流，而是发表公报，让学生耐心地接受、记忆和重复存储材料。”② 甚至有老师这样说：“我基本上不鼓励学生自由思考。如果连知识基础都没有掌握，凭什么思考？最多也就是胡思乱想。这个世界杀人最多的是思想，思想一旦错了杀起人来不得了。所以孟子讲‘正人心，息邪说’，讲得多郑重啊，言论思想发生错误，那可不是一个小事！对一个小孩子一上来就先鼓励他自由思想，他有什么资格自由思想啊？现在这个时代有很多荒谬的、完全未经推敲或者经不起任何推敲的观点充斥其中。”③

桑德尔的讲课也超越了一般的提问式教学。一般的提问式（或问—答式）教学实现了师生的初级互动，具有三点进步：（1）教师主导行为由单纯的讲授变为设问、解答、指导等多种行为的综合，因而趋于合理和有效；（2）课堂信息传输由单向的教师面对学生讲授变成了双向的师生之间的信息交流，这样就形成了反馈渠道，有利于效果诊断和教学调整；（3）作为学习主体的学生参与课堂教学活动的机会增多了，表达和表现的面加宽了，集体教学的资源和效益在一定程度上得以发挥了。④ 但一般的提问式（或问—答式）教学至少存在十个方面的不足：

1. 师生地位严重不平等。教师扮演绝对权威和领导角色。唯师为尊，唯师为是。一切问题由教师设计和提出，一切答案由教师给出和裁定，学生只有应答和遵从。

2. 学生活动处于被动状态。由教师提出的一个接一个的问题就像一条牛鼻绳，

---

① ［巴西］保罗·弗莱雷：《被压迫者教育学》，顾建新等译，华东师范大学出版社 2001 年，第 25 页。

② ［巴西］保罗·弗莱雷：《被压迫者教育学》，顾建新等译，华东师范大学出版社 2001 年，第 25 页。

③ 郭九苓等：《反思、节制、敬畏——哲学系杨立华老师的治学之道》，《北京大学教学促进通讯》，http：//llt. pku. edu. cn/? p = 263。

④ 贾荣固：《把问答式教学改造、提升为对话式教学》，《大连教育学院学报》2000 年，第 9 期。

牵着学生的思路，学生没有自主的选择，缺乏独立的思考，难以主动地发问。所思所想跳不出教师划定的框子。

3. 问答的内容限于认知性问题。教师关注的只是单纯的对知识的感知、理解和应用，缺乏人文的关怀，哲理的启悟，潜能的诱发，生命的助长。说到底，还是符号知识教学。

4. 问题的思维含量或智力价值不高。多是将课本的知识陈述转换成问题形式，答案就在书中，不过是对课本知识的变相复制。问题多是些是非问、描述问、肯否问等，很容易回答；因果问、探究问、做法问则很少，需要创造性思考的问题则更少。

5. 学生被剥夺了问的权利。课堂教学真正有价值有意义的问题应该来自学生。因为只有它才能反映学生的需要和困惑。但在大多数课堂上，学生只有回答的义务，而没有提问的权利。在课堂上很少看到学生提出的设问、反问和质问，更少有面对教师说“不”的。这实质上是压抑了学生的主动性和创造性。

6. 答案是预设、唯一和定型的。由于是唯一的，只能求同不能求异；由于是定型的，只能作一种表述，不能换个样子；由于是预设的，教师对学生的回答常常作出条件反射式的评价：与教师一致的立刻予以肯定或表扬，与教师相左的马上给予否定或批评，许多有新意有创见的回答竟引不起教师的些许注意而被忽略过去。这不仅直接挫伤了学生创新的积极性，而且浪费了许多有价值的教育资源。同样原因，即由于答案是预设的，使得教师的启发目标局限于引导学生快速向标准答案靠拢，这不仅大大压缩了思维过程，也压窄了思路宽度。

7. 提问叫答的对象只是少部分人。有的教师只在举手的学生中选择回答者，这就使那些不想答、不愿答和不会答的懒惰者、消极者和困难者永远处在回答圈外；有的教师为了保证教学进度尽快解决问题而专挑那些好学生来回答，因而打击了那些常举手又常不被叫答的学生的积极性。

8. 不间断的提问常常打断学生的学习思路，使之难以完整地和连贯地进行阅读和思考。学生无论是听教师讲还是独立阅读教材，都要有一个相对完整的学习过程，以便整体地和深入地进行思维加工。而频频地发问割裂了这种完整性。

9. 在提问的使用量上，一种极端是满堂问，似乎一切问题都要由学生来解决才好，甚至从客观上看需要教师作精讲或详讲的地方，也转化成了对学生的问题只作些轻描淡写的处理，这实质是一种形式主义的不负责任的做法。另一种极端是问得很少，该问的也不问。之所以穿插点提问，是为了给讲授作点缀，把提问变成了装饰品，本质上还是以注入为快事。

10. 这种问答式的教学效果，是思维的平滑，理解的粗浅，问题解决的一般化，学习体验的单调、乏味，师生都没有感受到思维的快乐，都没有体验到身心力量的发挥和增长。①

① 贾荣固：《把问答式教学改造、提升为对话式教学》，《大连教育学院学报》2000年，第9期。

与一般的提问式教学相比，桑德尔的教学方式显然是升级版、优化版的，即可以称之为“对话式教学”（或曰苏格拉底式教学）：“我的教学不是仅仅一个讲座，我把问题交给学生，邀请他们在课堂上积极地思考、参与并为他们自己的观点辩论。这种教学方式尤其适合我的教学科目——道德和政治哲学。这门课本身就有很多有争议的理论和问题，并不是每个人都会同意一种观点。批判性地表达不同的观点，是学习的一部分。让我吃惊和印象深刻的是，很多学生勇敢地举起手来，提出问题，提供他们的观点，为他们的观点辩护，即使在1000多人面前。”①

对话不仅仅是一种技巧，更是一种态度和精神。诚如北京大学朱良志教授所言：“我觉得作为一个教师，首先身体要正，知识要丰富，方法要得当，同时还要把自己的角色淡化，这是比较重要的。不要老把别人当成教学的对象，实际上学生是朋友，是知识探讨的同路人。这样，大家能够放下心来，能够走得更顺畅一些。知识也是这样子的，没有权威，在世界上任何一个权威都是暂时的。教师自己要有这个能力去挑战它，也要求他的学生去挑战。这就是为什么一个教书匠和一个启蒙者是完全不同的。”②

桑德尔的对话式教学体现了他鲜明的平等意识；对求知者无私的爱；对学生的信任；对共同创造知识的希望；批判性的思维和谦逊的胸怀：“如果我眼里只有自己，只能听到自己的声音，除我自己之外没有别人能够打动我，我怎么能够聆听别人，又怎能与人对话呢?”③ 桑德尔用他无处不在的对话教学，超越了师生之间的“我—他”，即“主体—客体”的关系，进入到“我—你”，即“主体—主体”的境界。可以说，桑德尔和他的学生，以课堂为中介，互相帮助、互相促进，变成了共同生成知识、寻找真理、探索未知世界、创造美好生活的伙伴，因此，传统的“教师的学生”和“学生的教师”也随之变成了“教师学生”和“学生教师”。

雅斯贝尔斯曾将知识的传授方式划分为三类：一是经院式教育，二是师徒式教育，三是苏格拉底式教育。经院式教育仅仅限于“传授”知识，教师只是照本宣科，而自己毫无创新精神。教材已形成一套固定的体系。人们崇拜权威作家及其书籍。教师本人无足轻重，只是一个代理人而已，可以任意替换。教材内容已成为固定的模式。④ 师徒式教育完全以教师为中心，具有个人色彩的传统。学生对教师的尊敬和爱戴带有绝对服从的特点。这种从属的距离，不只是程度上的、代沟之间的差别，而且是本质上的。教师的权威具有神奇的力量，这种力量满足了人类不愿自己负责而愿依附于别人的需要，并使人归属于一个团体来减轻从属性、提高其自我意识，达到自己

---

① 李宇宏：《我为什么是哈佛最受欢迎的教授》，《周末画报》2010年，第587期。

② 《为人生的美学——访美学名师朱良志》，郭九苓主编：《教学的魅力——北大名师访谈录》，北京大学出版社2010年，第35页。

③ ［巴西］保罗·弗莱雷：《十封信——写给胆敢教书的人》，熊婴等译，江苏人民出版社2006年，第72页。

④ ［德］雅斯贝尔斯：《什么是教育》，邹进译，生活·读书·新知三联书店1991年，第7页。

力所不能及的严格教育。[①] 而苏格拉底则不是这样。他从不给学生现成的答案，而让学生自己通过探索去作结论。他让那些自以为是的人意识到自己的无知，并让他发现真知，因此人们从内心深处得到那些自以为还不知道，实际上都早已具有的知识。因此可以说：知识必须自我认识，自我认识只能被唤醒，而不像转让货物。一个人一旦有了自我认识，就会重新记忆起仿佛很久以前曾经知道的东西。[②]

苏格拉底启示我们："教育者不能无视学生的现实处境和精神状态，而认为自己比学生优越，对学生耳提面命，不能与学生平等相待，更不能向学生敞开自己的心扉。这样的教育者所指定的教学计划，必然会以自我为中心。"[③] 当苏格拉底的经验推而广之之后，便是苏格拉底式的教育。苏格拉底式的教育，从教育的意义上看，教师和学生处于一个平等的地位。教学双方均可自由地思索，没有固定的教学方式，只有通过无止境的追问而感到自己对绝对真理竟一无所知。因此，教师激发学生对探索求知的责任感，并加强这种责任感。这是苏格拉底的"催产式"的教育原则。也就是说唤醒学生的潜在力，促使学生从内部产生一种自动的力量，而不是从外部施加压力。这不是发挥学生凭偶然机会和一时的经验所表现出来的特殊才能，而是使学生在探索中寻求自我的永无止境的过程。苏格拉底式的教师一贯反对作学生的最大供求者；教师要把学生的注意力从教师身上转移到学生的自身，而教师本人则退居暗示的地位。师生之间存在善意的论战关系，而没有屈从依赖关系。教师有自知之明，并要求学生分清上帝和世人。[④]

---

① ［德］雅斯贝尔斯：《什么是教育》，邹进译，生活·读书·新知三联书店 1991 年，第 8 页。

② ［德］雅斯贝尔斯：《什么是教育》，邹进译，生活·读书·新知三联书店 1991 年，第 10 页。

③ ［德］雅斯贝尔斯：《什么是教育》，邹进译，生活·读书·新知三联书店 1991 年，第 1 页。

④ ［德］雅斯贝尔斯：《什么是教育》，邹进译，生活·读书·新知三联书店 1991 年，第 8 页。

第七章　易中天的讲课艺术

易中天，1947 年出生于湖南长沙，6 岁随其父易庭源来到湖北武汉，并在武汉开始接受教育，在武汉度过小学、初中、高中时期，后来因为“知识青年上山下乡”活动，到新疆做知青数年。1977 年恢复高考后，考入武汉大学文学院文学硕士专业。1981 年毕业于武汉大学，获文学硕士学位并留校任教。1991 年起担任厦门大学教师。现任厦门大学人文学院教授，博士生导师。易中天的学生野夫这样描绘老师当年在武汉大学上课的盛况：

其实，先生执教武汉大学时，已然是校园的一道风景。1986 年，我插班进中文系，那时就已经开始实行必修课和选修课制度。选修嘛，学生挑老师，景况有点残酷——有的门庭若市，有的门可罗雀。高年级的师兄则跟我们参谋——易中天的课，不管他讲什么，都该是必听的。于是，我就抱着试试的态度在他帐下做了记名弟子。那门课本身，我原无多大兴趣，叫做“《文心雕龙》美学研究”。

那时的插班生，是刘道玉校长首创的恩科拔贡，在学校有点天子门生的感觉。仗着都混过社会，小有薄名，不免腹笥中空却眼高于顶。待到走进先生的教室——那是武大最大的阶梯教室，先自吃了一吓。三百多的座位早被占满，讲台下的空地也已摆满了小凳，窗台上还挤着男生。这阵仗，在我从前的大学生活中却未有过。以后便也知道，要想亲聆謦欬，那是必须提前半小时去占座的。

先生那会儿初进不惑，条纹衬衣牛仔裤，背直腰挺，用今天的话说——酷。听了几回，确实觉得有味，我这个老逃课的也就被吸引进去，竟从此构成一生的缘分，这，也真是始料未及的。能把《文心雕龙》讲得好听，即使在我今天来看，仍然认为是种大本事。

先生的课，一直是人满为患。他每个学期，又都开的新课。因为怕挤，后来我只断续听过他和邓晓芒合讲的“中西比较美学”。邓是哲学系的才子，还是著名女作家残雪的哥哥。易邓当时在武大齐名，且都是78年以高中文凭直接考取武大的硕士。[①]

2005年，易中天开始在CCTV—10《百家讲坛》节目里讲解历史，品评“汉代风云人物”。他独辟蹊径、妙语连珠、充满活力的说史风格，声情并茂的表演，巧妙地运用“通俗”的语言，塑造出了刘邦、韩信、晁错、袁盎等鲜活的人物形象，有趣地还原了历史的本来面目。平常的一段历史从他口中出来俨然活灵活现一般，像评书一样绘声绘色，又像电影剪辑般精练流畅，从而掀起民间“汉风”热潮。《汉代风云人物》也由此成为《百家讲坛》中的一档超人气节目。2006年开始制作《易中天品三国》，易中天开始如日中天，他也从厦门大学的名师一夜间成为全国人民的名师，就像有人调侃的那样：“他做教授这么多年，还算一个有点影响的人，但是央视一介入，一下子把一个人搞得大红大紫了。”[②] 2008年，易中天与《百家讲坛》再度携手合作《先秦诸子·百家争鸣》。2013年他隐居江南某镇，潜心写作36卷的《易中天中华史》。

第一节　理念：“我是一只大萝卜”

在讲课方面，易中天是极少数头脑清醒的大学教师，他对什么是讲课，讲课的目的是什么，如何讲课等，都有着自己明确而且独到的认识。尽管不是每一个人都认同他的这些理念，但是，一个老师在走上讲台之前，有理念总比没有理念好，何况，他的理念，在我看来，也在大部分同行看来，合理的成分远远多于不合理的成分。易中天的讲课理念主要体现为三个方面：

第一，“我是一只大萝卜”。易中天显然是一位学者。在大部分学者看来，学者应该人人都是音乐界的帕瓦罗蒂，完全走精英路线，必须要“曲高和寡”——就像有的学者说，自己的书被大部分人认可，卖得多了，恰恰是自己的耻辱。这或许也代表一种观点吧。问题是，如果每个歌手都像帕瓦罗蒂那样唱美声，那么不喜欢，听不懂，也没有那么多钱买门票的听众又能去听什么呢？那或许只能去海边听涛声或者去田边听蛙鸣了。学术研究其实如同唱歌，不同类型、风格，或者像精英主义者所言的不同“层次”的学者，其实都是必须要有的。可以想象一下，假如学术界全都是黑格尔、尼采，那将是什么样子？

易中天显然没有打算成为学术界的帕瓦罗蒂，或许早年写《〈文心雕龙〉美学思想论稿》和《艺术人类学》时，他有这样的念想，但从1994年开始，他就放弃了这样的打算：“我是一个大萝卜，一个学术萝卜。萝卜有三个特点，第一是草根，第二是健康，第三个是怎么吃都行，你可以生吃，可以熟吃，可以荤吃，可以素吃。而我

① 野夫：《闲话易中天》，《读书文摘》2014年，第2期。

② 蔡栋主编：《说不尽的易中天》，湖南人民出版社2006年，第125页。

追求的正是这样的一个目标，老少皆宜，雅俗共赏，学术品位，大众口味。”①

有的学者将易中天贬低为学术界的庞龙和小沈阳，其实易中天最后成为了学术界的张学友和费翔，既大众又不失高雅。易中天这样定位自己的学术风格，注定离体制学术和主流学术越来越远，但离讲台则越来越近。因为“老少皆宜，雅俗共赏，学术品味，大众口味”的学术，恰恰是最适合大学讲台的学术。与易中天相反，我们很多学者，心里想着，或者嘴上说着要做学术界的帕瓦罗蒂，最后却成为学术界的安娜瓦尼 Anna Varney（Sopor Aeternus 乐队的核心），怪异得无人能懂，除了他自己。

想一想，我们很多盘踞在大学里的学者，过于在乎体制和主流对自己的看法了，他们研究什么，如何研究，都要瞻前顾后，考虑“学术界”可能的态度——能否发表在权威期刊，能否申请到国家社科基金，能否获得政府奖励，能否引起“热烈”的“反响”，能否成为某个领域“无法绕过”的“标志性人物”，能否借此步入“一流学者”的行列——学术界其实是隔代承认的，要想在同时代被公认为“一流学者”，基本等于痴人说梦。但他们似乎从未想过自己的研究能否被大众所接受，所喜欢。很难想象，一个歌手潜在的听众只是他自己和其他歌手，而不是更广大的歌迷，这是多么的滑稽。

第二，大学教师更是一位口头传播者，要尊重传播的规律。其实，将自己定位为“一只大萝卜”，已经表明易中天注意到“传播”两个字。

“学术”一词，必须包括两个内容：研究和传播。所谓“学者”，也应该包括两种人：研究者和传播者。当然，这里可以有一个分工，比如一部分人做研究，一部分人做传播。也可以有一个比例，比如做研究的多一点，做传播的人少一点。他们甚至可以交叉、重叠，比如做研究的也做传播，做传播的也做研究；或者一段时间做研究，一段时间做传播，就像“学而优则仕，仕而优则学”一样。至于那比例是三七开、四六开、二八开，倒无所谓。反正不能没有研究，也不能没有传播。以研究压传播，认为只有研究才是真学问，做传播就低人一等，要打入另册，不但违背学术的初衷，而且简直就“没良心”。②

良心告诉易中天，学术要向大众传播；学术也告诉易中天，学术要向大众传播。要传播，就要有平台。著书立说是一个很好的平台，但这是文字的平台；“百家讲坛”也是一个很好的平台，但这个平台不是时时时刻刻都有的，一般的老师不可能有，就连易中天，在人生的大部分时光中也是没有的。但易中天的另一个身份——大学教师，让他拥有一个常规的、固定的传播平台。

易中天是长期任教于大学的一名大学教师，这个身份常常被他的“明星”、“学术超男”等其他身份遮蔽，却无疑是他最优先的身份。作为学者，易中天很注意学

---

① 《易中天：我是一个大萝卜》，《新民晚报》2007 年 8 月 20 日。

② 易中天：《我看百家讲坛》，《百家讲坛这张“魔鬼的床”》，作家出版社 2007 年，第 6 页。

术的文字传播；作为大学教师，他则很重视学术的口头传播。在他看来，在讲台或者讲坛上，面向大众传播学术，首先心中要有“听众”，有“听众”不一定成功，但没有“听众”，则注定要失败。因此，他像敬重“心中的读者”一样敬重“心中的听众”：

但是，并非所有的历史著作，都能成为畅销书。这不可能，也没必要。因为绝大多数历史学家做的工作，原本只是为了文化的传承，文明的延伸。他们的态度，也是“为了学术而学术”。这就不必考虑普通读者。只要学术界认可，就行。

我不是历史学家。所以，我关心的，不是学术界认可不认可，而是怎样才能有更多的读者。我的读者是没有专业限制的。青年学生、机关干部、公司老总、官员和文员、教师和律师、市民和农民，只要有兴趣，都可以阅读。我希望他们能在轻松愉快之中阅读，读完以后又能有所收获。总之，我的目标，是“高品位，广读者”。

这就要用“随笔体”了。道理也很简单：我们的写作，既然是为了“人文关怀”，为了“广大公众”，那么，我们跟读者的关系，就应该是朋友，也只能是朋友。人文关怀是“人对人的关怀”，不是“神对人的关怀”。那就得说“人话”，不能说“神话”。何况，咱们是人，人家也是人，没什么两样。要说有区别，也就是咱们想得多一点，想得深一点，还不敢说都想全了，都想对了。也有咱们没想到，读者想到了的。所以，咱们著书立说，充其量也就是跟读者交换心得。就像朋友们聚在一起，总要聊聊天一样。朋友之间聊天，哪有打官腔、掉书袋、咬文嚼字、装腔作势的？写成“随笔体”，岂非理所当然？

可见，文体绝不仅仅只是一个表述问题，更是一个立场问题，态度问题。也就是说，当你写作时，心里有没有读者？如果有，你把读者放在什么位置上？你和他们到底是什么关系？这些问题，就决定了我们的写作态度和方式。如果心里根本就没有读者，写出来他们爱不爱看，当然无所谓。而且，如果原本就不打算有很多读者，也可以无所谓。

问题是，许多人其实还是希望自己的著作，能够有人看的。那么，为什么仍然会遭到读者的拒绝？我猜测，态度不好，是重要原因。比方说，把读者当成“受教育者”，一开口就是居高临下的强腔。你想这年头愿意读点书的，头脑没那么简单吧？谁吃你这一套呀！再比如，不管读者有没有兴趣看，只管按照自己那一套去说。这也有问题。你写的又不是教科书，人家为什么非读不可？

这就要端正态度，调整心态，转变立场。所谓“端正态度”，就是不要总把自己当成教育者；所谓“调整心态”，就是不要认为自己高明；所谓“转变立场”，就是要站在读者这边想问题。比方说，他们想知道什么，不想知道什么？他们对什么感兴趣，对什么没兴趣？他们在阅读的过程中，会有哪些问题，哪些障碍？甚至哪些段落他们会跳过去，哪些地方又会觉得你没说清楚，或者不过瘾？等等。

总之，我们要树立“读者至上”的观念，要把读者真正当成“上帝”，当成“衣食父母”，当成“服务对象”。当然，人心各异，众口难调。让所有人满意，是不可能的。问题的关键，只在于我们有没有这份心。

说起来，这也是我多年教学的经验。实际上，写书和上课，道理是一样的：谁不把学生和读者放在心上，学生和读者就不会把他放在眼里。至于用什么文体，如何表述，怎样学会做“标题党”，都不过是技术问题。

态度决定成败，技巧倒在其次。

如此而已。①

当心中有了听众后，易中天自然会按照听众的需求来讲课或者演讲。所以，他认为，在讲台或讲坛上传播学术，学术本身的好坏很重要，但传播的方式也很重要。如果传播的方式不对，不好，要传播的东西没有传到，岂非无效劳动？这就好比医生治病，药是最好的，可惜病人吃不进去，或者输不到血液里，也就白搭。又好比运送货物，货再好，送不到，也等于零。要想做好的传播者，不仅要有学问，还得要有手段，懂得讲课的技巧。

正是由于考虑到“传播方式”的重要，易中天才有意将学术化的语言转变成生活化的语言，将过去的语言转变为当下的语言：“能不能把观众吸引过来看有关传统的内容？这就要求学者用非学术的语言，来讲学术性的内容。说得再直白一点，你要说人话，别说书话，更不能打官腔。我总结我自己就是三句话，也叫三要三不要：说真话不说假话，说实话不玩虚套，说人话不打官腔。”②

而这样的做法自然引起了一些从未从事过传播，或从不重视传播，或从不善于传播的“学者”的误解：

记者：那也有学者批评你把历史通俗化，庸俗化。

易中天：有例子吗？有证据吗？

记者：你拿现在现实生活中间发生的一些过去压根儿就没有的，垃圾股，绩优股这样的词套用在历史人物身上。

易中天：这些学者读书不多吧。这个做法古已有之，早就有人在做了，不是我的发明。比方说，史学大师吕思勉先生的《三国史话》，里面就讲到了，说做郎官，就是去做公务员。而我这种方式被电视放大了，会引起这么大的争议，所以我说这种问题，都不值得争论，道理就在这。

记者：如果说是学术的话，就应该严谨，但是易老师在讲课中间很多是带有想象的，猜测性质的。

易中天：比方说？

记者：你说，按照《三国志》的说法，刘备和关羽张飞是寝则同床，恩若兄弟的，这三人寝则同床时，他们的太太在哪里？

---

① 易中天：《态度决定成败》，《易中天文集》第八卷（前言），上海文艺出版社2011年，第1—3页。

② 蔡栋主编：《说不尽的易中天》，湖南人民出版社2006年，第4页。

易中天：那么首先前面，食则同器，寝则同床，这是《三国志》的记载，把这个记载说出来不能说不对吧，对不对？然后后面那句话，不知道他们的太太在哪里？这是我的评论。你不能说讲史不能评论吧？

记者：为什么要加这个尾巴呢？

易中天：调侃。

记者：调侃跟学术有关吗？

易中天：当然可以调侃，学术的观点可以用各种方式来表述，调侃就是其中一种。

记者：但是如果没有这些调侃呢？易老师的报告还会有那么多人去听吗？

易中天：我估计恐怕没有。如果我也拿一本学术论文在那宣读的话，恐怕台下就走光了。

记者：还有，他们认为易老师在讲课中间的那些用词不妥，甚至流于粗俗。

易中天：哪个？比方？

记者：比方说，刘表之死，你跟观众说，见上帝去了。

易中天：就是说刘表不能见上帝，刘表只能见阎王，他们是不是这个意思？

记者：比方说，诸葛亮是一个少年英才而且是一个帅哥。帅哥这个词，他们认为把诸葛亮想象成这样的形象有点贻笑大方。

易中天：贻笑大方？原话是这样？读《三国志》没有？《三国志》怎么描述诸葛亮的？身长八尺，容貌甚伟。不叫帅哥叫什么？叫伟哥啊？[①]

第三，好的讲课要四位一体。在易中天看来，一个大学教师（或演讲者）为什么受到学生（或听众）欢迎，靠的是什么？是四条：学问、见解、个性和技巧。大学课堂一点学问没有，肯定好不了，但学问一定要达到陈寅恪、钱钟书的程度，也没有必要。究竟需要多少学问，就要靠个人掌握了，反正不能一点没有。除了学问，大学课堂还需要有思想、有文化，即有独到且高水平的见解。有学问，又有见解，在大学讲台上基本就站得住脚了。但是，要让学生喜欢，而且是发自内心的“极其喜欢”，光有这两条还不行，还得要有个性。一个靠学问和见解吸引学生的老师，如果能在课堂上自然流露出诸如直爽、好玩等正能量的个性，那么肯定能招学生爱。一门课有学问、有见解、有个性，就会受到学生欢迎。有学问和有见解属于“讲什么”的范畴，有个性既属于“讲什么”的范畴，又属于“如何讲”的范畴。具体到历史课，在“讲什么”方面如何做到“有学问”、“有见解”和“有个性”？那就是要注意到历史有三种形象：第一种是正史上记载的面目，可以称之为“历史形象”，这是史学家主张的样子；第二种是文艺作品包括小说和戏剧中的形象，可以称之为“文学形象”，这是文学家艺术家主张的样子；第三种是老百姓主张的样子，是一般民众心目中的面目，可以称之为“民间形象”。正如历史有三种形象，历史也有三种读

① 《易中天：我是一个大萝卜》，《新民晚报》2007年8月20日。

法：一种是站在古人的立场上看历史，这是钱穆先生所谓的“历史意见”；一种是站在今天的立场上看历史，这就是钱穆先生所谓的“时代意见”；一种是站在自己的立场上看历史，这就是“个人意见”①。假如历史课上可以再现历史的三种形象，讲出对历史的三种读法，那么，无疑这样的历史课既具有学术，又具有见解，还具有个性，② 从内容上看，就是好课了。当然，这门课还要有讲授的技巧（即老师要会讲课），有技巧是起码的。而讲课最基本的技巧，就是能够轻松地将复杂的问题简单化。在易中天看来，思想的深刻和表述的明白是不矛盾的，甚至是一致的，因为越高级的东西越简单，越是真理越明了。易中天认为，一个讲授者，既有技巧又有学问就算合格，既有技巧又有学问还有见解就能成功，如果还有鲜明、突出、招人喜爱的个性，那就能大获成功。③ 很显然，易中天的讲课基本上达到了“学问、见解、个性和技巧”的四位一体，从而先是成为厦门大学讲坛上的一朵奇葩，后来借助“百家讲坛”而成为神州大地上一道亮丽的风景。

第二节　备课：“只能是呕心沥血”

备课有很多种方式，从时间长短上看，有即时备课，有短期备课，有长期备课。10 点钟上课，8 点钟开始复习一下讲稿，检查一下课件，属于“即时备课”；下个学期开始讲一门新课，寒假或者暑假开始准备，属于“短期备课”；围绕一门课，日积月累地阅读和写作，属于“长期备课”。易中天是如何即时备课的，我们不得而知。易中天是如何短期备课的，在一档《拷问易中天》的访谈中，他是这样交代的：

张斌：讲《汉代风云人物》您觉得游刃有余吗？

易中天：没有哪个节目是游刃有余的，只能是呕心沥血。

张斌：您为了一集《汉代风云人物》，您为一集三国大概要做什么样的准备？

易中天：一集大概需要 5 天的准备时间。案头工作包括看书、思考、结构、写成文字。我每一集是把全文写出来的。

张斌：这 5 天什么都不能干了？就是为了电视上呈现的不到一小时的节目？

易中天：所有无关的事都不能做。各种史书必须重读，还要确实。而且，像《史记》、《汉书》、《三国志》、《后汉书》都是纪传体的史书，它的特点就是同一个

---

① 参见易中天：《品三国》，《易中天文集》第十二卷，上海文艺出版社 2011 年，第 7—13 页。

② 对于自己的讲课在内容上的个性，易中天还有一种表述：“所以我说我讲史，口号是八个字：以人为本，与时俱进。以人为本就是要以人性为本。‘秦时明月汉时关’，秦朝的明月如何能照耀汉时的关呢？是不是因为人性的东西是一成不变的呢？我现在要做的工作就是：一把历史变为现在，二把英雄变为普通人，变成和我们一样有血有肉有感情有意志有七情六欲有喜怒哀乐，而且和我们一样一不小心会犯错误的人。这样我的读者我们的听众就会觉得这些历史人物就像我们的邻居，这些历史故事就像我们街头巷尾发生的事情，没有隔阂，只有亲切感。”参见蔡栋主编：《说不尽的易中天》，湖南人民出版社 2006 年，第 14 页。

③ 根据《我看〈百家讲坛〉》里的相关内容改写而成，因为这篇文章谈的是电视人“该如何走上讲坛”，但在我看来，同样适用于大学教师“该如何走上讲台”。

事件的记录可能分散到好多人的传里面，在谈这一个事件的时候，必须把相关所有的人的传都要看一遍，如果对这个传，历史上有不同的解释，要把相关不同的解释都找来。你把这个事情弄清楚以后，你才能选一个主题，写成一个六七千字的文稿。

“百家讲坛”上的一集相当于大学讲台的一堂课，易中天说他用五天时间搞定一堂课，既谦虚又不谦虚。说他谦虚，是因为他没有说自己只准备一天就讲到那样的水平；说他不谦虚，是因为他真实的准备时间远远不止五天。他 2005 年开始讲的《汉代风云人物》，其实讲稿的底子，早在 1999 年便已经写得比较成熟了，这便是当年由上海文艺出版社出版的《品人录》。《品人录》里写到的项羽、刘邦、韩信等，后来都成为《汉代风云人物》里的主角。一般写一本书，至少要三年吧，你看，写书需要三年，书出版后，又沉淀了六年，在搬上讲坛之前，还夜以继日地冥思苦想了五天，这其实就是一个长期备课了。个中艰辛，易中天已经很轻描淡写了。易中天备课的方式，给我们的启发就是：即时备课和短期备课都是必要的，但长期备课才是王道。这就涉及一个经典而纠结的话题：科研与教学的关系。

对大学教师来说，备课就是科研，但科研未必就是备课。如果科研的对象、方法和表述方式与讲课关系不大，那么科研成果再丰富，对上课也未必有多大的促进。这就可以解释，为什么有很多著名的、著作等身的学者，其讲课水平一直不敢恭维，且不说他们缺乏基本的讲课技巧，就连他们讲课的内容，也没有与他们的盛名相匹配的广度和深度、学术性与思想性，从而给学生留下“盛名之下其实难副”的感觉。而解决科研与教学的矛盾，让科研直接促进教学，让科研成果的过程直接变成备课的过程，易中天的科研思路无疑值得借鉴。

从专家变成杂家，是易中天学术研究的第一个启发。听易中天的课，我很佩服，读易中天的书，我佩服得五体投地。我发现，易中天在 2005 年的“红”，到 2006 年的“红得发紫”，早在 1994 年就已经奠定了基础。

易中天原本是一个很传统的学人。他在武汉大学读研究生，专业是老专业（古典文学），先生是老先生（胡国瑞、吴林伯），所受之训练，自然“传统”。他最初的理想也是像老先生们一样，做一个传统的学人。所以，1981 年研究生毕业留校，甚至 1992 年调入厦门大学以后，他一直都在中规中矩、像模像样地做学问。他早年的研究像现在的“主流”学界一样，深挖一个“点”，出版了《〈文心雕龙〉美学思想论稿》（上海文艺出版社 1988 年）。

按照此思路下去，易中天想必会成为当下最权威的《文心雕龙》专家，至少会成为很多学者一辈子都在追求的那种“《文心雕龙》研究无法绕过的一个人”。但是，在《〈文心雕龙〉美学思想论稿》出版后，易中天的兴趣又转向了美学研究，发表了一系列的美学论文，出版了《艺术人类学》（上海文艺出版社 1992 年）。

不过，此时的易中天依然是走“体制内专家”的路数，只不过是从一部作品的研究专家拓展为一门学科的研究专家。现在看起来有些搞笑的是，易中天还用《艺术人类学》来申报政府奖励，并且两次获奖。不过，《艺术人类学》之于易中天也是一个“终结”，此后，他虽然没有正式告别“美学”，但再也没有申报过任何奖项，也不再撰写符合“体制要求”的“学术著作”。

从1994年开始，易中天的研究范围已经突破单一的作品和单一的学科，甚至突破了文学和美学的范畴，走向了更广阔的文史研究。其实作为一个生活在体制内的大学教师，从“专家”变成一个不折不扣的“杂家”是需要勇气的。假如我们的研究太杂，就很难被学界所承认，发CSSCI论文、申请国家课题也很难，甚至参加学术会议时，被同行问及“你是搞什么”的，也会很尴尬。易中天自嘲自己的研究是“流寇”的搞法，打一枪换一个地方。我们来看看他给自己画的“流寇路线图”：

> 我读研究生，学的是魏晋南北朝隋唐文学，学位论文选择《文心雕龙》，合情合理。这就从“文学”转到了“文论”。研究《文心雕龙》，侧重于其美学思想，也合情合理。这就从“文论”转到了“美学”。讲美学，得弄清楚美和艺术的起源，于是有了《艺术人类学》；也得弄清楚美学史，于是有了《破门而入》。但是，要讲清楚中国美学，就得弄清楚中国文化，于是又有了《闲话中国人》、《中国的男人和女人》、《读城记》和《品人录》。《品人录》已经在讲历史。以后有《三国》，也不奇怪。不过，要讲清中国历史，必须弄清楚中国政治，这就有了《帝国的惆怅》和《帝国的终结》；而要弄清楚中国政治，又必须有参照系，这就有了《费城风云》。这个时候，回头再看中国历史，不能不追溯到春秋战国，于是有了《先秦诸子百家争鸣》，也就有了《我山之石》和《中国智慧》。这一路走下来，岂非顺理成章？只不过，从《闲话中国人》开始，我的书，就是写给广大读者了。内容和形式，统统“另类”。①

对于自己学术研究的思路，易中天有着一种清醒的认知、坚定的意志和自觉的追寻：“由人类学而文化学，由文化学而历史学，我就这样一步步地走来。其实我觉得这些学问都是有关系的，我是反对严格分科的。我觉得高等教育应该是通才教育。我甚至主张打通一级学科，文史哲不分家。”②“其实我是个很传统的人，我对‘学术’的理解还是100多年前的观念——文史哲不分家。人文学者应该以人为本，只要是以人为本就是务正业。我的做法只能算是‘不无专业’，怎么会是‘不务正业’呢？”③

易中天一直在做着打通的工作。他的研究成果，除了上述的“正规军”（如《〈文心雕龙〉美学思想论稿》《艺术人类学》，“杂牌军”（如《闲话中国人》），其实还有不少“游击队”，如议论民生、教育、媒体、时政、道德、法治、人物、事件、观点等的《书生傻气》和《公民心事》。哦，差点忘了，他还出版过《高高的树上》这样的文学作品集，内收诗歌、散文、小说和评论，所以，他就算不是作家，

---

① 易中天：《流寇路线图》，《易中天文集》第五卷，上海文艺出版社2011年，第3—4页。

② 蔡栋主编：《说不尽的易中天》，湖南人民出版社2006年，第13页。

③ 蔡栋主编：《说不尽的易中天》，湖南人民出版社2006年，第41页。

至少也称得上是对文学有着真实而丰富体验的"文学青年"。而这也对他后来讲课的成功起到了重要作用："现在回想起来，我很庆幸能有这样一段经历。有一对企业家夫妻，也在新疆生活过，也曾经是'文学青年'。他们对我说，你的成功，跟你以前写诗，有很大的关系。写诗的人有三大优势：激情，想象，节奏感。这三条，你都用到《百家讲坛》了，能不受欢迎吗?"[①]

易中天的搞法，是主流学界之大忌，假如资质差一些，很可能将被彻底边缘化，而沦为愤愤不平的"愤青"，或者变成一言不发的看破红尘者。易中天的幸运之处在于，他有着天生的灵气和才气，加上超越一般人的勤奋和韧性，他后来在体制之外创设了一个属于自己的体制。他的转变或许被一些所谓的主流学者所不屑，但对于讲课而言，尤其对讲文史哲的课而言，是非常必要的。

易中天这样的老师，算不算有学问的老师？当然算！他的学问表面上很"杂"，其实很"专"——专于学问本身，而不是怀着多发论文、多拿课题、多被同行当面称赞几句等诸多庞杂的动机搞出来的。而不少大学教师的学问，表面上很"专"，其实很杂乱，没有自己的信仰，没有自己的信念，没有自己的精神，他们就一个点搞一辈子，美其名曰做系统的研究，其实是为了迎合主流评价体制的评价。应该说，一个离开自己的专业领域便无话可说的研究者是狭隘的。同理，对人类的根本问题以及当下的境遇完全不置一词的学术研究则是闭塞的。一个人文学者对所处时代的生存事实失去了热情，对身边的事物熟视无睹，其学术研究的价值自然也是值得怀疑的。具体到讲课，大学教师讲课，只会讲一个"点"吗？就像一个大学教师，一辈子只研究《红楼梦》，连曹雪芹的胡子有多长都考证了出来，从而成为响当当的红学专家，但问题是，他给本科生讲"中国古代文学史"时，只讲一部《红楼梦》吗？就算只讲一部《红楼梦》，如果只知道《红楼梦》，恐怕也讲不好吧?!

或许是受易中天的启发吧，我这些年的写作思路越来越宽。在发表了"普希金研究"的系列论文，出版了《厄普代克中产阶级小说的宗教之维》这样的专著后，又写作了《19世纪欧洲作家笔下的拿破仑形象》和《西方文学的口语传承》，完成了从"点"到"面"的进步。这种进步是我主讲"西方文学史"所必需的，如果只是考虑学术界的主流看法，做一个普希金专家抑或厄普代克专家，那么我的研究再怎么深入，最多只对讲"普希金的生活与创作"或者"厄普代克的生活与创作"有直接的帮助，而将研究对象拓展为19世纪欧洲文学乃至整个西方文学，或许每个涉及的具体的"点"在深度上有所欠缺，但总比对这些"点"不做任何研究要深入很多，对日常的教学也更有推动作用。同时，我还讲"比较文学"。这门课的特点就是跨文化、跨学科，如果授课老师只有外国文学和文化方面的储备，显然是不够的，要讲好这门课，我更应该做一个杂家——易中天讲"比较文学"一定很棒！于是，我这些年还写出了《大学的痛与梦——宋德发教育随笔》之类跨学科的著作。我将来的写作应该就是像易中天那样，努力打造出三支军队："正规军"、"杂牌军"和"游击

① 易中天：《我也曾经是"文青"》，《易中天文集》第一卷，上海文艺出版社2011年，第3页。

队”，三支军队一起战斗，势必攻城拔寨，无坚不摧。

用口语写作，是易中天学术研究的第二个启发。写作归根结底是书面语的艺术，上课归根结底是口语的艺术。直接将论著的内容搬上讲台，行不行？当然不行。黑格尔、康德的著作有没有深度？当然有，但直接在讲台上讲或者读，学生肯定不买账。这就可以解释，为什么当代最好的学者之一刘小枫在讲台上讲课时，下面闹哄哄的，也有没有吵闹的，因为正在闹声中睡大觉。刘小枫其实是我最崇拜的学者之一，他的论著，尤其是早年的论著很有思想，也很有文笔，后来的论著更偏重考证，当然也很学术。总之，读刘小枫的文字是一种享受。不过，听他讲课，享受就谈不上了（但也谈不上难受）。因为他上课基本就是拿着放大镜读讲稿，没有什么技巧可言，内容太学术化了，语言表达也缺乏趣味，不要说本科生难以接受，就连硕士生和博士生也未必喜欢。当年听他讲课时，我是一个博士后和副教授，但在听课期间，也比平时多上了好几趟洗手间。所以说，要将写的东西变成讲的东西，必须要做语言的转化，即将书面语转化成口语。有的人不屑于转化，有的人不知道转化，就是说，没有在写得好和讲得好之间建立直接的关联。而易中天无疑善于这种转化，你看他的《艺术人类学》，其实很书面语化，不妨读其中的一小段：

显然，人之为人，在逻辑上，是由人所创造的对象世界来确证的；在心理上，则是由自我确证感来确证的。由于这种自我确证感是人之为人的必须，因此，自我确证感不再只是生产的副产品，而是生产目的的这一天就终于会到来。于是，事情就会发生根本的逆转：以前是因创造对象而体验到自我确证，现在则是为了自我确证而创造对象了。①

很显然，这样的论述是很学术的，恐怕没有人说肤浅，更没有人会说流俗，但并不适合拿到讲台上讲。如果拿到讲台上，哪怕是直接讲出来而不是读出来的，对学生基本上也是一种折磨。但易中天后来在课堂上讲《美学》，除了基本观点和材料与著作有关外，表达方式基本都换成口语了。这个转换其实是耗费时间和精力的，像我将论文版的《歌德笔下的拿破仑》（10000 字）转化成课堂版的《歌德笔下的拿破仑》（5000 字），就用了大半个月的时间。易中天估计也感觉到了这一点，所以后来他干脆不转化了，因为他直接用口语写作了。

其实书面语和口语的界限并没有传说中的那么明显，好像书面语就是火星文，大众都看不懂的，口语都是肤浅而粗俗的，专家都要低看一眼的。其实，写作无非是讲道理，至于这个道理是用书面语讲，还是用口语讲，还是用书面语夹杂着口语讲，关键要看个人的才情和旨趣。易中天随着写作面的拓宽，他写作的语言也越来越灵活多变，他自己称之为“随笔体”，他用随笔体写出来的东西，是可以拿到课堂上直接讲的，免去了转化之苦。他在总结《品人录》成功（累计发行 60 多万册）的原因时，

---

① 易中天：《艺术人类学》，《易中天文集》第三卷，上海文艺出版社 2011 年，第 85 页。

提到了两点：一是这本书讨论的内容人们很感兴趣；二是表述方式的成功。

应该说，易中天的学术写作方式，除了极度依赖体制的主流学者有些不理解外，大部分读者是极为欢迎的："说起学术，从理论到理论，从分析到分析，加上一大堆不知其义的专业术语，在一般人眼里总觉得它是高深莫测、艰涩难懂、枯燥无味的，虽心生敬慕，却仍拒之于千里之外。本着'为人生而学术'的易先生，却一直致力于用通晓明白的语言说深奥难懂的问题。他用随笔体的文风释去了学术背负的繁重的枷锁，让其飞出了象牙塔内局促的天空。就像他说的，学术研究是一件艰苦甚至痛苦的事情，他不想把这份'苦'再转嫁给读者。所以在他的著作中，我们看不到文啾啾的酸腐气和一本正经的八股腔，读他的书，仿佛是听之倾谈，与之调侃，泡一壶香茗，轻轻呷上一口，示人以狡黠一笑，方才娓娓道来，而不是正襟危坐般地如临圣训。"①

应该说，"随笔体"就是"自由体"、"口语体"。在《品人录》中，我们发现，易中天的随笔体有几个显著特点：一是短句多，长句少；二是大众语言多，专业术语少；三是哲理性语言多，非哲理性语言极为流畅、洒脱、灵动；四是幽默的语言多，非幽默的语言也很通俗易懂、有趣好玩。像下面这段话，就包含了上述的四个特点：

有王皇后的支持，李治和武则天很快都如愿以偿。武则天拿着那张旧船票，重新登上了这艘豪华游艇。她觉得自己真的时来运转了。李治也很高兴武则天终于到了他手里，却不知道自己就像一只苍蝇掉进了蜘蛛网，虽然那网很柔软，很温柔，还有点香味。②

这样的语言是写在书中的，也是可以直接拿到讲台上讲的。实际上，在后来的"百家讲坛"上，易中天运用的便是类似的语言。经常用这样的语言写作，证明易中天是带着将学术大众化、普及化、人性化的目标来写作的。而这样无疑成就了他著作的畅销，又成就了他讲课的受追捧。

或许是受易中天的启发，我近些年写了不少随笔体的学术性文章，包括在《世界文化》杂志上刊发的十几篇评外国作家和作品的小文章。后来出版的《西方文学的口语传承》，从题目就可以看出是用"口语"写的，也是直接可以在课堂上讲的，读者的反应据说还不错，至少送给朋友，朋友还是看了，不像那本很干涩的《厄普代克中产阶级小说的宗教之维》，几乎没有任何反响，送给研究外国文学的同行，不久后就看到在"孔夫子旧书网"上亮相了，亮相了几年，还是没有人买。

综上所论，要想让学术研究基本等同于备课，研究的对象、研究的方法（易中天运用的是综合的美学批评，不像我们很多老师，只能用各种理论的笼子去套研究对象的鸟）和表述的方式，应该都同讲课的理路尽可能一致，这样，研究得越好，对

---

① 周夏莹：《易中天：意气书生与情怀学者》，《厦门文学》2005 年第 9 期。

② 易中天：《品人录》，《易中天文集》第八卷，上海文艺出版社 2011 年，第 118 页。

讲课的正面作用就越大，即科研与教学的统一程度就越高。如果我们的写作过于学究化、八股化，那么，相关的成果再多，对教学的帮助也是微乎其微。

第三节　讲课：一位表演艺术家

易中天的讲课，是可以称之为“艺术”的，因此，易中天是可以称之为“艺术家”的：“易中天，他也许是一个普通意义上的学者，一个作家，一个教师，但他更是一个有着特殊意义的艺术家，一个表演艺术家。”① 总之，易中天讲座时应用的技巧，他那非常适合依靠声波传播的信息，他那独特的南派普通话，他那上镜的形象，他面对听众平易近人的风度，他对“包袱”的处理，他通俗易懂、老少皆宜、引人入胜、雅俗共赏的表演，都说明他是一个表演艺术家。易中天的“表演”（在这里，“表演”绝对是一个褒义词，而无丝毫的贬义）是值得细细研究，慢慢模仿的。而易中天值得模仿的讲课技艺，择其要而言，可以归纳为以下五点：

第一是有强烈的“编剧”意识和“编剧”才华。大学课堂需不需要精心（甚至是刻意）的设计呢？有些人主张不需要，但我则主张设计是必需的。如何设计呢？张楚廷先生认为，设计包含了一门课程的整体设计、一堂课的整体设计和一堂课诸多环节的设计三个层面：“教学设计并不只是一堂课的设计，从大的方面讲，还需有整个课程的教学设计，从小的方面讲，则还需有一堂课某个环节的设计或称环节设计，由这些环节设计组成一个链条，构成整个课程的设计，又由一堂堂课的设计组成一个大链条，构成整个课程的设计。”② 易中天虽然没有公开表示对设计的支持，但是他早已经用行动表明对设计的酷爱了。他几乎是将讲稿当做一出戏剧的剧本来写的。

戏剧相比较诗歌、散文和小说等文体，对结构的要求更高。而易中天的讲课不仅是戏剧，还是古典主义的戏剧或者 TVB 的连续剧，精心谋篇，用心布局，层层推进，环环相扣，悬念一个接一个，矛盾一个接一个，高潮一个接一个，让听众一动不动地坐着、眼睛一眨不眨地盯着、支起两个耳朵一刻也不走神地听着，生怕遗漏了什么而造成“无法弥补”的遗憾（他讲课中匠心独具的“开篇”和精妙绝伦的“结课”，本书在“第八章”和“第十四章”各有论述，此处不再重复）。易中天其实是有才华的，他完全可以不这样辛苦地“设计”讲课，也能“粉丝如云”，但是他能暂时放下自己的才华，冒着被人说成“刻意为之”的风险，反复构思和打磨自己的“表演剧本”，是值得我们尊敬和学习的。与他相反，我们很多缺乏他那种才华的老师，却假装自己很有才华，很少甚至从未对自己的讲稿做一个整体性的“谋篇”、局部性的“布置”和细节上的“铺垫”，就匆匆走上讲台，随意发挥一下，然后一走了之，其讲课效果自然要大打折扣。

第二是善于运用形体语言。作为表演艺术家，易中天除了台词具有功力外，形体

---

① 肖申克：《易中天是表演艺术家》，《师道》2009 年第 1 期。

② 张楚廷：《张楚廷教育文集》第 18 卷《创造教育卷》，湖南人民出版社 2012 年，第 305—306 页。

语言自然也极为丰富和有力。《奸雄之谜》第一集讲到曹操说自己的家教“既无三徙教，不闻过庭语”。孟子的母亲为了让自己的儿子有一个好的教育环境，三次搬家，叫做三徙，所以孟子母亲的这种教育叫做“三徙教”。“不闻过庭语”讲的是孔子和他儿子孔鲤的故事，说有一天孔子站在庭院里，他的儿子孔鲤“趋而过庭”。什么叫“趋”呢，“趋”就是小步快走，是表示恭敬的动作，在上级面前、在长辈面前你走路要“趋”，低着头，很快很快地这样走过去，这叫“趋”。那么孔鲤看见父亲孔子站在庭院里面，于是低着头“趋”，孔子说：“站住，学诗了吗？”“没有。”“不学诗何以言（你不学诗你怎么会说话）？”“是。”“退而学诗。”又一天，孔子又站在庭院里，孔鲤又“趋而过庭”，孔子说：“站住，学礼了吗？”“还没有。”“不学礼何以立（不学礼你怎么做人）？”“是。”“退而学礼。”在解释“过庭语”时，易中天一人分饰两角，时而挺直身板、眉头紧蹙、语气威严地扮演着孔子，时而弯腰低头、语气谦卑地扮演孔子的儿子孔鲤。说到孔鲤“趋而过庭”，这个“趋”的动作，他说“趋”就是小步快走，是表示恭敬的动作，在上级面前，在长辈面前，低着头，很快很快地走。讲到这里，易中天低下了头，转身侧对着观众，双手下垂夹紧，“嗒、嗒、嗒、嗒”地快步向前走，向观众们进行演示。易中天在讲台上表演“避席”，更是成为观众热捧的经典。观众认为，要解释一个名词，语言上解释不了的情况下，就可以加动作嘛，让我们一看就明白了，这有什么不好呢：

我大概是去年春天开始听课的，听了一年多“百家讲坛”，易老师的课大概听了不下20讲了。听了第一课以后感觉易老师讲课讲得既有深度，又很通俗，增加了很多知识，特别讲到一个小观点的时候，给我们解释，还表演，讲到古时候人怎么来避席来给别人敬酒，他就离开席，跪在地上来敬酒，讲到幽默的时候该唱就唱，该怎么表演怎么表演，讲到曹操老婆不理曹操的时候，织布机来回地打，啪擦啪擦，特别有意思。所以他讲得生动活泼，听起来以后会深入人心，所以我是很感谢他。[①]

第三是善于运用情态语言。情态语言指的是由人脸上各部位动作构成的表情语言符号，如，以眼神为主的目光语言，由喜怒哀乐等表情构成的表情语言。易中天的情态语言可谓出神入化。比如，他特别善于使用“笑”语。曹操曾在司马防手下做事，等被汉献帝封为魏王的时候，他特地设宴款待司马防。酒过三巡以后，曹操就对司马防说：“司马公啊，你看看孤王今天还可不可以再去当一个洛阳北部尉啊？”（此时，易中天脸部呈现出一丝意味深长的浅笑，貌似狡黠的曹操。）司马防说：“大王，当年老夫推荐你去做洛阳北部尉的时候，你做那个副县级的公安局长正合适啊！”曹操听了以后哈哈大笑起来。在说此段话中，易中天脸上即呈现出了两种不同的笑：问司马防时那种小人得志嘴脸的谄笑和听司马防回答时那种得意洋洋的笑，活脱脱再现了当时曹操的形象与心理。

---

① 张斌：《误人子弟？央视名嘴张斌拷问易中天》，“人民网”2006年05月24日。

第四是善于运用幽默的语言。“幽默”是易中天语言的一个特征，贯穿于易中天讲课的始终。他语言的幽默主要得益于多种方法的运用（或许对易中天来说，是一种无意识的行为）。

（1）运用很“潮”的流行语。

每个时代都有每个时代的流行语，这些流行语有些可能像流星一样，一闪而过，也有些可能会幸运地固定下来，成为后人的常用语。流行语到底是一时流行，还是永久流行，这并非易中天所关心的，他所关心的是，如何在流行语还流行的时候，让它们结合自己的讲课内容，首先在课堂上流行一下。于是，便有了下面的表述：

所以我说，孔子如果活到今天，肯定会上“百家讲坛”，或者在网上开博客。这实在比东奔西走到处游说效率高多了。①

在大家都以为袁绍是绩优股时，郭嘉却看出那是垃圾股；而在大家都以为刘备是垃圾股时，诸葛亮却把他看作绩优股。②

易中天讲课的过程中，不仅有“洗脚”、“足底按摩”之类的流行语，还有“帅哥”、“粉丝”、“忽悠”、“百家讲坛”和“博客”等时下出镜率颇高的词语。当这些流行语穿越时间和空间，被放到历史人物身上，幽默感就自然而然地出来了。

（2）运用常用语或者俗语。“流行语”其实也是一种“当下常用语”或“当下俗语”，或者是“当下常用语中出镜率最高的常用语，当下俗语中出镜率最高的俗语”（不过有很多时过境迁后，或许就不再流行，也不再常用了）。但“常用语”却不仅仅只有“流行语”和“俗语”，还包括经过时间积淀和空间过滤，而被各个时代（包括过去和将来）常用的语言。写过《大话方言》的易中天，自然对这些常用语和俗语极为熟悉，因此在运用于解释历史时，也是手到擒来：

耗子腰里别了把枪，就起了打猫的心思。袁术有了这个宝贝，又误听了一些民间的谣言，他就觉得下一任的中国皇帝非他莫属。③

曹操深知人才的重要，也很清楚自己的分量。他知道，一个篱笆三个桩，一个好汉三个帮，要成就一番事业，就必须有人帮忙。④

（4）运用歌词。不知道易中天是否喜欢唱卡拉 OK，不然，他的讲课中怎么时常出现那么多的流行歌词呢。

---

① 易中天：《先秦诸子百家争鸣》，《易中天文集》第十四卷，上海文艺出版社 2011 年，第 33 页。

② 易中天：《品三国》（上），《易中天文集》第十二卷，上海文艺出版社 2011 年，第 152 页。

③ 易中天：《品三国》（上），《易中天文集》第十二卷，上海文艺出版社 2011 年，第 64 页。

④ 易中天：《品三国》（上），《易中天文集》第十二卷，上海文艺出版社 2011 年，第 121 页。

人活着，要有梦。那流行歌曲不也唱“至少我们还有梦”吗?①

同样的感受给了我们同样的渴望，同样的欢乐给了我们同一首歌。我们需要墨子这《同一首歌》。②

但是，时过境迁，沧海桑田，社会早已变化，原因和环境也不复存在。只有他们提出的问题，比如如何治国，如何做人，还在困扰着我们。正所谓，月落乌啼，已是千年的风霜；涛声依旧，不见当初的夜晚。那么请问：今天的你我，还能不能重复“昨天的故事”？③

易中天讲历史的语言是很具现代感的，能否这样呢？我个人认为完全可以，并且必须要这样。但也有保守的教师认为，千万不要这样：“历史教师的语言要具有历史感。由于历史是过去时代里发生的事情，一切历史上的事件也好，现象也好，人物的活动也好，都离不开特定的时间和空间，因此就具有明显的时代特征。历史教学在教学中，必须恰当地使用符合当时人们生活特点、能准确‘再现’当时情景的语言表述，以给学生一个可能相对准确‘感受’历史和‘复原’历史的重要前提和条件。在历史教学中，教师进行语言表达时，切忌满口的现代名词、语句；表述似是而非，缺乏必要的依据；为了所谓的语言通俗易懂，过分地修饰词句，以至‘以文害意。’”④ 不过，我很好奇，一个现代教师如何用古人的语言给现代的学生讲古人的生活和情感？谁能够给我展示一下？

第五是善于归纳和总结。易中天的语言也不全是幽默。该不幽默的时候，他也可以不幽默。其实易中天的抽象能力很强，逻辑思维也很严密，概括能力更是超一流。他经常用洗练、精确的语言，将讲课内容进行很学术但绝不学究的归纳和总结，说起来朗朗上口，听起来悦耳动听，记起来也自然印象深刻：

政治失利，道义失理，战略失策，指挥失误，用人失当，组织失和。有此六失，袁绍不败，那才是天理不容。⑤

先秦诸子百家争鸣时间很长，问题很多，情况很复杂。但简要一点，也可以概括为三场大辩论，或者“三大战役”。第一场是儒墨之争，争论的焦点是“仁爱还是兼爱”；第二场是儒道之争，争论的焦点是“有为还是无为”；第三场是儒法之争，争论的焦点是“德治还是法治”。⑥

老庄的无为，可以概括为八个字：寡欲、愚民、反智、不德。⑦

---

① 易中天：《先秦诸子百家争鸣》，《易中天文集》第十四卷，上海文艺出版社 2011 年，第 50 页。
② 易中天：《先秦诸子百家争鸣》，《易中天文集》第十四卷，上海文艺出版社 2011 年，第 96 页。
③ 易中天：《先秦诸子百家争鸣》，《易中天文集》第十四卷，上海文艺出版社 2011 年，第 279 页。
④ 马卫东主编：《历史教学概论》，北京师范大学出版社 2010 年，第 17 页。
⑤ 易中天：《品三国》（上），《易中天文集》第十二卷，上海文艺出版社 2011 年，第 115 页。
⑥ 易中天：《先秦诸子百家争鸣》，《易中天文集》第十四卷，上海文艺出版社 2011 年，第 58 页。
⑦ 易中天：《先秦诸子百家争鸣》，《易中天文集》第十四卷，上海文艺出版社 2011 年，第 131 页。

墨家关注社会，留下了社会理想，这就是平等、互利、博爱；道家关注人生，留下了人生追求，这就是真实、自由、宽容；法家关注国家，留下了治国理念，这就是公开、公平、公正；儒家关注文化，留下了核心价值，这就是仁爱、正义、自强。或者说，墨家留下了建设家园的美好理想，道家留下了指导人生的智慧结晶，法家留下了应对变革的思想资源，儒家留下了凝聚民心的价值体系。①

在谈到孔子的教学观和教学实践时，易中天有这样的感慨和议论："其实你看孔子的教学，比如他和学生之间的讨论，是何等的快乐。他的课堂，简直就是'快乐大本营'。所以，我从来不赞成什么'学海无涯苦作舟'，更不主张'头悬梁锥刺股'。我的口号是：如果所有的学校和课堂都充满快乐，中国的教育就真正成功了！"② 易中天用比较深厚的学术功底，独特且比较合理的见解，鲜明的个性和高超的讲课技巧，让他的课堂充满了快乐，也给我们青年老师提供了一个学习的典范。总之，在我看来，作为大学教师，上课可以像易中天那样，多一些平民色彩，少一点高高在上；多一些和颜悦色，少一点正襟危坐；多一些插科打诨，少一点道貌岸然。

① 易中天：《先秦诸子百家争鸣》，《易中天文集》第十四卷，上海文艺出版社 2011 年，第 329—330 页。
② 易中天：《先秦诸子百家争鸣》，《易中天文集》第十四卷，上海文艺出版社 2011 年，第 46 页。

第八章　吴广平的教学艺术

在本书中，我们有时候之所以将“大学名嘴”和“课外教学名师”分开来说，一是因为“全能型”教学名师是可遇不可求的，二是因为更有利于充分展示两种教学模式各自的特点。当然，在事实上，既擅长讲课，又擅长课外育人的“全能型”大学教学名师是存在的（尽管很少），因此，他们是如何做到“课堂”和“课外”两种教学完美融合的，也是一个颇有价值的话题。为了更好地讨论这个有价值的话题，我们以吴广平教授的教书育人为案例，作比较细致具体的分析。

吴广平，1962 年生，湖南省汨罗市人，湖南科技大学人文学院中文系教授。之所以将吴广平作为我们的重点研究对象之一，有一个最理直气壮的理由：他是 2014 年度的全国优秀教师。“全国优秀教师”，顾名思义，是全国最优秀的老师，理应成为学习和模仿的典范。不过，我们对吴广平的研究早在 2011 年就开始了，那时候，他还没有获得这项国字号荣誉。也就是说，我们在选择研究对象时，首要的标准并非官方的荣誉，而是民间的口碑。在 2014 年之前，吴广平虽然还没有被授予“全国优秀教师”的称号，但他在民间收获的口碑就已经达到，甚至超过本课题预设的标准：

（1）第一次是慕名而去的，本人并不是学文学相关的专业，而是化工。走进吴老师的教室，大概有 200 多人，90% 是女生，这让我大吃一惊，尽管老师当时讲的是《楚辞》，按道理，一般人是不喜欢听这课的，更何况女生？但教室的女生，无不发出阵阵笑声，都在聚精会神地听课。老实说，那是我听过的最精彩的课，可谓博大精深又诙谐幽默。

（2）吴教师的授课是伴随知识性与趣味性的，在大学的课堂里，这样的风格并不多见，在他的课堂上你永远不会睡着，他总是用他知识的魅力来召唤每颗荒芜的心灵……听他的讲座的同学总是宁愿站着也不愿意错过。

（3）我在湖南科技大学学习了四年，现在参加工作也是将近四年，回首学生时代，他是我现在唯一想念的大学教师。因为他，课堂不再沉闷；因为他，中国古代文学深深地吸引了我；即使我现在没有做一名语文教师，但因为他，古代文学依然是我的挚爱。

(4) 很庆幸我选择了《楚辞》这门课，更要感谢吴老师带给我的精彩课堂。吴老师课堂上的幽默让我难以忘怀！同时我更感叹，吴老师研究的深入和他对课程的转化程度，他用他自己的理解，把一门晦涩难懂的课程讲得明白浅近，让我兴趣大增！

(5) 授课风趣幽默，旁征博引。对知识有自己独到的见解，注重趣味性。能够带动学生的气氛。上课时激情饱满，声音洪亮，特别是独特韵味的乡音余音绕梁，是一位很不错的老师。

……

再罗列下去，篇幅就不够了，故就此打住。这些褒奖之词摘录于只需要“匿名”登陆的“中国评师网”。要知道很多老师在“中国评师网”上是一条评价都没有的；有的虽然有，却多是些负面的评价；有的虽然有正面的评价，但不过寥寥数条而已。而关于吴广平教授的评价，却有数百条，共计 7000 余字，且全部是正面的表扬。我很相信“群众的眼睛是雪亮的”，更相信一条生活常识：背后的表扬和当面的批评是一样真实可靠的。

一言以蔽之，根据日常的观察、了解和理解，我们可以认定，吴广平是当代大学教学名师中的一位杰出代表和典型，以他为个案进行考察，基本可以提炼出一位优秀的本科生老师所具有的三个核心品质：在身份定位上，将自己最优先的身份定位成一位本科教师；在课堂教学上，要有自己的“两把刷子”；在课外培养上，要舍得投入时间、精力和情感，同时运用一些独到的方法。

第一节　“我最优先的身份是本科生老师”

我们知道，在现代社会中，人的身份越来越多，尽管有人在主观上想让自己的身份单一起来，但事实上也很难做到，尤其是在取得一定的专业成就之后，外部环境会赋予他越来越多的角色。就像如今的很多大学老师，往往同时具备三重身份：学者、老师、管理者。吴广平老师没有担任任何行政职务，所以相比较而言，他的身份已经非常单纯了：学者和老师。但这两个身份有时也会有所冲突，那么，在发生冲突的时候，他更看重哪一个身份？他更看重“老师”这个身份。这有多方面的原因：

首先我学历不高，早年毕业于吉首大学，获得本科学历，后来在中国社会科学院追随叶舒宪研究员做过两年访问学者。由于多种原因，我一直没有去读研究生，导致学术的起点不高，获得的学术平台也比较有限，因此，尽管我喜欢学术，却不敢奢求做学术名家和大家，这大概也是一种自知之明吧。其次，我评过的四个职称，即“助教”、“讲师”、“副教授”和“教授”，这些职称名称的关键字眼即“讲”和“教”，都从字面意义上揭示出我的根本职责一直都是“上课”。更何况，我是一所“教学型大学”里的教授，而不是科研型大学里的教授，更不是研究所里的研究员。

最后，或许是一种本性，我非常爱学生、爱讲台，我从教学中获得的成就感和幸福感远比科研多一些。鉴于这三点，我可以非常肯定地说，尽管我的职业身份有多重，但最优先的身份是教师。尽管在不少人看来，将主要的心思投入到教学中去，在现有的评价体制中不仅要“吃亏”，而且要“吃大亏”，但我仍然“我行我素”，不为所动。①

众所周知，随着高校“升级”运动轰轰烈烈地展开，对不少大学老师，尤其是教授来说，想像当年西南联大的老师们那样，做个单纯的老师也不是很容易的事情，因为他可能既是本科生老师，又是硕士研究生导师，还是博士研究生导师。不少教授在评上研究生导师尤其是博士研究生导师后，有意无意淡忘了本科生老师的身份和职责，将更多的精力投入到研究生培养上，导致本科教学质量的徘徊不前甚至下降。那么，在本科生老师和研究生导师这两个角色中间，吴广平又更看重哪一个？

毫无疑问，吴广平将本科生老师视为自己最优先的身份。在他看来，研究生导师对一位大学老师来说，是一种荣誉和职责，他敬重这份荣誉，珍惜这份职责，但他认为研究生导师和本科生老师只属于不同的分工，并没有等级之别，或者说，培养本科生的难度、意义和成就感绝不比指导研究生少——近几年，本科生专业水平的下降直接导致研究生培养的举步维艰，那种因为当了研究生导师而轻视本科生培养的做法是不妥当的。当然，吴广平有一点要比很多名校教授“幸运”：由于学校还没有古代文学博士点，所以他目前还没有当博士生导师的机会，而作为硕士研究生导师，由于生源有限，他每年只带一到两个弟子，这也从客观上有助于他将主要精力投入到本科教学中。他的目标其实比较明确：为社会培养出更多专业基础很好的本科生，或者为名牌大学的研究生导师们输送更多基础扎实的，让他们少操点心的学术人才。

吴广平将自己最优先的身份定位为“老师”，具体一点说是“本科生老师”，并为此付出了很多，牺牲了很多，这是湖南科技大学本科生的幸运和幸福。同时我们也知道，虽然自谦自己不敢奢望成为学术大家，但他其实也是一位非常优秀的学者，著名的楚辞研究专家，尤其在宋玉研究方面，取得了突破性的成就。他迄今已出版楚辞研究系列著作九种，主编楚辞研究著作一种，参编楚辞研究著作一种，整理点校楚辞古籍两种，发表楚辞研究论文30余篇，整理校勘的《楚辞释》获“全国优秀古籍图书奖二等奖”，注译的《楚辞》获“湖南省优秀社科普及读物奖”，撰著的《楚辞全解》获“湘潭市哲学社会科学优秀成果一等奖”。中国屈原学会会长方铭教授说：“在宋玉研究方面，吴广平《宋玉研究》是一部全面系统地研究宋玉的专著……对宋玉研究领域中的诸多悬而未决的问题提出了令人信服的见解。”② 中国屈原学会副会长汤漳平教授说：“2001 年，吴广平先生的《宋玉集》校注本问世，作者以其严谨、

① 宋德发、谭娟：《如何成为“魅力四射”的大学老师？——“三喜牌教授”吴广平访谈录》，《当代教育论坛》2013 年，第 4 期。

② 方铭：《2008—2009 年屈原及楚辞研究综述》，《云梦学刊》2011 年，第 3 期。

细致、认真的态度，在当代的宋玉研究中，提供了一个可信度极高的版本，我们甚至可以说它是具‘里程碑’意义的成果。”[①] 台湾“国立”彰化师范大学文学院国文系教授苏慧霜博士在台湾《东海大学文学院学报》第49卷发表的近万字的长篇书评《奇文解楚骚，妙理注宋赋——吴广平先生〈宋玉研究〉〈楚辞全解〉评介》中如此评价吴广平所著的三部楚辞研究著作：“先生潜心宋玉研究十余年，积雄厚功力，2001年8月完成42万字的《宋玉集》，校注精密，考证严谨。2004年9月完成30万字的《宋玉研究》，对于宋玉的文学成就及其在文学史上的地位和影响，作了系统的梳理与深入的论述。2008年1月出版49万字的《楚辞全解》，全面而完整地收录屈原、宋玉作品，是现今研读楚辞最完整的注本。”中国古代文学理论学会会长、华东师范大学中文系终身教授胡晓明先生选编的《楚辞二十讲》一书中，选择介绍了近百年来海内外20位楚辞学家的成果，其中第十五讲专题介绍了吴广平的楚辞研究成果。鲁涛博士主持的湖南省哲学社会科学基金基地委托项目“当代著名楚辞专家述评”（项目编号：11JD29）亦将吴广平作为研究对象。[②] 由于在楚辞研究方面取得了显著的成绩，吴广平被推选担任了中国屈原学会常务理事兼副秘书长、中国宋玉研究会副会长、中国宋玉研究中心学术委员、中国辞赋学会理事、湖南省屈原学会副会长。由此可见，吴广平在教学和科研两个方面都做得非常好。那么，他又如何处理“教学”与“科研”的关系呢?

吴广平坦诚谈到，由于将自己最优先的身份定位成本科生老师，因此，在本科教学方面，他确实有着明确并且很高的目标：争创一流。而在科研方面，他则采取顺其自然的态度：一直坚持做，最后达到什么样的高度，不作任何强求——如果一直默默无闻，也无须自责；如果能自成一家，那是意外之喜。不过，在科研方面的无为而治，不等于吴广平要忽视科研。吴广平认为，教学其实包含着两个方面：“如何教”（教学技艺）和“教什么”（教学内容)。我们通常所言的科研对“教什么”有着直接的推动作用，从这个角度来说，科研与教学，如同车之两轮，鸟之双翼，缺一不可。当然，教学与科研的统一，根据吴广平的经验，还有两个基本前提：

第一个前提：科研的对象与教学的内容基本保持一致，或者是直接来源于教学内容。吴广平之所以将楚辞作为主要研究对象，是因为他长期开设楚辞研究选修课。假如他开设楚辞研究选修课，却致力于唐诗宋词研究甚至外国文学乃至世界历史研究，那么科研与教学就基本脱节，甚至完全是“两张皮”，科研的投入和教学水平的提高就没有什么必然关系。据我们所知，不少大学老师选择科研对象跟研究所的研究员一样，只注重学术界所推崇的“前沿”、“先锋”、“热点”、“创新”，而脱离了他们的讲课内容，导致科研发现在课堂教学中的缺席。

第二个前提：科研中应该有“教学研究”这一板块，而不仅仅指专业性质的学术研究。根据我们的了解，很多大学老师从未探讨钻研过教学，也未想过撰写教学研

① 汤漳平：《出土文献对宋玉研究的影响》，《中州学刊》2012年，第2期。

② 详见鲁涛：《楚辞普及与宋玉研究的新境界——吴广平楚辞研究述评》，《云梦学刊》2013年，第2期。

究的文章。没有教学研究，怎么能改善教学技巧呢？没有教学技巧，即不懂得“如何教”，又怎么能让学生更好地领会你想要表达的那些“深刻”的东西？很多科研做得好的老师，甚至一些很著名的学者，教学水平却很低，一点也不受学生欢迎，主要原因就是缺乏必要的讲课技巧。

应该说，一个人在事业上的成功，除了天赋、勤奋等要素外，选择也很重要。吴广平根据学校的实际情况（无博士点，硕士生招生人数少），更根据自己的天性和喜好（擅长和热爱讲课），有追求却不贪心，一心一意，将以普及为主的本科教学当做事业的中心，并为此而付出了辛勤、有效和有针对性的努力，这种选择的智慧，非常值得有志于大学教学事业的青年老师们借鉴。

第二节　“高水平的讲课能让学生获得享受”

衡量一个大学老师的水平，有一个最基本也是最核心的指标：课讲得如何？如果讲课不好，在其他方面再好，多少都有遗憾；如果讲课很好，那就很容易获得学生的认同。1983 年 7 月，吴广平大学本科毕业，其后就开始当大学老师，迄今已从事教育工作 32 年。从走上讲台的第一天起，他就怀着对学生的热爱和矢志献身于教育事业的理想，长期工作在教学和科研第一线。30 多年的学习、研究和教学，使他积累了深厚的专业学识和丰富的教学经验，因而他在讲课时能够旁征博引，信手拈来，而又运用自如，无论多么古奥艰深的知识，他都能讲得深入浅出、生动形象。吴广平无疑是湖南科技大学公认的讲课高手，就像陈秀明同学在《爱你一万年》中深情写道，他是这所大学里“最最魅力四射、星光逼人”的老师。关于他的讲课水平，有记者在一篇文章中作了比较详细的描述：

吴广平先生一直坚持给本科生开设必修课“中国古代文学史”“中国古典文献学”和选修课“楚辞研究”，给研究生开设“诗骚研究”，都是最古奥艰深、令人生畏的课程。但广平先生讲课常常纵横捭阖，妙语连珠，深入浅出，左右逢源，再古老艰深的学问通过他讲授出来，都是那样的平易、生动、丰富、形象，学生都成了美的俘虏，在先生创设的流光溢彩的教学情境中流连忘返，因此学生都说：“听吴老师的课是一种享受。”“有易中天风范。”①

吴广平在课堂上魅力四射，吸引了无数慕名而来的旁听者，甚至有理工科的学生，还有外校的学生，从而在学生中享有崇高的声誉和超强的人气。在湖南科技大学团委和学生会组织的学生自主推选“我心中的魅力老师”活动中，吴广平是全校唯一一位蝉联首届和第二届“十佳魅力老师”奖的老师。2009 年 2 月，在中国最大的

① 何桂芬：《喜见桃李艳　苦寻屈宋魂——记全国优秀教师吴广平教授》，《湖南科技大学校友》2014 年，第 2 期。

独立第三方教学评价网站“评师网”组织的800多万大学生推选“2009各省最受欢迎十大教授”活动中，吴广平的好评如潮，吴广平被推选为“湖南省最受欢迎十大教授”之一。2011年3月18日，评师网联合搜狐教育频道联合发布2010年中国高校最受欢迎教授榜及各专业（课程）最受欢迎十大教授榜，吴广平荣登“2010年最受欢迎百佳教授榜（非211院校类）”和“2010年中文专业最受欢迎十大教授榜(非211院校类)”。

耳听为虚，眼见为实，我们也特意听了他的讲课，发现学生们对他的崇拜的确是发自内心，也就是说，他虽然没有像易中天先生那样，借助更广阔的平台从校级偶像跃升为全国名人，但他的讲课无疑是超一流的，是一位真正意义上的“民间”教学名师。《女娲造人》是一则古老的神话故事，里边说到“女娲抟黄土作人”，女娲为什么用的是黄土造人呢？请看吴广平老师是如何讲述的：

《说文解字·女部》说：“娲，古之神圣女，化育万物者也。”女娲是神话传说中远古时代一位神圣的女性，是她创造了万物，尤其是创造了人类，她是中华民族的始祖母，最伟大的妈妈咪。

女娲是如何造人的呢？神话中说“女娲抟黄土作人”。《说文解字·手部》说：“抟，圜也。”认为抟即圜，圜与圆音义相通，即圆圈或圆形，是名词。抟字是提手旁，其本义不应该是个名词，而应该是个动词。现在的通行本《说文解字》对“抟”字的解释肯定有问题。元人所编《韵会》是一部征引典故很多，很注重训诂的书。《韵会》引《说文》说：“抟，以手圜之也。”比通行本《说文解字》对“抟”字的解释多了三个字，说抟是用手将东西弄成圆形的意思，即认为“抟”字是个动词。清代学者对《韵会》的成就归纳出四项，其中一项是“所引经传往往有古时善本，足以证今本之讹者”。其中所引《说文解字》对“抟”字的解释，正表明所引的是古时善本《说文解字》，也完全可以证明现在通行本《说文解字》对“抟”字的解释存在文字讹误。我翻阅了现在各种汉语字典和词典，都将“抟”解释为“把东西揉弄成球形”，这样解释也是不精确的。《韵会》引《说文》说：“抟，以手圜之也。”抟的本意是用手将东西弄成圆形，抟的动作不一定只是揉，还可能是搓，是捏。“女娲抟黄土作人”，既有女娲将黄土揉成团造人的意思，也有女娲将黄土捏成团造人的意思，还有女娲将黄土搓成团造人的意思。

女娲造人所用的材料为什么是泥土呢？大家知道中华民族主要是一个农业民族。农业民族离不开土壤。我们的祖先看到从土壤里长出了树木，长出了花草，长出了庄稼，觉得一切植物都是从土壤里长出来的，由土地生万物，自然联想到土地生人。他们还看到泥鳅、黄鳝等动物是从泥土里钻出来的，老虎、豹子和蛇等动物是从大地的洞穴里钻出来的，就觉得泥鳅、黄鳝、老虎、豹子和蛇等动物是从大地里生出来的，由土地生动物，自然也联想到土地生人，认为人类也应该是从泥土里生出来的。原始农业民族的生活是日出而作，日落而息，面朝黄土背朝天。他们晴天一身汗，雨天一身泥，每天都与土壤打交道，每天都风尘仆仆。洗澡时，洗刷刷，洗刷刷，在身上搓呀，揉呢，捏呀，擦呀，会弄出许多“条状物”，就是腻垢。我们的原始先民仔细观察身上擦拭下来的这些“条状物”，这些腻垢，觉得与泥巴没有什么两样。而且他们在洗澡擦拭时，只要用手使劲去搓，去揉，去捏，去擦，发现会从身上源源不断地弄出许多这些“条状物”来，这样他们自然联想到人就是由泥巴组成的，因此，我们先民所创造的原始神话所说的造人材料是泥土。

那为什么我们中华民族的原始神话说女娲造人的材料是黄土，而不是其他颜色的土壤，像黑土、白土、红土呢？这说来话长，牵涉到中华民族对黄色的崇拜。黄，是五色之一。五色包括青、赤、白、黑、黄五种颜色。古人认为这五种颜色是“正色”，是纯正的颜色。而认为绀（红青色）、红（浅红色）、缥（淡青色）、紫、流黄（褐黄色）五种颜色是“间色”，即由正色混合而成的颜色。在古人看来，黄色是土地的颜色，是五色中的中间色，是最珍贵的，最神圣的。请看以下文献记载：

《周易·坤卦》：“天玄而地黄。”唐代孔颖达《周易正义》注释说：“天色玄，地色黄。”

《左传·昭公十二年》：“黄，中之色也。”

《礼记·郊特牲》：“黄者，中也。”

《说文解字·黄部》：“黄，地之色也。”

《论衡·验符》：“黄为土色，位在中央。”

《白虎通义》：“黄色，中和之色，自然之性，万世不易。”

在我们的先人看来，黄色是中和之色，是土地的象征，是中央的象征，这是天地自然的本来的属性，是万古千秋也改变不了的一种神圣存在。五色中的“黄”是与五行中的“土”、五方中的“中”、五帝中的“黄帝”、五佐中的“后土”联系在一起的，请看下表：

五色	青	赤	黄	白	黑
五行	木	火	土	金	水
五方	东	南	中	西	北
五帝	太昊	炎帝	黄帝	少昊	颛顼
五佐	句芒	朱明	后土	蓐收	玄冥

黄色是中和之色。古人认为“中”是最理想的境界与状态，所以《尚书·大禹谟》说：“人心惟危，道心惟微，惟精惟一，允执厥中。”人心危险难安，道心幽微难明，只有精心一意，诚恳地秉执其中正之道，才能治理好国家。只有言行不偏不倚，符合中正之道，才能进入理想的境界。选择黄色，就是选择中和，这是符合中正之道的。在中国传统文化中，黄色是一种神圣的颜色，甚至被称为“帝王之色”，正因为如此，我们的人文始祖被称作“黄帝”，我们的母亲河被称作“黄河”，美好时辰被称作“黄道吉日”，“黄袍加身”象征登位为帝（黄色是帝王服饰的专有颜色），连人死了都要进入“黄泉”。我们称自己是“黄种人”，称自己的皮肤为“黄皮肤”，

事实上我们的肤色并不是真正黄色的，如果我们的肤色真的是色彩学中的黄色，那已经是重症黄疸肝炎晚期，病入膏肓，无药可救了。我们之所以称自己是“黄种人”，称自己的皮肤为“黄皮肤”，就是因为黄色是神圣的，美好的，吉祥的。但五四新文化运动以后，传统文化被批判，黄色的神圣性被颠覆，事情失败或计划不能实现被说成“事情黄了”，淫秽、下流的东西被说成黄色（如“黄色文学”、“黄色音像制品”），甚至出现了“扫黄”这样的概念，照这样理解，那我们的人文始祖“黄帝”岂不是“淫秽、下流帝”？我们的母亲河岂不是“淫秽、下流河”？这简直是对传统文化的亵渎！

我们穿越时代的层层烟云，掀开了尘封千秋万代的厚重历史帷幕，终于弄清了女娲为什么要用泥土造人，而且要用黄色的泥土造人。神话，是人类童年的梦，是民族文化的根。要进行文化寻根，我们就必须这样追寻神话的文化底蕴。

就一句“女娲抟黄土造人”，短短七个字，吴广平从训诂学、神话学、文化人类学等多种学科进行了十分有深度而且饶有趣味的阐释。这样思维开阔、信息丰富、深入浅出、妙趣横生的讲课，为学生打开了一扇扇神奇的知识之窗、智慧之窗，课堂能不令学生神往痴迷吗？

吴广平是如何理解“什么是高水平的讲课”这个问题的呢？

从1996年开始，吴广平每年都应邀给全校新教师做岗前培训，介绍他的教书育人经验。每次演讲，他都表明一个观点：高水平的讲课能让学生获得享受，以至于流连忘返，忘记了下课。在他看来，大学上课不能像中小学那样，经常搞那种表层的“问—答”式互动：“你们有没有听懂啊？”“我这样讲行不行啊？”大学老师还可以从更深层次，或者说换一个角度来进行师生交流，即用狂风骤雨、滔滔不绝、一泻千里式的讲授，将学生兴奋点的末梢神经调动起来，将他们带入到一种投入、沉醉、思考的状态，并在不知不觉中获得快乐和教益。

可以说，吴广平用一种诗意的语言为我们描述了一种美妙的课堂境界。从湖南科技大学中文系毕业多年，现在广西宾阳中学从事语文教学的曾小宴老师，吴广平教过她的中国古代文学，当过她的班主任。2009年她曾发表过一篇文章，叫《永不褪色的印象》，文中说：

吴老师是汨罗人，讲着一口很有味道的汨罗普通话。与其说是浓重的方言口音影响了他的普通话，不如说是他的普通话浸满了他不肯丢弃的方言，加上他那抑扬顿挫的音调和富有磁性的嗓音，于是，他的述说，他的讲解，他的古代文学，他的屈原《离骚》，宋玉《九辩》，都充满了浓浓的文化气息，也荡漾着别有滋味的幽默风趣。与吴老师交谈是一种愉悦，听吴老师上课更是一种享受。他总是能把悠远深奥的文学讲得通俗又富有理趣。再晦涩的语言也能被他化为潺潺的流水，充满生气，还伴有鸟语花香。我们常常为了抢到好的座位而早早等候在还未开门的教室门前，总是一到他的课就精神百倍。①

不过，这种诗意的境界毕竟有些玄妙，刚上讲台的青年老师未必一下子可以领会。为此，吴广平用更学理和更清晰的语言，将高水平的讲课界定为“至少处理好五种关系”的讲课：

(1) 口语与书面语的关系。像写文章一样，课堂语言也需要流畅、精准、简练和潇洒，但上课归根结底是一门“口语的艺术”，老师必须善于古词今用；善于将长句转化成短句；善于将典雅的书面语言转化成生动活泼的生活语言。如果一个老师缺乏足够的口语表达能力，就可能将活龙当做死蛇舞，将经典作品讲解得索然寡味，导致学生发出疑问：“这难道就是经典吗？这哪里有味道呀？”而一个善于口语表达的老师，也许可以将二流的作品讲活，可以让学生发出感叹：“哎呀，这个作品真是写得好!”

(2) 教学内容与教材的关系。教学内容与教材的关系应当是一种“不即不离，若即若离”的关系。如果教师完全照着教材讲，一味地照本宣科，学生自然会说：“我还要你老师干什么？”教师教学如果完全脱离教材，那发给学生教材干什么？每一次换了教材，他都会根据教材来重新编织教学要点，但同时要保证阐述要点的具体过程是教材上找不到的。

(3) 放与收的关系。一个老师，讲到某个知识点，有时需要“扯”远一点，如联系相关的背景和研究领域，以及现实社会和生活等，即能够“放得开”，但同时又得“收得拢”，不能够烧野火，乱烧一通，甚至完全脱离教学内容，拼命地去讲自己的家庭、老婆、孩子，乃至社会上的八卦。我上课特别注意紧扣教学中心内容，我所讲的“题外话”必须和讲课内容密切相关，并对讲课起到深化、拓展作用，同时有助于学生理解。

(4) 厚与薄的关系。一位优秀的老师应该具备这样一种能力，即能够根据实际需要，将一节课的内容，有深度、有水平地拓展成二十节课，还能倒转过来，根据实际情况，将二十节课的内容，用一节课的时间梳理得眉清目秀。

(5) 感情和理性的关系。如果没有理性，没有逻辑的穿透力，教学是没有深度的；如果没有情感的投入，教学又是没有感染力的。所以上课既要有理论的光辉，逻辑的力量，又要有情感的感染力，讲到悲哀时让学生悲哀，讲到喜悦时让学生喜悦。从这个角度来说，老师有时很像演员，通过自己的表演来感染和启迪学生。②

应该说，吴广平的讲课已经抵达了他所描述的境界，他也因此获得了“三喜牌

① 曾小宴：《永不褪色的印象》，载《风雅》2009 年，第 2—3 期合刊。

② 宋德发、谭娟：《如何成为“魅力四射”的大学老师？——“三喜牌教授”吴广平访谈录》，《当代教育论坛》2013 年，第 4 期。

教授”的赞誉，即学生喜欢、领导喜欢和同事喜欢。尽管他还不具备易中天、于丹那样的知名度，但讲课水平在事实上已经达到国内一流。而我们知道，一个人要有所成就，先天的因素和后天的努力缺一不可。那么，吴广平今天在教学方面取得的成就，哪些源于先天的天赋，哪些源于后天的努力？

吴广平认为，完全强调天赋的决定性作用，是唯心主义的；但如果完全无视天赋的影响，同样是唯心主义的。很多老师，他们在教学方面其实也很有追求，也非常努力，但由于先天缺乏良好的口头表达能力，缺乏幽默感，最后还是让学生失望。从这个角度来说，他们更应该选择去研究所工作。吴广平很谦虚地说：

> 如果说在科研上我资质平平，那么，在讲课方面，我是有一些天赋的（只能说“有一些”），所以，我选择做老师算是找到了发挥自己优点的舞台。我比较有幽默感，这差不多是父母恩赐的，而有幽默感的老师无疑更容易受学生欢迎；我的即兴演讲能力也不错，因此在上课的时候，对课堂的掌控能力会更强一些；我记忆能力也可以，这更有利于完全脱稿来讲课。有这些基本素质，我才可能向更高目标进发。①

俗话说：“天生我材必有用。”可以说，吴广平找到了属于他自己的舞台，这既是机缘，也是一种选择的智慧。但我们都知道，天赋固然重要，但必须匹配后天不懈的努力，才能不断完成自我超越和提升。因为江郎都可以才尽，仲永也可以被人感伤（其实就是被嘲笑），何况是我们这样的普通人。

当然，一个老师如果完全靠天赋、才情上课，所能抵达的境界是有限的。为了能成为最顶尖的老师，吴广平还付出了诸多的努力。吴广平准备讲的作品，如《离骚》《归园田居》等，不仅要背诵下来，而且能达到倒背如流，至少滚瓜烂熟的程度，而这显然不属于天赋的范畴（尽管需要一定的记忆力）。在此基础上，他再一个字一个字地细读课文，字词的训释，都要烂熟于胸，翻译更要反复推敲。能够找到的相关论著他尽可能找来做参考，取百家之长，融会贯通后再上讲台。吴广平觉得，讲课和写论著的区别在于：写论著必须有自己独特的观点，哪怕这些观点并不是最好的；上课则是要讲最好的观点，哪怕这些观点并不是自己的发现。有的老师痴迷于介绍自己的“研究成果”，“自己的”自然是“独特的”，问题是，“独特的”就是“好的”吗？如果“自己的”和“好的”不能统一，那么吴广平上课宁愿舍弃“自己的”，而选择他人更好的见解，这对于学生更好。要多讲“好的”东西，就需要老师尽可能博览群书，见多识广，能够通过比较，发现哪些才是最好的，这其实也是一种学术研究。当掌握了大量的素材之后，吴广平还精心组织、设计这些素材。很多老师，口才很好，知识也很渊博，思想也有深度，但过于相信自己的才情，信奉自由主义、无政府主义和散文诗化的教学方式，讲课天女散花，天马行空，导致授课缺乏完整性和约

---

① 宋德发、谭娟：《如何成为“魅力四射”的大学老师？——“三喜牌教授”吴广平访谈录》，《当代教育论坛》2013 年，第 4 期。

束性，减弱了对学生的冲击力。吴广平则将每堂课当做一篇短篇小说或者一部微型电影，精心设计其“情节”。他认为，哪怕是大学课堂，也需要经过设计，开篇、发展、高潮和结语，都要反复揣摩和排练。

第三节　“课外教学是本科教学不可缺少的环节”

大学里课堂教学做得很好的老师，从相对数量来说，自然让人失望，但从绝对数量而言，其实是比较多的，或者说，每所大学都有自己心目中的名师——其中有少数借助电视媒介而享誉全国的；也有少数因为学界影响力而获得更广泛知名度的；还有少数通过官方宣传而登上大雅之堂的，但更多因为资历较浅、平台不足、官方忽视、媒体冷落等因素，只能被一代代的大学生在民间传颂。其实，我们的学生对老师真的比较宽容，只要他们课讲得好，就认为他们是好老师，有意无意地在日记、微信、博客、作文、校报、校电视台上记录或者宣传他们的事迹。但我们应该清楚，课上得好固然可以称为“名师”，但“名师”的内涵并不应该局限于此。很多“名师”，尤其是某些“大牌”名师或者分身无术的名师，常常忽略了一个很重要的教学内容：课外教学。他们上课很好，但上完课就消失得无影无踪，学生根本找不到人了，师生关系变得非常陌生，更不要奢谈面对面的交流、手把手的指导了。

吴广平一直坚持一个信念：课外教学是本科教学不可缺少的环节。但事实上，对这个环节我们越来越不重视了。吴广平一直坚持做班主任，因为这个角色可以让他有极好的机会去弥补课堂教学的不足，让他有更多的责任感和条件去了解学生、关心学生、指导学生。坦率地说，如今大学里做班主任的教授并不多，乐意做班主任，做得很开心、很投入、很有成就感的教授则更少。有些教授“被迫”当了班主任，基本只是象征性的，平时对学生不管不问，有时学生找他请教问题，他甚至会说：“这种问题也来找我？你去找学工办的老师吧！”可见他们对于学生的冷暖是麻木不仁的。就算这个教授课上得非常好，你能说他配得上“名师”的赞誉吗？

吴广平从教32年，当了32年班主任，获得过湖南科技大学“优秀班主任”称号，这个荣誉虽然级别不高，但含金量十足，代表了他对学生发自内心的呵护。笔者自己也做过班主任，并且正在做班主任，听了吴广平做班主任的事迹后，为自己的不负责任深感内疚。因此，现在决定向吴广平教授学习，不仅要上好课，还要做好班主任，并且特意向他请教一些做班主任的方法。

吴广平一直是个比较细腻的人，对学生管得比较多。他无论担任哪个班的班主任，上任之际，第一步是跑到档案室借来全班学生的档案，认真地看几次，了解他们的家庭状况、成长经历、性格特征、特长爱好、相貌特征（看学生照片）、优点和缺点等，然后一一做好记录，这样在新生入学之前，就对他们有了基本的了解。迎新时，他到寝室挨个儿看望他们，差不多可以叫出他们的名字——现在到大四时还叫不出学生名字的班主任可以说比比皆是。然后，他还让每一个学生交一张电子照片，放在他的QQ空间里，同时在日记中随时记上他们成长的点滴，做到对每个学生的信息都很熟悉。现在大学的师生关系比较冷漠和功利化，有的学生请班主任吃几次饭，班主任就对他好一些。一个优秀的班主任是不应该这样的。

除了当班主任外，吴广平课外教学的内容很广泛，方式也很多，受益的学生远不止他任教的班级或者他担任班主任的班级，甚至也不止中文专业的学生。他还用了不少精力去指导学生中的文学爱好者。湖南科技大学有很多文学社团，不仅文科学院有，理工科的学院也有。他担任这些文学社团的指导老师，完全是义务的。但不只是挂个名，他们的活动，他基本都参加。他引导学生阅读文学名著，邀请著名作家来给他们讲课，指导他们编辑出版文学刊物，进行文学创作和文学评论，推荐他们的作品给报刊发表，不断激发他们对文学的热情。

吴广平还积极为文学社团主办的刊物撰写卷首语，和学生探讨文学的意义、文学在我们精神生活中的位置以及如何开展文学活动，等等。久而久之，他无意中创造了一种新的教学模式：以文学创作为媒介和平台，培养一批批有志于提升写作能力的学生（他们来自不同的院系和专业，很多都不是他直接的学生）。他和诗人江立仁、陈元初、吴投文、邹联安、曹青、刘咏资、曾庆仁、楚子、李静民、朱立坤、欧阳伟，散文家孙南雄、刘剑桦、周克武、李平安、谢枚琼、毛娟、李映红、谭清红、何红玲、彭珊玲、蒯辉，小说家杨振文、谷静、张德宁、潘年英、赵竹青、楚荷、李运启、陈定乾，传记文学作家赵志超、杨华方，杂文家冰静、龚德明等40多位本土作家保持紧密的联系，他们出版的作品他会在第一时间得到，然后他就指导学生来写评论。与此同时，他在学生和报刊之间牵线，将他们的文章推荐发表。公开发表文学作品与评论文章对于学生来说，是一种莫大的鼓励，能极大地激发他们的创作兴趣与学术热情。所以，很多学生都有一个美好的回忆：在吴广平老师的精心指导、热情推荐下，发表了处女作，领到了第一笔稿费。诚如何桂芬在一篇文章中所写的那样：

他多年来一直担任湖南科技大学学生文学社团“湘灵文学社”和“白屋顶诗社”的指导老师。他利用自己广泛的文学交往和丰富的文学资源，热情鼓励、严格要求、悉心指导学生从事文学创作和文学评论，在他的积极推荐下，许多学生的文章发表在《世界汉诗》《湖南文学》《湖南日报》《湘潭文学》等众多报刊上。陈峰、高超、肖丽、吴云霞、章飚、陈晋琼、张志焱、冒洪生、殷苗、吴燕、钟杰、魏永琛、罗灵灵、敬娟、杨祎、吴大平、张楷婕、温捡妹、范园、朱柳、王雁、张芸芸、周刍、倪璇、李银平、罗超、王超、白雪、程禹嘉、陈果、张晓婷、黄珍、黄茜子、林芳竹、丁莉阳、邓素英、蒋露、李薇、何桂芬、贺洪爱、曾君之、段琴娟、郑新宇、张臻、项燕、方丽、陈钻勤、刘亮、赵洪兴、王湃、秦佳佳等一大批勤于思考、酷爱写作的学生，在他的精心培养、指导下茁壮成长。如2011级文学2班张臻的处女作《唤醒这沉睡千年的爱恋——读边草诗集〈还原〉》是广平先生批改了四次才最后定稿公开发表的。后来张臻在广平先生的指导下成了一位“小文青”。广平先生指导他采写的《八旬老诗人演绎爱情诗歌传奇——走近“红豆诗人”江立仁先生》发表在广州羊城晚报社主办的发行量达250万份的《民营经济报》2013年5月16日第36—37版，占了整整两个版。张臻曾以“你就是我的风景”为题发表散文深情感谢与赞美广平先生对她的指导与帮助。①

2012年，吴广平将部分学生的文学作品与评论文章，以及自己的点评汇集成76万字的《文学教育新视野》，由西南交通大学出版社出版，作为多年来指导学生进行文学创作与文学评论的一个阶段性回顾和总结。孙际垠教授认为：“《文学教育新视野》很令人感动，是因为吴广平、吴投文等老师苦行僧般的坚守。文集中的所有作品都是利用教学科研之余的时间完成，耗费了大量的时间和精力，却没有任何报酬，许多的付出甚至都不为人所知，但他们还是坚持下来了。图什么呢？也许就是吴广平老师自己所说：爱我所爱，无怨无悔！其实，这就是一种精神，一种高尚的职业精神。”② 对于这本书，我曾撰写了一篇评论，称之为“小文章，大意义”。其中有一段充满感情的话是这样写的：

近些年，我一直在思考一个严肃的问题：什么样的大学老师才算是“教学名师”？假如考察历年的“国字号”名师，尤其是这几届的“高等学校教学名师”，或许会得出这样的印象：那些著作等身，善于培养硕士生和博士生的老师（抑或领导）就是教学名师；假如考察那些红遍大江南北的讲课达人，如易中天、于丹、钱文忠、马瑞芳、阎崇年、王立群等，或许又会认为，只有口吐莲花、妙语连珠的老师才算是教学名师。其实，这两种理解都没有错。但是不是只有这两种理解了呢？当读完吴广平教授主编的《文学教育新视野》（西南交通大学出版社2012年1月出版）后，我则坚信，教学名师还有第三种解释：他们在课堂之外，将很多很多的时间、精力和情感投入到学生身上，取得了很好的教学效果，也在本校学生中拥有很高的人气和相当的知名度。而这类教学名师，据我所知，常常因为有些“民间”，有些低调，而被我们冷落和轻视，但如今的大学真的非常非常需要他们。③

吴广平荣获“全国优秀教师”后，记者邝永健写了一篇报道《把所有的爱献给学生——记“全国优秀教师”吴广平教授》，该文对吴广平的课外教学也给予了非常中肯的描绘和评价：

吴广平是学生眼中的“潮人”，然而，同事却这样评价他：“他的育人方式用的是‘土’方法，用更多的时间去磨教育，关心学生。”

① 何桂芬：《喜见桃李艳　苦寻屈宋魂——记全国优秀教师吴广平教授》，《湖南科技大学校友》2014年，第2期。

② 孙际垠：《让文学走进学生的内心——评吴广平主编的〈文学教育新视野〉》，《湖南教育》（中旬刊）2012年，第10期。

③ 宋德发、王彬：《“小文章”，大意义——吴广平主编的〈文学教育新视野〉的教学价值》，《云梦学刊》2012年，第6期。

吴广平总是给人一种错觉，大家以为他是一个“闲人”，不然为什么总是有那么多的时间和学生打成一片？

事实上，2014 年，他完成了 605 个课时，还要做科研、带研究生，同时兼顾指导三个文学社团。因为妻子工作也很忙碌，他还要忙家务和照顾女儿。

“时间就是海绵嘛，我不打麻将不玩游戏不去应酬，就可以挤出更多的时间去关心我的学生了！”吴广平说道。

刘秀琼是建筑学院城市规划专业 2010 级学生，平时总是“蹭”吴广平的课。说起吴广平，她就感激不尽：“吴老师在我最迷茫伤感的时候总是不厌其烦地帮助我、开导我！”

2014 年，她考研考的是重庆大学城市规划专业，初试复试都过线了，但是排名靠后。“知道成绩后我号啕大哭，考研是我这几年最大的梦想，我感觉人生瞬间没有了目标。”知道吴广平很关心学生，她抱着希望写邮件给吴广平。

“当天就收到了吴老师很长的回信，看完我就觉得心情舒畅了很多！”在信里，吴广平给她打气，鼓励她。开导完刘秀琼之后，吴广平来不及午休，匆忙赶去上课。之后的几天里，吴广平帮助她联系其他院校调剂。由此刘秀琼和吴广平成了忘年交，吴广平经常和她谈心，帮助她度过了那一段困难的时光。

“每一次吴老师得知我们有困难，就会主动帮助我们。”现为广西师范大学研究生的肖春兰说道。

生命科学院生物工程专业 2012 级的章可同样感受颇深，只要本专业没有课，吴广平的课他每节必到。“我这个‘蹭课’的学生都能得到他特别的指导。我问了一次吴老师问题，他就认识我了，经常送书给我。后来吴老师推荐我进《科学与人文》编辑部，一直细心指导我的写作，现在我的写作水平有了很大的提高。”

“广平哥哥，节日快乐！”“老师，谢谢您对我的培养！”……吴广平总是收到很多学生的祝福和问候，特别是教师节等节日，他的手机就被祝福短信“轰炸”了。

“我相信，从我们在面对你时的笑容中，你一定能够读出我们心中的谢意。‘感谢有你’，一直是我们心中最急切最响亮的声音。”

“你是我心中明媚的风景，每当想起，便会温暖如初。”

“求学之年得到吴广平老师的教导，对我来说是一件幸事。”

……

《感谢有你》、《你就是我的风景》、《永不褪色的印象》……学生们在各种报纸、杂志中发文感谢吴广平对他们付出的爱。当学生主动发文章给他看时，他热泪盈眶，“应该是我来感谢同学们的厚爱。”吴广平挤出最多的时间关心学生，把爱给学生，学生也把爱给他。①

---

① 邝永健：《把所有的爱献给学生——记“全国优秀教师”吴广平教授》，《湖南科技大学画册》2014 年，第 4 期。

可以说，吴广平教授成为“教学名师”，依靠的绝不仅仅是课堂讲课，还有被很多“教学名师”有意无意忽略的课外教学。《文学教育新视野》正好见证了他数十年如一日，坚持在做的一件重要的事情：以文学为平台，培养学生的价值观、生活态度、写作能力以及连通社会的意识。吴广平其实是把本科生当成研究生一样手把手地教，这样用心，自然会有成效。他亲手教过的不少学生后来在学术研究或其他领域都发展得很好。由此看来，他这种将价值观、专业知识、表达能力、社交能力与文学教育相结合的课外培养模式，非常值得我们学习。但问题是，一般的老师就算有能力去做，也未必有心思去做。因为这些事情很烦琐，很费时间和精力，而且主流的评价体制也不承认。

吴广平说，回顾自己的教育生涯，他一直在做两件体制不认可，但恰恰是大学老师最需要做的事情：一是在课堂之外将很多时间投入到学生身上，二是平时写了很多“小文章”——随笔、散文、评论，以及学生诗集的序言、学生社团刊物的卷首语、学生文章的点评语等。他做这些，表明教学和文学都是他生活的一部分，而不只是应付外界评价的一种手段。他所坚持的信念是：金杯银杯不如学生的口碑，鸭掌鹅掌不如学生的手掌。一个老师如果得不到学生的认可，哪怕他获得了很多的荣誉，实际上也是问心有愧的。如果受到了学生的爱戴、尊敬，哪怕没有得到任何外部的荣誉，这一辈子也是值得的。

第九章 孙丰国的教学艺术

孙丰国，1978 年生，湘潭大学文学与新闻学院广告系副教授，中国大学视频公开课《说服与打动的艺术——广告创意解码》主持人，曾获得湘潭大学文学与新闻学院教学优秀教师（共三次）、湘潭大学青年教师讲课比赛一等奖（2011 年）和湖南省普通高校青年教师教学能手（2011 年）等荣誉。本章将从课堂讲课和课外教学两个角度，研究孙丰国的教学艺术。

第一节 孙丰国的课堂讲课

我曾撰写过一篇短文，对孙丰国的课堂讲课作了简短的记录和点评：

丰国的课讲得好，我是早有耳闻。终于逮到机会，现场享受了一下。2013 年 9 月 2 日上午第三节课，兴湘教学楼 B103 教室，我悄悄地潜伏在学生中间。旁边的一位男同学问我："这位同学，以前怎么没有见过你。"我内心一阵狂喜："我有这么年轻啊！"

丰国的课叫做《广告策划》。这节他主要分析一个案例："海王金樽广告：想象中的成功与实际中的失败"。他的基本思路是：先交代海王金樽（一种醒酒护肝的保健品）及其广告可能成功的三大因素：一是产品具有相对独立性；二是广告诉求具有很强的针对性（当官的和有钱的）；三是合适的代言人（张铁林及其扮演的皇阿玛）。

紧接着他提出一个问题：事实上，这个广告并没有成功，因为这个产品卖得很不好。为什么会出现这样的结果？

我觉得这是全场讲课的一个亮点。我平时上课也会提出问题，但基本是自问自答。这样做有两个缺点，一是自己一节课要讲很多东西，备课工作量成倍增加；二是学生刚刚被调动的参与意识一下子又消失了。

丰国做得很好。他提出这个问题，停顿了两分钟，以便学生思考。然后让学生举手发言。

A同学：因为广告预设的对象，即当官的和有钱的根本不看电视（海王金樽的广告基本投放在电视上）；

B同学（一帅哥）：因为喝酒的人如果吃这种药就显得不男人了（丰国点评：这位同学把男人想得太伟大了）。

C同学（一美女）：这个广告应该针对喝酒者身边的人，比如妻子或者下属，而不是喝酒者本人。

D同学：推销环节出了问题。

E同学：海王金樽每粒10元钱，不是太贵了，而是太便宜了，那些当官的和有钱的都是只买贵的，不买对的。

……

在多位同学畅所欲言后，丰国开始提出自己的补充性意见：

一是保健品大多是用来送人的，但海王金樽不太适合普遍意义上的送礼，你送领导这个东西，等于告诉对方："我们都知道你是酒鬼。"

二是真正在酒场上喝醉的人，都是必须要喝醉的，比如下属，比如经销商，他们要通过喝醉酒，通过伤自己的肝来表明诚意、表明态度，从而获得政治或经济利益，怎么可能通过吃药来解酒呢？而那些官大的和真正有钱的，比较注重养生，一般不会喝很多酒（所谓"领导随意，我干杯"，而不是"我随意，领导干杯"）。

哦，学生恍然大悟，点头称道。

综合点评：完全脱稿（证明准备极为充分）；条理清楚，说理透彻；节奏适当；案例丰富和恰当；有相当的生活气息（会举一些真实的发生在身边的例子）。可待改进之处：每节课引发的笑声可再增加10次左右。

丰国的身高和拿破仑同志相仿，在讲台上和拿破仑一样有气势、有气场、有气度。我誉之为"讲台上的拿破仑"。①

应该说，一个非常年轻的老师，在讲课方面取得如此的成绩，并不是一件容易的事情。因此，我决定采用一种最直接的方式——访谈，原汁原味地还原他的讲课理念、讲课方法，以及诸多讲课背后的故事。

宋德发：虽然我们年纪相仿，资历也差不多，但"中国评师网"上学生对你的评价，真是让我"羡慕嫉妒恨"："怎一个好字了得！""非常受学生欢迎，是一位很好的老师。""教学严谨、态度积极向上，是我们学生的乐师，非常具有个人魅力。""把专业看做是兴趣，把教学看做是乐趣……孙老师对我为人处世的方法影响很大。""有才！""精品！""孙老师是我见过的最好的老师，可称得上是'万人迷'。做你的

---

① 宋德发：《孙丰国——讲台上的拿破仑》，《大学的痛与梦——宋德发教育随笔》，湖南人民出版社2014年。

学生真的三生有幸！”“孙老师真的是一位好老师，听了他的课，真是受益匪浅！”“非常不错的老师，做到了真正的寓教于乐，你会莫名其妙地被这位老师的讲解所吸引。”“您的为人真的很令我们佩服，所以您的课我们都喜欢上，因为从您身上我们能学到很多东西。”所以说，你是我的偶像，是我模仿和研究的对象。正因为如此，今天我来了，希望代表我自己，如果有可能，也希望能够代表你的粉丝们，就教学方面的一些问题，对你做一个简约（但愿不简单）的采访。请你首先简要介绍一下自己的教学经历，可以吗?

孙丰国：你实在过奖了，愧不敢当。我们相互学习、相互促进吧。我1997年进入湘潭大学读广告学专业本科，2001年成为湖南省广告学专业最早的一届毕业生。由于当时广告学专业师资缺乏，再加上本科读书期间在广告与营销类杂志发表了十多篇文章，所以在当年6月毕业留校后就直接上讲台了。现在主要给广告学专业本科讲授《广告策划与创意》、《中外广告评析》和《名牌战略》三门课程；给新闻传播学硕士研究生讲授《媒介经营研究》、《文化创意产业研究》和《品牌研究》三门课程；开设了一门全校通识教育课《中外广告评析》。我的讲课获得了一些官方的奖励，比如湖南省普通高校青年教师教学能手、湘潭大学青年教师教学比赛一等奖等，另外还先后两次获得文学与新闻学院“优秀教学奖”。需要简单说明的是，后面一个虽然只是“低级别”的院级奖励，但我却非常看重，因为它以学生评价为主要依据。

宋德发：根据我的观察，一个老师能够在教学方面“征服”一个学院，那其实就代表一个学校的最高水平了；而代表一个学校的最高水平，也基本代表全国的最高水平了。只要有足够大的平台，比如借助学术研究或者电视媒体，就有可能获得更大范围的知名度和认可度。比如易中天、于丹、王立群、马瑞芳、阎崇年、蒙曼等，原来也只是他们学院，至多是他们学校的名师，由于有“百家讲坛”的推波助澜，一下子就红遍了神州。因此，以你目前的年龄、资历和施展才华的舞台而言，你在教学方面已经很成功了，或者说，虽然你没有国家级的奖励，但已经是国家级的水平（这种院校级知名度但拥有国家级水准的老师，在我们学校和其他高校其实还有很多）。我想，你的成功不会是偶然的，应该同你自觉的追求有关。所以，请你谈谈教学在你心目中的位置。

孙丰国：教学在我心目中有很重要的位置，也可以说就是第一。如果说原因，很简单，作为一个老师，我把学生的看法和评价当做工作的最高评判。作为我自己来说，正是因为有这样的评判认识，才能把更多的精力投入到教学当中。每当我站上讲台，我感觉自己是有激情的，是愉悦的。时间长了，这就可以形成一个良性互动——学生能够感知到老师对教学的重视和努力，而上课也会更加认真，进而又会激发我的教学热情。从另外一个角度说，学生把那么多时间成本和金钱成本交给了学校，交给了一个专业，教学能力和水平可以有高有低，但如果在态度上不能认真对待，对学生是不公平的。

宋德发：是的，你的这种敬业精神和职业操守是你在教学方面成功的首要原因。通常而言，“教学”包含了“课堂教学”和“课外教学”，而“课堂教学”的内涵也非常丰富。不过，我今天所关心的主要是“课堂教学”及其核心形式——“讲课”。我很想知道，你在讲课方面给自己树立了怎样的目标？或者说，你认为什么是高水平的讲课？

孙丰国：我是广告学专业的，我们通常讲什么是好的广告？好的广告首先要打动创作者自己，如果一个广告连自己都无法说服，还指望说服消费者吗？我觉得关于什么是高水平的课堂可以把这个说法搬过来。高水平的讲课，其内容组织和授课方式一定是授课者精心“策划”的，有经典，有创新；有铺垫，有高潮；有正儿八经，有趣味横生。以至于一位教师在讲过多遍后再讲一次的时候仍然觉得有意义、有激情、有意思，这样的课堂学生一定是喜欢的。上课本质上就是传播信息，传播什么信息，怎样传播信息？高水平的讲课一定会关心学生这个信息接受者。大学本科生是成年人，本身也是同龄段的优秀者，千万不要低估了他们对是非或优劣的判断能力。

宋德发：你说的非常有道理，也很诗意。应该说，每门课程的任课老师对高水平讲课的理解既具有个性，更多是具有共性的。那么，你认为的高水平的讲课，除了你自己外，还有没有更具体的代表？就像在我心目中，易中天就是高水平讲课的典范，自然也是我的偶像。所以，换句话问，在讲课方面，你的偶像是谁？为什么？

孙丰国：从小学到大学，我有幸遇到过很多讲课优秀的老师。现在自己做老师，在湘大，在文学与新闻学院，也有很多讲课优秀的老师和同事。这些老师都是我学习的榜样，我都特别尊敬。另外，我特别说一位，中山大学管理学院的卢泰宏教授。在大学读书期间，大概是1998年前后，我把他撰写的《广告创意——个案与理论》朗读了两遍。对，是朗读，不是默读或一般的阅读。这对我后来的思维方式和文字表达有很大的影响。2000年春天在北京，有幸现场聆听了卢教授的两堂课，他的讲课风格一如其文字风格：不会故显高深，总是以极具亲和力的语言和受者容易接受的方式传达真正属于自己的观点。

宋德发：众所知周，任何领域要想达到一定的高度，除了后天的努力，还需要一些先天的禀赋。像博尔特、乔丹、莎士比亚、迈克尔·杰克逊这些“非人类”就不说了，就拿易中天、于丹等人来说，在讲课方面肯定是有一些天生的能力的。那么，你觉得自己在讲课方面有天赋吗？

孙丰国：我想几乎没有哪个人敢说自己在讲课上有天赋。的确，有些人天生有更强的表达欲望，我算是吧。因此，当老师是一种可以充分发挥自己特长的选择。假如我没有强烈的表达欲望，尤其是没有一定的表达能力，那做老师的确会艰难一些。但表达欲望如果没有比较系统的知识体系的支撑，没有态度和理念的把控，没有表达技巧的支持，那就变成了毫无意义的夸夸其谈，而这些都需要后天的培养和积累。

宋德发：你的回答也印证了我的“推测”：教学方面的天赋对于教学水平的形成至关重要。这也给年轻人的职业选择和“有关部门”的人才选拔提供了有价值的参考。不过，你的回答还提醒我们：天赋如果没有后天持续性学习的支撑，总会有“江郎才尽”的一天。所以，无天赋需要努力，有天赋也需要勤奋。那就请你谈谈后天努力的过程吧，比如说，你是如何备课的？

孙丰国：广告学与其他人文与社会科学相比，有几个特点：第一，学科体系尚不完善，理论层面相对单薄；第二，广告学更注重分析“现在时”甚至“未来时”的现象和可能的问题；第三，有一个与专业学习直接对应的产业，2011 年中国广告业经营额突破 3000 亿元，从业人数近 200 万，四年学习之后，大多数学生要进入这个行业。这些特点决定了我的备课不必要在理论层面作过多的纠缠，而是要关注现实的企业、品牌、产品、营销与广告，及时地把新信息、新知识、新理念带进课堂，并且尽可能和原有的课程体系融为一体。这些资源的获得，一方面是自己的观察与思考，另一方面通过财经类、营销类和广告类媒体，还有就是与同事、同学、学生的交流与沟通，尤其是要深入到现实生活中去。不管是在北京上海、伦敦巴黎，还是在我们这个相对封闭的“羊牯塘”，获取信息的方式都是间接的，所以我们学广告和教广告的人就是要去多看、多听、多想。间接讯息重要，直接讯息更重要，广告人获得一手信息最直接的方法就是“逛”。可以说，好的广告案例是逛出来的，比如说长沙的麦德龙，它是长沙进口商品最多的一家超市，我上次还在那找到了泰国啤酒“Black Cat”呢。逛这种超市也能让我体验其他地方没有的仓储式购物与严格的会员制。

宋德发：显然，你一下子抓住了广告学的本质特征。这就意味着在平时，你要比其他课程的老师更关注现实、生活、前沿和现代。而这其实就是一种研究的态度，只不过你的研究不局限在书房里冥思苦想，而是要时刻投身到广阔的社会生活中去“调查取证”。这就涉及一个让很多年轻老师纠结的问题：“如何处理教学与科研的关系?”

孙丰国：应该说绝大多数教师的教学与科研方向是基本统一的，这种情况下教学与科研肯定是相辅相成的。科研可以提高教师对某一问题认识的深度与广度，这是可以直接传导至课堂的，某种程度上说科研也是一种备课都不为过。我有一些做法可以给大家分享，就是有意识地引领本科学生做一些简单的“科研”活动，因为研究生做科研是理所当然的。这里的所谓科研并非深入地发展某些理论，而是就新的有代表性的营销运作或广告案例进行分析。我和学生以讨论的形式发表过多篇文章，有的成为中国广告协会主办的《现代广告》杂志的当期封面专题。2002 年和《广告大观》杂志合作过一年的专栏。2013 年开始和《销售与市场（评论版）》合作专栏，每期四五个版。该杂志是国家期刊奖百种重点期刊，在国内营销与广告界有较大的影响力，发行量较大。其模式是由我主持和统筹，我和学生一起搜集当月最新的优秀行业案例，给予 500—1000 字的分析评价，每期 8 个案例。尽管这样的文章不算论文，科研成果统计都不予承认，但这对我和学生的观察与思考、对教与学都有很大的促进作用。

宋德发：前面说了，你是我的偶像，是我模仿和研究的对象。其实我想通过考察和吸收各大讲课“门派”的精髓，最终在 40 岁左右形成自己的风格。因此，在这里，我想偷懒一下，请你这位被研究者自己总结一下自身的讲课风格。

孙丰国：我自认为体现在四个方面。第一，比较有激情。激情某种程度上就是热爱和重视的外在体现，我觉得激情能更好地激发学习气氛，带动学生的学习兴趣。同时，这样的上课状态，也会给学生起到以身作则的榜样作用。第二，比较注重多样化知识的融会贯通。广告本身就是一个交叉性学科，学生需要掌握的知识是多样化的。某一门课程本身肯定有主线，但和主线相连的小路也有别样的迷人风景。第三，比较注重案例教学。正如上面所说，广告学的理论不算厚重，理论的引入之后，更多的是用案例来说明问题，特别是新的案例，因为新的案例正发生在同学们周围，他们本身就有直接的感知，可以更好地理解和把握。第四，比较注重实践能力。学生在学校里的一切，其最终目的是要转化成做事的能力，所以在课堂上进行一定的实践训练是必需的。我的做法是进行模拟实战，具体是每班分成六个左右的小组，按照布置的题目进行策划、创意、设计等工作，最后进行选拔，要求与实际的广告公司运作相同。这样使学生在课堂上也能受到实战训练，贴近未来工作岗位的要求。

宋德发：你的自我总结和我在心目中对你的总结是基本一致的。总之，我觉得你的讲课已经很艺术了。当然，在今天这个技术化的时代，“艺术”的东西也需要借助一些必要的“技术”手段来表现或者加强。比如说，现在讲课，尤其是年轻老师的讲课，基本上都离不开多媒体了。那么，你是如何发挥多媒体的作用的？

孙丰国：无论是《广告策划与创意》、《中外广告评析》等课程内容，还是我喜欢的案例教学方式，多媒体的作用都非常大，不仅仅是代替板书。因为一个广告作品，再好的口述也比不上再现来得直接和方便，既节省时间，又减少失真。如果教室的电脑可以上网的话，我还会通过多媒体，直接展示给学生看我在网络搜集获取专业信息的方式方法，这个能力对学生来说也非常重要。

宋德发：还有一个问题我也比较关心：你如何处理教材与授课内容的关系？

孙丰国：这要分情况而定，有的课程教材是我编撰的，授课的体系就按此进行，因为这本身就是自己认为的合理模式。如果是他人的教材，自己会在借鉴的基础上重新规划。因为自己的思路完全跟着别人走，这显然是不合理的，特别是文科。学生们意见比较大的“照本宣科”，或许就是过度依赖教材的体现吧。

宋德发：你今年虽然才34岁，但已经有十多年的教龄，算得上是“年轻的老教师”了。那么，给更年轻的老师们提供几条建议吧。

孙丰国：第一，多情。既然选择了教师，就从内心去热爱吧。大多职业因为情绪或态度只影响自己，而老师却在同时影响着一批人。第二，多看。多看才能形成系统的授课体系，才有新的知识与信息，这是上课的内容基础。第三，多听。多听优秀同行的课堂，多听网络上的国内外公开课，这有助于表达提升。第四，多想。一个老师真正的魅力所在是自己的独立思考和观点。第五，多交流。学生是课堂的唯一受众，当然要多听听他们的心声。以上算是几条建议，更是对自己的警示。

第二节　孙丰国的课外教学

孙丰国老师清醒地认识到，自己主讲的《广告策划与创业》《中外广告评析》《品牌战略》等课程具有很强的实践性，单纯依靠几十个课时的课堂讲授无法保证教学效果，为此，他在不断提高课堂讲课水平的同时，还特别注重课外教学的地位和作用，为此花费了大量的时间、精力和心思，探寻课外教学的有效方式，并且取得了积极的效果。

一、新浪博客：课外专业创作与训练平台

博客（Blog）是以网络作为载体，通过文字、图片等方式简易、迅速、便捷地发布自己的心得、感受和作品，及时有效地与他人进行交流，同时集丰富多彩的个性化展示于一体的综合性平台。博客可以承载较多的文字或图片信息，可以进行充分的表达，是理想的广告创意训练平台。

开办于2005年9月的新浪博客是我国最大的博客平台，拥有最多的写作者和最高的点击量。孙丰国在2007年注册了新浪博客账号“广告训练营”（blog. sina. com. cn/xtuad），作为广告学专业学生广告创意训练的“基地”。

广告学专业强调实践和应用，需要培养学生较强的动手能力，以符合社会的需要。在这种情况下，仅仅依靠理论讲授是不够的，必须进行大量的实践训练。但同时，有限的课程安排，导致大部分训练无法在课堂上进行，需要在课外完成。传统的做法是老师安排训练作业，学生完成作品后交给老师，老师批改后再反馈给学生。

这种沿用多年的常规做法存在诸多弊端。第一，部分学生在完成训练作品时，认为作品只有老师一人看到，导致训练的积极性不够。第二，在多个班级合堂的情况下，老师动辄要看上百份广告作品，时间精力有限，很多时候难以做到对每份作品都给予细致的点评和批改。第三，也是最重要的一点，同学之间看不到彼此的创意作品，不能做到互相批评与互相学习。

广告创意训练博客“广告训练营”的设立很好地解决了上述问题。具体的做法是将博客账号和密码告知学生，每个学生均可登录“广告训练营”并在此发表作品，将该博客变为大家共有的训练基地。之后，安排课外训练的具体内容，如“为现实中存在的某一品牌或产品创作三个创意思路不同的广告作品。平面广告要求完成平面稿，电视广告要求撰写脚本”。要求学生将完成的作品上传至“广告训练营”，同时必须评论十个其他同学的作品。

这种基于博客的新型课外训练手段相比传统做法，在本质上进行了三种转换：

第一，作品的受众由老师转换为所有人。以往学生完成的训练作品只有老师可以看到，新的方式可以让同学们都看到。同时，博客可以被百度等搜索引擎检索，意味着作品的受众变成了全国甚至全世界的网民。

第二，完成训练的态度由被动转换为主动。因为训练作品的受众面扩大，且在博客平台永久保存，其创作作品的动机多元化——或许是为赢得同学和老师的认可，或许是为获得用人单位的注意，甚至是为了留下美好的校园回忆，这样便由一次单纯的课外作业演变为学生个人专业能力的综合展示，由此引发了学生训练态度的极大转变，学习投入度和热情都大幅提高。曾经有某广告公司非常欣赏一位同学在“广告训练营”的作品，主动联系邀其到公司实习。

第三，学习的方式由单向转换为互动。传统的课外训练，基本都是单向的学生与教师产生关联，同学之间的互动很少。新型的博客模式使同学之间的作品可以方便地被看到并进行评论，评论的过程就是比较和学习的过程，是批改和提出建议的过程，也是借鉴经验和相互提高的过程。很多学生针对同学的意见进一步对作品进行调整和修改，提高了作品的层次，同时在互相学习的过程中同学关系更加融洽，学习风气得到提升。

创意训练博客“广告训练营”创建已六年有余，截至2013年底在此进行创意训练的共六个年级约400人，上传的广告训练作品超过1000个，相关点评约4000条，阅读点击超过九万人次，该博客也被新浪认证为“资深博主”。这些数字也从一个侧面反映出以新浪博客为平台进行课外创作训练的可行性和价值。

二、新浪微博：课外信息与知识积累平台

微博，即微博客（Micro Blog）的简称，是一个基于用户关系的信息分享、传播以及获取平台，用户可以通过WEB、WAP以及客户端组建个人社区，以140字左右的文字发布信息，并实现即时分享。创办于2009年的新浪微博是我国第一个也是最大的微博平台，截至2013年5月新浪微博注册用户数达5.36亿，日均发布微博数据1.3亿条，其中大学生是其核心使用人群之一，微博在大学生中的渗透率高达90%以上。

社会和科技高速发展，这个时代产生的新知识、新信息比以往任何时候都要多。所谓“知讯者生存”，包括大学生在内的任何人及时地获取知识和信息对于工作和学习都极为重要，对广告学专业的学生而言尤其如此。该专业的学生需要具备传播学、营销学、市场学、心理学、文学、艺术学等多学科知识。同时他们未来的实践工作要服务具体的企业、品牌和产品，助其赢得消费者认可和市场竞争。而市场、竞争和产品等都是随时变化的，他们需要随时了解和把握，仅靠课堂上老师的传授无论是全面性还是即时性都有局限，更多需要在老师引导下学生自主获取。微博具有便捷性、开放性、圈群化和实时性等特征，是学生获取信息与知识的重要渠道。

针对此，孙丰国在新浪微博注册账号，引导学生在课外及时了解知识和信息；并要求学生关注他的账号，成为他的“粉丝”，这样他在微博的发言学生可及时看到。他在微博上主要做了几个方面的工作：

首先，他会根据自己的经验，在把握专业需求和学生接受的基础上，收集整理信息或知识并放置在他的微博。尽管新浪微博有140个字的限制，但通过“长微博”工具或链接完全可以解决这一问题。同时微博还可以发送图片、语言和视频，可以让相关信息知识更加生动化地传播。

其次，他为学生推荐其他有价值的微博账号。因为微博的普及流行，很多政府机构、企业机构、民间组织、各类名人与普通人等纷纷开设微博账号，在鱼龙混杂的微博世界，有选择才有价值，否则时间和精力可能会浪费在毫无价值甚至有害的信息垃圾中。他会根据自己的观察，结合广告学专业的需要，给学生推荐有利于其身心成长和专业学习的优质账号，主要包括优秀企业家的微博、广告作品展示类微博、行业信息类微博等。通过老师的推荐，结合自己的选择，学生可以实现微博阅读的效能最大化和价值最大化。

再次，他鼓励学生之间在微博平台互相关注、相互讨论。学生之间的兴趣与学科特长有一定差异，其自主关注的信息相对个性化，学生彼此成为“粉丝”可以及时看到其他同学关注或转发的信息和知识，同时通过交流互动，进一步全面深刻理解，有利于学生信息和知识接受的均衡化。

最后，在专业课程考试中，他安排5分左右的题目用于考察课外信息与知识的学习情况，对学生自主的信息和知识获取行为进行鼓励。

以微博平台进行课外信息与知识接受方面的指导，可以帮助学生接收正确的信息和传播思想，形成科学的信息获取和筛选方法，同时通过微博了解广告创作和广告业、了解企业和品牌、了解社会和人性，对其人生成长和专业学习大有裨益。

三、微信公众账号：课外深度阅读与问答交流平台

微信是腾讯公司在2011年1月推出的一个应用于智能手机等移动终端的免费应用程序。它仅需少量的流量，即可跨不同运营商、跨不同操作系统平台，发送免费文字、语音、图片和视频。由于其可靠且多样化的功能，其用户数量迅速增长。截至2013年4月底，微信的中国大陆用户超过4亿，其中大学生的覆盖率超过95%。2012年8月23日，微信公众平台正式上线，这是依附于微信的一个功能模块，任何个人或组织均可免费申请微信公众账号。获得账号后可通过后台编辑文字、图片、语音、视频信息，并群发给订阅该账号的用户，每天可发送一次，每次可发送若干条独立内容。本质上说，微信公众平台就是一个成熟的自媒体平台，每一个在此注册运作的微信公众账号就是一个自媒体——以图文为主要呈现形式，以用户主动订阅为获取渠道，以定时推送为日常运作模式，和传统的平面媒体相比，仅是载体上有所不同。微信公众账号的媒体属性使其成为指导学生进行课外严肃阅读和深度阅读的优质工具。

目前大学生在阅读方面存在诸多问题，总结来说，在阅读内容上偏重娱乐性、消遣性、消费性，缺少严肃阅读；在阅读方式上偏重碎片化阅读，缺少深度阅读。这种情况的出现与教育考试制度和社会读书风气等多种因素有关，不能一味简单地抱怨责怪学生，而需要通过合理的他们愿意接受的方式进行引导。出于这样的想法，孙丰国于2013年4月创建了微信公众账号“眼界”（微信号：fengguoshuo）。截至2014年1月，“眼界”的订阅用户数超过2700人，其中本校在读广告学专业学生约300人为该账号用户，其余为其他专业在读学生、毕业学生和社会人士。

以微信公众账号“眼界”为平台开展的首要工作是为学生推荐高质量的文章。推荐的每篇文章均精选于孙丰国平时的阅读内容，也有一些他自己的原创文章或专业论文，均经过重新编辑和配图。文章题材不固定，相对侧重品牌研究、名人传记和文化思潮。文章相对较长，平均篇幅约5000字，意在提倡深度阅读。同时在大多数文章前增加导读板块，命名为“丰国说”，其主要内容是解释文章的相关背景，介绍文章的作者及来源，阐述读后的感受和思考，交代阅读中注意的相关问题。这样学生在阅读时可以更好地理解内容和延伸思考，并认识更多的优秀作者、书籍和期刊，逐渐培养其深度阅读和严肃阅读的习惯。

此外，他也特别鼓励在读生和毕业生在课外或工作之余主动写作，并向“眼界”投稿，“眼界”择优向用户推送。这些作品尽管在深度和文笔上稍显稚嫩，重要的是他们在用心表达自己的感受和观点，不但让同龄读者倍感亲切，同时也在不经意中产生影响，促进阅读与写作风气的形成。由此形成的重要变化是，向“眼界”投稿的数量逐渐增加，质量不断提高，来自学生的投稿文章已占到“眼界”推送文章的25%。他甚至还专门为某毕业生开设了一个诗歌专栏“断章”，每周一首，引起了读者的关注，让人似乎感受到了20世纪八九十年代的校园气息。

微信公众账号“眼界”不但可以以“群发”的形式进行一对多的交流，还可以一对一地沟通。现实中，有的学生因为性格内向或问题的特殊性，不愿意在课堂、微博等“公开场合”请教老师，那么具备一对一沟通功能的微信公众账号则成为天然的优质问答交流平台。据不完全统计，每天通过“眼界”提问的学生平均约8人次，包括对推荐文章的某些不理解，对专业学习的一些困惑，甚至是对消费、生活和情感问题的咨询。孙丰国坦言，在和学生们的交流中也给他很多启发，对一些问题的思考进一步加深。试想，如果没有“眼界”的一对一交流，因为不愿麻烦老师、担心同学“围观”或时间地点不便等原因，这每天8次提问中的大多数就不会产生。

微信公众账号“眼界”以“每天好文章，传递正能量”为理念，以“不刻意、不媚俗、不跟风、不抱怨”为风格，以“立足社会现实、探求青年需要、解释文章背景、提倡深度阅读”为特色，截至2014年初已推送各类题材文章170余篇，计80万字，对提高学生阅读兴趣、拓展阅读视野和改善阅读趣味起到了一定作用。

四、《微观点》专栏：话题讨论成果展示平台

在通过微信公众账号“眼界”推送文章和问答交流中，孙丰国发现某些广告、营销和品牌等话题能够引起大家的强烈共鸣，讨论发言积极热烈，而且很多学生的看法具有独到的眼光。原因在于广告学专业学生具有“双重身份”的优势——既是很多产品重要的消费者，又是具有专业知识的未来广告人。

很多时候，不管是广告诉求对象，还是实际的消费者，都以年轻人为主，也就是说这些20世纪90年代初出生的大学生们正是很多品牌都在争取的对象。产品如何？服务怎样？在实际中还有哪些问题？他们实际上是最有发言权的。很多时候，广告、品牌的“操控者”认为的优秀，并不一定能得到消费者的认可。因此，很大程度上学生们的声音才真正代表了一线消费者的感受和看法。同时，他们又是广告学专业的学生，具备了一定的专业知识和专业素养，这就使他们能对平时的观察与感受进行较深层次的思考，而不仅仅像普通消费者那样停留在现象与表面层次。并且专业知识的拥有也保证了他们能以较为专业的语言表达想法。

基于此，孙丰国强烈感觉到这些独到的看法和具有应用价值的观点仅仅停留在“眼界”内部分享层面，实有浪费之嫌，需要找到更大、更开放、更权威的平台展示和分享。在这种考虑下，孙丰国找到了《销售与市场（评论版）》杂志，说明了自己的想法。该杂志主编非常认可他的观点，也认为青年学生等消费者的体验、感受和看法对于企业的产品改进、品牌运营、服务提升等方面具有很大价值，并进一步达成合作意向，从2014年开始在该杂志开设《微观点》专栏。

《销售与市场（评论版）》拥有"第三届国家期刊奖百种重点期刊"、"中文经济类核心期刊"、"中国邮政发行畅销报刊"等荣誉，是我国发行量和影响力最大的财经杂志之一。"眼界"与该杂志合作主办《微观点》专栏，使其成为课外话题讨论的展示平台。具体方式是每个月通过"眼界"公布一个话题，供"眼界"用户探讨并发表观点，讨论时间约五天。孙丰国对所有的发言进行整理，并在"眼界"发布。同时选择和摘录更具价值的"发言"6—8条，在下个月的《销售与市场（评论版）》杂志《微讨论》专栏刊出。被选中的"发言"连同学生姓名或昵称、微信图标出现在该杂志，被全国的读者看到。

这样的做法可谓一举多得。首先，通过社会化网络获得内容，在传统媒体刊发，丰富和充实了杂志内容，提升了该杂志的市场竞争力。其次，众多青年学生的体验和看法可以让更多的企业家、管理者及市场研究人员看到，使其进一步充分洞察了解消费者，有利于他们的实践和研究工作。最后，学生的观点被杂志刊出，对其无疑是巨大的激励，又进一步提升了他们参与讨论和发表看法的积极性，对于提高学生的观察能力、思考能力和写作能力均有一定的帮助。

孙丰国积极、有效地利用社会化网络开展大学课外教育，切合社会发展大势，符合教育政策引导，具有教育理论支持，迎合教育现实需要，同时，科技、硬件和软件条件具备，无需资金扶持，具体方式多样，实践效果满意，对于提高人才培养质量、增强学生课外学习能力、加强师生日常沟通具有较大价值，是一种科学、可行、有效的课外教育新方式。他的诸多努力，让我们很自然地想起了教育家耶瑞莎·德特韦勒比德尔的一段话："我们带领他们攻克各个难题，让他们逐渐成长为我们的合作者，并肩作战。采用这种方法后我们会发现无论是学生或老师都不会再扮演那个匆匆行走的路人角色。假设学生是旁观者，一直缺席团队活动，他无法得到组员和老师的认同，得不到任何专业指导。而参加团队合作会让学生看到自己的闪光点，激励自己终身学习。作为老师，若他仅仅冷眼旁观，他怎么对学生完成系统性的指导，若他将精力过分分散在人情世故上，他们又怎样培养出优秀的学者？因此我们需要精心设计学生小组活动，锻炼学生能力，逐步提升他们的各项技能，帮助他们找到自我归属感。这也会有效地帮助教师减轻繁重压力，分散他们对其他事情的注意力，重新燃起他们对教学的热情。"①

第三节　孙丰国的启示

多年来，孙丰国致力于课堂教学与课外教学的统一。因此，他给我们最大的启示

---

① 耶瑞莎·德特韦勒比德尔：《让学生成为我们的同事》，［澳］埃恩·海：《教学的智慧——来自世界最好的大学教师的经验》，邢磊译，华东师范大学2014年，第138页。

是：课堂教学固然要重视，课外教学更是不可偏废。教学，按照场所的不同，大致可以分为“课堂教学”和“课外教学”。所以，比较完整乃至完美的教学，自然是精彩的课堂教学和有效的课外教学的有机统一。

北京大学名师朱良志说：“教师的场合不仅仅在于课堂，课堂只是一个极小的部分，大量的时候还在于言传身教。通过体态语言、著作、交谈等多种方式，来尽一个教师的责任。一个教师不是课堂上的一个教学者，不是一个教学精英，而是一个能够对别人有影响的人。”① 北京大学教授董志勇英雄所见略同：

教学过程不仅是在讲台上、在课堂上，更重要的是在课下。作为教师，我们尤其要在课下为学生付出。温家宝总理曾经说过，“没有爱心就没有教育”。我常常回忆自己的学生时代，为自己曾经得到过无数老师的精心培养而感激。当我走上讲台，尤其是做了北大的老师之后，我也要求自己要像我的老师们那样用心为学生付出。这种感恩似的反哺一直贯穿于我的教学过程中。虽然自己在日常生活中也经常遇到各种问题和烦恼，但是一旦走上讲台，我就可以忘记一切。因为这个时候教学成了我的快乐，与学生交流，向学生传授知识成为我莫大的幸福。当接到学生的咨询、电子邮件或是电话的时候，我都会当做一件非常快乐的事情来处理。学生是有感情的，当你真心付出的时候，他会记在心里。如果你一直是敬业、爱业、乐业，他们会受到你的感染。在任何场合，老师的大门都应该是向学生敞开的。和很多老师一样，我的很多时间都是花在了课外。②

北京师范大学地理学与遥感科学学院葛岳静教授说：“我觉得作为老师，要和学生多交流，这种交流学生需要，老师也需要。教师和学生交流会激发出火花，同时自己也感到年轻。而且和年轻人交流使教师能够获得很多的信息。学生毕业时提到的‘对学生影响最大的教师’都会是与学生有过长谈的老师，或是有教育思想的老师。”③

彼特·施瓦茨认为：“对于学生来说，他们是否投入，中间做了什么，走出教室学到了什么，这些要比教师做到了什么重要得多。我认为老师的角色应该是一个组织者，组织一些对学生来说重要、有趣、鼓舞人心、愉快和有挑战性的活动；使学生尽可能地在表现和过程方面得到更多的反馈；不仅评估学生知道什么，更要评估他们运

---

① 《为人生的美学——访美学名师朱良志》，郭九苓主编：《教学的魅力——北大名师访谈录》，北京大学出版社 2010 年，第 33 页。

② 《敬业 乐业 爱业——董志勇谈用心去教学》，郭九苓主编：《教学的魅力——北大名师访谈录》，北京大学出版社 2010 年，第 91 页。

③ 周作宇主编：《人文的路线——北京师范大学名师教学访谈录》，北京师范大学出版社 2008 年，第 27 页。

用所知道的内容可以做什么。”[①] 在此基础上，彼特·施瓦茨进而提出，老师的角色模式应该是旅行伴侣、指引者、培育者，老师承认学生在学习中的重要作用。

凯瑟琳·里根认为，“成功的教师不仅仅要传播信息，还要创造一个学习者的社区，师生之间应相互尊重，平等地沟通交流。在这沟通交流中，学生学会主动学习，挖掘专业问题，然后自己去验证，分析问题，他们会积极使用各类学习资源，并乐意与同学分享自己的研究结果。这时候，老师在教学中，应多提出‘是什么’和‘为什么’的问题，帮助学生回顾已掌握的知识，同时抛出问题，让学生运用新知识去解决。这样的学习方法，会让学生更好地理解知识，也会让学习变得更加生动有趣、引人入胜。”[②] 在实际教学过程中，凯瑟琳·里根努力扮演着引路人的角色，引导学生去学习。为了提高学生的参与度，缩短教室与社会之间的距离，让学生了解在全球市场里，各企业和行业在跨文化交流中出现的问题，他定期组织嘉宾演讲，安排学生到企业参观。这些活动既能让学生了解真实的商业活动，也能让他们更好地反思课本上的知识和课堂上的讨论，敢于向企业家提出疑问，积累自己的商业见解。这样，他们就能在第一时间见识并体验专业知识在现实生活中的运用。

在不少怀旧者眼里，20 世纪 80 年代的大学教学名师，不仅课堂教学让人敬佩，课外教学更让人怀念。如果说，课堂教学依靠老师的天赋和水平，那么课外教学则依靠老师的情感和态度。

时至今日，大学生们感到最不满的或许不是老师们的课堂教学不够精彩，而是老师们几乎没有课外教学的概念——上完课，夹着皮包，钻进汽车一溜烟跑得无影无踪的老师越来越多。正像北京大学名师邵永海先生所忧虑的那样：

教师这个职业，我们从小所接受的观念是要“教书育人”，我们那个时候中小学的校门口也写着的是“教书育人”；我们一直认为教师这个职业神圣，也同样是源于“教书育人”这四个字。但是现在我们只教书不育人了。这个现象太普遍，太可怕了。老师都是夹着包去上课，上完课走人，到时候领那份工资。很多老师觉得育人，第一不是自己分内之事，第二不是自己力所能及的事情，因为社会对学生的影响太深了。[③]

……

我们这个社会现在教学管理的整个氛围，其实要求老师只教书不育人。那么这个含义是什么呢？一个老师时间精力都是有限的，假如你教学当中投入过多的话，势必会影响其他的方面。而且教学我们都知道是个无底洞，投入再多也不能有什么量化衡

---

① 彼特·施瓦茨：《在传统医学课上提升教学和评估》，[澳] 埃恩·海：《教学的智慧——来自世界最好的大学教师的经验》，邢磊译，华东师范大学 2014 年，第 110 页。

② 凯瑟琳·里根：《看到丛林中的那棵树：尊重并支持学生的个体发展》，[澳] 埃恩·海：《教学的智慧——来自世界最好的大学教师的经验》，邢磊译，华东师范大学 2014 年，第 128 页。

③ 《学术理想 家国情怀——访古汉语老师邵永海》，郭九苓主编：《教学的魅力——北大名师访谈录》，北京大学出版社 2010 年，第 20 页。

量的标准。所以有时候我也很羞愧。前几天我还跟我女儿讲，我上大学的时候，我经常跟我们同学到老师家里去，差不多每个周末都要找一个老师到他家里去坐一坐，老师也经常到我们宿舍里来。现在这样的很亲密的师生关系，已经不可能存在了。所以这是我很困惑的一个方面。①

邵永海先生认为，不可能通过那四节课就算完成自己的教学任务了，还要在课下跟学生接触。在此过程中，他能够用自己对传统文化的热爱去感染学生，这也是育人的一个很重要的方面。当然这个要花时间，但这是做老师的应有之义。因此，每星期除了四节课以外，他一定有一个半天是答疑时间，还有一个半天给学生组织读书会。另外，在一张开学发的进度表里面，除了上课时间和地点之外，附注里面有他的Email和网上讨论区。讨论区他每周都要上去回答问题，学生什么都可以谈。

北京大学陈少峰教授也是一位极为重视“课堂教学”和“课外教学”无缝对接的老师：“我现在开公共课，我每次都跟学生说，讲完课以后，你们以后碰到什么问题可以继续问我，我Email不会变，手机也不会变。花很少的时间给他们指导一下，对他们来讲，帮助就挺大的。他们比如要做什么活动，不知道活动怎么做，做得对不对，实际上我稍微简单地跟他说一下，他马上就知道怎么做了，效果非常好。我认为本科生应该也采用导师制，学生可以在全校选导师。我建议学生，比如你听过课的老师就可以请他当你的导师。但有可能最后人太多了，有些老师不愿意。但至少我本身会支持，我给50个学生指导绝对没问题。因为学生不是天天找你，有时候你还可以把他们聚在一块，比如一个月专门给所有人一天，学生都来，老师挨个给他们讲，这对他们帮助巨大，我很支持这种做法。”②

北京大学教授周民强因为在课外关怀学生而四次获得北京大学的“优秀教师”奖：“像一个礼拜的两小时习题课，本来是辅导教师去，但我几乎95%都亲自参加。去干什么呢？一个是去指导学生，第二个就是了解情况。上课时候所讲的东西，学生学得怎么样呢？到习题课上我能够了解。另外，我一般每个月会去一次同学宿舍，跟同学们聊天，有时候还跟他们下五子棋。有次，一个三年级的同学说：‘周老师，我们到北大三年了，您是第一个上我们这来的老师，跟我们聊天。’我当时脸就红了，三年了，数学系没有一个教师到同学宿舍去跟他们聊天、问他们学习生活情况。当然我也不经常去，一个月最多一次，但是习题课我基本都去。”③

张京华，湖南科技学院中文系教授，2014年湖南省十大教育人物。如果说在一所地方高校能著作等身，享誉学界，张京华的学术研究让人羡慕的话，那么，组织国

① 《学术理想 家国情怀——访古汉语老师邵永海》，郭九苓主编：《教学的魅力——北大名师访谈录》，北京大学出版社2010年，第26页。

② 《让我们的学生更有智慧——陈少峰教授谈他的教学与课程》，郭九苓主编：《教学的魅力——北大名师访谈录》，北京大学出版社2010年，第58页。

③ 《心血铸就的教学丰碑——采访数学系周民强教授》，郭九苓主编：《教学的魅力——北大名师访谈录》，北京大学出版社2010年，第131页。

学研究会、培养学生对国学的热爱，指导学生发表论文，在一所非研究性大学对自己的学生进行研究性训练，张京华更是让人叹服：

学校没有哲学系和历史系，酷爱经学、国学的张京华，就常常借讲课的机会，引导和培养学生热爱国学，发现有兴趣的学生，就聚在身边组织读书。他将自家书房和办公室的书房大门敞开，书房是图书馆，学报的会议室就是大家的课堂和阅览室。每周一次讲座，他和同事傅宏星、朱雪芳等轮流主讲。张京华的课程，尽最大量提供学术信息、揭示学术问题、引入学术争鸣、直透学术前沿，几乎每一堂课，都有自己的研究论文作支撑，借以将学生引入学术。听了他的课，学生们都跃跃欲试，纷纷找他借书，他则根据大家的兴趣特点同时提供相应的研究题目，“我电脑里有一个很大的文件夹，总有上百个题目”，张京华说。他平时读书思考，偶有所得就赶紧记下，自己没时间再深入研究，就交给学生。“大学是最能让学生产生无聊之感的阶段，但如果有老师一对一地指导他们读书做学问，则大不一样。”他说。他认为，大学应该“研究问题，输入学理”；大学生应当能够运用常理的思维和谨严的方法，推进文明，改造社会，而不仅仅是模仿工艺，满足市场，顺应世俗；大学要领导社会，而不是社会领导大学。①

不仅如此，张京华还将教室从学校搬到了大自然。2009 年 9 月，他讲“古代汉语专题”选修课，49 人选修，他组织学生分成 6 个组，到永州的摩崖石刻拓片、查找文献、注解诗文、照相配图等等，几乎所有课程都在现场上，最后大家把所有的石刻都拓下来，总共 150 多幅，大大超出了之前所记载的 114 幅，特别是新发现了两首唐诗，填补了空白。课程结束，中文系学生汤军的《零陵朝阳岩小史》和侯永慧的《零陵朝阳岩诗辑注》等论著也先后出版。湖南科技学院 2002 年升为本科，此前鲜有本科生发表学术论文，但张京华到来后，这一现象彻底改变——自 2004 年以来，他指导的本科生们已正式发表论文 75 篇，出版专著 6 部。

北京大学名师张祥龙长期给大一学生上基础课《哲学概论》。在他看来，一名高中生刚入大学，面对这么一门好像是跟他们为难的课，首先就是紧张、心急、焦虑，怕跟不上，所以老师必须提供师生在课下充分交流的渠道，让他们在感到困难的时候，能够随时找到老师、找到助教。张老师在美国做助教的时候，被要求每周有两次答疑时间（office answers）。回到北大任教，可能学校的办公室有限，学校也不要求这个，但他通过其他途径可以弥补课外教学的不足：一是专门安排一些答疑时间，尤其是在第一二篇论文改完发给他们之后，马上就会在外哲所或哲学系找一个房间，他们都可以来问，两个小时。另外，在课间或课后来问，有时候课后答疑会很长，半小时或 40 分钟走不了，而这是极佳的师生之间的对话机会。第三个是设立了一个网上

① 李伦娥：《“南下教授”张京华：浮躁中寻求宁静和升华——记湖南科技学院张京华教授和他的国学读书会》，《湖南教育》（上旬 A）2014 年，第 8 期。

的专用信箱，或者是一个小网站，公布他的Email地址，学生们可以通过网络跟他交流，还有一个讨论区供他们自己交流。他每学期都会收到不少学生来信询问，只要跟教学内容相关的，就把它放到信箱里。他每周花了很多时间和精力在这上面。①

北京大学教授邓小南，无论多么忙，只要学生学习需要，她从来都不曾推脱。凡是学生的问题，她有问必答。她每天回复多达十封的邮件，大部分来自学生（包括外校学生）。早在20世纪80年代后期，她家中上有老、下有小；而担任本科班主任期间，每逢周末，她总会带着不满4岁的女儿逐个走访学生宿舍，成为学生们知心的挚友。多年来，一些家境困难的学生，受到她不动声色的接济；学习上一度自卑的学生，得到她及时的鼓励；生活中徘徊的学生，在她细心的开导下，走出了惶惑的阴影。②

上海师范大学教授卢家楣，有一次，他在课堂上发现一名学生精神恍惚，神色异常，就在课后与她谈话，了解原因。原来，这位学生是因恋爱受挫而痛不欲生，已经产生了轻生的念头。卢教授立刻将其他工作推后，与这位学生长谈了四个小时，鼓励她积极调整情绪，走出阴影，并告诉她一些心理学中调节情感的具体方法。谈话结束时，这位学生表示再也不会因此而轻生了。2003年12月，初等教育系的孙琳同学因车祸在医院中昏迷了55天，他在全院组织爱心募捐，并成立志愿者队伍，实施康复援助计划。爱心终于创造了奇迹，孙琳同学最终从昏迷中醒来，并且恢复了记忆，重返课堂。③

不断有研究表明，在大学生活中，课外活动与学术活动具有同等的价值。事实上，当被问到大学期间真正收获知识、完成自我了解的关键事件是什么时，学生更多提及了课堂之外的某次活动，而不是某堂难忘的讲座，或者某次讨论课上的顿悟。④多年求学的经验告诉我们，老师课堂教学好，主要作用是激发学生学习该课程的兴趣，但真正保障学生学习该课程的效果，尤其是真正促动学生敬畏知识、感恩大学、热爱生活的，其实还是课外教学。正因为如此，那些以课堂教学精彩而著名的大学老师固然值得尊敬，而那些以“课外教学”而获得荣誉的大学老师同样值得敬佩——当然，课外教学好的老师，课堂教学也不会差到哪里去，我们之所以将他们的课外教学独立出来，仅仅是为了论述的方便和充分，以及突出越来越受到忽视甚至无视的课外教学的重要性。

---

① 《什么是生成学术能力的教学结构——张祥龙老师对基础课教学的几点体会》，郭九苓主编：《教学的魅力——北大名师访谈录》，北京大学出版社2010年，第45页。

② 俞海萍：《从“成长”走向“长成”，是充满摸索的过程——记第四届高等学校教学名师奖获得者、北京大学教授邓小南》，教育部高等教育司组编：《名师颂》第四卷，教育科学出版社2010年，第10页。

③ 刘伟、杨宇辰：《以情优教结硕果 火炬精神育人心——记第四届高等学校教学名师奖获得者、上海师范大学教授卢家楣》，教育部高等教育司组编：《名师颂》第四卷，教育科学出版社2010年，第197页。

④ ［美］德雷克·博克：《回归大学之道——对美国大学本科教育的反思与展望》，侯定凯等译，华东师范大学出版社2012年，第34页。

第十章 张铁夫的硕士生培养之道

张铁夫（1938—2012），湖南新化人，生前任湘潭大学文学与新闻学院二级教授，硕士生和博士生导师。1993 年经国务院批准享受政府特殊津贴。曾获湖南省优秀教师并记二等功（1995 年）、湖南省师德先进个人（2000）、全国优秀教师（2001）、第二届湖南省优秀社会科学专家（2003）等荣誉称号。整个从教生涯中，张铁夫共教过 20 多届本科生，指导了 30 名研究生（其中博士生 1 名）。他是一位获得普遍公认的大学教学名师，尤其在硕士生指导方面，积累了丰富、有价值的经验。概而言之，大致体现在四个方面。

第一节 把自己当导师

把自己当导师，这是一种明确的身份意识。我们知道，现代人的身份很多，而且随着年龄和权力的增加，身份还会不断地增加，以至于有人要把名片弄得像手提电脑那么大，才能写得下自己的头衔。其实，人的头衔多，身份庞杂，是避免不了的，也不是什么坏事，但我们必须要搞清楚一点，在特定的背景下，我们最优先的身份到底是什么？比如说，我们上厕所的时候，最优先的身份是什么？你能不能在上厕所的时候，掏出一张名片，然后递给一位女士，说，我是院长和博士生导师，现在男厕所没有位子了，我要上你们女厕所？当然不行，因为一个人在上厕所的时候，最优先的身份是性别而不是其他。国家主席如果是男性，也不能因为自己是国家主席而去上女厕所。

那么，当我们面对硕士生的时候，我们最优先的身份是什么？当然是“硕导”。对我们而言，将自己当做硕导不是问题。但是，对有些导师而言，却是个问题。比如很多博士生导师，也是个硕导，但是他在名片上没写，只写了博导。这说明，在他心目中，硕导这个身份是可以忽略的。

毋庸讳言，老师学者化、官员化似乎是高校的一个趋势。越来越多的老师醉心于自己的一亩三分地，更在乎自己做课题、发论文、评奖项、争职务，早把自己的老师身份忘得干净。笔者有一个大学同学，在某著名大学读硕士，他的导师也是非常著名的博导，带了十几个博士，还是院长。我问他一年可以见几次导师，他说一年可以见一次。他还说，上次交了一篇论文给导师，一年过去了，导师还没有反馈意见。他打电话去催，导师说，太忙了，再等等。

张铁夫先生其实也很忙，他像很多导师一样，具有多重身份：知名学者、博士生导师、多种行政或社会职务（多数是他人推选的，他自己并不喜欢）等等。但是，他始终没有忘记自己的研究生导师身份，每学期投入到学生身上的精力和时间都是非常连贯和稳定的。有时候，一篇论文上午交给他，晚上便有了回音："小宋，有没有时间？你的论文我看完了，过来一起商量商量。"他很忙，但他在看我的论文，以及其他弟子的论文的时候，从未说过自己很忙。而且他上课也是有始有终，数量和质量都有保证，而不是像很多导师那样，动不动就玩神秘失踪。有一件事情更能说明他对老师角色的珍视：在我准备报考研究生的时候，他不认识我，我也不认识他，但是我们居然通了好几封信（不是电子邮件），在信中，他对我提出的很多鸡毛蒜皮的问题给予了耐心和细致的解答。现在的很多导师大概不会对准研究生们这么客气和重视了。所以，我觉得他在 2001 年获得全国优秀教师是实至名归的。

张老师的弟子李克和、张唯嘉在回忆文章中写道："在学术上，他从没有什么说教，而言谈中自有一种积极进取的激励。无论什么事情请教他，总能得到满意的答复。在他那里，似乎没有难题，没有茫然。经他一分析，一切问题都会变得简单清晰，不仅有明确的思路，而且有具体的实施途径。"①

第二节　以身作则

北京师范大学桑建利教授有一个观点，我非常赞同："对于学生教育，我是这样想的。首先教师需要以身作则吧，我觉得是这样。其实很多东西，道理上来讲很容易，可是做起来就很难。大家都知道以身作则、做出表率的道理，比如说你让学生努力学习，你作为老师，你也要努力工作。如果学生觉得你这个当老师的整天游手好闲，没有什么追求，对知识不求甚解，你叫学生要刻苦学习，要刻苦钻研，那你说话就没什么力量。要让学生觉得，大学的老师很努力，很刻苦，一直在兢兢业业地工作。这种感觉会对学生有影响，会对学生有打动力。不然，学生就会反唇相讥，你让我们好好学习，你呢？"②

的确，导师告诉学生要做的事情，自己要带头做，并且要做得更好。很多研究生私底下都对自己的导师不服气，说你自己每天都不做学问，凭什么要求我们做学问。

---

① 李克和、张唯嘉：《我们的张老师》，季水河、何云波主编：《理想的守望与追寻——张铁夫先生治学育人之路》，岳麓书社 2008 年，第 472 页。

② 杜云英：《"教育学生是教师的第一责任"——记北京师范大学生命科学院桑建利教授》，周作宇主编：《人文的路线——北京师范大学名师教学访谈录》，北京师范大学出版社 2008 年，第 301—302 页。

其实很多导师功成名就之后，用在学术上的时间和心思已经不多，学生在表面上很崇拜他们，但其实只是崇拜他们的权力，在私底下却很鄙视自己的导师。我的一个研究生的男朋友，就跟了一个根本不做学问但在学术界地位很高的导师，他说自己的导师利用自己的位置整天跑课题，一年可以跑下五六个课题，跑下来自己又不做，就让他们这群研究生做。这是什么导师！这个研究生的男朋友原本还想像我这个研究生一样，考个博士，但对学术界太失望了，毕业后就工作了。

张铁夫老师从未用语言告诉我们要热爱学术，可是他一辈子，不仅专一于学术，还专一于学术的具体对象。60 岁以后，他还在寒暑假里写《普希金的生活与创作》《普希金与中国》《普希金新论》《普希金：经典的传播与阐释》；70 岁生日刚过，他就准备写《普希金学术史》。张老师最后一个心愿是能够看到《普希金学术史》的出版。后来，译林出版社提前印了五本书。我收到后，拿了一本送到病床上，铁夫老师不停地抚摸着封面，没有说什么，但我看到了他内心的宽慰。张老师培养了 30 个研究生，29 个在大学里做学者，这个恐怕是空前绝后的。我想，这同他平时的潜移默化是分不开的。

我的师妹，现北京工商大学副教授王妍慧博士深情回忆：

当时，张老师带领我们几个研究生共同完成《普希金新论》一书的写作，最后工作是张老师对各位作者校对好的稿子进行通稿。我们满心以为自己的稿子在“硬件”上已接近完美，却不料几天后被张老师改出许多问题：出处的不规范或错误、字词拼写的错误，甚至是标点符号的错误等等。对此，张老师非但没有一句责备，更让人不安的是他分别在几位作者的原稿上进行了仔细的修改和标注，然后让我们再做一次校对。面对此，我的心深深被震撼了：老师不是在阅读稿子，而是在一句话一句话、一个字一个字，甚至是一个标点一个标点地修改稿子！我们既羞愧、不安，又折服、钦佩，更有一种感动：感动于他对学问的一丝不苟，感动于他对我们以身作则的教育方式，感动于他对我们无声胜有声的启示。①

这就是无言的力量。

第三节　站在学生的角度

有些导师把学生当成自己的私有财产，带着一种有恩于学生的心态，要学生为自己做这事，做那事，如为自己做课题、写论文、编教材等。有的研究生还成为导师的生活秘书和保姆，尽管这些导师自己可能还比较年轻力壮。张铁夫老师 40 岁以后才开始招研究生，带我们的时候已经年过花甲。他德高望重，平时为学生殚精竭虑，按

① 王妍慧：《课堂外的三堂课》，季水河、何云波主编：《理想的守望与追寻——张铁夫先生治学育人之路》，岳麓书社 2008 年，第 503 页。

理说让学生做些私人事情，我们也会非常荣幸和快乐。但是在我的印象中，他从未因为私人的事情而给我们打过电话。当我们主动请缨时，他总说，你们自己也有很多事情，不麻烦你们了。或者说，我喜欢走路，刚好可以锻炼身体。所以，财务处的人很惊异地问：张老师，你怎么还自己来报账？邮电局的人也很不解地问：张老师，您这么大年纪，这么多书，怎么不叫个学生来寄？刚好在财务处和邮电局碰到导师的我听到这样的询问，真是惭愧不已。与此相反，我也经常看到一些神色匆匆的研究生奔走在为导师报账、买飞机票、预订饭店包间、去打印社打印文稿的路上。

读书时，我穷得连吃饭都很困难。所以，我读了三年的研究生，只给张老师送过一件礼物——我哥哥从北京带回来一幅挂历，是中央电视台主持人的一些照片。没有花钱。我觉得很漂亮，加上过年了，想表达一下心意，所以，就带给张老师了。张老师说，“下次不要带东西过来了”。以后，我就再也没有带任何东西给张老师了。当然，读了三年研究生，我也没有请张老师吃过饭。据我所知，我的同门也是这样。说实话，如果换了另外一个导师，我不知道会是什么样子。

很多导师喜欢用“这个不行”、“那个太笨”，“张三太懒”、“李四不懂做人”来评价学生。20 多年来，张铁夫先生一共指导过 30 名研究生，这些研究生共同的回忆之一就是：张老师从不批评学生，就算是批评也让人如沐春风。他很懂得分析学生各自的特点，对学生的缺点“视而不见”或者“轻描淡写”，对学生的优点却抓住不放，随时随地加以赞美。他称赞师兄曾思艺诗歌写得好，适合搞诗歌研究，后来曾思艺成为了国内丘特切夫研究第一人，天津师范大学博士生导师；他称赞师兄何云波悟性好，一则材料可以写一篇文章，后来何云波成为中国文科领域最年轻的教授之一，湘潭大学博士生导师；他称赞师兄曾艳兵哲学思辨能力强，后来曾艳兵成为国内一流的卡夫卡研究专家，中国人民大学博士生导师。在我读书期间，张铁夫老师称赞我的选题能力很像何云波（却不说我文笔不行），我大受鼓舞，后来成为湖南省最年轻的文科副教授之一。张铁夫老师常说：研一时，我是你们的老师，到了研二，你们就是我的老师了，因为你们在各自研究的领域比我要钻得深多了。这种鼓励学生的艺术在导师界应该是不常见的。就像师妹陈康所慨叹的那样：“他从来没有责骂过我们，也总是尽可能地不去麻烦学生。有时和他在一起聊天，你会忘记你面对的是一个学识渊博的学者、一个享誉海内外的俄罗斯文学研究专家，而只是一个心态平和的老人、一个值得尊敬的长辈。他就像一颗饱满的麦穗，从不彰显自己；他又像一个久经风雨的舵手，有着淡定自若的平静。记得研二时，张老师就曾对我们说：‘你们研一时我是你们的老师，到了研二你们就是我的老师了，因为你们在各自研究的领域比我要钻得深多了。’”①

另一个师妹辜永娟也回忆说：“每当张老师审阅我们的论文时，他总会先给予肯定，指出我们的优点，然后才会针对我们的不足，给以建设性的建议和意见。他并不

① 陈康：《静水流深》，季水河、何云波主编：《理想的守望与追寻——张铁夫先生治学育人之路》，岳麓书社 2008 年，第 515 页。

强令我们一定要按照他的意愿改动，往往是提出他的看法，让我们自己斟酌。就这样，在不知不觉中，我们的独立思考能力、创新能力都有了很大的提升。”①

张老师不仅理解弟子、鼓励弟子，也给予弟子们力所能及的提携。现中国人民大学教授、博士生导师，著名学者曾艳兵先生不无感激地说：“我在学术上能够取得一点点成绩，是和张老师的指导和帮助分不开的，我一直为我在读硕士学位的三年里能遇上张老师而感到庆幸，我发表的第一篇论文《论莎士比亚的‘茅盾修饰法’》就是经张老师推荐给《外国文学欣赏》（1985 年 2 月）的。”②

在我专业发展的三个关键阶段，张老师都在背后及时地推了一把。我就从三篇文章谈起吧：

1. 《“左联”湖南作家与俄苏文学》，载《湘潭大学学报》2002 年第 1 期。我用四个月时间写出了这篇文章，这是读研究生时写的第一篇论文。交给张老师后，他主动说，感觉还不错，那我帮你推荐给《湘潭大学学报》吧。这篇文章帮助我硕士研究生提前一年毕业，并且留校任教。

2. 《巴赫金的列夫·托尔斯泰》，《广东社会科学》2005 年第 1 期。2004 年，我读博士。突然得知，博士毕业要发两篇 CSSCI，更恐怖的是，委培我的湘潭大学需要我发四篇 CSSCI 论文，才会给我博士待遇（18 万）。张老师得知情况，说，那我帮你推荐一篇文章给《广东社会科学》。这篇文章发出来以后，我信心大增，运气也大增，很快发出了其他三篇 CSSCI，顺利毕业，并且拿到了湘潭大学的博士待遇，然后从贫困走向了小康。

3. 《论普希金的历史文学创作》，《外国文学研究》2011 年第 3 期。这篇文章在我评教授的过程中起到了关键作用。有一天张老师问我，评教授论文够不够，我说 CSSCI 够了，但还缺一篇代表作。他说，《外国文学研究》我每年都可以发一篇，那今年我就不发了，给你发。

我申请提前毕业时，因为无意中错过了几天时间，铁夫老师开始了他在住处和办公楼之间的穿梭往来。

此外，学生生病时，张铁夫老师定会致以最及时和温暖的问候；学生留校过寒假时，他定会请到家中吃年夜饭；学生找工作考博时，他的电话费暴涨，写推荐信写得手酸……点点滴滴，体现出导师是一个细心的人，一个虽然事务缠身，但却时刻牵挂学生的人。师弟梁觉聪写道：

去年 10 月，我做了有生以来最大、最需要勇气的决定：接受心室补缺手术。术

---

① 辜永娟：《恩师与我》，季水河、何云波主编：《理想的守望与追寻——张铁夫先生治学育人之路》，岳麓书社 2008 年，第 522 页。

② 曾艳兵：《浇筑青春的老师——记我的导师铁夫先生》，《中国教育报》2008 年 5 月 4 日第 4 版。

前和术后，特别是术后，先生隔三两天就会打电话过来，询问我的情况。听着电话里头先生那如慈父般关爱的叮咛，我的心头总会一热，想不到，在千里之外，还有一位老人家在时刻惦念着自己，我是多么的不幸，也是多么的幸福！特别是有一天，我在广东工作的几位同门师姐、师妹一起过来医院探望我，大家不约而同地说要打电话给先生帮我报平安时，我的电话却响了，看了屏幕上显示的那熟悉的号码，原来是先生"捷足先登"打过来了。接通了电话，先生第一句是"觉聪，你还好吗……"①

第四节　比较文学精神

湖南大学副教授刘舸女士说："先生是一个特别富有人格魅力的人。虽然，他很少直接告诉我们应该怎样做事、做人，但是他的言谈举止，他的一举一动，对我们影响很大。先生的那种风度、那种威严、那种智慧，本身就是一种力量、一种典范。"②在我看来，先生就是一个富有比较文学精神的绅士。

比较文学精神的核心内容是包容。他包容其他学者，当面表扬别人，背后也表扬别人。这个对我们影响很大。我们知道，学术界的承认往往是隔代的，同代人之间很难相互认可。比如我们很崇拜胡适和鲁迅，但胡适和鲁迅之间则互相瞧不上。我跟一些学术界的人打交道，发现 A 学者当着我的面说 B 学者一塌糊涂，后来和 B 学者聊天，B 学者当着我的面说 A 学者是什么玩意啊。在张老师的影响下，我慢慢学会了多看别人的优点，少在背后议论别人的不足。而且这个影响，将会陪伴我一辈子。

张铁夫先生风度翩翩，举止潇洒，人送"铁夫斯基"称号。他一辈子克制自己，甚至可以说是压抑自己。他一辈子忠于自己的爱情、婚姻、家庭，忠于自己的学术。他一辈子谦卑，总是说，一个人不要太把自己当回事，但这种谦卑反倒增加了他的高贵。他一辈子都在帮助别人，却总是对别人说谢谢。他生病期间，他的弟子和学生，从世界各地赶回来看他。有的学生离他很远，却回来了好几次。他总是说："这怎么好意思。"护工给他擦脸，他说谢谢。我给他喂水，他说谢谢。没有他，就没有我宋德发的今天，但当我带父亲去看他的时候，他却对我父亲说："你生了好儿子，你儿子很优秀，很努力，小宋对我真是太好了。"

他是一个世俗世界中高贵的人。他的老同学、老朋友刘墩建教授从武汉来看他，他们一起回忆激情燃烧的青春，一起朗诵普希金的诗歌，一起唱俄罗斯歌曲。这个时候，铁夫老师说："人生总得要追求一些高贵的东西。"我不知道，我们这代人是否能够理解这句话。他的遗言，是他带着一种平静的语气，一字一字说出来的。

---

① 梁觉聪：《写在导师七十大寿前》，季水河、何云波主编：《理想的守望与追寻——张铁夫先生治学育人之路》，岳麓书社 2008 年，第 508—509 页。

② 刘舸：《"铁夫斯基"老师》，季水河、何云波主编：《理想的守望与追寻——张铁夫先生治学育人之路》，岳麓书社 2008 年，第 499 页。

给大家

给院校领导

我的后半生是在湘大度过的。湘大给我提供了一个很好的平台，使我多少能做一些有益的事情。但我做得还是太少，做得也不是很好。如果真有来生，我会加倍努力。

……

我老了，但我曾经年轻。

我死了，但我曾经活着。

人生之舟被病魔的暗礁撞得粉碎，

但灵魂已融入了无尽的生命海洋。

感谢所有关心和帮助我的人们。

这就是作者心中的张铁夫老师，大家心中的张铁夫老师。他的学问，他的人品，他的精神，中南大学教授、博士生导师何云波在《老师，一路走好——在张铁夫老师追悼会上的讲话》中作了这样深情的描述：

张老师，我们亲爱的父亲走了！

病魔无情，我们无法、不忍、不舍，却又不得不接受这残酷的现实。

记得在张老师七十寿辰时，我们曾为他编过一本纪念文集《理想的守望与追寻》，我在“编后记”中说：

不朽的是对老师的那份永远的情怀，永远的记忆。希望在老师八十岁的时候，我们有机会为他编一套更完整的文集；希望在老师九十岁的时候，弟子们能再来陪老师朗诵普希金的那些激情昂然的诗歌；希望在老师百年华诞之时，我们能团团围坐在他身边，回忆那些一起走过的岁月……

这一切，这美好的一切，如今都成了一个永远无法实现的梦。

老师，在我们的记忆中永远不老的老师，您走得太匆忙了。

几个月前，您还在教学岗位上啊！

记得六月份，您的第一个，也是最后一个博士生答辩，您的腰椎已经直不起来，只能斜躺在椅子上。您说，这是平生最后一项工作了。

卸下工作，本来应该安享晚年了，您却直接从工作岗位走向了医院。

老师，您把大半生的精力都献给了湘潭大学。在医院里，在给湘潭大学院、校领导的留言中，您却说：“湘大给我提供了一个很好的平台，使我多少能做一些有益的事情。但我做得还是太少，做得也不是很好。如果真有来生，我会加倍努力。”

这时，我才真正明白，什么叫“春蚕到死丝方尽，蜡炬成灰泪始干”。

教书育人，老师，您是翻译家，是著名的学者，是中文系和人文学院众口皆碑、卓有成就的领导，而在我们学生的眼里，您更是好老师，是严格而又慈爱的父亲。

许多学生都会深情地回忆起在您的课堂上所受到的熏陶，您对学生无微不至的关爱。他们把您称作是一棵大树，是一本永远读不尽的书，是润物无声的一池静水，是那麦田里的守望者，任由我们疯跑，却又永远守护着我们。您为师为人太完美了，桃李不言，下自成蹊，让我们也深受感染。但另一方面，我们有时又会感叹，老师，您是圣人，您哪怕有些缺点，或者有时稍稍自我一点，您是否会活得更快乐一些呢。

老师，也许您会说，您的快乐就在与学生相处、在学术的探索中。您把翻译、做学问称作是“甜蜜的苦役”。都说人生六十一轮回，在六十岁以后，您却进入人生“第五季”，焕发了学术的青春。《普希金的生活与创作》《普希金与中国》《普希金新论》，让您享誉国内外。在病床上，您又欣慰地看到了散发着油墨香的《普希金学术史研究》。普希金四部曲的出版，可以说，您在学术上也圆满了。您一生都把诗人普希金当做您的“初恋”，“心中永远不落的太阳”。普希金用诗歌为自己建立了一座“非人工的纪念碑”。他在《纪念碑》一诗中说：

不，我不会完全死亡——在我遗留的诗歌中，
我的灵魂将超脱骨灰，获得永生，
我将名扬四海，只要月光下的世界上
还活着一个诗人。

老师，您说，普希金的预言，已经为历史所证明。是的，他是不会死亡的，因为他是普希金，一位“永生的诗人”。

老师，我们也可以说，您也不会死亡的。不光是您的文字，还因为，您把您的学识、精神、生命，都倾注在了我们身上，化作了我们生命的一部分，并将延续下去，代代相传。教育是一首诗，一首关于生命的诗。您说：

我老了，但我曾经年轻。
我死了，但我曾经活着。
人生之舟被病魔的暗礁撞得粉碎，
但灵魂已融入了无尽的生命海洋。

是的，当灵魂融入了无尽的生命海洋，老师，您也就获得了永生。

保重吧！老师。一路走好！如果有来生，我们都愿意再去做您的学生。

虽说研究生导师是一项创造性很强的工作，没有一个固定的模式可以遵循。不过，好的导师在指导艺术上总是相通的。他自身的学术水平、道德水平和教学水平决定了他将成为一个什么样的导师。在我看来，一个导师能否优秀最终归结于他自身的人格魅力指数。诚如俄国教育家乌申斯基所言，“教育者的人格是教育事业中的一切”。何谓“人格魅力”，大概只可意会不可言传了。总之，优秀的研究生恐怕没有

几个是通过课堂教出来的，而更多是通过领悟、临摹、融化导师的言传身教，被慢慢熏陶出来的，就像亚里士多德是在和导师柏拉图散步的过程中出师的一样。如果要用一个词语来描述张铁夫老师的人格魅力的话，这个词语应该是“绅士”：一个成功的人，一个敢于担当的人，一个包容的人，一个飘逸洒脱的人，一个可敬、可亲和可爱的人……

南开大学教授，著名学者王志耕这样描绘张铁夫先生的为学和为人：

铁夫先生始终是我的老师，虽然我们共同相处的日子只有短短半年的时间，但我从铁夫先生身上学到了许多非常宝贵的东西，其中最主要的一条就是：要做一个好人。我在许多场合都说过，在我有生以来遇到过的学界前辈中，铁夫先生是让我从心底佩服的“好人”之一。在学术界，在我们的知识分子圈里，有些学者成就卓著，但让我们敬而远之，有些学者地位崇高，却让我们心生鄙夷，有些学者盛气凌人，却让我们不屑一顾。学术与为人被许多号称学者的人分而置之，这也是为什么学术界充斥着庸俗腐朽风气的原因之一。一个人学术的境界是要达到学问与人生混融一体，中国文化中虽然讲求人品与文品的统一，但能真正做到的又有几人。在俄罗斯文学中，蕴涵着对人的精神境界的最高追求，而能够领悟到这一境界的又有几人。铁夫先生就是能够进入这一境界的人，在他的身上，有一种闲适自如的气度，也有一种兢兢业业的品格，但这一切都不是故做出来的，一切都自然而然地发生，自然而然地存在。①

丹麦哲学家克尔凯郭尔说：“你怎样信仰，就怎样生活。”如果你想成为一个好的研究生导师，你就会按着一个好的研究生导师的原则来要求自己，然后收获学生们发自心灵深处的敬意。反之，你或许会得到很多你想得到的东西，如功名和利禄，可是在学生的情感记忆中，唯独没有一个作为“导师”的你。

① 王志耕：《我和铁夫先生相处的日子》，季水河、何云波主编：《理想的守望与追寻——张铁夫先生治学育人之路》，岳麓书社 2008 年，第 488 页。

第十一章　曹顺庆的博士生培养之道

曹顺庆，1954 年生，第四届“高等学校教学名师奖”获得者（2008 年），教育部“长江学者奖励计划”特聘教授（比较文学），国家级重点学科比较文学与世界文学学科带头人，教育部跨世纪优秀人才，霍英东教师基金获得者，做出突出贡献的中国博士学位获得者。现任四川大学杰出教授，博士生导师。

曹顺庆先生是国内比较文学界的顶尖人物，他提出的比较文学中国学派的变异学理论令国际比较文学界瞩目。由他领军的四川大学文学与新闻学院的比较文学与世界文学学科，是国家重点学科，在全国高校名列前茅。曹先生不仅自身学术造诣独步学界，而且在比较文学博士生人才培养方面做出的贡献也是首屈一指的。

曹顺庆先生从 1993 年就被国务院学位委员会批准为博士生导师，并开始招收博士生。1998 年，他以学术带头人的身份为四川大学成功申报下“比较文学与世界文学”博士点。迄今，先生已培养出了许多优秀的博士，取得的成绩有目共睹。他指导李伟昉的《英国哥特小说与中国六朝志怪小说比较研究》，是全国第一篇比较文学领域的全国优秀博士学位论文；叶舒宪的《文学与人类学——知识全球化时代的文学研究》和尹锡南的《英语世界中的印度书写——以十九世纪以来的英国作家为例》获得全国优秀博士学位论文提名。先生总是以成为学术大师的远大目标激励博士生。他慨叹于当下是一个“没有学术大师的时代”①，而扭转这种颓势的希望在于培养更多出类拔萃的青年学子，为造就博古通今、学贯中西的学术大师打下人才基础。比较文学博士生以中西打通作为培养原则，最应该成为涌现学术大师的群体。先生以“入门须正，立志须高”教导学生，激励博士生自觉地努力学习。

概括起来，其具体的培养方式大致包括以下六个方面：

---

① 曹顺庆：《“没有学术大师时代”的反思》，《湖南师范大学社会科学学报》2005 年，第 3 期。

第一节　精研元典，背诵名篇

曹顺庆先生是元典教学的倡导者和实践者之一。他先后在《高等教育研究》2000 年第 2 期发表《高校中文学科课程设置之我见》，在《湖南师范大学社会科学学报》2005 年第 3 期发表《“没有学术大师时代”的反思》，在《中国大学教学》2006 年第 11 期发表《中外打通 培养高素质学生》等文章中表达了一个相通的观念：要培养学术大师和高素质的人才（包括博士研究生），必须让元典在课程设置和人们的日常阅读中获得应有的位置。在接受杨滓伟女士的访问时，他再次比较详细地谈论了重视元典的理由和思路：

中国当前的教育状况必须清楚认识治标和治本的问题，要改变当前的教学质量，必须从最根部抓起，而传承文明、使其创新和发展是培养大师的关键。现代社会的快餐文化导致人们在选择应该传承的东西时，将那些艰深的东西忽略掉了，但学术一定是艰深的、坐冷板凳的事情，我们今天好多学者缺乏的就是敢于坐冷板凳的精神。季老研究梵文、吐火罗文，这些东西在中国没有几个人能看懂，他搞这些东西有什么意义？又不会拉动国民经济！但这些恰恰是我们文化积淀的精华，没有这些东西，我们的文化就没有脊梁，没有支柱。所以，重视元典教学不是现代某个人思想火花的迸发，也不是当代教育的创新，古往今来一概如此。西方自柏拉图时代直至现在的世界著名学府牛津、哈佛都非常注重古代典籍的学习，我国古代教育更是这样，学生必须将四书、五经等古代经典倒背如流。解决现代教育的问题，要从打好基础开始，要从学好中国古代元典和西方元典开始，这是我近年来一直倡导元典教学的根本所在，争取在这个问题上对当今教育有所弥补。正因为此，我首先在四川大学给本科生和研究生开设了元典教学平台课，希望通过这个试点，能将元典教学的观念持续推广。

元典教学方法、课程设置、教材编写的失当，也是应引起当前高度重视的。我跟随杨明照先生学习期间，看见先生的案头时刻摆放着两本厚厚的《十三经注疏》，每天雷打不动地要翻阅一下。先生是《文心雕龙》研究专家、学界泰斗，他校注的《文心雕龙》超越前人，这些都源于他将《文心雕龙》烂熟于心，以至于他读其他任何一本著作时都有一本《文心雕龙》作对照，这样他就知道《文心雕龙》中重要章句的出处，所以校勘过程中遇到疑难杂症，他就能迅速找到别人不易发现的问题，变被动接受为主动思考。如《文心雕龙》第四十四章《总术》中有“动用挥扇，何必穷初终之韵”的句子，这句话历来的校勘家如黄叔林、范文澜等均没有校注清楚，而杨先生在翻阅《说苑·修文》时，发现文中有“徐动宫徵，微挥角羽”的说法，立即对照《文心雕龙》，发现“用”和“扇”其实不过是“角”和“羽”的别字，这样解释起来就非常通畅了。换句话说，先生能将学问做到如此精深，校勘如此细致，都源于他对元典的熟悉。回过头看，当代的大学生不读四书、五经是常态，青年教师也数不出“十三经”为几何，更难说得上深厚学术功底。

当前教育要培养出非常优秀的人才，必须改变教学理念、研究教学方法，将元典教学贯穿到教育过程的每个学科、每个步骤之中。也许还有人存有疑问，认为元典学习是古典文学和古典文献学专业该重视的事情，其他专业尤其是理工科的学生只要学好各自的专业知识就已足够了。其实不然，知识到了高的层次是一个相互贯通的整体，历史上中西方很多著名专家、学者都是全才，如前面我们说的钱学森，如当代的郭沫若，再如亚里士多德。而加强元典的学习对于文学院的学生来讲就更为迫切和重要。有些现当代的学生不愿意学习元典，和我说理解了郭沫若、鲁迅、张爱玲就可以了。其实有所不知，这些人的国学功底是非常深厚的，不学好元典，读郭沫若、鲁迅的作品的过程中就会出现这样那样的问题。

元典是文化的源头，是民族精神的支柱，是民族凝聚力之所在，是各学科最基本的东西。犹太人很长时间都没有自己的国家，他们的凝聚力就来自于他们的《犹太经》。作为一个中国人、一个文化人、一个研究文学的人，起码的文化修养是应该具备的，所以各专业的学生都应该学好古代元典。经过近些年的大力宣传和不断摸索，越来越多的学校和学生慢慢认识到元典学习的重要性，一些学校还模仿开设了元典教学课程，甚至政府部门也开始在行政培训中增加了元典学习内容，这是好的现象。①

将理念转化为博士生培养的实践，先生的具体做法就是要求博士生系统学习十三经。每一位跟随先生攻读博士生学位的学子，都要经过这种严格的古文功底训练。博士生入学考试时，都要考中国古代文学典籍，范围包括经史子集，题型多样，涵盖面极广。既有大量的填空、古文断句、翻译等纯识记的客观题，又有相当数量的简答、分析、论述等主观题，让考生叫苦不已。没有全面深入地学习中国古代文学，是不可能心存侥幸、蒙混过关的。每年在这门专业课上败走麦城的考生数量，常常与在英语课考试上落马的考生数不相上下，甚至更多。这也就杜绝了一些平时不努力的考生靠在考试中“撞大运”的想法。入门严，选拔公正，这就保证了每一位博士生的素质，至少是保证了每位博士生古代文学的水平。当然，这还只是一个开始。从 1995 年开始，每一位曹门博士生入学后，都要求系统学习十三经，② 而且采用的教材是中华书局或上海古籍出版社出版的阮元校注的繁体字版本。先生反对使用白话译本，认为这种古文今译的读本已经不是文学元典了。他强调四川大学比较文学与世界文学专业的博士生，应该能直接阅读古代典籍原著，以为今后的学术研究打下深厚的古文基础。先生带领博士生将《周易》、《诗经》、《尚书》、《周礼》、《仪记》、《礼记》、《春秋公羊传》、《春秋谷梁传》、《春秋左氏传》、《孝经》、《尔雅》、《论语》、《孟子》等一部部学下来，切切实实、原汁原味地近距离领略中华民族博大精深的文化经典。

---

① 杨淳伟：《元典教学：理念、实践与成效——曹顺庆教授访谈录》，宋德发主编：《文学名师谈教学》，湘潭大学出版社 2012 年。

② 曹顺庆、张金梅：《我们为什么要读“〈十三经〉”——四川大学博士生导师曹顺庆教授访谈录》，《社会科学家》2006 年，第 4 期。

经过这种严格的学习元典的训练后，博士生紧接着要迎接更大的挑战，这也是每一届曹门博士生最难忘的学习体验——背诵古代经典文论。无论是从心理上还是身体上，对于每一位博士生，这都是一种“魔鬼般的训练”。每位同学在课堂上要当堂背诵包括《文心雕龙》里面的至少十章、陆机的《文赋》、司空图的《二十四诗品》、严羽的《沧浪诗话》、李贽的《童心说》等古代文论。相信每一位了解古代文论的人都知道，对这些古代文论，能理解就很不错了，更遑论要一字不漏地全文背诵。但是先生却坚持此举，不容通融。他曾经解释过自己的用心所在：“我的用心，就是试图作一个教学改革尝试，让同学们能读到原汁原味的东西，获得实实在在的知识与智慧，而不是大讲空论，凌空蹈虚。”①

比较文学界的一些中国学者，古文造诣不深，经常犯一些常识性的错误。如很多学者，竟然把《古文尚书》当做先秦的资料来引用，全然不知道《古文尚书》是东晋梅赜所献，已被确证是伪作，至多只能当做秦汉以后的资料来用。先生认为，这些错误都是学风空疏造成的后果。他自己以导师杨明照先生为榜样，在杨先生的言传身教下，对古代经典文论熟悉到能全文背诵的程度。而正是这样扎实的学术基本功，使他能在学术研究上取得令人叹服的成绩。所以，先生严格要求学生学习十三经，背诵中国古代经典文论，是为培养比较文学高级人才奠定坚实的国学基础。我曾在《元典教学仅仅是理想吗?》一文中这样描绘曹顺庆先生实践元典教学的效果：

很多博士生在原本被人“掘地三尺”的传统研究领域发现了很多新的学术话题，进而撰写出优秀的学位论文。如杨红旗以《以意逆志命题诠释史论》，张金梅以《“〈春秋〉笔法”与中国文论》，严金东以《自得：中国古代文论话语个案研究》为题，顺利获通过答辩。08届博士生陈蜀玉的经历更是见证了元典教学“立竿见影”的功效。她是一位法语系的青年老师，中国古典文学基础非常薄弱，像《文心雕龙》这样的作品并没有读过，但在曹顺庆先生中国古代文论课的“逼迫”下，她不仅读了《文心雕龙》，还背诵了《文心雕龙》，到最后，居然以《〈文心雕龙〉法语全译及其研究》而“一鸣惊人”。陈蜀玉这一“华丽的转向”在川大的博士生中并不少见，但在外人眼中，则不免让人啧啧称奇，以至于有答辩老师认为，就凭将《文心雕龙》翻译成法语，就应该授予陈蜀玉同学博士学位。②

如果说曹顺庆先生对中国元典的重视，在实践上体现为诵读和细读十三经，那么曹顺庆先生对西方元典的重视，在实践上则体现为使用双语教学，采用英文原版教材。给博士生讲西方当代文论时，先生采用的教材是英国理论名家伊格尔顿的英文原

---

① 曹顺庆：《中华文化原典读本》，北京师范大学出版社2011年，第5—6页。

② 宋德发：《元典教学仅仅是理想吗？——从〈中外打通 培养高素质学生〉一文谈起》，《中国大学教学》2010年，第11期。

著《文学理论导论》[①]。此举措是针对国内一些理论译著整体水平不足，甚至错讹屡出的状况而采取的。

有一位博士生，入学前曾在一所高校教授西方文论课程多年。在学习《文学理论导论》英文原著时，他恍然大悟地说："新批评的细读原来是这样的！"原来他信奉一些中文译本教材，或是改编教材，以为"细读"就是"仔细地阅读"，殊不知"细读"是对英文原文"close reading"不准确的翻译。根据新批评理论的整体情况来看，"close reading"这一术语是指"封闭式阅读"，即把那些传统批评理论中的历史因素、传记材料、读者反应等与文本剥离，而只注重文本，重视文本内部的分析。所以，先生曾在课堂上一再强调，应该将"close reading"翻译为"封闭式阅读"，这样更能体现此一术语的内涵，而且不会像"细读"那样容易导致误解和误读。

也正是因为类似原因，先生才大力提倡使用英文原文理论教材。其实在国内高校中，还存在许多靠贩卖二手、三手西方理论，并且常常是以误解误读的理论而误人子弟而且还正在继续误人子弟的教师。这样的教师以其昏昏，岂能使人昭昭？

第二节　巧设课程，中西碰撞

对于课程的设置，先生也是打破常规，精心安排。一般是白天上西方文论课，当天晚上讲授中国古代文论。一天之内，带领博士生从西方的文化跨越到中国古代文化。这个跨越如此之大，对教师和学生来说，都是一种巨大的挑战。这不仅需要教师自身的学识素养要博古通今、学贯中西，真正达到学术大师的修养，而且，还要求学生真正沉下心来，刻苦钻研、心无旁骛。

为什么这样安排呢？先生认为，这是比较文学与世界文学学科的特点与学科要求决定的。比较文学要求学生能掌握至少两门以上的语言，熟悉两国以上的文化，包括古代文论与现当代文化。只有这样，才能够有效地进行中西文化与文学的比较研究，做出真正有价值的成果。但是，国内现在的比较文学学界，真正既懂中国古代的东西又通西方文化的学者少之又少，可谓凤毛麟角。在比较文学学界，最常见的两种情形是：一些学外语出身的学者与学生，他们外语很好，但是不懂中国古代的东西；而中文系出身的人，往往外语又不是太好。因此，很难真正做到将原汁原味的中国传统文化与纯正的西方文化进行对撞，也就很难产生真正有震撼力的研究成果，得出令人耳目一新的结论。放眼比较文学学界——当然也包括其他人文学科领域，大多数研究成果都是人云亦云，缺乏创新能力。造成这种后果的根源，就是不重视基础，学风空疏，对中国的东西没学好，对西方的东西又没真正吃透，所以创新乏力，只能去跟风模仿。这也就是先生曾撰文批评过的令人痛心的中国文论"失语症"现象。[②]

为了解决这种只会照搬照抄、用西方的术语来批评中国文学的疲状，先生培养比

① Eagleton T.：*Literary Theory*：*An Introduction*，Blackwell Publishing Ltd. 1983.

② 曹顺庆：《文论失语与文化病态》，《文艺争鸣》1995 年，第 2 期。

较文学博士生时特别强调中西打通、中西互释。即不仅要能用西方的文论来阐释中国的文学理论，也要能运用中国的理论——尤其是中国传统的古典文论来阐释西方的理论，在两种完全异质的、跨文明的文化圈中进行比较文学研究。基于此种理念，先生设置“全盘西化”的英文理论与“彻底复古”的古代文论两门课程，并且故意将两门课程安排在同一天进行，以期让博士生在这两种完全异质的文化世界内能迅速转换、快速适应。如在用英文教材讲授西方文论阐释学（hermeneutics），分析西方的“逻各斯中心说”的言意观的特点时，马上又要求学生将之与中国的“言不尽意”等言意观进行对接。这种转换虽然难度颇大，一开始让博士生叫苦不迭，但是在先生严格的要求与督促下，在他以身作则、亲自示范的带领下，最终达到了预期的效果。博士生经过一个学期的高强度的、近乎野蛮的学术训练，基本上能够做到自如地在中西文化中畅通无阻地遨游，获益匪浅。

此外，在这种中国古代文论与西方当代文论强烈对撞的课堂上，先生会提出一些非常有学术价值的观点，引导有兴趣的同学自己去查找资料，撰写论文。例如，他指导博士生关注中国南朝形式主义与俄国形式主义的区别，因为两者皆重视形式，重视文学技巧、文采、音韵、平仄。但是南朝形式主义一向被轻视、被批判，而从客观公正的态度来看，南朝形式主义是有其价值的，应为其翻案。又如，先生认为，《文心雕龙》中的《原道》篇中的“文德论”与黑格尔的美学思想是有相通之处的。国内《文心雕龙》注释的十几个版本中，对“文之为德者大矣”中的“德”字的理解都不是非常精准。周振甫将“德”字理解为“属性”[①]，最接近刘勰原意。但是，“德”最准确的解释应该是“道”。从全篇来理解，“文之为德者大矣”应该是“文章作为道的外在显现很广”。这既符合对道的传统认识，也可更好地疏通全篇。而黑格尔著名的“美就是理念的感性显现”的观点[②]，与刘勰的文德论——即“文章是道的外在显现”有异曲同工之妙。先生正是以自己精深的学术造诣，通过这样的点拨方式、巧妙的课堂教学，把学生迅速带至学术前沿。

第三节　鼓励参与，实践锻炼

先生总是鼓励博士生参与各种学术训练，集体讨论、会议交流、参与课题和编书等，在实践中培养博士生的科研能力。他引导组织博士生每周定期进行集体讨论，先要求每位博士生写一篇论文，然后由其他的博士生来分析批评，每周评点一位博士生的文章。在开学伊始，他就会给所有的同学申明，被评点的那位同学，届时无论怎样被批评，都不能生气。每次，先生都会安排两位博士生作“刀客”，由他们负责“主攻”，专门挑论文的刺，丝毫不能手软留情面，批评得越尖锐越好。而其他博士生负责“协攻”，每人都要找出一两点论文的不足。找不到问题的博士生就要被先生批

① 周振甫：《文心雕龙选译》，中华书局1980年，第19页。

② ［德］黑格尔：《美学》，朱光潜译，商务印书馆1979年，第142页。

评。由于这种压力，大家都抛开了学术讨论常见的那种虚伪客套，各显神通，对本周提供论文的同学进行火力猛烈的集中“攻击”。虽然有言在先，但是由于论争时场面火爆，一方咄咄进逼，尤以两位“主攻手”为甚，一方使出浑身解数，尽力应战招架，这往往会让被批评者脸红耳赤，甚至真的又气又急。当然，等到下次他成为“刀客”，自然也不会客气。这种学术争鸣的气氛，让人既紧张又兴奋，成为大家每周期待的学术盛宴。通过这种讨论，一学年下来，博士生的学术敏感性增强，知识面大大拓宽，论辩能力增强，写出来的论文有理有据，逻辑严密。而且更为难得的是，大家每周一聚，在论辩中促进了友情，懂得了合作。

同时，先生还大力鼓励博士生积极参加各种学术会议，以开阔眼界、增长见识，加强与国内外学术界的交流。很多博士们都从中收获颇多。如胡志红博士，他的博士学位论文《西方生态批评研究》，就是先生鼓励他去参加全国生态学术会议后获得的构思。胡志红博士凭着他对西方生态批评的研究，后来又获得了中国社会科学基金项目。先生鼓励博士生积极参与学术会议，或向会议投稿，或观摩学习，以期在交流碰撞中产生智慧的火花，在互相探讨中激活学术思想。“他山之石，可以攻玉”，先生鼓励博士生不要囿于门户之见，而是要游学于四方，主动吸取各种不同的学术思想，参与学术交流。

先生还经常让博士生参与他的课题研究，让博士生投入学术前沿的研究，锻炼他们的实践能力。如先生申请的国家社科基金重点项目“我国文化软实力战略研究”的成果中，都可见各位博士生的参与。先生另一个锻炼博士生能力的方法是编教材。如比较文学教材，他主编的已有五本，基本上都是组织博士生集体参与编撰。每一次编撰会，就是一次学术讨论会。先生将他在比较文学领域的最新思想与研究心得呈献给大家，尤其是他开创的比较文学中国学派的核心思想——变异学理论，并且将其渗透到他主编的教材中。

第四节　因材施教，指导选题

在教学过程中，先生凭着丰富的经验和洞察能力，对每位博士生的优点和不足了如指掌。他善于根据各位博士生的学术兴趣、爱好与特长，因材施教，结合比较文学与世界文学专业的研究范畴跨语言、跨民族、跨文化、跨学科的特点，指导他们扬长避短，确立自己的毕业论文选题方向及研究内容。

对于古文功底好且思辨能力强的博士生，先生就鼓励他们做中国文论话语的研究，如代迅的《断裂与延续——中国古代文论现代转换的历史回顾》、李杰的《中国诗学话语》等；对于外语好的博士生，先生就鼓励他们充分发挥外语的优势，研究中国文学在西方，或西方文学在中国的流传与影响，如王晓路的《中西诗学对话——英语世界的中国古代文论研究》；那些外语好而且思辨能力也强的，先生就鼓励他们做纯西方文论的研究，如蒋承勇的《西方文学“人”的母题研究——从古希腊到 18 世纪》；对古文与英文皆好的博士生，先生就鼓励他们做跨文化的比较研究，如傅勇林的《诗性智慧的和弦——中外古代文论诗学语言学比较研究》。

对那些掌握小语种的博士生，先生更是鼓励他们将小语种优势充分发挥出来，与导师研究的方向相结合。如靳明全日语好，他的博士学位论文是《中国现代文学运动、社团流派兴起和发展中的“日本影响”因素》。有一位博士生，是学法语出身的，法语非常好。先生在了解到当时还没有法语全译本的《文心雕龙》后，就鼓励这位博士生把《文心雕龙》全部译出，并且作为博士学位论文的组成部分。最后写出博士学位论文《〈文心雕龙〉法语全译及其研究》，大获成功。单凭她把《文心雕龙》全文译成法语，填补了空白，就非常有价值，就已经是世界第一人了。

对有跨学科特长的博士生，先生就鼓励他们将其跨学科的优势发挥出来。如彭兆荣、徐新建等对人类学感兴趣，他们的博士学位论文就分别做了《仪式谱系：文学人类学的一个视野》、《民歌与国学》；何云波爱好下围棋，最后他的博士学位论文为《围棋与中国文艺精神》；曾小月喜爱武术，博士学位论文就写了《武术与中国文学精神》。

由先生指导的博士学位论文来看，真的是不拘一格、精彩纷呈。在多年的博士生培养中，先生带领其弟子，已逐渐形成了几个颇具特色的毕业论文研究方向与模式，而且都做得非常好。这些已经证明行之有效的研究方向与方式，是从实践中得来的一笔珍贵的财富。但是，他并不满足于这些研究领域与研究模式。虽然博士们选题保持了较为稳定的方向，他还是不断地鼓励博士们开创新的研究领域，打破已有研究模式与套路。

第五节　重视德育，全面培养

博士生在社会大众的眼中，一般是古板的学术机器，不修边幅、不苟言笑、情商不高，甚至有心理问题。但是，先生带的博士生，却打破了这种社会成见。他的博士不仅学问做得好，而且大都幽默风趣、多才多艺、热爱生活，懂得团结与合作。先生桃李芬芳，弟子遍天下。这些学生不仅与老师经常联系，亲如家人，而且学生之间也是关系融洽，时常联络。这些都与先生的教育密不可分。先生有一项编外任务，已经形成了不成文的约定，渐成传统，届届相传。原来，每届博士生刚入学，都要组织一场文艺晚会，原则上是每位博士新生至少都要奉献一个节目，吹拉弹唱舞，形式不拘，只要能展现风采与个人魅力，开心快乐就好。

而先生每次在晚会上也要表演节目，或拉小提琴，或引吭高歌，或拉上夫人翩翩起舞。许多已经毕业多年的博士，在博士生入学时特意赶到成都，回到四川大学，就是为了参加这一年一度的聚会。他们畅谈学术理想，也谈生活琐碎，既拜见了恩师，又重温了当年的同窗之谊，还认识了新的师弟师妹。同门欢聚，其乐融融。每当看到一些博士生不堪压力，精神出问题，或消极悲观，或崩溃自残的报道时，我们越发能明白先生组织研究生们举办晚会的良苦用心。尊师重教、快乐学习、热爱生活、团结合作、和谐相处，这就是先生言传身教的真义，也是他培养出品学兼优、身心健康的博士的一个“秘诀”。

比较文学专业博士生的培养目标，是为国家输送学贯中西的学术精英。如何实现这一目标？先生以其近20年的博士生培养实践，给出了让人信服的答案。他培养的博士几乎个个都是德智体全面发展的高素质人才。这些博士奋战在社会的各条战线，做出了优秀的成绩。很多博士自己也早就成了博士生导师，尤其是傅勇林、蒋承勇、叶舒宪、张荣翼、徐新建、王晓路、罗婷、何云波等众多的曹门弟子，更是成为各自研究领域的重量级专家。先生以其学贯中西的大师级的学养、先进的育人理念、紧随时代的发展意识、高超的教学艺术、超一流的组织能力，以无疆之大爱，躬耕于杏坛，在比较文学专业博士生的培养方面做出了卓越成就。

（本章作者：付飞亮　宋德发）

第十二章　周益春的博士生培养之道

周益春，1963 年生于湖南衡阳，材料科学与工程学院教授。作为第二届“高等学校教学名师奖”获得者（2006 年），他以善于指导博士生而享誉业界：1999 年至今，他共培养出博士 19 人，其中晋升教授并担任博士生导师的 9 人、“长江学者特聘教授”1 人、“国家杰出青年基金”获得者 1 人、“全国优秀博士学位论文奖”获得者 1 人、“全国优秀博士学位论文提名奖”获得者 1 人、“湖南省优秀博士学位论文奖”获得者 3 人、“宝钢奖”特等奖获得者 1 人、“湖南省杰出青年基金”获得者 2 人、湖湘青年英才 1 人、湖湘青年科技创新创业培养对象 1 人，此外人均获得国家发明专利 1 项、国家自然科学基金 1.5 项，发表影响因子 1.5 以上论文 5 篇……这些成就让我们敬佩，也让我们好奇：他到底用什么“独门秘籍”带出如此多的高徒呢？通过半年多的追踪与寻访，观察和探索，我们发现了他的博士生培养之道中有三个关键词：态度、方法和团队。

第一节　“把研究生当做孩子一样带”

在一次公开演讲中，周益春教授提到一个他一贯所持的观点：一个人能否获得成功，20% 靠智商，80% 靠情商。情商的内涵很丰富，其中有一个层面就是对待事业的态度。态度也许不能决定一切，但很多时候它的确至关重要，甚至说是一切事业的前提和基础。那么，周益春教授是如何看待博士生培养事业的呢？

周益春教授一直坚持一个信念，导师要发自内心地爱护自己的弟子，“在 40 岁以前把研究生当做弟弟妹妹一样带，在 40 岁以后把研究生当做孩子一样带”，说得直白一点，就是“导师永远不要占学生的‘便宜’，要让学生多占导师的‘便宜’”。年过 40 岁的周教授开始将研究生当做自己的小孩一样去关爱、去赞美、去批评、去引导、去包容。他“悲伤着他们的悲伤”，毫不犹豫地捐出湖南省“芙蓉学者”岗位津贴 10 万元，为家庭贫困学生设立奖学金，解决了他们的后顾之忧；他“快乐着他们的快乐”，为学生的进步和成就感到由衷的幸福，觉得培养人才是一种享受，是一位导师最高意义上的成功。他的博士杨丽副教授形象地描绘："周老师保护自己的学生就像母鸡保护自己的小鸡一样。"可以说，他的每一位博士都亲身感受到导师在生活上无微不至的关爱。朱旺博士说："有一件事情我一直记得，早在读硕士一年级时，周老师把包括我在内的20多个课题组成员请到家里过中秋节，他亲自下厨为大家做出一顿美味大餐。"蒋丽梅博士深情回忆说："去年我刚生完小孩，我的丈夫过来和我一起读博士，周老师听说我们没有房子住，立刻帮我们安排在一个招待所。"

周益春教授将导师的角色提升到"父母"的高度，其责任感和担当精神让人感佩，也让很多现实问题迎刃而解。在采访他时，我们预设了一个想当然的问题："优秀研究生的培养需要导师和学生通力合作，但由于内因决定外因，所以在研究生的成长中，研究生自身的素质和努力才起到主导作用，那么，您认为您的博士研究生有哪些过人之处呢?"对于这种说法，周益春教授并不认同，在他看来，从所谓哲学理论的角度看，似乎如此，但如果导师真这样想的话，很可能是在为推卸责任寻找一种托辞，也就是说，研究生是否成才，导师的作用才是主导性的："没有教不会的学生，只有不会教的导师"，周益春教授如是说。他进一步表明，并非只有他一个人持这种观点，教育部原副部长张保庆也是这样理解的："我们现在高水平的博士生不多，是因为导师有问题，导师水平不够，给博士生指导方向有误，不能把博士生带到领域前沿去，这很麻烦。"他还援引《中国青年报》的一则报道强化他的观点：一项共有7730人参与的调查显示，53.6%的青年学子认为读研值不值的关键在于"跟了哪个导师"，导师在这个问题上的重要性，远远高于"自己的努力"和"学校的名气"。从周益春教授的学生那儿，我们获得了类似的答案，如荣获"全国优秀博士学位论文奖"的钟向丽副教授认为："我以前并不清楚自己适合做什么，能够做什么，会做到什么程度，但我很幸运跟了一个好导师，才能取得现在的成绩。"

周益春教授承认，湘潭大学由于地理环境、名气等原因，很难招收到天赋异禀的学生，这时导师如果没有足够的耐心和智慧去发掘学生的潜力，那么，学生的起点可能就决定了他们的终点；而将学生视作自己的孩子，情况可能就会不同，因为在每个父母的心目中，自己的孩子都是最好的，至少是可以越变越好的，所以他们都会付出100%以上的努力去培养他们。像父母对待孩子一样相信孩子的未来，就有可能将起点低的学生培养得比较优秀，将起点高的学生培养得非常优秀，甚至可以将起点低的学生培养成杰出的人才。

在实践中，周益春教授也确实将足够多的财力、时间和精力投入到学生身上，给他们上课，和他们聊天，和他们一起散步，一起开讨论会。由于和学生沟通得多，他的博士生都有一个共同的感受："和周老师在一起，就像和自己的父母在一起一样，很亲切，很温馨，没有丝毫距离感。因此，我们也敢于和他说自己的困惑、想法。"

我们有时不免疑惑，周益春教授身兼管理者、学者和导师的三重身份，是如何做到"分身有术"的呢？周益春教授认为，现代人的身份越来越多，尤其是专业做到一定程度的中年人，更容易被社会赋予更多的角色。在当今社会，要找到一个身份完全单一的人几乎是不可能的。就像身份最单纯的普通教授往往也兼具学者和老师的双重身份；而作为老师，他们又很可能身兼本科教学、硕士生指导和博士生培养的三重任务。面对这些情况，一个人稍不注意，就会造成身份错乱。不过，假如他头脑清醒，规划得当，又是可以解决身份危机问题的。

周益春教授化解身份危机的策略可以概括为四点：①在管理方面，给予下属足够的信任和权力，放手让他们去做。事实证明，适当的“无为而治”比管得太多效果还好一些。用他的学生，教育部“新世纪优秀人才支持计划获得者”王金斌教授的话说：“作为一个管理者（领导和团队带头人），周老师有一件事做得非常有智慧，那就是善于抓主要矛盾，善于宏观思考，善于把握方向性和前沿性的问题。”②在科研方面，讲究团队合作，用课题带学生，如一个国家课题分解成很多小课题作为博士论文题目。③比一般人更勤奋——他平时不唱歌、不打牌、不搓麻将，几乎将能用的时间都投在了工作上。“周老师经常一下飞机就可以召集我们开讨论会，对他来说，开会就是休息。”他的博士刘奇星评价说。“看到他头发操劳得都白了，我们有些于心不忍。”博士王秀锋感叹地说。④一年只招一个博士生。不管父母如何爱自己的学生，假如孩子太多，那么他的爱也是不够分享的。周益春教授尽管科研经费充足，招生指标很多，但他坚持“宁缺毋滥”、“质量远比数量重要”的原则，每年只带一个博士生。

第二节　“适当的方法会起到事半功倍的效果”

周益春教授认为，所有的父母都爱自己的孩子，但不是所有的父母都能教育好自己的孩子。同样的道理，如果导师对学生只有“爱心”，却没有掌握行之有效的方法，那么，这种爱也可能是“糊涂的爱”，对学生的成长，尤其是专业上的提升并无实质性的帮助。鉴于这样的认识，他极为重视方法的重要性。而他常用的方法主要有六种：

一是“聊天选材法”。周益春教授强调，他推崇导师的主导作用并不等于不重视选材的重要性。毕竟人各有所长，又各有所短，要是录取了一个根本不适合从事科研的人，那么任何导师都将束手无策。湘潭大学这个平台和名牌大学相比有一定差距，招收到特别有天赋的学生有些困难，但是依然具有一定的吸引力，还是有机会“矮子中选将军”，招收到一些科研方面的潜力股，关键要看如何去选拔。周益春教授说他不喜欢通过常规的考试来考查学生，而是偏爱用“聊天法”来探测学生的潜力，包括他们的性格、思维、表达能力等是否有可塑性。就像他的博士蒋丽梅所观察到的那样：“周老师特别喜欢奇才。”周益春教授坦承他更青睐思维活跃、喜欢提问、具有团队合作精神的学生。他的博士生马增胜，本科毕业的学校非常一般，到湘潭大学上研究生后考试成绩也很一般，但在听周益春教授的《材料固体力学》课时特别喜欢问问题，还经常和老师争辩，周益春由此发现了他的科研潜质，就破格招他为硕博连读研究生。短短三年时间中，马增胜进步非常大，在薄膜力学研究方面做出了出色的成绩：其论文发表在力学学科影响因子（为5.08）最高的《国际塑性力学》期刊上；一毕业就获得国家自然科学基金项目；协助魏悦广教授、周益春教授组织的“中国力学大会——2011 暨钱学森诞辰 100 周年纪念大会的薄膜、涂层及界面力学专题研讨会”吸引了一批国内外著名专家参加。

二是“潜移默化法”。周益春教授认为，有什么样的父母就有什么样的儿女。他的学生王金斌和钟向丽是科研上的“金童玉女”，平时很忙，吃饭的时候常会催小孩“快点、快点，学生在等我了”，耳濡目染，他们的小孩和同学们做游戏时也会说：“快点，快点，学生在等我了！”同样的道理，有什么样的导师就有什么样的学生。在他看来，导师可以被超越，也应该被超越，但导师首先应该被模仿。如果学生一直超越不了导师，那是学生的失败；如果导师不曾被模仿，那是导师的失败。周益春教授深情回忆到，他的硕士生导师赵伊君院士、博士生导师解伯民教授和段祝平教授深深地影响了他的一生。现在的他，不仅希望用“言传”，更期待用“身教”来影响自己的学生。周益春教授说：“赵伊君院士已经 82 岁，解伯民教授已经 81 岁，‘年轻一些’的段祝平教授也已 74 岁，他们却还在为国家的强盛奋战在科研阵地，我才 48 岁，怎能懈怠？如果懈怠了，我的学生如何看我？所以，努力是我必然的选择，我很努力，我的学生自然不好意思偷懒。”周益春教授的博士生杨琼这样描述自己的导师：“大年三十前一天才回家，正月初三就回到办公室，经常和我们一起吃盒饭，我们从未见过如此努力、如此痴迷于工作的人。正是在他的感召之下，我们也变得非常努力，你看现在是正月初十，我们整栋大楼已经灯火通明，同学们都回来做研究了。”

三是“圆桌会议法”。在“圆桌会议”上，周益春教授从未将自己当做居高临下地掌控话语权的领导、导师和权威，而是将自己视为与学生平等的一名科研人员，研讨一些共同的学术话题。周益春教授说：“我的学生喜欢和我‘吵架’，有时还‘吵’得很厉害，这点我特别喜欢，因为我们为学术问题而‘吵’，他们敢和我‘吵’代表他们不迷信、不盲从，有胆识、有发现和有思想，像我们最近刚刚完成的一本书的提纲，就是‘吵了好几场架’的结晶。”他的学生王金斌教授自豪地说：“周老师经常被我们批得‘体无完肤’。”

周益春教授还将博士、硕士论文放到圆桌会议上让学生一起来审，让他们找出其中的优缺点，然后再总结，这就可以让学生获得很好的启发。他申报项目也是如此，鼓励学生在会场对项目选题进行充分的集体讨论，一般只提缺点，很少说优点，通过讨论，课题申报书获得了完善，所以他们申报的项目基本上是百发百中。另外，周益春教授每年都要倡导两次大的学术讨论会，会议的标准和程序全部按照国际会议的通行规格，然后让学生自己进行组织，自己讲，大家讨论，这样既锻炼了学生的思考能力，又锻炼了学生的组织和表达能力。

四是“论文修改一段法”。周益春教授很重视文章的文字表达，他创造性地从中文系和英语系请来写作老师给博士生上写作课，以此来提升他们的表达能力。同时，他抽出大量时间给学生改论文，并且是当面修改。他要求学生坐在旁边，然后选择其中有代表性的一段，一个字、一个词、一句话地改：为什么要用这个词，不用那个；

为什么用这种时态，不用那种时态。当面指出来，这样学生的印象就非常深刻，改一遍就管用，大部分学生改了一两次就可以自己用英文写作和发表论文了。谈及论文修改，钟向丽博士还提及一件让她终生难忘的往事：2008 年冰灾，她刚好预产期将近，不方便出门，周益春教授就踏着冰雪，到她家里给她修改论文。如今钟向丽也是研究生导师，她说自己修改学生论文的方式正是从导师那里继承过来的。这一点，我们从无意中读到的一篇新闻报道（《湘潭大学博士、硕士生导师钟向丽：桃李满园，硕果累累》）中获得了证实："2007 级硕博连读学生张溢说，钟老师的敬业精神令人感动。他回忆道，2010 年中秋节，白天钟老师为他修改了一整天的论文，从语法、数据、结构、布局等各方面仔细修改。快要到晚上了，张溢心里在盘算着要和同学好好聚聚，就提出了明天再改的想法。'不行，今天一定要改好。'钟老师说道，就这样他们伴着圆月一直修改到晚上 10 点。"

五是"战略眼光选题法"。周益春教授认为，一个诗人不能遮住另一个诗人的光芒，但一个科学家足以让另一个科学家被遗忘，也就是说，人文科学研究"喜新不厌旧"，自然科学却"喜新厌旧"。所以，一个科研工作者要站在科研的最前沿发现问题，确定哪些问题是目前最重要的，是学术上的金矿。周益春教授说，一个好的选题意味着成功一半，可究竟如何选题呢？他总结出"九字方针"：一是"有意义"，即要有学术价值，属于科学问题，要有解决的价值；二是"有条件"，即要具备解决该问题的条件，能够解决；三是"有应用"，即国家和社会有这样的需求，尤其要考虑国家重大需求问题。国家不需要的选题，选了也没有用。国家所需要的，就是人们共同需要的，也就是每个人都需要的。像他们最近研制的铁电薄膜存储器、航空发动机热障涂层涡轮叶片以及薄膜动力电源等，都是关涉国计民生的现实课题。周益春教授认为，有了好的选题、好的思想，再加上勤奋和适当的方法，应该能够做出独特并且比他人更好的成果。

六是"九九八十一难法"。周益春教授认为，研究生的科研潜能需要借助一些外部压力来激发，因此，他联合导师组，为博士生们设置了"九九八十一难"。面试的时候，导师组在一起分析哪个学生适合做什么，又适合哪个导师来带。学生进校后，导师组又在一起商讨要开设哪些有针对性的课程。接下来是每两周召开一次的小型讨论会，在讨论会上，学生要向导师组汇报自己阶段性的思考和接下来的打算，这样做有两个立竿见影的效果：一是保证学生一直在学校；二是让学生锻炼出比很多文科生都好的口才。必不可少的还有每年两次的中期检查，即暑假前进行一次，放寒假前进行一次。然后是开题报告，分为两组进行，导师和他指导的学生分开，这样更方便其他导师对论文的构想进行"口无遮拦"的批驳。熬到论文答辩时，将论文交给答辩秘书，导师组再根据论文的方向分给两个导师进行内部初审。如果这篇论文最后没有通过答辩，那么他既不找导师负责，也不找学生负责，而是找两个审核人负责。经过层层把关和层层考核，周益春教授的博士最后都完成了蜕变。"过程越地狱，结果就越天堂。"周教授幽默地说。

周益春教授一再强调，导师必须清楚本科生培养、硕士生培养和博士生培养的区别——“给本科生常识，给硕士生方法，给博士生视野”，如果将研究生培养本科化，如天天上课、考试，不仅很累，也没有什么成效。如果遵循研究生培养的特点和规律，注重“战术”，即方法、思想和视野的训练，就会起到事半功倍的效果。

第三节　“有一个优秀的团队，才能持续性涌现优秀的个体”

周益春教授认为，研究生培养是一个系统工程，除了导师、学生的因素至关重要外，还有一个常被忽视的因素——团队。在他看来，团队意味着一种氛围、一种传统、一种文化、一种土壤。没有一个优秀的团队，或许能产生个别优秀的人才，有一个优秀的团队，才能持续性涌现优秀的个体，就像巴西更能产生大批的足球明星，美国更能产生大批的篮球明星，中国更能产生大批的乒乓球明星一样。举个简单的例子，博士论文的选题、结构、创新点、文字表达、一些涉及其他领域的试验数据等，是研究生一个人做决定更好？还是研究生和自己的导师一起做决定更好？还是融合一群导师和研究生的智慧更好？答案显而易见。要融合一群导师和研究生的智慧，就需要建设一个高水平且团结的科研教学群体。鉴于此，周益春教授一直致力于打造一个具有凝聚力和向心力的团队，以期为个人和整个学位点的博士生培养营造一个和谐的氛围和高水平的平台。

经过十余年的建设，到目前为止，他们团队是教育部创新团队、教育部首批教学团队、湖南省首批自然科学创新群体。团队共有教师 19 人（教授 10 人、副教授 6 人、讲师 3 人），其中国家教学名师 1 人，国家杰出青年基金获得者 2 人，教育部“长江学者”计划特聘教授 1 人，湖南省“芙蓉学者”计划特聘教授 6 人，湖南省“百人计划”专家 1 人，另有博士生、硕士生 70 余人。那么，如何将这些优秀的个体打造成更有战斗力的整体呢？团队核心成员钟向丽博士说出肺腑之言：“周老师把这个团队当成自己的家，他是一位民主、公正和慈爱的家长，我们是家庭的成员，他对我们有望子成龙、望女成凤的心态。我们需要他指导的时候，他就指导；需要他爱护的时候，他就爱护；需要他提供机会的时候，他就提供机会，他就是这样一个身份，绝对是这样，你们随便问哪一个学生，他都会这样说。我们这个团队这么大，有些小摩擦是很正常的，在他的带领和协调下，我们越来越融洽，你总感到不孤单，不会有人把你落下。我进入这个团队非常幸运，别人都很羡慕。”简言之，周益春教授秉承“小赢靠智，大赢靠德”的理念，从两个方面来凝聚这支藏龙卧虎的队伍：

一是不断加强自己的专业水平。周益春教授的博士们这样评价他们的导师：“周老师对科研充满了感情和激情，这些东西不是想有就有的。”周益春教授说他有一个偶像，就是我国著名材料科学家、中国科学院和中国工程院资深院士、国家最高科技奖获得者师昌绪先生。2007 年 6 月 1 日，师昌绪先生赠送给他一副亲笔题词：“做人要海纳百川，贵在诚心；做事要认真负责，贵在坚持；做学问要实事求是，贵在探索。与周益春教授共勉”。周益春教授指着墙上的题词告诉我们：“这是我为学、为人的标尺。作为团队带头人，如果我只懂得做协调工作，只知道站在一旁指手画脚，是不可能让人信服的，因此，我自己首先必须是个专家，有强烈的事业心、责任心，必须深入到教学科研第一线去，否则，不可能有新的思想和战略眼光，也自然无法带领整个团队朝着正确的方向前进。”正是因为有这样的信念，并通过数十年如一日的辛勤付出，周益春教授才在科研领域取得了一系列骄人的成就：先后承担国家自然科学基金杰出青年基金、国家863项目、国家863引导项目、国家自然科学基金重点和面上项目、湖南省科技重大专项、教育部重大项目培育项目等多项课题；先后获得省部级自然科学奖和科技进步奖一等奖各1项，科技进步奖二等奖1项，国家发明专利15项；在Appl. Phys. Lett.，Acta Mater.，Int. J. Plasticity等国际重要刊物发表SCI论文120余篇，论文被Science等国际著名刊物和他人引用600余次。也因为这些实绩，他才能成为2005年国家杰出青年基金获得者、教育部“跨世纪人才”和湖南省“芙蓉学者计划”特聘教授。

二是有包容心和牺牲精神。衡量一个学术带头人是否成功不仅要看他自己做得如何，更要看他的团队做得如何。在周益春教授看来，带好一个团队是非常复杂的事情，但一个有智慧的人可以让复杂的事情变得很简单，简单到只有两个词：“包容”和“牺牲”。他很推崇师昌绪先生的观点：做人不要嫉妒，因为“嫉妒是万恶之源”，有了嫉妒，会造成不团结，互相拆台，以至于可以完成的事情完不成。假如一个团队的领导嫉妒心太强，“武大郎开店，高者我不用”，那么更会使这个团队每况愈下，一代不如一代。周益春教授认为，每个人都有优缺点，在日常生活和工作中，要多看他们的优点，缺点可以批评，但放在私底下，并且表达得艺术一点，在公开的场合，鼓励要多一些。在涉及个体利益的时候，周益春教授则看得很超脱、很淡然，如平时和学生、同事合作发表论文，五六个作者，他一般署名最后一个。还比如他领导团队获得了一个“湖南省自然科学创新群体”，学校根据计算方案有岗位津贴48534元发给他，作为带头人，他只象征性地拿了2134元。他的博士杨丽副教授这样评价他的自我牺牲精神：“他是一个先人后己的人，比如每次申请课题，其他老师都会轮流找他讨论申报书，他有求必应，这样，他自己的项目往往都是放到最后一天看的。”正因为这样，周益春教授才具有强大的亲和力和号召力，将一群个性十足的博士、教授紧紧地团结起来，朝着共同的目标携手共进。

湘潭大学是全国重点大学，但不是名牌大学，培养博士生的历史不长，毕业的博士生数量也有限，但已有郑学军和周勇获得了“全国优秀博士学位论文”提名奖，丁建文、钟向丽和钟柳强获得了“全国优秀博士学位论文”奖，“全国百优”占授予博士学位人数的比例达到1.3%，是全国平均值的6倍多。那么这是偶然和奇迹吗？周益春教授用他的博士生培养启示我们：这既不是偶然，也不是奇迹，在已有条件下，用独到的眼光发掘和招收具备一定科研潜力的学生，但不要太多，每位导师每年只带一个，像父母爱护孩子一样爱护他们、包容他们、引导他们，同时运用一些切实可行的方法，并且为学生的成长打造一个高水平、具有凝聚力的团队，那么，非名牌大学也可以不断培养出“全国百优”获得者这样的名牌博士。

第十三章　名师研究与讲授观的形成

从这一章开始，本书的写作将从“研究他者”转向“研究他者对自我的提升”。应该说，本书最为关注的大学教学名师其实还是大学名嘴。原因在于我有无法割舍的本科教学情结。当然，我的本科教学情结难以割舍，也是有现实原因的：一是因为我工作的湘潭大学是一所以本科教学为基础和品牌的大学；二是因为我本人虽然也是研究生导师，但日常工作还是以本科教学为主导；三是因为课堂讲课是我最大的爱好和追求。

研究大学名嘴，不仅极大地提升了我讲课的能力，而且改观了我讲课的理念。换言之，通过研究迈克尔·桑德尔、谢利·卡根、易中天、潘知常、卢家楣、何云波、王立新、吴广平、孙丰国、刘小丽、王协舟、西南联大的名师们、老北大的名师们、新北大的名师们等国外或者国内、过去或者当下、远方或者身边、资深或者年轻、红遍地球或扬名校园的大学名嘴们，我的讲授观渐渐形成。下面，结合我的《西方文学史》教学，从“如何讲”和“讲什么”两个方面来梳理和总结我的讲授观。

第一节　如何讲?

大学老师该如何讲课？我觉得有五个关键词不可绕过。

一是“脱稿”。曾读到一篇写吉林大学名嘴宋天佑教授的文章，里面提到，脱稿是他讲课受欢迎的一大秘诀：“脱稿，是宋天佑最大的授课特色。一节无机化学课有近 20 块板书的容量，有时一次课有十几道计算性质的例题，从题目给出到解题过程和答案，涉及数十个数据；有时一次课有百余个原子半径、元素电离能和电子亲和能等数据的对比，所有这些他都装在脑子里，上课时以洋洋洒洒、迅速流畅的板书写在黑板上。他对这些数据掌握的数量、程度和准确性令学生们都感到惊奇。有的学生也曾怀疑他板书中的大量数据正确与否，课后与教材进行核对，发现确实准确无误，令人拍案叫绝。”①

后来又读到关于名嘴李元洛的文章，里面提到他上课用背诵来增强课堂感染力：

元洛先生上课时带了一沓事先打印好的资料，上面有李白的两首诗：《将进酒》和《蜀道难》，他边叫班长发给大家，边说“这两首诗大家要背得啊!”

讲课时，他请一位同学先朗诵《将进酒》，作家网艺术总监黄中泉同学自告奋勇举手朗读，读完后元洛老师一开口便指出了“进”字不读“jing”，而应读“qing”，“请”的意思，还说感情色彩不够。接着元洛老师用他的湖南普通话将诗背诵了一遍，声音洪亮，语速不快，抑扬顿挫，逻辑重音明显，将作品的内在情感演奏得淋漓尽致……

元洛先生说，我们作为一名中国作家，中国文学作者，唐诗的修养是应该具备的，连唐诗宋词都背不了几首，这与中国作家、中国文学是不相符的。

在叫同学们背诵了陈子昂的《登幽州台歌》：“前不见古人，后不见来者，念天地之悠悠，独怆然而涕下”后，元洛先生说，很多人都知道，“者”要读成“zha”，要押韵而不是读成“zhe”，现在不押韵了是因为语言的变化。他问大家：“大家背的时候是不是感觉味道就出来了?”接着说，陈子昂站在北京的幽州台上，有一种巨大的时空感以及个人在广袤的时空之间的渺小之感，虽然如此，他还是有建功立业的豪情，所有这些全部体现在这首千古绝唱之中了。

课堂上，元洛先生时而面对黑板，时而来回踱步，讲课中穿插着他一首首唐诗的朗声背读。围绕《静夜思》：“床前明月光，疑是地上霜；举头望明月，低头思故乡。”元洛先生情不自禁地先后用长沙话、普通话、唱歌这三种方式进行了激情的演绎。他详细解释了这首诗的“来龙去脉”，并且还纠正了我们过去的误解，即“床前明月光”的“床”并不是指晚上睡觉的床，在唐代，“床”是指水井，“床前”就是井口前，令我们恍然大悟。

背诵中，他声情并茂，如怨如慕，如泣如诉，忘我而陶醉，不时夹带诙谐幽默兴到意随的解说，气氛活脱潇洒，洋溢着人们对唐诗的景仰热爱，充盈着现代人对诗意生活的渴望。②

其实，对于一名老师来说，脱离讲稿并不是一个最高的要求，而是一个最基本的素质。课堂教学最忌讳照本宣科。在“前多媒体时代”，照本宣科是指念教材或者念讲稿，在多媒体时代，照本宣科又增加了一种新方式：念多媒体课件。出现“照本宣科”的情况，是因为老师没有用更多的心思和时间来撰写、记诵自己授课的武林秘籍：一本个性化的抽屉讲稿。

---

① 张伟涛:《坚守在大学讲台上——记首届名师奖获得者、吉林大学教授宋天佑》，教育部高等教育司组编:《名师颂》第一卷，教育科学出版社 2007 年，第 148 页。

② 郭务强:《李元洛的讲课艺术》,《握手名师——一位中学校长的拜师手记》，珠海出版社 2010 年。

脱稿为课堂教学的成功奠定了很好的基础，很多成功的老师都有一个共同的特点：完全脱稿。一篇很好的讲稿，如果是念出来的，效果会大打折扣，学生对你的专业水准和职业态度也会产生一些怀疑。相反，如果讲稿写得弱一些，但如果是脱口而出的话，也会赢得学生的尊重和好感。他们会觉得自己遇到了一位非常敬业的老师，这时在心中可以给你打上七八十分了。鉴于这种认识，笔者不管遇到什么样的讲稿，都力争熟练地背诵下来，比如普希金的诗歌、莎士比亚戏剧中的台词、列夫·托尔斯泰笔下人物的独白，以及以中国文学为参照系时涉及的《诗经》和《楚辞》等。当一位老师做到手中无教案、眼中无教案，甚至心中无教案后，自然就可以追寻更高的授课境界了。

二是"幽默"。记忆讲稿，固然重要，但是还需要将讲稿生活化、口语化。写论文和上课的区别就在于：写论文是用来看的，上课是用来听的。人的视觉更有耐心，可是人的听觉却非常挑剔。因此，写论文是将生活提升为理论，而上课是将理论还原为生活。在将讲稿生活化、口语化的过程中，幽默的作用就显现出来了。幽默当然不是指讲一些与课程内容无关的笑话，而是指用非常通俗、大众化的语言，如适当借用一些流行歌词、影视对白、广告语、歇后语、方言俗语等，表达某些学术性的思想。换句话说，同一种思想，你可以用呆板的书面语说，也可以用灵动、活泼，让人回味无穷的口语来说。比如，你可以说海伦是希腊半岛最美丽的女孩，也可以说海伦是"希腊半岛的岛花"；你可以说阿喀琉斯在海边伤心落泪，也可以说阿喀琉斯"一个人流泪到天亮"，他的遭遇让我们深深地懂得了"男人哭吧哭吧不是罪"；你可以说奥德修斯之所以能够返回故乡是因为他一心想着返回故乡，也可以说"如果你知道去哪里，全世界都会为你让路"；你可以将达吉雅娜写给奥涅金的情书打在课件上读一遍，也可以用陈楚生的歌词给概括出来："有没有人曾告诉你，我很爱你"；你可以说古希腊人热爱体育，也可以说"古希腊人对体育的热爱就像中国人对麻将的痴迷"。

有人认为幽默是天生的。其实不完全使然。幽默与其说是一种先天的能力，不如说是一种后天的态度。比如，深受人们欢迎的教学大师易中天就以"易式幽默"而著称。但据他自己爆料，他上课时所用到的很多幽默话语都是平时绞尽脑汁设计好的。尽管有部分学者或"高层次"的听众对易中天的幽默不以为然，给他扣上"哗众取宠"的大帽子，但是，如果每一位大学老师都能够像他这样热爱教学，用心备课，并且达到他那样的语言水准，我们就无法苛求他做得更多、更好了。当然，如果先天缺乏幽默细胞，后天也对幽默不感兴趣，那么，还可以像于丹那样激情四射，尽管于丹的授课方式也不是所有的人都习惯和欣赏。

三是"激情"。激情或许是一种最可意会而难以言传的东西。激情是自信的表现，而自信来源于老师经过艰苦的努力，对授课内容的把握达到烂熟于胸、信手拈来的程度。一个埋头念教案的老师不会有激情，一个满口书面语的老师难以有激情。激情需要一定的普通话水平，但两者没有必然的联系，有的老师普通话水平不高，但是丝毫不影响他激情四射。激情需要讲究授课的节奏，如分析希腊神话的内涵时，可以用轻快的节奏；朗诵普希金的《致凯恩》时，可以用沉醉的神情；讲解列夫·托尔斯泰时，可以用深沉的语调。激情是一种投入，简单地说，老师先要打动自己，然后才能打动学生。不过，激情不是煽情，如果说是，那也是一种自然的煽情，是情到深处时水到渠成式的升华。而煽情呢，就是做作的激情，毫无准备、突兀的激情了。这好比唱摇滚乐，高明的摇滚歌手会用他的音乐和歌唱将一首歌自然地推向高潮，全场观众也在不知不觉中抵达一种沉醉、亢奋的状态。而低劣的歌手，不是想用歌声和音乐来打动观众，而是一上舞台，先自己莫名其妙地 high 起来，在那里又蹦又跳，自作多情地呼喊全场观众随着他一起摇摆，这就不是一个摇滚歌手在释放激情，而是一群疯子在发癫。

四是“技术”。新时代的老师基本告别了黑板和幻灯片，迎来了多媒体时代。对于《西方文学史》而言，多媒体不是万能的，没有多媒体是万万不能的。笔者旁听过一门《广告学》，该课程将图片、影像、图表、色彩、声音等技术运用得炉火纯青，笔者的钦佩之情油然而生，决定仿效他的成功做法，探索如何让《西方文学史》教学告别平面时代，步入立体化的阶段。于是，在下学期的教学过程中，笔者一会儿插入电影片段，一会儿播放电视专题片。期末时，却失望地得知，学生们对于这学期课程的评分只有 87 分，这比“课堂改革”之前的上学期低了 8. 5 分。

原来，我犯了迷恋技术、冷落艺术的错误。《西方文学史》毕竟不同于《广告学》，因为《广告学》的个案主要以影像为载体，离开多媒体，这门课会讲得死气沉沉。可是《西方文学史》的个案是以文字为载体的文学作品，它毕竟不是“西方电影史”、“西方美术史”，因此，在有限的课时中掺杂太多的非文学因素，必然会大大挤压原本属于文学的空间。同时，插入太多花里胡哨的东西，不仅打断了课堂节奏，还摒弃了语言分析的魅力，对文科教学有害无益。

有了这样的教训后，笔者开始思考多媒体技术与语言分析的兼容问题，认为应该将多媒体技术用在最需要的地方。比如讲古罗马文化的起源，可以播放电影《特洛伊》片段：特洛伊城被攻破后，特洛伊王子帕里斯拉住一位准备撤退的年轻人，他叫做埃涅阿斯。帕里斯将一把剑交到他手中，告诉他，带着这把特洛伊之剑，去创建一个新的特洛伊。这个新的特洛伊就是罗马的前身。然后开始讲罗马的起源和发展，讲罗马文化与特洛伊文化的渊源关系。

五是“表演”。中国老师大多内敛、羞涩，虽然有些男性老师的授课语言颇有气势和外放，但在肢体语言上依然非常单调和机械，甚至没有任何肢体语言。讲台其实也是一个舞台。老师虽然不是演员，但自学一点表演才能是会有用武之地的。尤其是上文科课，不仅语言上要放得开，肢体上也要放得开。中国老师不一定要像西方老师那样说到动情处，就放肆地坐到学生的桌子上，或者说到腿毛就卷起自己的裤腿，但应该学习一些西方老师的自信、大胆，不要让讲台和话筒捆缚住自己的四肢。朗诵普希金的《自由颂》时，可以把自己当成专业的名主持；表演哈姆莱特的独白时，可以化身为明星级的话剧演员；讲解达尔丢夫的虚伪时，不妨扮演一下伪君子……

当教师用肢体充分释放自己的激情后，课堂气氛也随之被调动起来。所以说，师生互动、教学相长不是只有老师提问题、学生站起来回答这么一种表面的方式。教师的眼神、动作等都可以把学生带入到一种心灵共鸣的语境，让他们能够发自内心地参与到课堂教学过程中。当然，除了老师的表演外，也可以适当地为学生提供一个表演的空间，如上学期，可以让学生改编、导演和演出《哈姆莱特》片段；下学期可以让学生改编、导演和演出《等待戈多》。如果同时教两个以上的班，还可以让他们的表演进行 PK，让学生作为大众评委来打分评判。

第二节　讲什么？

大学老师上课讲什么？也有五个关键词不可绕过。

一是“借鉴”。对于学术研究而言，独创是必需的，独创也是很难的。正因如此，很多学者为了创新，选择一块学术自留地，数十年如一日地辛勤耕作下去，希望在自己的研究领域成为专家。可是，当学者同时也是大学老师的时候，问题也随之出现。大学老师需要做普及工作，这就需要他对所授课程有比较广泛的了解，换句话说，教学工作需要他是一位杂家。但是学术界已经形成一条潜规则：专家比杂家吃香。开学术会议的时候，同行总是习惯性地问一句：“你是搞什么的?”如果答不上来，便自觉矮人一截。为了能在学术圈立足，专家们只能用钻牛角尖的精神把自己的自留地深挖三千尺，可是离开自己的自留地，他所知道的不见得比食堂里卖菜的师傅多。这也是很多知名学者很难上好一门本科课程的原因所在。

笔者主要从事美国当代作家约翰·厄普代克研究，但是讲授的却是“西方文学史”课程，根本不会讲到这位作家，也就是说，笔者的此类研究和教学几乎没有关系。笔者还从事俄罗斯作家普希金研究。在西方文学史上，普希金是一位需要重点推介的作家，笔者便将自己的研究成果浓缩成两节课，既达到普及的目标，也体现出一定的学术创新。从这个意义上说，学术研究会提升课堂教学的质量，和课堂教学是相辅相成的。不过，一位老师要像专家那样，对每个授课对象都做过精深的研究，都提出自己的学术观点，是根本不可能的。而且作为老师，由于精力和时间的有限性，如果对某些问题没有经过较长时间的思考，那么就算提出一些自己的见解，这些“自己”的见解也未必是最好的、值得推广的。

因此，大学老师除了勤于耕耘自己的学术自留地，还应该留出足够的时间广泛涉猎他人的研究成果，在比较中鉴别，在鉴别中寻找最好的观点，以便在课堂上用自己的方式介绍给学生。举个例子，笔者在讲授但丁的《神曲》前，阅读了大量相关的论著，发现徐葆耕先生的讲解最为独特和精彩。徐葆耕先生认为但丁梦中游览地狱、炼狱和天堂的表层故事下隐藏着人类幸福的秘密：天堂之路＝维吉尔＋贝特尼采，即幸福之路＝人智＋爱。在此基础上，笔者还做了一些阐释：幸福的秘密很简单，就是做一个有知识的人，做一个有爱的人，更通俗地说，就是做好一份工作，爱好一些人。

二是“比较”。比较是深入和全面看问题的一种基本方法，它有助于我们思考哲学、历史、法学、教育学等各个领域的问题。以《西方文学史》教学为例，讲授古希腊神话时，就可以借鉴比较文学的思维。古希腊神话的一大特点就是神的人性，很多教材都是这么说的，但都说得非常突兀和抽象。所谓特点，是通过比较而显现出来的。为了让这个概括更具有说服力，笔者将中国神话作为镜子加以参照：在中国神话中，神一心为公，在希腊神话中，神一心为私；在中国神话中，神是人类的保护者，在希腊神话中，神是人类的主宰者；在中国神话中，神是严肃的，注重内在的道德修养，在希腊神话中，神是浪漫的，注重外在的世俗享乐；在中国神话中，神在有缺陷的外表下面掩藏着没有缺陷的单一的神性；在希腊神话中，神在没有缺陷的外表下面掩藏着有缺陷的单一的人性。同样的道理，讲授中国文学也可以有意识地以西方文学为参照系。比较思维的运用既可以帮助学生回顾、整合已经学过的各种知识，也可以为学生学习将要开设的《比较文学》、《比较文化》等课程做好意识和案例上的储备。

三是“故事”。近几年，图书市场上流行“故事系列”，如《西方文学的故事》、《西方历史的故事》、《西方宗教的故事》等。这其实启示我们，理论虽好，可理论不能当饭吃呀，好比牛奶虽然营养，可不是每个人都能消化吸收的。郜元宝先生最近发表了一篇文章，叫做《没有“文学故事”的文学史——怎样讲述中国现代文学史》。文章中说中国人写的“中国文学史”追求“大而全”，太注重文学规律的发现和概括，太在意文学背景知识的烦琐介绍，没有文学性和故事性可言。笔者也注意到中国人写的“西方文学史”存在相同的问题，并将这种撰写模式称为“第二十二条军规”。其实，专家们撰写的“西方文学史”有没有故事并不重要，重要的是，老师自己在课堂上讲的“西方文学史”应该具有故事性。文学史教材的主要作用在于提供了经典作家、作品的线索，一个稍微有水准和追求的老师自然不会照着教材的内容来讲课，因为教材学生也人手一本，他们自己可以看。教师需要做的工作之一就是将概念化的文学史还原为丰富生动的故事。

文学的本质就是故事，故事的内容是文学的内容，即文学是人学；讲故事的方式是文学的形式，即文学是美学。西方文学史上的经典作家个个都是讲故事的高手，莎士比亚之所以是莎士比亚，因为他讲述过《哈姆莱特》；托尔斯泰之所以是托尔斯泰，因为他讲述过《战争与和平》。因此，对外国文学的理性分析应该建立在对故事的生动讲述基础上。这也是文学课不同于历史课、哲学课、伦理课的独特魅力所在。对此，我们还应该走出一个误区：故事是肤浅的，只有理论是深刻的。那么，莎士比亚有什么理论？普希金有什么理论？陀思妥耶夫斯基有什么理论？生动有趣的东西也可以蕴含深刻的道理，枯燥无味的东西不一定就是高深的哲理。

同样的道理，历史、哲学、伦理学等课程虽没有文学课那样具有故事性，但它们的很多理论问题如果借助故事来传达和解释，则能赢得更多的听众，也更容易被听众吸收和消化，这或许是易中天老师的成功秘诀之一吧。而法学、商学这样的课程如要上得精彩，经典案例的运用也是必不可少的。

四是“逻辑”。作为体系性的课堂教学，不能过多运用发散式的思维，天马行空式地漫谈。毕竟常规的教学不同于偶然性的学术讲座。其实，就算是学术讲座，思路和语言有逻辑性和层次感，也比随意的漫谈要好一些。以《西方文学史》教学为例，它需要遵循一个总体的逻辑：从故事到理论；从理论到理念。这就需要作家、作品先行，文学思潮、文学规律殿后。比如讲文艺复兴时期文学，可以将“文艺复兴文学概论”作为最后一节来讲，先讲但丁、塞万提斯、彼特拉克、薄伽丘、拉伯雷、莎士比亚。如果先讲“文艺复兴文学概论”，很容易带着理论的笼子去找作品的鸟，违背了从感性到理性、从个案到理论的认知习惯。

讲作家作品，可以分为两部分：“作家的故事”和“作家讲述的故事”。讲“作家的故事”，最好不要按照时间顺序罗列作家的生平事件，而是抓住他生命中与创作密切相关的关键词来加以分析，比如但丁的生命关键词是：“政治”和“爱情”；塞万提斯的生命关键词是：“倔强”——“断臂”、“越狱”、租住在“楼上是青楼，楼下是酒楼”的房间里创作；普希金的生命关键词是“爱情”和“死亡”；歌德的生命关键词是“伟大”和“庸俗”；陀思妥耶夫斯基的生命关键词是“死而复活”等。讲述“作家讲述的故事”时，最好用富有现代生活气息的语言复述故事，然后做字面意义、时代意义、象征意义三个层面的分析。

五是“精神”。雅斯贝尔斯认为：“假如大学里缺少这种人际间精神活动的背景，只讲书本，不谈哲学；只做实验，不研究理论；只叙述事实，而没有理论概括；只有学术的方法训练，而精神贫困；那么，这样的大学必定是个贫瘠的大学。”① 也就是说，作为外国文学老师，我不仅要传递知识，讲解方法，还要挖掘出这门课程内在的精神。每一门课程都有它内在的精神。法学的精神是什么？商学的精神是什么？哲学的精神是什么？而一门课程的精神是通过每一节课的精神逐步体现出来的。我们将这种精神称为一门课或者一堂课的灵魂。以《西方文学史》为例，一个伟大的作家，他自身的故事有灵魂，他所讲述的故事也必定有灵魂，“作家的故事”和“作家讲述的故事”所构建起的西方文学也必定有灵魂。因此，对作家的介绍要呈现出作家的灵魂；对作品的解读要发掘出故事中的灵魂；对外国文学的整体性辨析，要探索出异域文化的灵魂。

比如普希金的生命关键词是“爱情”和“死亡”。他的“爱情”说明他忠诚于爱情，但不忠诚于爱情的具体对象，这是西方诗人的一种共性，他们表面上是迷恋爱情，其实是在追寻美和激情。同时也表明西方文学尊奉“人以文传”而非“文以人传”的传统。普希金的“死亡”说明普希金虽然外表柔弱，骨子里却哗哗流淌着俄罗斯的精神：勇敢、好强、永不服输，这也是他与沙皇专制制度对抗时所持的态度。普希金作品的灵魂是“爱”、“美”和“自由”。当然，具体作品也要具体分析。以《叶甫盖尼·奥涅金》为例，从故事的表层意义来看，它讲述了一个爱情悲剧：爱一个人不难，被一个人爱也不难，难的是让两件事情同时发生；从故事的时代意义来看，它讲述了俄罗斯文化转型时期一个多余人的故事；从故事的象征意义来看，多余人不仅是特定时代的人物形象和文化现象，也代表着一种普遍的生命状态。

---

① ［德］雅斯贝尔斯：《什么是教育》，邹进译，生活·读书·新知三联书店 1991 年，第 151—152 页。

《荷马史诗》的灵魂是“智慧”、“力量”和“荣誉”；骑士文学的灵魂是“骑士永不离开老妇人”；《巨人传》的灵魂是“让生命冲破一切的禁忌，抵达一种无拘无束、自由自在的境界”；《堂吉诃德》的灵魂是“盲目的热情固然需要避免，但信仰的旗帜不可轻易放倒”；《神曲》的灵魂是“怎样获得幸福”；《红与黑》的灵魂是“什么是幸福”；《浮士德》的灵魂是“没有终极意义上的理想，只有永恒意义上的追求”，“欲望是生命之源，欲望也是死亡之根”……作家的灵魂和作品的灵魂便构成了西方文学的灵魂：人文主义。

第十四章　名师研究与写作课教学

哈佛大学前校长德雷克·博克认为："所有的本科生都需要提高各种形式的表达能力，其中最广为人知的，是精确而优美的书面表达能力，其次是清晰而有说服力的口头表达能力，这些是学生在大学期间和毕业之后都会广泛运用的能力，也是作为公民和一切从业人员所应具备的能力。当被问及聘用大学毕业生最看重什么时，许多用人单位反复强调了书面表达和口头表达的重要性。"① 不过，他又不无失望地发现"许多学生在写作方面存在严重缺陷，他们不仅很难准确地表达自己的思想，而且对写作课本身有抵触情绪"②。

美国学者博耶也认为，语言表达是本科生学习的基础性内容，但太多的大学生并没有打好这个基础：

语言是第一要求：精通语言的文字写作和口语表达技能是顺利进行本科学习的基础。学生须借助语言，才能有效地领会和表达感情与思想。在大学里要取得成功，学生必须能够清晰明了地写和说，并具有读与听的理解能力。语言和思想是不可分离的，当学生发展其语言技巧时，也就在提炼他们的思想，就会变得聪明和富有社交能力。

我们这里说的语言，指的是英语。在一个相互依赖与日俱增的社会里，掌握第二甚至第三语言是高等教育的一个重要目标。但现实的情况是：假如学生不能用英语有效地进行交流，那么他们将难以适应美国的生活。语言技能的缺乏会造成巨大的障碍，将使一个学生在教育、社会交往和职业选择方面受到许多限制。

虽然精通语言是大学层次教育的基础，我们还是不断地听到教师抱怨他们的学生

---

① ［美］德雷克·博克：《回归大学之道——对美国大学本科教育的反思与展望》，侯定凯等译，华东师范大学出版社2012年，第45—46页。

② ［美］德雷克·博克：《回归大学之道——对美国大学本科教育的反思与展望》，侯定凯等译，华东师范大学出版社2012年，第58页。

没有在这方面为大学的学习做好充分的准备。一位沮丧的教授这样地指出这个问题："我的新生多数是'善于辞令'的，但是他们往往难于清晰地表达一个思想。我阅读他们的书面作业时，能发现一些有趣的想法散落在各处，但坦率地说，要确切地领会他们究竟想说什么，是很难的。"一位数学教授说："关于培养更多的科学家和工程师，我们这里谈论得很多。然而在我与我的学生之间，最大的问题却是如何引导他们阅读和写作。"①

湘潭大学的"顶层设计者"们也意识到写作的重要性，以及湘潭大学学生写作能力的欠缺（但目前还没有意识到口语表达的重要性，所以并没有系统性地开始演讲与口才方面的课程），为了弥补这一缺憾，他们决定在全校范围内开设写作课，并从文学与新闻学院抽调骨干担任任课老师。就这样，从2014年开始，我在法学院和兴湘学院的八个班开设了写作课。

读大学期间，我也听过一门写作课，48课时，老师讲得快"吐血"了，我却不知道他讲了什么。没料到，十几年后，我也要上写作课了。在诚惶诚恐、不知所措中，有一个信念还是很明确的：不能让历史重演，让自己变成当年那个痛苦的老师，让学生变成当年那个痛苦的我。因此，在接到任务后，我便开始冥思苦想：该如何让我的写作教学既不"吃力"，还能"讨好"。

在查阅资料的过程中，读到了汪曾祺的散文《沈从文先生在西南联大》。文章说，沈从文在西南联大开过一门写作课，叫"各体文习作"。作为写作老师，沈从文最大的优势是：写作经验丰富，写作水平高，对写作的理解很透彻，有东西讲；沈从文最大的劣势是：口才不佳，湘西口音很重，声音又低，有东西讲，在课堂上却讲不出来。毋庸讳言，如果是讲其他本科课程，沈从文的劣势会压倒他的优势，无法保障教学效果；但写作课的特殊性却让沈从文的优势压倒了他的劣势，让教学效果出奇的好。

在读这篇文章之前，我一直绝望地以为，写作是无法教的，这就像汪曾祺在文章开头所担忧的那样："创作能不能教？这是一个世界性的争论问题。很多人认为创作不能教。我们当时的系主任罗常培先生就说过：大学是不培养作家的，作家是社会培养的。这话有道理。沈先生自己就没有上过什么大学。他教的学生后来成为作家的，也极少。但是也不是绝对不能教。沈先生的学生现在能算是作家的，也还有那么几个。问题是由什么样的人来教，用什么方法教。现在的大学里很少开创作课，原因是找不到合适的人来教。偶尔有大学开这门课的，收效甚微，原因是教得不甚得法。"②

上完沈从文的写作课后，汪曾祺的担忧没有了，他开始承认，写作是可以教的，就看由谁来教，用什么样的方式来教。读完沈从文教写作的经验后，我的绝望也消失

---

① ［美］博耶：《美国大学教育——现状·经验·问题及对策》，复旦大学高等教育研究所译，复旦大学出版社1988年，第89页。

② 汪曾祺：《沈从文先生在西南联大》，《汪曾祺散文选集》，百花文艺出版社1996年，第45页。

了，我开始相信，写作虽然很难“讲”，却是可以“教”的。

第一节　太易的和太难的少教

写作的内容包罗万象，面面俱到地教，没有可能，也没有必要，根据现实需要和教师自身的条件，有选择地教，或许是明智之举。在选择“教什么”时，我遵循两个基本原则：

一是太容易的少教。有些文体，比如“请示”、“决定”、“通知”、“办法”、“消息”等，属于“傻瓜相机式”文体，有模版可套，简单易学，几乎无发挥空间，也很难分辨水平高低，加上教材上写得明白，故学生自己看看就会，甚至有迫切需要时，临时“百度”一下就能解决问题。这些文体缺乏基本的挑战性，教得太多，既占用了课时，也降低了教学的趣味性和生动性。

二是太难的少教。我教的写作，主要属于“应用写作”，这是不同于沈从文教的文学创作的。尽管我们的指定教材给“诗歌”、“戏剧”、“小说”和“散文”四种文学文体专设了章节，但实际教学时，我只保留了“散文”，放弃了“诗歌”、“戏剧”、“小说”。这主要出于三点考虑：首先是这三种文学文体太难，没有一定的天赋、兴趣和日积月累，短时间内无法学会，也无法提高；其次是这三种文体我自己均无相关创作经验，如果强行去教，那和不会跳舞之人去教人跳舞一样，只会贻笑大方；最后是这三种文体应用价值不明显，学生，尤其是非中文系学生，学习的需求不强烈。当然，如果刚好有擅长文学创作的老师，对于这三种文体，倒是可以多教一些，这不仅可以增强学生的文学素养——如果文学素养足够高，那写什么文体都变得简单了，还可以展示教师的个人魅力。比如我的同事郑长天博士，是一位著名诗人，自然可以重点教一教诗歌写作。但据我了解，绝大部分写作老师都没有什么文学创作经历，因此，教文学创作恐怕是在“赶鸭子上架”。

总之，在“教什么”方面，我是不需要教的少教，教不了的少教，多教需要教且可以教的。在此思想指导下，我保留了指定教材上的“求职信”、“申论”、“通讯（报道）”、“总结”等少数内容，增加了校园生活中常见、常用的和将来社会生活中常见、常用的“情书”、“评论”（包括影评、书评、时事评论等）、“悼词”、“访谈”、“演讲稿”等内容。

总之，我不会将写作课教学的目标理想化，过于追求一种“深度”写作；但也绝不会将写作课教学的目标矮化，满足于一种“浅度”写作。我尝试的是一种“中度”写作。

第二节　少讲多写

写作应该“如何教”？我非常同意汪曾祺的一个说法：“教创作靠‘讲’不成。如果在课堂上讲鲁迅先生所讥笑的‘小说作法’之类，讲如何作人物肖像，如何描写环境，如何结构，结构有几种——攒珠式的、橘瓣式的……那是要误人子弟的，教创作主要是让学生自己‘写’。沈先生把他的课叫做‘习作’、‘实习’，很能说明问题。如果要讲，那‘讲’要在‘写’之后。就学生的作业，讲他的得失。教授先讲一套，让学生照猫画虎，那是行不通的。”①

以我听课的体会，老师很会讲，对上理论课或许会很有效，但对写作课意义不是很大。因为写作更注重实践和经验，在课堂上纸上谈兵，老师痛不欲生——因为没有那么多东西可讲；学生生不如死——因为想学的老师都没有讲。这好比上游泳课，教练用80%的时间讲游泳的概念、游泳的分类、游泳的历史、游泳的意义、游泳的步骤，等等，剩下20%的时间才让学生下水体会游泳的乐趣或者艰辛，结业时，也很少考游泳的技能，而专考各种游泳的理论知识，估计会有多少学员最后学会了游泳？我大学时期的写作老师，可能是没有理解写作课的特殊性，将“写作课”上成了“写作理论课”，“言传”得太多，“身教”得太少，结果却是“吃力不讨好”。

沈从文教写作的经验告诉我，写作课需要少讲多写。这大概相当于教游泳，先一言不发，用一根绳子拴在学员身上，一脚将他踹到泳池里，看着快要淹死了，拉上来，说几点注意事项，再一脚踹下去，反复几次，至少可以让学员学会狗爬式了。所以说，写作老师，相当于游泳教练，尽量克制“讲”的冲动，至少在学生还缺乏基本的写作感受之前，不要讲太多概念、范畴和原理，多“写”一些。这里所言的“多写”至少有三层含义：

第一层含义：想方设法创造各种情境，让学生多写，让学生在课堂之外花的时间比课堂上更多。因为只有他们自己动笔了，才能体会到写作的酸甜苦辣，才能获得实质意义上的提高。其实从最终的学习效果来说，其他课程也应该千方百计督促学生将课堂听课与课外自学结合起来，只不过，写作课要保证教学效果，更要依靠学生的课外自主学习罢了。

第二层含义：老师评阅学生习作时要多写，这也是沈从文的经验：“沈先生教写作，写的比说的多，他常常在学生的作业后面写很长的读后感，有时会比原作还长。这些读后感有时评析本文得失，也有时从这篇习作说开去，谈及有关创作的问题，见解精到，文笔讲究。”可见，写作老师在课堂上少讲，但工作量却没有减少，反而是增加了，因为他不能像以前那样，上完课就完了，而是要在课堂之外花更多的精力去评阅学生习作，并且还不能是“已阅式”的评阅，而是“沈从文式”的评阅。

第三层含义：老师的“下水作文”要多写。沈从文教文学写作，他自己就是大作家，创造过很多很好的文学作品。据我的观察，大学里教写作的，大作家几乎没有，小作家也没有几个，严格意义上说，我们教写作是缺乏“合法性”的。幸运的是，我教的是应用写作，教学目标也不是培养作家，而是提高学生的写作能力，所以，尽管我不是什么作家，但还算个写手，要教的文体，比如各种演讲稿、各种评论、各种通讯报道，平时有事没事的时候，都写过几篇，水平也过得去，因此我当写

---

① 汪曾祺：《沈从文先生在西南联大》，《汪曾祺散文选集》，百花文艺出版社1996年，第46页。

作教员的“合法性”不成问题。

实际上，2014 年，教完第一个学期的写作课，我自己便出版了第一部随笔集《大学的痛与梦》（湖南人民出版社 2014 年）。2015 年，教完第二个学期的写作课，我又出版了第二部随笔集《用整个的心做大学老师》。就算不能在水平上征服学生，至少也要在态度上感染学生。

第三节 “写作课”拓展为“写作与演讲课”

有一个疑问是：如果讲太少，那么一学期 48 节课，每节课 45 分钟该如何处理？我的办法是：一是用作学生写一些短时间可以写出来的小文章，比如通讯、情书等；二是用作老师评品学生的作业；三是用作学生的作业展示，而这也是重中之重。

我是在法学院教写作。我觉得法学院的学生和文学院的学生需要的核心能力是一样的：表达。表达包括文字表达（写作）和语言表达（演讲）。相对而言，文学院的学生更需要文字表达，法学院的学生更需要语言表达。不管怎么说，在当今时代，不管是文学院毕业的，还是法学院毕业的，还是其他院系毕业的，如果既有很好的文字表达，也有很好的语言表达，那么对将来的生活和工作都会大有裨益。

遗憾的是，当今社会，由于语文教育的失误，文字表达能力好的人越来越少——这也是越来越多的高校要开设公共写作课的一个主要背景。与此同时，语言表达能力好的人也并没有想象的那么多。虽然说，全民普通话的水平提高了很多，年轻一代更是不存在只会说方言的情况；但是普通话水平的提高并没有带来语言表达能力的提升。大学生演讲时，依然像小学生背书一样，缺乏起码的抑扬顿挫；律师事务所的律师们，法庭辩论和陈词时，毫无感情和节奏可言；领导发言时，常常是糟蹋秘书的稿子。

因此，我希望将写作训练和演讲训练结合起来，在一定范围和一定程度上，既能提高学生的写作能力，也能提高学生的演讲能力。具体做法是：有些习作，比如演讲稿、评论等，让学生在课堂上进行演讲，然后我再作点评，也可以让学生作点评。这样做，不仅可以锻炼学生的口才，也反过来促使学生的写作越来越精炼，越来越通畅，越来越哲理，越来越幽默，越来越接地气。同样，在有必要的时候，我也会演讲自己的“下水作文”，既为了示范，也为了展示自己作为一名中文系教授的“风采”。

具体的做法是，我分三个层次，分阶段地展开“一句话演讲”、“一段话演讲”和“五分钟演讲”。班上每个学生都至少获得了三次上台演讲的机会。兴湘学院 2014 级法语班的熊湘豫写了一篇充满真情实感的文章——《演讲背后的故事》，谈自己学习演讲的心路历程：

时间过得真快，转眼又是近一学期的末尾了。从最开始的一句话演讲，到一段话演讲，再到现在的五分钟演讲，相信台上的同学播下了勇敢与自信的种子，台下的听众也收获了不少警句美文，想上台却一直坚守听众角色的同学内心又是另一番滋味吧！

演讲不是简简单单的几句话几个段落，演讲是一门艺术，也讲究战术。与其说我上台作了几次演讲，倒不如说演讲之后的我更加珍惜每一次上台的机会以及从中得到的收获。

提前准备的重要性。“机会是留给有准备的人的。”准备充足，就是你成功的前提，自信的保障。我前几次的演讲纯属打无准备的仗，没有提纲，没有条理，语无伦次，不知道下句是什么，甚至都忘了我所讲的论据、论点是什么、就是听到老师或某位同学的演讲有感而发，一次撑不了台面的牢骚罢了。这完全就是对演讲的亵渎。相反，如果我能提前做好足够的准备，会出现各种紧张的小动作，语言表达不清，吐词停顿错误，嗯呀咦组合等令人喷饭的情况吗？所以，一切错误和不完美的存在都是因为你不充分的准备所致。一个真正追求完美的人，当机会来临时，他已经准备好了。

台上的人需要勇气，台下的人需要耐心。或许在星期一你就已经准备好了要演讲的材料，或许你在一个无人的教室里拖着你闺蜜练了好几个晚自习，或许在演讲这一天你在镜子前徘徊了无数次，可最终你还是因为怕忘词出丑而止步，怕效果达不到你想要的而在座位上挣扎，下课后你背起沉重的书包，回到寝室把演讲稿揉成酱饼又继续控诉着自己的不勇敢。这意义又何在呢？有时候，成功只需要你再迈出一步。行动是治愈恐惧的良药，而犹豫、拖延只会不断滋养恐惧。就这么简单。每一个敢上台的同学无论多好多差，我们的掌声送得一点也不浪费。没有谁会一直差劲，今天的羞涩不熟练恰恰是下次完美表现的催化剂。记得宋德发老师在一次评价某位同学的演讲时说了这样一句话，“无论是谁在上面演讲，无论他讲得怎样，我都会一直抬头认真听完。”这是作为一位合格的听众必须要有的品质。都知道上台难，上台做好更难。当台上的人克服种种障碍，终于想把自己最好的一面展现给大家时，如果听众们都失去耐心，各自捧着手机低头刷微博聊 QQ，我想，无论内心多么强大的人，看到这里，那颗勇敢的心也会伤得体无完肤。这份耐心不仅是给台上同学的一份鼓励，也是我们对他人的尊重。演讲者怀着忐忑不安的心上场，当他双手撑着讲台，环视教室周围时，台下是一双双真诚的、友好的、期待的眼睛，演讲前的惴惴不安也会烟消云散。所以，请把这份耐心送给上台的每一位演讲者。

你所看到的并非最真实。你所看到的不一定是最真实的，你所知道的真实不一定是真相，你所了解的真相不一定是事实的全部。就比如说现在，当你们看到我站在这里手舞足蹈的时候，你们并不知道我心里有多忐忑，你们并不知道现在我敢抬头扫视你们每一个人的激动，你们并不知道当初我只敢用眼睛盯着某一处不曾转动。或许你们只会注意台上的人或好或差的五分钟讲话。他错了，大家会笑，他对了，大家只会觉得很正常，他下去了，又会有另一个人上场。却不知，上台前他准备了多少个日夜，下台后又把台上的情况想了多少个日夜。生活亦是如此，我们会说 happy ending，那除去 ending，之前还是有 happy，是是非非，真真假假，又怎能轻易去评判结果，而忽略了那苦辣酸甜的过程呢？

正确的节奏感才能拨动心底最深处的那根弦。此刻，我们把自己置身于一片花海里，闭上双眼，抛开演讲，抛开我们所在的教室，就跟着你现在的心情，哪首歌会进入你的脑海里？或雄浑高昂，或欢快舒缓，或激情四射，或情意绵绵。倘若你现在心情跌入低谷，激情四射的节奏你会不会反感？倘若你刚好与远在千里的好友重逢，一首《童年》会不会温暖了你的左心房？演讲亦是如此，写出一篇优秀的稿子是基础，跟着心走，灵活自如地把握好张与弛、起与伏的节奏，控制好说话的轻重快慢，才能使语言充满感染力，给人以美的听觉，才能真正地打开与听众沟通的大门，彼此的心灵才能发生碰撞，产生共鸣。那么，无论从何种角度读你，你都完美无缺，你所缺少的部分，也会被听众用想象的画笔填满。

语言可以穿透一个人的灵魂。若你无法延伸演讲的长度，就决定好演讲的高度。

如果爱，请深爱。

如果不，请尊敬。

在“五分钟演讲”环节，产生了其他不少精彩的演讲稿。比如法学院2014级廖妧晨的这篇《“小短腿”的春天》，就是一篇相当不错的趣文和哲理散文：

首先，我想给大家介绍四个人：

第一个，18岁即位，在位时间长达64年，是英国历史上在位时间最长的君主，她于1904年去世，而她开创的“维多利亚时代”却延续到1914年。她，就是维多利亚女王，英国最强盛时期的领导者，“日不落帝国”的缔造者。

第二个，早年当过律师跟新闻记者，三度出任法国首相，法兰西第三共和国首任总统。此外，他还是法兰西科学院院士，法兰西学术院院士。他就是梯也尔，法兰西第三共和国缔造者。

第三个，不满七岁便成了孤儿，22岁便离开人世。在他短暂的一生中，却留下了数不清的故事。他成为了好人好事的代名词，成为了一种精神的代名词。他就是雷锋，芳名流传至今的道德英雄。

第四个，伟大的革命家、政治家、军事家、外交家，一生之中，三次被打倒，又三次复出，经历过无数挫折，终究成为了第二代中央领导集体的核心。他叫邓小平，“一国两制”的创设者，中国改革开放的总设计师。

介绍到这里，你可能以为我要讲述一番慷慨激昂的励志故事，其实不是。接下来，我只想陆续介绍一下他们的身高——分别是1.51米，1.55米，1.54米，1.57米。我想表达的是，历史，需要矮子。

常常可以听到身边人抱怨自己的身高，包括我自己。这种抱怨不是没来由的。从小到大，我排队永远在第一个，拍集体照永远蹲在第一排，座位永远前四排，站在一堆高的人中间别人会找不到我，排队如果站中间，队伍会凹下去一大块，座位如果超过四排永远都别想看到黑板，去商场拿货架上的东西永远需要踮起脚尖，出门会被当成小孩子……很多时候，我发现“擦肩而过”这个词并不适合我，因为我连别人的肩，都擦不到。

其实一开始想到讲这个话题的时候，我是拒绝的。因为我对自己说，不要轻易把伤疤揭开给别人看，别人看的是热闹，痛的是自己。后来我一想，这也不算伤疤，矮也是有好处的。我的手机从我身上掉下过无数次，都没事，但有一天它从宿舍床上掉下来，碎了。我仔细一想，是身高的原因，手机可以随便摔。

以前我从来不懂什么叫矮，因为我一直相信，我会长高的，毕竟基因在这。可是后来，也就是现在，我那简单的幻想还未实现。于是我就会想想维多利亚女王，想想梯也尔，想想雷锋，想想邓小平，然后我释然了。高与矮参差交错，人与人各不相同，才构成了这世上多彩的风景。小短腿，也有春天。

最后一句话，送给大家：再小的个子，也能给沙漠留下长长的身影；再小的人物，也能让历史吐出重重的叹息。

在“五分钟演讲”环节之后，我从每个班选出一些有演讲天赋或者虽然没有演讲天赋但热爱演讲的学生，让他们参加期末的演讲总决赛——“羊牯塘超级演说家”：

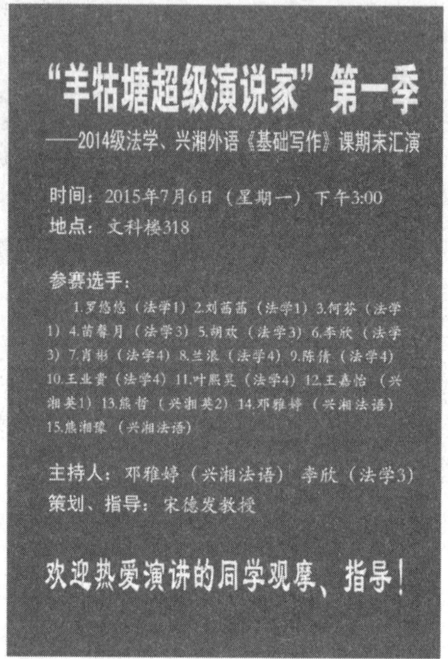

这个学期，共有15位同学参加“羊牯塘超级演说家”，其中14位同学的演讲稿是原创的，这等于说催生了14篇独立思考而成的文章。而这14篇文章中，有思想、有文笔的好文章至少有7篇。

总之，我将单纯的“写作课”拓展成了“写作与演讲”课。实践证明，学生的激情被点燃了，课堂气氛更活跃了，学生的能力得到了更多的锻炼。

第四节 在游戏中学习

游戏是人的本能，与年龄无关，何况大学生还是对游戏充满渴望的大孩子。所以，“寓教于乐”对写作课而言，同样是教学的最高境界之一。如何让写作课也充满快乐呢？我的做法是：创设各种游戏情境，诱发学生的参与感和成就感。简要地举几个例子。

案例一：体育报道。在上写作课之前，我经常在校园媒体上读学生写的校园体育报道，发现从标题、结构、内容和文字等方面都存在不少的问题，所以我决定要教一教体育报道的写作。该如何教呢？我选择一个阳光明媚的周末，带领文学与新闻学院教师篮球队和任教班级的学生篮球队打一场比较正规的篮球比赛，让其他学生扮演《体坛周报》、CCTV5 等媒体的体育记者，现场观战。比赛结束后，他们各自写一则体育报道，上课时，我选择部分作品，让“新闻主播”播报出来，我再和学生一起作点评，然后亮出自己的稿子（一般情况下，会比学生的水平高，如果比学生的水平低，刚好也可以做反面教材）。这样做，不仅教学生学会了一种文体，大概还能增强学生的体育意识，增进师生情感。

案例二：学术报道。大学新闻中，学术新闻占据了很大的比重，因此，我从校园媒体上读到的学术报道也非常多，总体感觉是想知道的信息没写，不想知道的信息全写了。为了教学生写学术报道，我让学生扮演《湘潭大学报》《湘潭日报》《湖南日报》等媒体的记者，现场听一场学术讲座，然后写一则新闻。而这场学术讲座，也是由我扮演的“专家”现场做的。我在班上做了“故事中的人生——西方古典文学选讲”的讲座（选自我主讲的中国大学视频公开课的内容）。我之所以这样做，主要出于两点理由：一是写作的表层是文字表达，深层是文学素养，借此机会普及一下外国文学，多少也是在提升学生的文学素养，而一个有文学素养的人，写作能力想不高都难；二是平时上课讲得少，时间一久，学生可能会质疑老师“讲”的水平，借此机会告诉学生：老师少讲，不是老师不会讲，而是写作课的特殊性要求老师少讲。

案例三：竞选演讲稿。随着社会越来越规范，个人的晋升越来越公开化，竞选演讲在日常生活中的地位也随之凸显了出来。像 2013 年某大学的副处级干部选拔，很多被普遍看好的人，因为竞选演讲太糟糕（甚至是比较幼稚）而被淘汰，不少不被看好的人，因为竞选演讲非常出彩而“大爆冷门”。我相信，学生们毕业后，会在人生的各个阶段需要竞选演讲，因此，我特设了“竞选演讲稿”的写作和表演环节。为了教好这种文体，我虚拟了一个“副处长”的职位（估计学生毕业后第一个需要竞选的职位就是副处或者相同级别的职位），让学生扮演竞选者，撰写并且表演“演讲稿”。然后我再和学生一起作总结（我自己没有参加过竞选演讲，但帮助别人写过不少获得成功的竞选演讲稿）。

案例四：获奖感言。作为学生和老师，我听过不少优秀学生在各种大会上的发言，总体感觉是：学生腔太浓，语言模式化倾向明显，缺乏思想和真情实感，无法打动听众。为此，我想教一教“获奖感言”的写作（可以和各种“代表发言”通用）。我模拟了一个表彰大会的现场，让学生扮演“国家奖学金获得者”、“一等奖学金获得者”、“优秀共产党员”等角色（有的学生本人就是，不需要扮演），发表获奖感言，然后和学生一起作点评。如有需要，我会再现我作为青年教师代表、优秀教师代表在教师代表大会上的发言，再和学生一起探讨如何让获奖感言变得更有内容一些，更有思想一些，更有情感一些，更有幽默感一些，更让人意想不到一些。

总之，我每布置一道习题，都会设想一个情境，让学生在角色扮演和现场展示中获得练习的动力。

第五节　在发表中进步

沈从文教写作还有一大诀窍，就是给好习作寻找发表的平台，诚如汪曾祺所总结的那样：“学生习作写得较好的，沈先生就做主寄到相熟的报刊上发表。这对学生是很大的鼓励。多年以来，沈先生就干着给别人的作品找地方发表这种事。经他的手介绍出去的稿子，可以说是不计其数了。我在一九四六年前写的作品，几乎全都是沈先生寄出去的。他这辈子为别人寄稿子用去的邮费也是一个相当可观的数目了。”①

像沈从文那样给学生创造发表的平台，我做不到，其他老师也做不到，因为有三个原因：一是我们没有沈从文那样的人脉和地位；二是我们教的主要是应用文体，不太适合发表；三是学生的水平和当年的汪曾祺们还是有不小的差距。但是，汪曾祺的感悟给我们的启示却不得不重视：让学生不断获得发表的成就感是保证教学效果的一大法宝。

如何让学生不断地获得发表的成绩感？从现实的角度看，那就是将“发表”广义化。我之所以在“写作”之外加上“演讲”，其实正是让学生的习作在第一时间获得“口头发表”。当着老师和全班同学的面，演讲自己的习作，也算是一种公开发表，也会受到各种评价。而人都是有荣誉感和自尊心的，被评价者自然会获得继续努力的动力。

此外，我会创建专门的“写作课博客”，在第一时间上传优秀习作，并在期末时编辑优秀习作选，人手一册。还在第一时间向合适的校内外媒体，比如《湘潭大学报》《文心报》“三翼校园网”等以及级别稍微高一点的《世界文化》等推荐一些优秀作品。

汪曾祺说：“沈先生对学生的影响，课外比课堂上要大得多。”可见，沈从文教写作，不仅教出了方法，而且教出了精神。写作课比其他课程更需要课外教学，如果没有课外教学，或者课外教学做得不好，那么写作课就很难教好；如果课外教学做得充分、做得好，那么，不仅可以教好写作，而且还可以像沈从文那样，教出情感、教出回忆。

---

① 汪曾祺：《沈从文先生在西南联大》，《汪曾祺散文选集》，百花文艺出版社 1996 年，第 48—49 页。

第十五章　名师研究与“中国大学视频公开课”的录制

多年的名师研究，不仅帮助我逐渐形成了自己的讲授观念，而且极大地提高了自己的讲课水平。而2013年，我终于获得了一次集中展示自己研究名师、借鉴名师成果的机会：申报“中国大学视频公开课”。

“中国大学视频公开课”是在优化“国家精品课程”、“国家精品资源共享课”的基础上诞生的又一项“国字号”教改工程。由于它更重视“讲授”而不是“填表”，因此，一些无官职、无资历、无学术地位的“三无”老师也获得了申报机会。我便是这少数幸运儿之一。2013年2月底，新一轮的申报通知在学校主页上张贴出来后，我还在猜测：“今年我校会由谁来申报呢？反正不会是我。”没有料到，3月初，教务处给我打来电话：“经过‘慎重’考虑，决定将这项光荣而艰巨的任务交给你。”在“受宠若惊”的同时，我也诚惶诚恐：“我能行吗？”当然，所有的担心还是敌不过一项“国字号”荣誉的诱惑，我怀着兴奋和不安，“半推半就”地揭下了“皇榜”。

第一节　我为课程录制做了怎样的准备？

“中国大学视频公开课”系全球公映，并暗含着与国外大学视频公开课一较高下的动机，因此，从理论上说，它代表了中国大学教师讲课的最高水平，达人荟萃、高手云集是自然的事情，并不是每一个资历浅、职称不高、没有任何官职的青年老师都有申报的机会。因此，珍惜，加倍地珍惜，动用生平所学，集中所有精力、所以心思、所有时间去完成此项工作，是我的第一个念头。紧接着，我便进入了紧张而有序的备课状态。

备课，从时间长短上看，有“即时备课”、“短期备课”和“长期备课”三种。所谓“长期备课”，是指围绕一门课，日积月累地阅读、写作和探寻讲课方法。具体而言，围绕这门“西方文学欣赏”课，我的“长期备课”，主要体现为三点：

（1）出版了专著《厄普代克中产阶级小说的宗教之维》（湘潭大学出版社2009年）。

（2）在《外国文学研究》《国外文学》《俄罗斯文艺》《中国比较文学》等期刊发表了评论80余篇。

（3）在中文系乃至全校范围主讲了11年的《西方文学史》《西方文学欣赏》《俄国著名作家作品研究》《比较文学概论》《中西文学关系》等课程。

当然，这些准备都是基础性和必要性的，其他老师也有，并且可能比我的数量更多，质量更高。相比较而言，我比较有特色的“长期备课”还在于“如何讲”方面的储备：

（1）2003年、2006年和2009年先后三次参加湘潭大学青年教师讲课比赛，其中2009年获一等奖第一名，并借此获得“湖南省普通高校青年教师教学能手”称号。

（2）受邀在全国多所大学上教学示范课，并且给有志于提高讲课水平的青年教师做培训。

（3）发表了专门探讨讲课技巧的论文20余篇，包括《高校文科教学十大关键词——以〈西方文学史〉的教学为例》（《现代大学教育》2009年第2期）和《元典教学的价值与困境》（《现代大学教育》2010年第2期）。

（4）主编了总结名师讲课经验与方法的文集——《文学名师谈教学》（湘潭大学出版社2012年）。

（5）出版了专门探讨讲课技巧及提升途径的专著——《如何走上大学讲台——青年教师提高讲课能力的途径与方法研究》（湘潭大学出版社2013年）。

（6）出版了课堂讲课实录：《做一个受欢迎的外国文学老师——西方文学的口语传承》（中国戏剧出版社2010年）。

应该说，没有这些前期成果，就算教务处有胆量将重任交我给，我也没有胆量去接。总之，“长期备课”在事实上已经完成了，它为我赢得了申报的机会，给我提供了申报的底气。我现在要做的工作主要是“即时备课”和“短期备课”。所谓“即时备课”，是指下午3点钟录像，我两点钟起床，整理仪表，复习讲稿，在大脑中过滤讲课流程等等。其中的细节无需过多交代，下面我主要想谈一谈“短期备课”。

“短期备课”的第一步是确定题目。“西方文学欣赏”只是一个大的范围，到底欣赏什么，如何欣赏，是一件让人头疼的事情。我认为文学课的主要特点在于两点：一是有故事，这是区别于社会科学课程的地方；二是有人生，这是区别于自然科学课程的地方。文学课不讲故事，没有趣味；文学课只讲故事，缺乏深度。为了让趣味和深度统一起来，我决定既讲故事，也讲人生，因此我将申报课程的题目定为“故事中的人生”。所谓“故事”，是指自己最有感悟和最有把握的古希腊神话、《埃涅阿斯纪》、骑士文学、《浮士德》和《叶甫盖尼·奥涅金》；所谓“人生”，是指这五类故事中分别蕴含的“本我的人生”、“超我的人生”、“优雅的人生”、“追寻的人生”和“虚空的人生”。

“短期备课”的第二步是写讲稿。易中天说他在“百家讲坛”录一集《汉代风云人物》，大概需要五天的准备时间，案头工作包括看书、思考、结构、写成文字，这五天所有无关的事都不做，就是为了围绕一个主题写一个六七千字的讲稿。“中国大学视频公开课”一讲的时间和“百家讲坛”一集的时间差不多。不过，由于与易中天在经验、水平，尤其是底蕴上有较大差距，因此，用五天时间准备一讲，对我而言肯定不够，十天时间勉强够用。应该说，这五讲的内容，我在平时讲课以及课堂实录《做一个受欢迎的外国文学老师——西方文学的口语传承》中都有所涉及，但距离“全球公映”的期待还有不小的差距。于是，在原有讲课和讲稿的基础上，我从新设计的角度，夜以继日地奋笔疾书。每一讲讲稿写完后，我都邀请了十多位专家、同事、研究生和本科生就结构和表达等问题各抒已见，“回收”意见后，再次修改，如此反复至少五遍。用专业术语说，这叫“磨讲稿”。

“短期备课”的第三步是反复试讲。“剧本”初步定下来后，我申请了一个多媒体教室，在一到三天时间内，反复试讲 15 遍以上，还邀请专人录像，讲完后反复观看，以便修改完善神态、手势和语气等细节，用专业术语说，这叫“磨讲课”。做完这些工作后，我又在中文系二年级学生面前预演了一遍，并请他们只讲坏话，不讲好话，事后考量他们的意见，再次修改。付出终于得到了回报：正式录像时，在没有讲稿和提示器的情况下，我的讲课一气呵成，一遍成功。后期编辑过程中，几乎没有任何剪辑，让技术团队非常惊讶和高兴。

实际上，自 2001 年登上大学讲台至今，我一直都信奉一个观念：对大学教师而言，讲课脱稿是一个最基本的要求，而非一个最高的要求。我们日常上课不能低头读讲稿和偏头读 PPT，对于观众更多的“中国大学视频公开课”，自然更需要将内容烂熟于胸，信手拈来。对这门课而言，我可以问心无愧地说：“我的态度是虔诚的，我已经尽了自己最大的努力。”但是，我的“千辛万苦”却因为不对有关专家的口味而差一点付诸东流。

第二节　我的课程为何差一点被“枪毙”?

经过近四个月的鏖战，我终于如期提交申报材料。很快省里回复评审意见：“讲课内容非常饱满，讲课技巧比较高超，是一门高质量的文化素质课，但视频底色比较灰暗。”在技术团队调整视频底色后，申报材料又如期提交教育部。7 月份，传来捷报：顺利通过评审，已转至高等教育出版社复审。但左等右等了大半年后，却一直杳无音讯，尤其是发现同期课程几乎都已经上网后，我更是有一种“不详”的预感：“难道我的课程被‘枪毙’了吗?”

直到 2014 年 1 月份，我才接到高等教育出版社的电话，说经过有关专家的评审，我的课程需要做一些修改，但还是可以上网了。此时，我才长长吁了一口气。不久后，我收到了高等教育出版社寄来的专家评审意见，读完后不免惊出一身冷汗：我的课程真是差一点被“枪毙”了。

一审专家 A 对我的讲课方式完全难以理解和接受：

课程存在最大的问题是，由于主讲者教学经验不够丰富，讲述中的发挥、穿越掌握不好分寸，有的地方流于浅俗，有的地方显得牵强附会，有的地方更是荒腔走板。因为这是贯穿于所有各讲中的个人风格的整体问题，如要更正，提升质量，可能需要重新设计、重新讲授、重新录制。因此建议从严要求，发回重录，因为毕竟是国家级视频公开课。需要重点改正的是主讲人的讲述风格，严格设计，减少随意发挥和穿越。

一审专家 B 对我的讲课方式有欣赏也有怀疑，最终意见是“难以定夺”：

本课程从西方古典文学中领悟人生经验和智慧，选题有重要价值，所选作品也有相当的代表性。主讲人讲课能处处联系现实人生，风格生动活泼，有较强的感染力。其中《浮士德》的讲解，尤为出彩。课程也有缺乏历史感之嫌，对作品本身内容涉及较少，游离发挥成分较多，“戏说”成分太多。如把第一讲希腊神话的特征概括为“好色”和“自我欣赏”，对宙斯的“好色”“事迹”津津乐道；第四讲中“领导您亲自出来散步啊”，第四讲中一口气列举了多个当代中国的官衔等。这种戏说风格，贯穿在各讲中，仁者见仁，智者见智，本人难以定夺。

一审专家 A 建议“发回重录”。按照申报文件的要求，“发回重录”的课程等于是被淘汰了。一审专家 B 的“难以定夺”也让高等教育出版社的编辑们“难以定夺”了。但他们考虑到这毕竟是一门经过层层选拔出来的课程，如果这样被淘汰，不免有些遗憾，故不得不找新的（或许他们认为是更权威的）专家再做评审（我的课程直到最后才确定可以上线，大概正是由于这个原因）。

二审专家的评语是：

本课程主讲人用风趣幽默、活泼生动的语言，向学生讲述了五类具有代表性的西方古典文学故事，辩证地分析其中蕴含的哲学思想，并有创造性地总结了这些思想精神对当下社会、人生的启示，尤其是第五讲中对于虚空人生的分析，很值得当代大学生思考。主讲人通过结合生活小品、时事新闻、网络流行语、流行歌词、热播影视剧作品等多种“通俗”文化形式，赋予“高雅”的古典文学名著更多的“地气”，不仅在短短五课时内迅速普及了数部西方古典文学作品的大致内容，还激发了学生继续阅读古典文学作品的兴趣。更重要的是，主讲人将如何阅读、分析古典文学作品使之古为今用的方法通过自己的示例传授给了学生，使得非中文专业的学生有了学习古典文学的动力和理由，“授人以鱼不如授人以渔”，主讲人的这种教学方法探索很有意义，值得鼓励。主讲人口语清楚、思路清晰、讲解细腻、教态生动、内容踏实，唱词文字规范，课程申报材料齐全，达到了上线的要求。

让我感到振奋的是，二审专家对我的讲课方式给予了全盘肯定，并且用“接地气”、“这种教学方法探索很有意义，值得鼓励”等语言加以褒奖。这样的评语显然引起了高等教育出版社的重视，于是他们决定将课程送入终审环节。而终审意见，尤其是那句“应该会深受学生喜欢”最终让本课程“起死回生”：

该视频课设计巧妙，选取西方有代表性的五种古典文学作品，用讲故事的方法引导听众感悟人生哲理，语言风趣，联系现实，应该会深受学生喜欢。针对评审专家提出的问题，个人认为知识错误和个别出格的鄙俗语言应该修改，但总体的“戏说”风格可以不变。建议修改后上线。

应该说，讲课就应该像这个大千世界一样，百花齐放，百家争鸣。我的讲课方式，有的专家反感，有的专家喜欢，有的专家不置可否，是一件非常正常的事情，至少说明我的讲课还有些自己的特点，还值得讨论一下到底是好是坏，这总比听众听完了都懒得发表意见要好很多。而最终获得了上线的机会，说明我们这个社会越来越包容，越来越理性，越来越多元化，让有些与众不同的东西也有存在的机会。

实际上，在录制视频之前，我自己邀请的专家也提醒我，要充分考虑到“有关专家”的口味，讲课尽量保守点，毕竟评这门课的是专家，而不是天天听你课的学生，学生接受的，专家未必接受，学生喜欢的，专家未必喜欢。为此，我以牺牲生动性和趣味性作为代价，尽量压抑平时讲课的特点，努力向主流的、稳重的、“可靠的”讲课方式靠拢。但平时养成的讲课习惯已经成为一种无意识，在实际录像时还是不经意地暴露了出来，被专家们一眼看穿，并引起了不同的反应。那么，我到底用什么样的方式讲课呢？

第三节　我到底用什么样的方式讲课？

在这里不妨举评审专家在评审意见中举的三个例子为例。

第一个例子。一审专家A特别强调“‘东方文明是欧洲文明他妈’稍显低俗和哗众取宠”。这个例子出自我对古希腊神话故事《欧罗巴》的分析。欧罗巴原本是一位亚细亚少女，被宙斯霸占后，来到了一个遥远而陌生的地方，这个地方后来就以她的名字命名（即欧洲大陆）。讲完这个故事，我稍作发挥：

一个亚洲少女却成了后来的欧洲，这隐喻了东方文明其实是西方文明他妈，用黑格尔的话说，西方的光明来自于东方，其中有一个最有力的证据就是：西方人信仰的基督教就来源于东方的犹太教，是“犹太教的私生子”。

“东方文明其实是西方文明他妈”的确有调侃的味道和活跃课堂气氛的企图，算不得“高雅”，但是否就是“低俗”和“哗众取宠”呢？其实，我自己邀请的专家听完这段话的第一反应是：“基督教是犹太教的私生子”应该删掉，因为有点低俗，估计有关专家会有意见。我没有办法，只好做了一个非常详细的注释，标明这句话是恩格斯说的。如果我不做这个注释的话，估计有关专家也会说恩格斯这句话有些低俗，有哗众取宠的嫌疑。的确，恩格斯的这句话有点不登大雅之堂，也不太“学术”，但却非常形象地揭示出基督教和犹太教的血缘关系，这叫话糙理不糙。而“基督教是犹太教的私生子”，反过来说，不正是“犹太教是基督教他妈”吗？犹太教是基督教他妈，基本上也就可以说“东方文明是西方文明他妈”了。我个人觉得，“他妈”不等于骂人的“他妈的”，是一个非常中性的词，无任何感情色彩，之所以让人联想到“他妈的”，是汉语本身的奇妙性所导致的，也正是这种联想造就了“他妈”的喜剧效果，这就像一位著名伦理学教授用“资本就是钱他妈”来界定“资本”时让听众哄堂大笑一样。

第二个例子。一审专家 B 还认为：“试图用现代中国流行歌曲的歌词、旋律诠释古罗马史诗中一见钟情的场面，显得轻浮。”这个例子出自我对古罗马史诗《埃涅阿斯纪》情节的复述：

可是，狄多依然年轻，对死人的誓言敌不过爱神丘比特的神箭。当埃涅阿斯出现在她面前的时候，她义无反顾地爱上了这个不速之客。她发现自己原本只是一个渴望爱情的小女人。假如这是一部电影，此时非常适合响起这样的背景音乐：“想要问问你敢不敢，像我这样为爱痴狂”，或者“我不要你的承诺，不要你的永远，只要你真真切切地爱我一遍，就算虚荣也好，贪心也好，最怕你把沉默，当作对我的回答”。

我一直认为，教师如果只用教材的语言复述作品的故事情节，会索然寡味，并且也毫无必要（因为教材上都写了）。因此，我在复述作品的故事情节时，一直坚持用自己的语言进行再创作，包括对一些重要情节作简短的发挥。狄多的丈夫死后，她原本承诺此生不再爱上别的男人，但是青春和孤独，以及埃涅阿斯的魅力让她违背了承诺，所以，她爱上第二个男人埃涅阿斯时是极度矛盾的，也是需要太多勇气的。而她爱上的埃涅阿斯，因为负着创建新的特洛伊（即后来的罗马）的民族使命，所以只能像《西游记》中的唐僧一样，不得不拒绝任何美色的诱惑，一言不发、毅然决然地离她而去。出于对这出悲剧本质的理解，我才会借用歌词来描绘此情此景。我觉得这两句歌词非常贴切地揭示出狄多的痴情和埃涅阿斯的使命之间的对立和碰撞。这两句歌词分别出自流行歌曲《为爱痴狂》（刘若英）和《原来你什么都不想要》（张惠妹）。流行歌曲不等于“低俗歌曲”，尤其是这两首，更是被公认为经典爱情歌曲，不仅非常高雅，而且非常诗意（好的歌词就是优美的诗，像中国很多古典诗歌原本就是当时的流行歌词）。

第三个例子。二审专家认为“领导您亲自出来散步啊”和“一口气列举了多个当代中国的官衔”属于“游离发挥成分较多”和“戏说成分太多”。

“领导您亲自出来散步啊”出自我对歌德性格的分析：

对世俗社会他的态度是矛盾的。一方面，同其他大文学家、大思想家一样，他是一个鄙视世俗社会的天才；另一方面，他又在世俗的社会中游刃有余，因为他比一般的文学家和思想家更懂得“做人”。比如说，他和贝多芬一起散步的时候，面对迎面走来的权贵，贝多芬嗤之以鼻，昂首阔步走过去，他却停下脚步，脱下礼帽，弯腰致礼，估计还说了一句“领导您亲自出来散步啊”。

歌德和贝多芬一起散步的故事，我在PPT上用一幅油画（作者不详）作为佐证，而歌德在弯腰鞠躬时到底说了什么却不得而知。但可以肯定的是，应该会说几句恭维的话。为了突出此时的歌德极为庸俗的一面，我发挥合理想象，用了一句中国人常用的谄媚之词：“领导您亲自出来散步啊。”我在模仿歌德的弯腰鞠躬并且说出这句话的时候，立刻响起了笑声和掌声。理由很简单，他们听出了我对现实生活中那些溜须拍马之徒的讽刺——他们在路上偶遇领导时常说的正是这句言不由衷，连自己都觉得恶心的话（类似的话还有“领导您亲自打开水啊”、“领导您亲自跑步啊”、“领导您亲自打球啊”）。

“一口气列举了多个当代中国的官衔”出自我对歌德多重身份的介绍：

1775年11月7日，26岁的歌德应邀来到魏玛公国的首府魏玛，担任了这个小公国的枢密顾问。他精力旺盛，责任感强，因此，实际成了魏玛的大管家，是魏玛的军委主席、教育部长、农业部部长、旅游总局局长、发改委主任。

魏玛时期歌德担任的官职，除了“枢密顾问”保留了《歌德传》中的说法外，其他的我都用现代语言替代了。说歌德是魏玛的“军委主席”，是因为《歌德传》中提到了当时由他负责训练魏玛的军队；说他是魏玛的“教育部长”，是因为《歌德传》中提到了当时由他负责创办学校；说他是“农业部部长”，是因为《歌德传》中提到了当时由他负责给农民减负；说他是“旅游总局局长”，是因为《歌德传》中提到了当时由他负责城市的建设和宣传；说他是“发改委主任”，是因为《歌德传》中提到了当时由他负责矿山开采、森林开发、公路修建等。总之，当时歌德在小小的魏玛公国几乎包揽了所有的国家事务，但并没有获得相对应的“名分”，为了更形象地说明他在魏玛公国的地位和作用，我便用现代官职来做比方（将古代官职和现代官职类比，易中天最为擅长）。其实，歌德唯一正式的官职“枢密顾问”也应该做个类比，比如说“国务院总理”，因为《歌德传》中写道：“其实他主持了魏玛的政务。”

我在这里列举了评审专家重点质疑的三个例子，大致可以反映出我的讲课方式。

毋庸讳言，这种讲课方式，是我做学生时就一直喜欢的，自然也是我上讲台后一直苦苦追求的。有学生喜欢，我自然信心倍增，有专家质疑，我会考虑改进，但在整体上依然会坚持。

第四节　我为什么坚持用这种方式讲课？

自登上大学讲台至今，我一直在探索一种最适合自己，也可能最受学生欢迎的讲课方式。坦率地说，在探索的过程中，我从未考虑过“专家”的感受。或许，有人认为这是在刻意迎合学生、讨好学生。可是从我做学生的经验和做老师的体会来看，大学生不是想迎合就可以迎合的，想讨好就可以讨好的。如果一个老师的讲课真能够迎合学生、讨好学生，除了形式新颖之外，恐怕还得需要点实在的内容。

为了“迎合”和“讨好”学生，我尝试过各种方式的讲课：抒情的、哲理的、幽默的、学术化的——专业术语满天飞，开口闭口“黑格尔说”、“康德说”，等等，最后发现，课堂效果最好的，也是我自己能够掌控的，还是目前这种受到争议的讲课方式。而这些年学生的反馈告诉我，像这种带点生活气息、现代气息、青春气息甚至江湖气息的讲课方式，从传播和接受的角度看，有利于专业知识的普及，或许，这也是我现在和将来坚持这种讲课方式的理由之一。而另一个理由是：我多年来形成的讲课观念很自然地需要和选择这种讲课方式。

首先，我认为讲课与写论文是有区别的。写论文是把生活抽象为理论，上课是将理论还原为生活；写论文归根结底是书面语的艺术，上课归根结底是口语的艺术；用上课的语言写论文，刊物无法接受，用写论文的语言上课，学生无法接受。正是有此观念，我上课才极少引用学术著作中的语言，尤其是那些看似高深实则艰涩的学术语言，而试图将各种学术信息转化成更精炼、短小、通俗，有些生活化、有点小幽默的口语来表述。

其次，我认为文学课要拥抱真实的生活。文学课需要高雅，但不能两脚不沾地；文学课需要理想，但不能走向空洞的理想主义；文学课需要深度，但不能滑向抽象和神秘。所以，我尝试将俗语、歌词、足球、NBA、时事、新闻、韩剧等因素融入外国文学课堂，借此将外国的与中国的，古代的与当下的，虚构的与真实的，高雅的与通俗的，理性的与感性的，教育的与娱乐的结合起来，以达到“寓教于乐”和“雅俗共赏”的目标。比如说，我分析文学作品，通常是“三步走”：第一步用自己的语言讲故事，传达故事的字面意义，注重讲述的“娱乐性”；第二步结合作品的写作背景或故事的时代背景，分析故事的时代含义，注重讲述的“知识性”；第三步动用自己的生命储备和知识积累，结合现实生活，尤其是校园生活，分析故事的象征含义及其对当下人生的启迪，注重讲述的“教育性”。有关专家大概过于注意我讲述中的娱乐性，而忽略了整体上的“知识性”和“教育性”。

当然，相比较而言，我的讲课对“娱乐性”的强调要更多一些，因为我相信“娱乐性”是文学的本质之一，所以，文学课也应该有足够的“娱乐性”。文学课如果缺乏有趣的表述，就难以吸引学生长久的注意力。学生都不愿意听了，那么老师自认为的广度和深度又有何用？当然，有趣的表达往往会掺杂一些比较俗的语言，这可能会让有“语言洁癖”的人不舒服（就像“二人转”的一些台词和唱词让一些“高雅”人士不舒服一样）。

总之，我们对文学的“知识性”和“教育性”已经强调得很多了，却往往忘记了文学和艺术一样，是有娱乐功能的。因为这种忘记，导致遇到一门稍微多了点“娱乐性”的文学课，便觉得很另类、很诧异、很不自然。

第十六章　名师研究与教育部“精彩一课”的申报

2015年1月，我“奉命”申报教育部“精彩一课”。多年的名师研究、国家精品视频公开课的录制以及已经比较成熟的讲授观，让我非常顺利地在规定的四天时间内完成了选题、讲稿的写作、试讲和正式录像的工作。因此，下面这份“精彩一课”的讲稿——《文学的功能》也比较集中地体现了我现在的讲课方式和讲课语言。

文学的功能，首先可以从作家的角度来谈。文学对作家而言，具有什么样的功能呢?

第一种情况是弥补生活。最典型的莫过于司汤达。生活中，司汤达是一个女人看了都躲着走的丑男，因此，在自己的小说《红与黑》中，他将主人公于连塑造成一个人见人爱、花见花开，连酒瓶见了都自动掉盖的“小鲜肉”，算是弥补了一下心灵的创伤。以此类推，如果我是作家，我一定在自己的小说中将主人公塑造成一个丑男，因为丑，所以同性朋友很多，因为我生活中最大的缺憾就是：没有朋友。为何?因为帅得没有朋友!

第二种情况是改善生活。在这方面，巴尔扎克算是代表。青年时代的巴尔扎克擅长写作，却并不喜欢写作，偏偏对各种自己不擅长的“创业”很痴迷，然后呢?然后就破产了，欠了一屁股债。所以，对巴尔扎克这辈子来说，钱不是问题，问题是没钱。为了还债，为了给青春期的激情抑或脑残买单，巴尔扎克后半辈子迫不得已退守到自己最擅长的写作领域，没日没夜、夜以继日地写作，在年仅51岁时就活活累死了，也为世人留下了91部小说。这也说明，为了“钱”而写作，也可以写出很超越、很有品位的作品。

第三种情况是再现生活。生活是最好的编剧，有些作家个人及其时代的生活太丰富、太刺激、太戏剧化了，加上自己有些文学爱好和文学素养，就很自然地要将这样的生活形成为文字。这就好比母鸡肚子里有很多蛋了，不下出来会憋死的。八路军战士曲波1946年率领一支小分队，深入东北地区的茫茫林海里，经过近半年的艰苦斗争，终于歼灭了一股顽匪。1952—1956年，他便以自己的经历为基础，创作了长篇小说《林海雪原》。很多作家个人及其时代有些重要特征，都会在自己的作品中或多或少有所反应。像普希金生活中特别喜欢“单挑”，加上当时的俄罗斯上流社会也非常推崇“单挑”，因此，在普希金的作品中，“决斗”的场景随处可见。再比如台湾人柯景腾初三时喜欢后座的女生沈佳宜。2005 年，沈佳宜结婚了，但新郎不是柯景腾。柯景腾参加完沈佳宜的婚礼后，将自己的故事写成了小说《那些年，我们一起追的女孩》，小说的男主人公也叫柯景腾，女主公正叫沈佳宜。如果我要写一篇关于大学生活的小说《那些年，我们一起不敢追的女孩》，里面一定会有这样的情节：大一时候迷惘的我，就像一只趴在玻璃上的苍蝇，前途光明，出路没有。

第四种情况是表达思想。作家一般也是思想家。他们不仅要讲故事，还要通过故事表达自己对人生、社会、世界的看法和见解。列夫·托尔斯泰借助小说告诉世人：只要人人都献出一点爱，世界将会变成美好的人间。但丁借助《神曲》告诉读者：没有爱，叫生存；有爱，才叫生活。雨果借助《悲惨世界》，传达一个道理：用仇恨消除仇恨，只会带来双倍的仇恨；以血还血，会血流成河；用黑暗替代黑暗，永远等不到光明，唯有仁爱、宽恕、原谅，才会拥有美好的未来。莎士比亚借助《李尔王》解释一个普遍的悖论：人在拥有权力的时候往往不清醒，人在清醒的时候往往没有权力……

第五种情况是宣泄情感。这方面，如果不提歌德，那实在是没文化了。青年时代的歌德爱上了少女绿蒂，爱得是那么深，爱得是那么真。只可惜，他在一个错误的时间遇到了一个对的人——绿蒂已经有男朋友了。歌德在纠结了一番之后，只能在“可惜不是你，陪我到最后”的歌声中悄然离场。在哪里跌倒，就在哪里爬起，不久后歌德又爱上了一个有男朋友的女孩，叫夏洛特·布夫。歌德这次不仅没有爬起来，而且跌得伤心绝望了，相信此时他对 Twins 唱的那句“不是说努力吗，坚定就能得到吗，为什么现实里面有落差?”体会得更深了。他想不通，便想到了自杀。但在自杀前，他决定把自己的故事写出来，四周之后便有了《少年维特之烦恼》。小说写出来后，他所有的悲伤和忧郁也就消散了，然后很顺利地活到了 83 岁。在这部小说的读者中，原本有可以活到 83 岁的，因为读了这部小说而不能自拔，选择了自杀而只活了 38 岁。

当然，每个人之所以专注地做一件事，只因为一种动因的情况是很少的。所以，作家因何而创作，可能是多种缘由合力的结果，只不过，有的缘由是看得见、可以说的，有的缘由是看不见、不好说的。

而文学的真正功能，是从读者这个角度来谈的。那么，文学对读者而言，又具有怎样的功能？至少有三大功能不得不提。

第一节　娱乐功能

假如我们不是一个职业的文学研究者，甚至也不是文学专业的学生，那么，促使我们认真或者比较认真地阅读文学作品的首要动因是什么？举个例子吧。拿破仑行军打仗的时候，随身带着三本书：一本是兵书；一本是《圣经》；一本是歌德的《少年维特之烦恼》。兵书刚好发挥它的认识功能，帮助拿破仑打胜仗；《圣经》刚好发挥它的教育功能，帮助拿破仑提升自我；而《少年维特的烦恼》刚好发挥它的娱乐功能，帮助拿破仑度过漫漫长夜。另一个例子来自邓小平。邓小平曾坦言："我读的书并不多。"他没看过马恩全集，看的是选集。和毛泽东相似，邓小平最喜欢古代史书，他熟读过《资治通鉴》，通读《二十四史》，特别爱看《三国志》。邓小平还是金庸（查良镛）武侠小说在中国大陆最早的读者之一。当金庸小说在内地尚为"禁书"之时，1973 年 3 月，恢复工作的邓小平从江西返回北京后不久，就托人从境外买了一套金庸小说，并且对其爱不释手。邓小平的护士郭勤英曾说：邓小平喜欢看的武侠小说，都是港台作家写的，像金庸、古龙和梁羽生的，邓小平都看过，看得较多的是《射雕英雄传》。邓小平习惯利用中午和晚上睡前的半小时，津津有味地看金庸的武侠小说。即使是出差到外地，他也会带上武侠小说。他睡前爱看武侠小说，是贪它不用动脑筋，看得轻松、不累，看着看着就睡着了。

所以我想说，对于普通读者来说，让我们读文学的首要动因恐怕和看电影、看韩剧、观球赛、打麻将是一样的，是为了打发时间、消除寂寞、松弛神经、缓解劳累、让身心获得必要的休息和调整。也就是说，娱乐功能是文学的一个基础性功能。通俗文学是如此，高雅文学也是如此。可以说，娱乐既是文学的手段，也是文学的目的。说它是文学的手段，是因为文学要通过娱乐传达一种生命意义；说它是文学的目的，是因为生命意义本身就包含了一种快感体验。这样说吧，并非所有的娱乐都是文学，但文学肯定是一种娱乐。如果缺乏了娱乐的功能，我想文学的读者至少要减少一半。

文学之所以具有娱乐功能，是因为文学具有形象性。在美学理论中有一句话，叫"形象大于思想"。至少可以说"形象等于思想"，或者可以说"形象就是思想"。比如说，萨特写了一篇短篇小说《墙》，故事是这样讲的：

我和我的战友被法西斯抓住了，为了保全我们的上级领导，我的战友选择了慷慨赴死。我也做好了一样的打算，但却骗他们说，我们的领导藏在郊外的坟场里，但我知道，他其实藏在他表兄家里。第二天，我的邻居也被抓进来了，他告诉我："你的上级领导被法西斯抓住了，你知道吗？他原本藏在他表兄家里，但一个星期前，因为和表兄吵了一架，就躲在郊外的坟场里，问题是，这个秘密谁也不知道啊，怎么法西斯分子一下子就抓住他了呢？是哪个叛徒告的密呢？

我读这个故事的第一反应是：真好玩，真好笑，好有意思啊！在哈哈大笑之后，才去想这个好玩、好笑、有意思的故事要表达什么呢？原来是"世界是荒诞的"这个哲学观点。假如萨特直接告诉我"世界是荒诞的"观点，我不仅不觉得好玩、好笑、有意思，反而会感到很抽象、很严肃、很沉重。文学肯定会蕴含着很多思想，但他首先是讲一个故事，诸位知道，读理论很难获得娱乐的效果，但读故事则能感受到放松和快乐。

抒情性作品也有一定的故事性，比如普希金的爱情诗背后会有一些很浪漫、很感人的爱情故事。就算没有故事性，抒情性作品也能凭借充沛的情感、富有张力的语言和丰富的想象力，获得充分的娱乐乃至审美功能。比如说柳宗元的《江雪》：“千山鸟飞绝，万径人踪灭。孤舟蓑笠翁，独钓寒江雪。”刚开始读这首诗歌，恐怕不是想它的思想意义，而是在想象它写了什么。没有山，没有人，只有一个老头在垂钓，但钓的不是鱼而是雪，但雪怎么能钓呢？这首诗写得好有感觉啊！好有意境啊！好好玩啊！想着想着，不仅获得了快乐，而且获得了审美。但假如诗人直接告诉你：什么是人生呢？人的一生都是在洗澡盆里钓鱼，而且还无鱼可钓；可是，尽管如此，你却还是必须去坚持不懈地钓，这，才是人类的尊严，也才是人类的姿态。这样，你可以获得思想的启迪，但很难获得娱乐的体验，审美的体验。

总之，如果说哲学直接告诉你答案，那么文学却只给你谜面而不给你谜底，这个猜谜的过程，正是文学的娱乐价值所在。

正因为娱乐是文学的基础性功能，所以可以从一个角度理解为什么现在读文学的人越来越少了。一是现在娱乐的方式太多太多，而且很多比文学更有娱乐性，比如网络游戏；二是现在的很多文学，比如现代主义、后现代主义文学，故事性、形象性越来越弱，有的比哲学还哲学，娱乐性也不如从前了。

第二节　教育功能

贺拉斯说“寓教于乐”，就是说，娱乐的确是文学的基础，但娱乐之后，给读者以教育，则是文学的另一个重要功能。文学的教育功能，最重要、最核心的就是引导读者不断地塑造人格、完善自我。

一个叫朱滋润的男子，身绑炸药，挟持了几十名正在上课的学生。但八个小时以后，这个歹徒却放掉了这群学生，走出了教室。为什么呢？因为两首词的教育。这个歹徒在教室里的时候，看见墙壁上挂了一幅岳飞的词《满江红》：“怒发冲冠，凭栏处，潇潇雨歇。抬望眼，仰天长啸，壮怀激烈。三十功名尘与土，八千里路云和月。莫等闲，白了少年头，空悲切。靖康耻，犹未雪；臣子恨，何时灭？驾长车，踏破贺兰山缺。壮志饥餐胡虏肉，笑谈渴饮匈奴血。待从头，收拾旧山河，朝天阙。”据他后来交代，他被这首词所深深震动：“当年岳飞征战沙场，是为了精忠报国。而他为了一己私利，竟然拿全班学生甚至整个学校学生的生命为筹码，实在太渺小了。”于是，他只留下了三个学生做人质，放掉了大部分学生。这个时候，公安局局长和他谈判。朱滋润说，他最喜欢苏轼的《江城子》那首词。公安局局长说，一定是这首吧？并随口背出：“十年生死两茫茫，不思量，自难忘。千里孤坟，无处话凄凉。纵使相逢应不识，尘满面，鬓如霜。夜来幽梦忽还乡，小轩窗，正梳妆。相顾无言，唯有泪千行。料得年年肠断处，明月夜，短松岗。”顿时，朱滋润大为震惊！也许是这首词勾起了他对亡妻的怀念，引起了他对人生的留恋，然后就投降了。

文学居然让罪犯中止了犯罪，可见它的教育功能有多强大。

文学的功能，我自己也深有体会。首先谈谈文学如何拯救我的灵魂的。

读司汤达的《红与黑》后，我发现，于连像很多年轻人一样，特别渴望成功，为了成功，他可谓不择手段，既出卖自己的肉体，也出卖自己的灵魂。但小说的最后，他却说，我过去那样将成功当做人生第一目标的做法是不对的，现在我感到后悔，人是为幸福而生的，不是为成功而生的。整部小说给我的启发就是：为成功而活，人会变“黑”；为幸福而生，人会变“红”。所以，我想借助于连的悔悟告诉同学们：成功的人生不一定幸福，但幸福的人生自然成功；一个人成不成功，别人一眼可以看到，但一个人幸不幸福，只有自己可以体会。比如说马云，有两点可以确定，一点是他是中国长得最不好看的男人之一，另一点是他是中国最有钱的男人之一，但他是不是中国最幸福的男人之一呢，那只有“云知道”。

读萨特的存在主义小说，我领悟到自由选择是人的宿命，但人需要为自己的选择负责任，因此人的自由选择应该是道德的选择。何为不道德的选择？何为道德的选择？损人利己的选择不是道德的选择；损人不利己的选择不是道德的选择；利己不损人的选择是道德的选择；利己又利他的选择是道德的选择。可以说，存在主义文学对选择的描写给我最大的教育就是：人应该选择做一个好人，一个善良的人。

读雨果的《悲惨世界》，发现一个原本仇恨社会的冉·阿让，因为得到了米里哀主教的宽恕，从此立志行善，成了一个大好人，大善人。这给我最大的教育就是：要相信这个世界上有无缘无故的恨，更要相信这是世界上也有无缘无故的爱，做人要学会宽恕，至少要学会原谅。用仇恨去消灭仇恨，只会得到双倍的仇恨；用黑暗去取代黑暗，永远不能接近光明；以血还血，流淌的是更多的血，而学会宽恕，学会原谅，才有机会拥有更美好的未来。所以，杨坤的歌写得多好啊：“无所谓，无所谓，原谅这世间所有的不对。无所谓，我无所谓。何必让自己痛苦地轮回，我无所谓。”

总之，通过读文学作品，我感觉自己的心灵不断丰富，思想不断升华，修养不断提升，对人生和社会的理解更加透彻。

再来谈谈文学是如何拯救我的身体的。

20 岁时，我读到了古希腊的《荷马史诗》。里面有一个情节让我很震撼：主人公阿喀琉斯为了悼念死去的朋友，在他的葬礼上举办了一场体育比赛。比赛一共设置了八个项目，包括拳击、摔跤、赛跑、战车赛、格斗、射箭、掷铁饼、投枪等等，选手就是那些参加葬礼的嘉宾。在葬礼上也要抽时间搞个体育比赛而不是像当下很多中国人那样搓个麻将，由此可见古希腊人对体育热爱和痴迷到何种程度。再后来，看到体现古希腊体育生活的雕塑《掷铁饼者》，就非常能理解古希腊人的身材为何不仅好“健”，而且好“美”了：原来，这样健美的身材不是天生的，而是通过后天长期的、自觉的、系统的体育锻炼获得的。这个发现可以说颠覆了我的人生观，让我第一次意识到：原来身体之美和心灵之美是可以统一的。

21 岁时，我开始了研究生生活，也正式开始了体育锻炼——打篮球。甚至将打篮球排在第一位，将专业学习排在第二位，如果打篮球和专业学习发生冲突了，我就先打篮球。结果有没有影响专业学习呢？没有！因为我研究生是提前一年毕业的。至今，我已经打了14年篮球，身体越来越强健，气质越来越阳刚，换言之，原来体弱多病的我，通过体育慢慢变成了一个阳光健美的“型男”。

我对体育的突然重视源自观念的突然改变：原来我心目中只有智育，而现在我意识到体育和智育同等重要，体育也是一个立体之人不可或缺的一部分，是美好生活不可或缺的一部分。而这个观念的改变，准确地说，源自我对《荷马史诗》的阅读和领悟。从这个角度说，文学拯救了我的肉体。

无论是拯救灵魂，还是拯救肉体，我用自己最真实的人生领悟到文学具有强大的教育功能。当然，关于文学的教育功能，也有不少经典的理论表述。比如孔子所言的“不学诗，无以言”；“诗，可以兴，可以观，可以群，可以怨”；“兴于诗，立于礼，成于乐”。西方的格奥尔格也说过，但丁的《神曲》是西方人世代相传的书和学校。还有南丁格尔说过，《荷马史诗》是古代人民的教师。

总之，文学将一个简单意义上的“自然人”升华为通人情、有教养的“文化人”，这是文学的最终目的。作家之所以写作，是为了这个目的；读者之所以阅读，也是为了这个目的。

第三节　认识功能

五年前，我读过湘潭作家的一部小说《迷途》。小说里对工厂里制作腊肉的过程有详细的描述。通过这部小说，我这个喜欢吃腊肉的人第一次知道腊肉是如何制作的。不过，因为知道了这个详细的过程，从此以后我也不敢吃腊肉了。这就是文学的认识功能。前面我已经讲过，读《荷马史诗》，可以知道古希腊人有哪些常见的体育运动。这正是《荷马史诗》所拥有的一种认识功能。同样的道理，读《荷马史诗》还可以了解古希腊妇女的地位、古希腊的政治制度、古希腊人的军事生活、古希腊人的家庭生活、古希腊的丧葬习俗等等。总之，通过文学，人们可以获得诸如天文、地理、历史、经济、政治、文化、宗教等等各方面的知识。恩格斯说他从巴尔扎克的《人间喜剧》中学到的东西，比从“当时所有职业的历史学家、经济学家和统计学家那里学到的全部东西还要多”。

不过，帮助人们了解“看得见”的知识并不是文学的特长，尤其不是非写实性文学的特长。就像金庸的小说中固然有很多中国历史、宗教的知识，但如果想了解中国历史、宗教，将金庸的小说当做入门书去读还是不靠谱的，最好的方式还是去读历史书、宗教书。

帮助人们认识“看不见”的知识才是文学的厉害之处。小说中除了名字是假的外，其他的都是真的；传记中除了名字是真的，其他的都是假的。亚里士多德说“诗比历史更真实”，就是说文学的真实更多是穿透现象直达本质的真实。比如说希腊神话对我们认识古希腊人如何买菜做饭、如何结婚生子可能没有什么帮助，但却帮助我们很好地认识了古希腊人的情感、思维和精神。在古希腊神话中，以宙斯为代表的诸神都比较好色，虽然诸神是完全虚构的，诸神的风流韵事也是凭空想象的，但从中可以看出古希腊人对人的原始欲望、对人的世俗生活是持肯定态度的，而这恰恰构成西方文化的重要基因。

再比如读《水浒传》，不一定能全方位了解当时宋朝社会的方方面面，但大致可以认识到历史上未必写出来的一个事实：当时的社会是一个缺乏秩序、公平和正义，充满负能量的社会，因为好人都没有得到好报。人们都说，好人一生平安，可在小说中，老好人林冲被害得家破人亡，被逼上了梁山，最善良的武大郎最后死无葬身之地。林冲、武大郎的悲剧告诉我们：一个社会一定应该尊重人，应该尊重人的尊严，尊重人的善良。一个社会在看一个人的时候，不应该去看他有多少钱，以及是不是成功，而应该看他是不是善良的，而且一个社会也应该去培养一个向善的环境，只有如此，这个社会才有可能成为一个美好的社会。相反，如果一个社会肯定的价值观念永远是弱肉强食，胜者为王，是对弱者毫不留情的嘲笑、打压和残害，那么这个社会的走向，就像小说中的大宋王朝一样，一定是岌岌可危的。

第四节　释放文学功能的前提：阅读文学

文学的这些功能是文学自身所拥有的，但这些功能能不能释放出来，能不能对个人和社会发生具体的作用，有一个前提就是：我们要阅读文学。关于阅读文学的问题，我想从几个角度来谈。

第一个角度：为什么读文学？经常遇到有人提问：文学有什么用？我很遗憾地说：没有什么用。可是，人这一辈子所做的事情都是有用的吗？听一首歌有什么用？下一盘棋有什么用？和朋友谈一次心有什么用？听风吟月有什么用？观日出日落有什么用？思念远方的亲人有什么用？倾听教堂的钟声有什么用？可是，不做这些无用的事情，我们的人生会少了什么？如果为了考大学读文学，为了找好工作读文学，为了挣钱读文学，为了获取权力读文学，你会失望地发现文学一无所能。如果不是为了什么而读文学，你才能惊喜地感受到文学其实无所不能，因为它能帮助你成为一个有情感、有思想、有品位、有修养的人。

第二个角度：愿不愿意读文学？以前，有人这样讽刺那些整天无所事事之人：一杯茶，一包烟，一张报纸看半天。可如今，这些人连报纸都懒得看了。当下社会，你会发现，能静下来读一本书，简直是一种奢侈。据媒体报道，中国人年均读书 0.7 本，与韩国的人均 7 本，日本的 40 本，俄罗斯的 55 本相比，中国人的阅读量少得可怜。一个外国朋友问：为什么中国人都在打电话或玩手机，没有人看书？更糟糕的是，现在的情况是有文化而不阅读的人在增多，有空闲而不阅读的人在增多，有金钱而不阅读的人在增多，甚至连教书的人不读书的人也越来越多。文学固然有诸多的功能，但是你不读文学，再多的功能又有何用？

第三个角度是：读什么样的文学？读武侠、言情、打油诗之类的通俗文学，大概能感受文学纯粹的娱乐功能；读李白、杜甫、普希金、歌德的作品，则在感受文学的娱乐功能的同时，还能充分领略文学的认识功能和教育功能。通俗文学有他的价值，但高雅文学在娱乐的同时，承担着对生命意义的揭示和追寻，所以，更值得推广，尤其是在诸位读书人中间推广。

第四个角度是：用什么样的方式读文学？我提一个小小的建议：用心、用智慧去感受文学，而不仅仅用脑、用智商去了解文学。有些学文学的同学，每天拿着一本书，在我的办公室前面，反反复复地读："《战争与和平》的作者是列夫·托尔斯泰，《战争与和平》的作者是列夫·托尔斯泰，《战争与和平》的主题思想是反对战争，呼吁和平，《战争与和平》的主题思想是反对战争，呼吁和平……"这样去读文学，可能会激发文学的部分认识功能，但会掩盖文学的娱乐功能、审美功能和教育功能。所以，期待诸位用文学的方式读文学，用智慧和生命来把握它、触摸它，你才能对文学有亲切感，你才能让它融入你的生命，你才能让它变成你气质的一部分。

用一句话总结文学的功能：文学的功能，其实你懂得的！

第十七章　名师研究与青年教师培训

2013 年 6 月，我在湘潭大学出版社出版了《如何走上大学讲台——青年教师提高讲课能力的途径与方法研究》一书。这是国内为数不多的由大学一线教师撰写的，专门探讨讲课技巧的运用和讲课能力的提升的专著。湘潭大学教务处在第一时间购买了 500 本，分发给各学院 35 岁以下的青年教师作为阅读资料。而湘潭大学材料与光电物理学院则单独购买了 50 本，发送给 35 岁以上的教师。湘潭市委党校教务处也购买了 100 本，赠送给全体教师。湖南警察学院教务处则购买了 70 本，连同《青年教师教学实用手册》《给教师的 101 条建议》一起发放给新进教师。另外，该书在各大网站和书店进行零售，受到比较热烈的欢迎。该书2013 年 11 月重印，2015 年1 月再次重印。应该说，我研究名师的阶段性成果通过著作的方式，在更大的范围内，对更多的青年教师起到了培训的作用。

另外，这本书连同我在 2014 年 5 月上线的“中国大学视频公开课”——《故事中的人生——西方古典文学选讲》，为我提供了更多“抛头露面”的机会，除了应北京大学、湘潭大学、中国比较文学教学研究会、湖南省写作协会、湖南省比较文学与世界文学学会等邀请，上了十余场示范课外，还在多所高校做了多场公开演讲，包括：

1. 2013 年 7 月，应西安建筑科技大学邀请，为新晋导师做培训。
2. 2013 年 11 月，应浙江工业大学邀请，为新进教师做培训。
3. 2014 年 1 月，应湘潭大学材料与光电物理学院邀请，为全体老师做培训。
4. 2014 年 6 月，应湘潭大学文学与新闻学院邀请，为青年老师做培训。
5. 2014 年 8 月，应北京师范大学邀请，为全国各地教师做培训。
6. 2014 年 9 月，应湘潭大学大学英语教学部邀请，为全体老师做培训。
7. 2014 年 10 月，应河北师范大学邀请，为新进老师做培训。
8. 2015 年 1 月，应湖南警察学院邀请，为新进老师做培训。
9. 2015 年 5 月，应湖南科技大学邀请，为青年老师做培训。

10. 2015 年 6 月，应湖南省教育厅要求，为湖南省文科教师做培训。

11. 2015 年 7 月，应湖南城建职业技术学院邀请，为 35 岁以下青年老师做培训。

……

这些公开演讲，除了极少数是谈研究生培养问题的，绝大部分都是围绕本科讲课问题，并从两个部分加以展开的：一是“讲课方法的选择”；二是“讲课能力的提升”。现将这些演讲的内容进行整合、归纳，形成为文字，希望借助本书的出版，供更多的青年老师参考。

第一节　讲课方法的选择

什么样的大学老师不太需要讲课方法呢？如果我们有 TVB 电视剧、《舌尖上的中国》的配音演员那样迷人的声音，或者男老师长得像刘德华、吴彦祖、李敏镐、《来自星星的你》中的“都教授”，女老师长得像年轻时期的林青霞、王祖贤、钟丽缇，那么，或许我们只要读一读讲稿，或者静静地站在讲台之上，一句话也不说，也是一道亮丽的风景，学生的满意度就非常高。可是，据我的观察，大部分大学老师既不是“中国好声音”，也没有完美的外表。能够征服学生的，只能靠讲课本身的魅力了。这个时候，讲课的方法就尤为重要了。今天和大家分享的，是我本人通过研究名师或者自我揣摩而总结并且常用的几种讲课方法。

第一种方法：脱稿。我非常敬佩我的大学老师夏先培先生。一是因为他每堂课都点名。这一点我一直想模仿却未敢付诸实践。我知道，学生里有一种说法，凡是点名的都是水平很差的老师。我今天给年轻老师的建议是：如果自己的课讲得挺好，可以点名，学生会认为你很有性格；如果自己的课讲得还不太好，可以暂时不点名，否则会给学生带来双重反感。也就是说，学生喜不喜欢一个老师，主要取决于老师的讲课水平，而不是取决于老师是否点名。夏先培先生点名点得那么勤快，却没有一个学生反感，主要是因为他讲课讲得太精彩，所以每个学生都做好了从不缺席的心理准备。夏先培先生的课讲得足够精彩，重要原因是他无比地敬业。他教的是《古代汉语》，涉及很多又长又深奥的古文，他却总能张口就来，简直是“倒背如流”，连标点符号都精确无误，这也是我非常敬佩他的第二个理由。当我走上大学讲台之后，我将这一点一直奉为教师的底线：对大学教师而言，讲课脱稿不是最高的要求，而是最低的要求；脱稿不一定是好的讲课，好的讲课基本都是脱稿的。讲课能否脱稿，不一定会体现一个大学教师的水平，但至少体现了一个大学教师的态度。而要做到讲课脱稿，既不简单又简单：讲稿写出来后，找一间无人的教室，独自试讲 15 遍。

第二种方法：悬念。我们文学与新闻学院教师篮球队和湘潭大学校女篮打一场比赛，谁会赢？这是一个很大的悬念：我们是男人，对抗能力强，但是业余的；对手是女孩，比较柔弱，但是专业的。大家带着这样的悬念去看比赛，看了半节就走了，为什么？因为没有悬念：最后的比分是 30 比 96，我们惨败。作为球迷，大家希望看有悬念的比赛；同样的道理，作为学生，当然期待听有悬念的课。比如我讲《文学的功能》，第一句话就是一个很大的悬念："如果我说文学不仅拯救了我的灵魂，而且拯救了我的肉体，你们信吗？"不管信还是不信，学生会带着好奇之心，听我接着讲下去。

我在分析世界三大戏剧表演体系——俄国的斯坦尼斯拉夫斯基体系、德国的布莱希特体系和中国的梅兰芳体系的关系时，并不是一下子就讲出答案，而是先讲了一个故事，而这个故事就是一个悬念：莎士比亚的《奥赛罗》在演出过程中，扮演坏人伊阿古的演员演得实在是太好了，刺激了观众的正义感。观众中刚好有一个退伍军人，这个退伍军人随身带着一把手枪，枪法又刚好很准，就朝着扮演伊阿古的演员（注意，不是伊阿古）开了一枪，扮演伊阿古的演员应声倒地，死了！枪声响后，这个观众如梦初醒，发现自己看戏太深情和投入了，把假的当成真的了，羞愧难当，举枪自杀。其他的观众既感到惋惜，又非常感动，就将这两个原本不认识的男人合葬在一起。很多年后，俄国戏剧大师斯坦尼斯拉夫斯基路过这座坟墓，听完背后的故事后，唏嘘不已，在坟墓的左边立上一块碑，上面写着："最好的演员，最好的观众。"

我想，大部分人都非常认同斯坦尼斯拉夫斯基的这个评价。我们也认为，演员表演的最高境界是：演什么就变成什么；观众看戏的最高境界是：看什么都当真。若干年后，德国戏剧大师布莱希特也路过此处，听完背后的故事感叹一番，然后在坟墓的右边立下一块碑，上面写着："最坏的演员，最坏的观众。"

为什么面对一个相同的戏剧表演故事，同样是欧洲的戏剧大师却做出完全不同的评价？请大家思考一下，谁能给出答案？答案在于：两位戏剧大师的戏剧表演观不同。斯坦尼斯拉夫斯基信奉的还是欧洲比较传统的戏剧表演观念，认为演员和角色融为一体是表演的最高境界。在周星驰的自传电影《喜剧之王》中，主人公尹天仇随手携带，随时随地翻阅的书就是斯坦尼斯拉夫斯基著的《演员的自我修养》。而布莱希特则认为表演的最高境界是：演员与角色始终保持距离，要能驾驭角色，跳出角色，而不能变成角色。如果说，斯坦尼斯拉夫斯基是现实主义的，强调戏剧再现生活，那么布莱希特则是象征主义的，强调戏剧思考生活。可是，两位戏剧大师都是欧洲的啊，为什么观念却截然相反呢？这里不得不提一段往事了：1935 年，梅兰芳访问苏联，在莫斯科奉献了一场精彩绝伦的京剧表演，台下的德国人布莱希特看得如痴如醉，并于次年写了一篇重要的戏剧论文：《论中国戏曲和间离效果》，然后逐渐在自己的戏剧表演中，开始借鉴和融合中国戏剧的表演理念：以演员为中心而不是以角色为中心；表演的最高境界是深刻的体验而不是机械的模仿。

第三种方法：归纳。被誉为"哈佛大学最会上课的老师"迈克尔·桑德尔最善于此道。他的公开课"公正"从头到尾运用的都是"归纳法"而不是"演绎法"。他的"归纳法"可以归纳为"三步走"。

第一步是"我们先讲一个故事"：

假设你是一个电车司机，你的电车在轨道上以每小时 60 英里的速度飞驰前行，在轨道的尽头，你发现五个工人在轨道上工作。你尝试刹车，但力不从心，刹车失灵了。你感到绝望，因为你知道：如果你冲向这五个工人，他们必死无疑。假设你清楚地知道这一点，所以你感到很无助，直到你看到，在轨道的右侧上，有一条侧轨，并在该轨道的尽头，只有一个工人在那条轨道上工作。你的方向盘还能用，所以你可以把车转向，如果你愿意，转到岔道，撞死这名工人，但挽救了那边五个。

以下是我们的第一个问题：究竟怎么做才是正确的选择？

你会怎么办？让我们来调查一下。多少人会把电车转到旁边的轨道？举手示意。多少人不会？多少人会一直往前开？

第二步是："有谁愿意给我一个理由吗？"大部分学生支持将电车转向右侧的轨道，少部分学生支持将电车继续往前开。两种观点的支持者均有代表站起来发表支持的理由。持第一种观点的理由：选择将电车拐向旁边的岔道，可以少撞死四个人。持第二种观点的理由：将电车拐向旁边的岔道，在思考方式上与种族灭绝和集权主义是同一类型的——为了拯救一个种族，你消灭另一个种族。

第三步："现在我简单总结一下。"一堂25分钟的课，不可能，也没有必要让几千学生每个人都发表高见。当针锋相对的观点及其理由都亮出来后，这个时候，迈克尔·桑德尔开始发挥自己的专业特长和教师职责了。他将专业术语引入这场看起来要没完没了的争论了：为了救五个人而杀死一个人，结果是好的，这叫"结果主义的道德准则"；为了救五个人而杀死一个无辜者，这行为本身就是错的，这叫"绝对主义的道德准则"。

迈克尔·桑德尔给我们的启发在于：明明要讲一个非常抽象的、枯燥的、陌生的专业概念，却不一开始就下一个定义，而是从一个有趣的、有悬疑的、有张力的，人人听得懂、人人愿意听的故事开始，吸引你的注意力，激发你的思考，诱导你表达的潜能，在你"欲罢不能"的时候，再润物细无声地抛出专业概念。等这节课结束了，你不仅牢牢记住了这个概念，而且真正理解了这个概念，并且能很熟练地运用这个概念。因此，我要提出一个大家会比较认同，但实践得并不多的教学理念：

理论的目的是讲道理，故事的目的也是讲道理，如果是讲相同的道理，那么，在通常情况下，故事比理论更受学生欢迎。

第四种方法：努力打造自己的语言风格。拳头可以打断人的肋骨，但语言可以穿越人的灵魂。精彩的语言可以弥补声音的不足。一般而言，教师的语言大致可以分为三种风格：抒情、哲理和幽默。

抒情的风格，以北京师范大学教授于丹为代表。于丹的讲课很温婉、甜酥、小女人，哪怕是哲理的语言，听了也感觉很抒情，比如：

一个女人喜欢一个男人时，她希望听到谎言；当一个女人厌恶一个男人时，她希望听到真理。

有一种人只做两件事：你成功了，他妒忌你；你失败了，他笑话你。

我们的眼睛看外面太多，看内心太少。对外无限宽广拓展世界，对内无限深刻发现内心。

哲理的风格，以北京大学的孔庆东为代表。他嬉笑怒骂、皆成文章，哪怕是抒情的语言，也能给人哲理的感觉：

我知道，亲眼看见的，未必是真；山重水隔的，未必是假。庄子说："以神遇不以目视。"

地种多了，就有涝有旱；菜炒多了，就有咸有淡；手牵多了，就有恩有怨；书写多了，就有丰有歉。

以前我到处辩解，我说我不幽默，越辩解越不行，越说越不行，我有一篇文章就叫《我不幽默》，人家读者说，哎呀，这篇文章写得真幽默，我一看，不行了，没戏了我，我干脆也不辩解了。

我对名叫王解放、李抗美、赵文革、张四化的人，天生有一股反感。近年又有人叫朱柯达、刘富士，还有个女作家叫舒而美，气得我真想改名叫孔雀蛋算了。

幽默的风格，当然以厦门大学教授易中天为代表。他的手势、他的表情、他的表达，时时处处让人感到快乐和愉悦：

诺，相当于现在的OK。

韩信刚参加工作那会儿。

宝贝，你回来吧，好不好？别闹了，跟我回去吧……（曹操劝老婆回家）

武则天拿着那张旧船票，重新登上了后宫这艘豪华游艇。

这三种风格的划分，也是就整体而言的，并不是绝对的。像于丹，抒情中有哲理；孔庆东，哲理中有幽默；易中天，幽默中有哲理和抒情。而讲课的最高境界，自然是该抒情时抒情，该哲理时哲理，该幽默时幽默，在三者之间自由穿梭切换（比如易中天、潘知常、孙绍振等)。以我的经验，就魅力指数而言，抒情最低，哲理居中，幽默最高。在常人眼里，中国人没有外国人幽默。其实中国人的幽默潜力和能力并不逊于任何人，大家在酒桌上、牌桌上，说起荤段子时，都是一套套的，逗得人人哈哈大笑。只不过，在一些正式的、隆重的、严肃的场合，比如会场、课堂等，反而只能讲一些套话和空话了。幽默没有用对地方，这才是问题的关键所在。

第五种方法：语录。所谓语录，是指老师能够在课堂上讲出一些让学生在课下，乃至毕业之后仍然传诵的话，这些话极大地提升了课程的魅力和教师的个人魅力。而这些话，照本宣科是肯定讲不出来的，信口开河是讲不出来的，不阅读不思考也是讲不出来的，它们充分地体现了一个教师的个性、才学和思想。像易中天就有易中天语录。在这里，我也想和诸位分享一下我的小部分课堂“语录”：

1. 一个成人做事情，除了要问自己喜欢不喜欢，还要想一想应该不应该。

2. 一个人最想被别人知道的事情在第一时间被你知道了，他对你立刻充满了好感。一个人最想被别人知道的事情就算没有在第一时间被你知道，他也会想方设法将话题引到那件刚刚发生的事情上面，好让你在第一时间知道。

3. 一个骑士（男人）一辈子不为心爱的女人做几件丢脸的事情才是最大的丢脸。

4. 普希金专一于爱情，但从未专一于爱情的具体对象。

5. 古希腊人对体育的热爱，就像中华民族对麻将的痴迷。

6. 爱一个人不难，被一个人爱也不难，难的是让两件事同时发生。

7. 对罗马人而言，永远不会问敌人有多少，只问敌人在哪里！

8. 所谓自恋，那就是“下辈子我一定投胎做女人，然后嫁给一个像我这样的男人”；“如果我是一个男人，我早就爱上我自己了。”

9. 当你现实的生活低于你对生活的期待，你就不够幸福；当你现实的生活接近你对生活的期待，你就比较幸福；当你现实的生活高于你对生活的期待，你就非常幸福。

10. 《李尔王》揭示出一个普遍性的悖论：人在拥有权力的时候往往不清醒，人在清醒的时候往往又没有权力；有能力改变现实的，他不知道改变现实；知道改变现实的，他却没有能力改变现实。

11. 少年维特一眼就爱上了绿蒂，这就叫“只因为在人群中多看了你一眼，再也没能忘掉你的容颜”。

12. 过得幸福其实不难，难的是总想比身边的人过得幸福。

13. 没有终极意义上的理想，只有永恒意义上的追求（欲望没有满足，痛苦，满足了，失落）。

14. 拿着大弓的阿波罗看到拿着小弓（爱情之箭）的厄洛斯（罗马神话中的丘比特），就像开宝马的看到了开立马的，开奥迪的看到开奥拓的，那种自豪和得意由内而外地散发出来。

15. 永远不要生别人的气，“要让别人多生你的气”。

16. 我们用六年的时间学会说话，再用六十年的时间学会闭嘴。

17. 用十年以后的眼光看现在，便海阔天空。

18. 一位老师不曾被他的学生模仿，是老师的失败；一位老师一直被他的学生模仿，更是老师的失败。

19. 该走上讲台的未走上讲台；不该走上的讲台的都走上讲台了。

20. 大学毕业后，有梦想是好事，但因为自己的梦想而搞得全家都没有梦想了，则未必是好事。

21. 梦想的本意不在于实现，而在于追求，人在追求梦想的过程中实现了自我提升和自我超越。

22. 人是堕落在地上的天使，但是她无时无刻不在向往天空；人类犯的一大错误是拒绝承认人的动物本性，但犯的另一个更大的错误是拒绝承认人的天使本性。

23. 欲望是生命之源，欲望也是死亡之根。

24. 时代在进步，男人干家务。

25. 所谓爱情悲剧，其实就是“爱上一个不该爱的人，所以心中充满了伤痕”或者“为什么明明相爱，到最后还是要分开”。

26. 青年时代的歌德爱上了少女绿蒂，爱得是那么深，爱得是那么真。只可惜，他在一个错误的时间遇到了一个对的人——绿蒂已经有男朋友了。歌德在纠结了一番之后，只能在“可惜不是你，陪我到最后”的歌声中悄然离场。

27. 男人只能造 house，女人却可以创造 home，女人不仅能创造 home，女人她本身就是 home。

……

这些话，有些是“道听途说”，但巧妙地“嫁接”到专业课上；有的完全是自己的原创，只有在课堂上才能听到；有些是半借鉴半原创。我希望借助这些经过精心锤炼的语言，增强专业课的魅力。

第六种方法是“插话”。有些课程，比如数学、物理、化学，一就是一，二就是二，添加一些“佐料”，是为了缓解学生的疲劳，吸引学生的注意力，顺便拓展学生的眼界，但不添加，只要讲得清晰，也并不影响教学效果。但有些课程，比如说文学、历史、哲学等，一不一定是一，二也不一定是二，专业内容和非专业内容的界限没有那么明显，穿插一些专业之外的东西，既是手段，也是目的。说是“手段”，是因为借助这些穿插，能帮助学生更深刻地理解专业知识；说是“目的”，是因为学习专业知识最终也是为了更好地解决人生与社会的问题。

像我讲外国文学课，便常常结合外国文学知识，插入一些非外国文学的东西，以达到古代的与当下的、外国的与中国的、虚构的与真实的、教育的与娱乐的、文学的与生活的无缝对接。不妨举一个例子。

讲到古罗马文化的荣誉文化时，特意强调了凯旋门的仪式作用：

在播放这张 ppt 后，我问了一个问题：在中国也有凯旋门，你们见过吗？学生们纷纷摇头。这时我揭晓了答案：

原来中国有一座凯旋门就在我们的身边啊，它就是湘潭大学的校门——三道拱门。三道拱门有很多种解释：1. 繁体字的“山”字——勉励师生勇攀真理的高峰。2. 是文、理、工的三位一体——体现湘大是一所综合性大学。3. 是三个“人”字然后组成一个“众”字——鞭策大家要精诚团结、众志成城。4. 是“一生二、二生三、三生万物”哲学思维——启示我们要胸怀天下和宇宙。5. 是一把钥匙的匙尖——寓意每一个步入三道拱门的湘大学子，在未来的四年乃至未来的人生中，用所有的激情、所有的努力、所有的热诚、所有对生命的热爱去找到那把看不见的钥匙的把，谁能找到那把钥匙的把，谁就能开启人生和幸福的大门。

当然，三道拱门还可以代表凯旋门，而毕业的你们就像古罗马的出征的将士一样，即将踏入社会和人生的战场。我们期待有一天，就像古罗马的民众一样，在“凯旋门”的两侧夹道欢迎你们的凯旋，并高呼你们的名字。不过，也有同学发出疑问：古罗马的凯旋门是单拱的，湘大校门是三拱的啊？一方面，我们可以将三道拱门视为三道单拱的凯旋门的三位一体；另一方面，我们应该知道，古罗马的凯旋门也有三拱的：

三道拱门的造价很便宜，却充满了诗意、内涵、想象力和艺术性，从这个角度看，湘大是一所有品位的大学，相信诸位不会有意见吧！

第七种方法：恰当的无声语言。学生不仅“听”老师讲课，也“看”老师讲课。因此，大学老师，除了有声语言要有魅力，无声语言也不能逊色。中国的大学教师上课，先不说内容多么无趣，单说教态就很单一和呆板：从头到尾，一种表情、一种姿态站在三尺讲台上，除了嘴皮外，身体其他部位动也不动——能够露几个微笑，做几个手势的，就算很放得开了。说得好听一些，这体现了中国人的含蓄和内敛，说得不好听一些，这说明中国的大学教师对“无声语言”的运用几乎为零。课堂缺乏“无声语言”，现场的感染力自然大打折扣。

后来出了一个易中天，便让人觉得很另类、很新鲜、很欧美范儿。易中天的独特魅力不仅体现为内容有思想，有声语言幽默和生动，还体现为不拘一格的教态：表情丰富、肢体夸张，甚至还有精心设计的剧情表演。所以说易中天是“表演艺术家”一点也不为过。

比如为了解释“避席”的含义，他居然将一张早已准备好的席子铺在讲台上，然后脱掉鞋子（袜子应该是新换的），像演电视剧一样，当场示范古人是如何“避席”的。一些保守的专家指责易中天此举“有失学者身份”，央视居然迫于压力，在重播时将这些精彩绝伦的镜头给删了。

易中天的成功启示我们，中国的大学教师除了要革新讲课的内容，还需要革新讲课的形式。首当其冲的便是学学易中天，放开自己的表情和肢体，在讲台上结合讲授内容，适当地“表演”起来。

当然，除了学习易中天，西方大部分大学教师的教态都值得我们借鉴。或许是西方人天生比较外向的缘故，西方的大学教师上课，“无声语言”和“有声语言”的配合明显要默契很多。最保守的也是手舞足蹈，更张扬一点的，比如谢利·卡根（Shelly Kagan）教授，干脆坐在讲台上。

谢利·卡根（Shelly Kagan）教授是哈佛公开课《死亡》的主讲人。对中国大学生来说，这门课最大的震撼可能不是其深邃的内容、潇洒的谈吐，也不是主讲教师的帆布鞋、牛仔裤、格子衬衫和杂乱无章的大胡子，而是主讲教师放荡不羁的“盘腿”，而且还是在讲台上自始至终地“盘腿”。中国大学生何曾见过这样的讲课姿态，又何曾想象过这样的讲课姿态未曾被美国的教务部门定性为“教学事故”。

我们常常说“讲台即舞台”。可惜的是，又有多少大学老师真的把讲台当做舞台那样去表演？其实，将讲台当做舞台还远远不够，我们还应该将整个教室当做舞台，大学教师的身体应该不为三尺讲台所局限，而可以根据教学的需要，将整个教室掌控在自己的手中，然后“用我们的表演撑起整个舞台”。用专业术语说，大学教师不仅要好好利用课堂的“时间”，还要好好设计课堂的空间，而后者显然被大部分人所忽略了。有感于此，这些年，我努力锤炼自己的无声语言，尽量根据讲课内容，匹配恰当的表情和肢体动作。像我录制中国大学视频公开课时，有这样一张图像，便是我努力的证明，听众评价它“萌萌哒”：

除了上述的几种常见、常用的讲课方法，其他讲课方法还有：（1）思路清晰，层次分明，不能太意识流。（2）案例丰富：一个观点配几个案例。（3）让多媒体锦上添花。（4）好听的声音。（5）优雅的形象。（6）将个人特长融入课堂讲课。

最后做一个小结：什么是会讲课的老师呢？会讲课的老师首先是好的编剧，能够让每一堂课都充满“剧情”，而且这个剧情最好不是那种一下子就能猜出来的“车祸、癌症、死不了”的剧情。会讲课的老师其次是好的导演，能够用自己的气场、才情、想象力、组织才华，掌控整个课堂。会讲课的老师最后还是好的演员，该严肃的时候严肃，该发癫的时候发癫，即好的男老师 = 男神 + 男神经；好的女老师 = 女神 + 女神经。

一言以蔽之，相同的内容用不同的方式表述，传播效果是不一样的。所以说，讲课技巧不是万能的，但没有讲课技巧是万万不能的！

第二节　讲课能力的提升

讲课方法应该还有很多，上面我只是介绍了自己比较常用的几种。讲课方法就像球队的战术一样，首先一定要有，其次有多少要根据实际情况而定。乔丹时代的公牛队用三角战术打遍天下无敌手，如今的尼克斯队再用三角战术却屡战屡败。马龙、斯托克顿时代的爵士队用挡拆战术大杀四方，但他们或退役或离队之后，挡拆战术也随风而去。与此同理，每位老师可以根据所授课程的需要、自己的特点、学生的需求等，选用最适合自己的讲课方法。

我上面所用的讲课方法，对提升我的讲课水平和讲课效果有着极大的帮助。而这些方法，并非第一天上讲台就知道并且采用的，而是不断观察、学习、揣摩、实践，日积月累而成的。所以，接下来和大家分享的是我这几年不断提高讲课水平的心得体会。

一、发自内心地重视讲课。重视讲课已经很难了，发自内心地重视讲课就难上加难了。但是，这的确是不断提高讲课能力的前提。就像要不断提高科研水平也要发自内心地重视科研。我不敢说自己的讲课水平有多高，但至少可以说是发自内心地重视讲课的。这至少有三个缘由：

第一个理由是形而上的——对大学职责的尊重。大学要履行四大职责："人才培养"、"科学研究"、"社会服务"和"文化传承创新"，我深知"人才培养"才是第一位的，且其他三种职能也是围绕着"人才培养"而展开的。这是一个常识，但在当今社会，一个人说真话就非常幽默了，做好自己的本职工作就非常有境界了，尊重常识就非常深刻了。

第二个理由是形而中的——对教师职责的尊重。每个人都有很多身份，随着年龄、职位的增加，人的身份还会越来越多，所以有些位高权重的人，名片要印得像床单那么大，才能写得下自己的头衔。但是，在特定的时间和空间中，一个人众多的身份中，只有一个身份是最主要的。比如一个人上厕所时，最重要的身份不是职业、职位，而是性别，即他是男人还是女人才是关键，换言之，一个男性领导也不能因为自己是领导而上女厕所。在现实生活中，搞清楚自己什么时候是什么，什么时候不是什么，其实是一种智慧。应该说，我是一个身份意识很明确的大学教师，我时刻意识到，教师就是自己众多身份中最优先的身份，而相应的身份就要承担相应的职责，大学教师和中小学教师一样，最首要的职责也是教书育人。

第三个理由是形而下的——对自己特长的尊重。大学教师可以粗略地划分为四种类型：(1) 既不擅长科研又不擅长教学的。(2) 既擅长科研又擅长教学的。(3) 擅长科研而不擅长教学的。(4) 擅长教学而不擅长科研的。我或许就属于第四类，即相对于自己的科研天赋而言，自己或许更擅长教学一些，因此，对那些科研达人，我虽然尊敬但并不羡慕，更不会去模仿。我只是希望将自己的相对擅长发挥到极致，做一个擅长教学的大学教师。

二、尽量让自己的生活简单一些。要提高讲课水平，除了有态度，还要有时间。每个人的每天都是 24 小时，这 24 小时里面，又有多少时间能用在研究讲课上面？如果我们是"双肩挑"——教学和科研，甚至"三肩挑"——教学、科研和管理，用于教学的时间自然就会减少，而如果能够"单肩挑"，用于教学的时间自然就会成倍增加。我有不少朋友，在评上副教授后去做了副处长，再次见面的时候，他们有一个共同的感叹："太忙了，三年没有认真看一本书了，现在上课都是吃老本了。"如果这老本足够雄厚的话，那还可以多吃几年；如果这老本原本就不多，那还能吃多久呢？不管老本有多少，总之，繁忙的行政事务或许能从另外的方面成就一个大学老师，但肯定会阻碍一个大学老师不断提高自己的讲课能力。我是一个有追求的人，但绝不是一个贪心的人，我从不奢望在所有的领域都做到最好，所以我宁愿放弃一些与讲课无关的追求，一心一意去做好讲课方面的梦。

三、自觉地模仿和借鉴同行、前辈。模仿和借鉴同行、前辈，其实并不容易做到，"自觉"地模仿和借鉴同行、前辈则更难，但这又是一个必不可少的过程。有时候，独创比模仿难，但有时候，模仿却比独创难，比如说，我每一次唱歌都是独创，但想模仿刘德华、张学友唱歌却模仿不了；我每一次讲课都是独创，但想模仿易中天的讲课却模仿不了。虽然模仿不了，但在模仿的过程中，还是会有很多收获。工作以来，我自觉而不是被迫地听了包括易中天、王立群、钱文忠、迈克尔·桑德尔以及他的诸多同行的课；不仅如此，听完课后，我还写诸如《迈克尔·桑德尔的三板斧》《王协舟：讲台上的林志炫》《孙丰国：讲台上的拿破仑》《王立新：讲台上的马三立》《候晟：女版易中天》等听课笔记（均收入《大学的痛与梦——宋德发教育随笔》，湖南人民出版社 2014 年），总结别人讲课的特点，再慢慢消化。出一本书就叫《听课笔记》，是我下一步的听课和写作计划。

四、参加青年教师讲课比赛。2003 年、2006 年和 2009 年，我先后三次参加湘潭大学青年教师讲课比赛，分别获第三名、第二名和第一名。这就好比古代的侠士定期参加"武林大会"一样，能够通过与同行的切磋来发现自己的优势和不足。在参加讲课比赛的过程中，我结识了很多志同道合的同行，也逐渐在民间建立起一个重视教学、研究教学、热议教学的小圈子。当然，现在我已经不再参加任何形式的讲课比赛了，改做教练和评委。无论是做教练，还是做评委，都有很多机会听不同水平、不同个性的课，反过来促进了我自己讲课水平的提高。我也建议各位青年老师，在上讲台的头几年，多参加一些教学比武，虽然很折磨人，但收获肯定比一个人冥思苦想更多一些。

五、磨课。对于一堂新课，我可以反复修改讲稿八遍，再找一间无人的教室，独自试讲 15 遍，还用录音笔录音，回去一遍一遍地听；或者用 DV 录像，回去一遍一遍地看，找出语言、语调、表情或肢体动作上的漏洞。我将这种准备称为"磨课"。"磨课"是一件非常孤独、寂寞和无趣的事情，但更能看出一个大学老师对讲课的态度。如果一个大学老师从未有过"磨课"的经历，那么他是无法开掘自己讲课方面的潜能的。我自己的一个体会是：不要太相信自己的讲课天赋，将自己当成一个很笨的人，放低心态，在职业生涯的初期，对自己狠一些，多搞一些魔鬼训练，久而久之，讲课的感觉和状态就会被激发出来。

六、向民间高手学习。应该说，大学教师"深入"的能力和意识都还不错，但从讲课的角度看，"浅出"的能力和意识还有待提高。为了提升"浅出"的能力，我开始有意地向民间高手们学习表达的技巧。在福建旅游时，我碰到了一个卖菜刀的小伙子，虽然明知道这些菜刀是三无产品，还是毅然决然地花 200 块钱买了一把，只为了完整地听一听这个小伙子是如何卖菜刀的。我还用录音笔录下导游的解说、婚礼主持的主持词、消防队警官卖消防器材的演讲等等，回去整理、揣摩他们的语言表达技巧。目前我只差去搞传销的那里去卧底了。在我看来，搞传销的虽然可恨，却促使我们思考一个严肃的教学法问题：为什么他们可以让非常假的、非常丑的、非常有害的东西深入人心，而我们老师却不能让非常真的、非常美的、非常好的东西走进学生的内心？是不是我们的教学态度、教学方式和教学水平出了问题？所以，我给诸位青年老师再提一个建议：应该放低身段，虚心向民间高手学习，因为这些民间高手虽然学历低，普通话未必标准，也没有什么思想深度，可能还“心怀不轨”，但却深谙心理学、传播学和通俗易懂的表达技巧，我们的讲课技巧哪怕有他们的1/2水平，相信传达真善美的效果就会增加一倍。

最后一点，也是极为关键的一点：做教学学术研究。我有几个硕士研究生要去中小学当老师了，问我有什么祝福和建议。我说，我的祝福和建议都是一样的：希望大家不仅课要讲得好，而且要做一个教育学家。会上课的老师不一定是教育学家，教育学家则一定会上课，不仅会上课，还有教育方面的著述。著述不一定要等身，但一定要有几本；著述不一定要多好，只要是自己真诚写出来的就好。

这其实是经验之谈了。我发现大学里会上课的老师，从相对数量上讲不多，从绝对数量上讲并不少，但绝大部分仅仅满足于会上课而已，并没有将自己的经验付诸文字，所以影响力和知名度仅限于一个学院，最多一个学校而已。一旦付诸文字，影响力和知名度则不可同日而语。像我本人，近两年之所以被很多大学和培训机构邀请去做教学方面的报告，主要乃至唯一的原因是我发表了不少教学方面的文章，尤其是出版了《如何走上大学讲台——青年教师提高讲课能力的途径与方法研究》一书。其实，在我们学校，上课水平和我差不多或者比我高的老师有好多位，但外界并不知道。

当然，我之所以勤于著述，多少受一些中小学教育学家的启示。中小学里会上课的老师成千上万，但能够成为教育学家的屈指可数，能被视为教育家的更是凤毛麟角。稍微观察一下就会发现，那些中小学的教育学家和教育家，如魏书生、张思明、李镇西、刘彭芝、龚正行、康岫岩等等，几乎都是著作等身的。其实他们的书，主要是教学实录，最多算是教学经验谈，无理论和体系可言，但毕竟有那么多，能够很集中地表达对教学教育的思考和探索了，这也成了他们超越那些只顾埋头教书的老师的主要证据。当然有的老师说，写东西是语文老师的强项，我不是语文老师，想到了也写不出来啊。应该说，中小学教育学家和教育家中语文老师的确更多一些，这同他们会写不无关系，但还有很多并不是语文老师，比如张思明、刘彭芝、龚正行、康岫岩等就是数学老师。其实，大家都是中国人，从小就学语文，至少学到高中，就算后来没有读中文系，写点自己的心得体会还是没有任何问题的。

相比较而言，大学老师写教学著述的就更少得可怜了。诗人和散文家王小妮在大学里教了八年书，出版了《上课记》和《上课记2》，算是填补空白了。我在很多文章中都写到的张楚廷，教过20多门课，也写了10多本教学方面的书（至于教育管理、原理方面的书则更多）。还有北京理工大学物理学教授杜和戎写了一本《讲授学》（高等教育出版社 1995 年，华语教学出版社 2007 年），已经非常理论和体系化了，值得一读。遗憾的是，绝大部分老师教了一辈子书，不管教得好不好，都没有留下点文字作为存念。

上面提及的那些书是关于本科教学的。至于研究生教学方面，最近读到了于光远的《导师与研究生的对话》（湖南教育出版社 1989 年），里面收录了于先生写给博士生的 50 多封信，可谓用心良苦。还有冯长根的《如何当好博士生导师》（中国科学技术出版社 2013 年），专谈博士生如何读博士以及博导如何带博士。两本书虽然都写得比较简单，但毕竟写出来了，而且写得很真诚，说明这两位大学问家都有做教育家的企图。

做科研在哪里做或许很重要，但教书育人在哪里其实都一样，北大校长蔡元培是一流的教育家，师专校长陶行知、农村中学校长苏霍姆林斯基也可以成为一流的教育家。所以，我作为一名二流大学的教师，虽然对成为学术大家毫无奢望，却对成为教育学家充满期待，并为此付出了切实的努力。而我的一个体会就是：要想在普通老师中崭露头角，只要会上课就够了；要想在会上课的老师中脱颖而出，必须要有自己的教学著述，而且越多越好。我给大家分享的一个发现就是：任何领域，要想成为专家，都必须用心做研究。就是说，要想从会上课的老师成为教学/教育专家，也必须做研究，做“教学学术”研究（关于“教学学术”的内涵和价值，我已经在本书的“导论”里交代得比较清楚）。

这几年，我和其他一线的大学老师不一样的地方或许就在于在“教学学术”方面投入了较多的心思、时间和精力，并且取得了一定的成果，除了在《学位与研究生教育》《现代大学教育》《中国大学教学》《湖南教育》《当代教育论坛》《教育与教学研究》等期刊发表大学教学法论文 30 余篇，还出版了《做一个受欢迎的外国文学老师——西方文学的口语传承》（独著，2010 年）、《如何走上大学讲台——青年教师提高讲课能力的途径与方法研究》（独著，2013 年）、《大学的痛与梦》（独著，2014 年）、《用整个的心做大学老师》（独著，2015 年）和《文学名师谈教学》（主编，2012 年）等大学教学法著作。通过这些论著的撰写，我对教学的理解更深了，教学的水平也获得了稳步的、持续的提升。

在目前的评价体制内，大学老师专注于教学，不会过上富贵和风光的生活，但可以解决生存问题，也有发展的希望，同样可以获得成就感。如果在教学方面特别有天赋的话，那么专注教学不仅可以适应体制，而且可以创设一个属于自己的体制！在别人创设的体制中，我们是战战兢兢的奴仆，在自己创设的体制中，我们是自由自在的国王！

第十八章　名师研究与公开示范课

到目前为止，除了给新进教师做了20余场教学学术的报告外，我还为同行上了10堂公开示范课，包括面向中国比较文学教学同行1堂，面向湖南省比较文学教学同行1堂，面向湘潭大学新进教师4堂，面向湖南科技学院新进教师1堂，面向湖南省写作课同行1堂。这些示范课自然也很集中地展示了我研究名师后所形成的教学观念和所达到的教学水平。今天，为读者朋友们展示的是我受湖南省写作协会的邀请，为湖南省写作课同行（包括部分来自北京市的同行）所上的一堂公开示范课：《一场游戏一场梦——消息的写作》。

第一节　一场游戏与一场梦

何谓“一场游戏一场梦”？我在读书和工作期间，经常会在校报上读到这样的消息：

程郁缀畅谈古典诗歌赏析

本报讯（学生记者 冯德智）2013年12月13日下午，北京大学中文系教授、博士生导师，全国高等学校文科学报副会长，中央电视台“百家讲坛”栏目主讲人之一程郁缀做客我校“韶峰·名家论坛”，在经管楼第二阶梯教室为师生作了题为“古典诗歌赏析与人文素质提升”的讲座。

……

然后我开始做梦了：我也是大学老师，什么时候也可以像程郁缀先生那样，被其他大学邀请作学术报告，然后被写进新闻，刊登在该大学的校报上呢？

好的，假设目前我还没有梦想成真。那我就在课堂上玩一个游戏：法学院邀请我为大一新生做一场励志报告，题目是《大学与我的生活》。由我假扮专家，并且邀请一位同学扮演院长。谁愿意扮演院长？好的，有请罗悠悠同学。那么，这场演讲的海报就是这样制作的：

世纪大讲堂

主题：大学与我的生活

主讲人：湘潭大学文学与新闻学院教授、博士生导师宋德发

主持人：法学院院长，博士生导师罗悠悠教授

时间：法附楼201教室（即上课的地方）

地点：2015年3月21日下午2：00（即上课的时间）

悠悠同学，从现在开始，你不再是罗悠悠同学，而是湘潭大学法学院新任院长罗悠悠教授。接下来，由你主持这场励志报告，并且在报告结束后，对我的演讲作出点评。

然后，我转化身份，由普通教师晋升为演讲家，面对湘潭大学法学院大一新生，做了一场报告。报告内容如下（实际上示范课时省略了）：

亲爱的同学们：

看到你们，我又回想起人生中那段最激情燃烧的岁月。

我知道，过去的三年，你们是天底下最辛苦的孩子，因为你们每天起得比鸡还早。但是，你们也是天底下最幸福的孩子，因为每天清晨唤醒你们的不是闹钟，而是梦想！而你们的梦想就是考入自己心目中最好的大学。

我坚信，那段地狱般的历练必将成为你们永恒的荣耀和回忆，并且帮助你们更深刻地理解：现在不奋斗，只会做梦；现在奋斗，将会圆梦；不奋斗，每一天都很容易，可一年比一年难；奋斗，每一天都很难，但一年比一年容易。

可以说，你们已经开始感受到奋斗的意义，因为，你们已经考入一所未必是最好的但可能是适合你们的大学。

我是湘潭大学文学与新闻学院的一名普通老师，曾经在四所大学求过学，也教过成千上万的本科生和研究生。在接下来的半个小时左右时间中，我想结合自己最真实的经历和体验，而不是名人名言，谈一谈大学的意义。或者说，我想说一说，读大学，让我在哪些方面获得了改变，获得了进步，获得了提升，总之一句话，让我过上了自己想要的幸福生活！

第一，大学增强了我的体魄。读大学之前，我的身体状态是比较令人怜惜的，一年感冒两次，一次感冒半年。之所以体弱多病，主要原因有三个：一是抽不出体育锻炼的时间；二是缺乏体育锻炼的场所；三是完全没有体育锻炼的意识。而大学，首先给我提供了最充分的自由，让我自己支配自己的时间。其次，给我创造了体育锻炼的条件。像湘潭大学，目前有两座现代化的体育馆——其中一个造价8千万，两个标准化的足球场，各种风格的篮球场更是随处可见，至于用来散步和跑步的山间小路，更是有数百条。网友评价说：湘潭大学是中国最美的20所大学之一。最后，也更重要

的是，唤醒了我体育锻炼的意识。

大学里有一门课，叫“外国文学与文化”，其中一幅“掷铁饼者”的雕塑更是给我留下了深刻的印象。在学习的过程中，我发现古希腊人身材不仅好“健”而且好“美”。这么健美的身材从哪里来的呢？是不是天生的呢？你们见过哪个小孩一出生就有六块腹肌的吗？原来这是一个痴迷体育的民族，他们的好身材来自于长期的、自觉的、系统的体育锻炼。打个恰当的比方，他们对体育的热爱就像中华民族对麻将的痴迷。

受古希腊文化的影响，从大学开始，我开始打篮球，每天下午打三个小时，打到伸手不见五指才回去。如果打篮球和学习发生矛盾，那就先打篮球。那么，打篮球有没有影响我的学习呢？我是以总分第一名的成绩考上研究生的，而研究生是提前一年毕业的。

就这样，打篮球我坚持了十几年，你们看，一颗豆芽慢慢就强壮成一根黄瓜，而且人也比原来更自信、更阳光、更有生命力了。打篮球是健身不是健美，所以我并没有六块腹肌，但和20岁左右的小伙子们打对抗赛，四节下来，他们一个个趴在球场上，我走上去说了一句：“就不行了啊，我才刚热身呢！”和高中同学聚会，他们说我比十几年前更年轻，更英俊了。我说对了，我刚刚当选我们院四大型男呢！以前我总希望有人对我说：“你一看就像学中文的，好儒雅，好文质彬彬的！”但现在，我更希望有人对我说：“你一看就不像学中文的，好威猛，好剽悍，好man！”

感谢大学拯救了我的身体！

第二，大学培养了我生存的技能。有人说，当今社会不是最好的时代，因为有两种人活得很滋润，一种是有背景的，一种是不要脸的。当今社会不是最坏的时代，因为有一种人同样活得很好，那就是真正有才华的。从这个角度看，当今中国又是最好的时代。或许，做一个有才华的人不容易，要做一个才华横溢的人更难。但至少可以做一个有特长的人。

大学时期，培养特长一般有两种思路：大部分同学选择第一条思路，就是将自己的专业培养成特长，英语专业的擅长翻译，建筑专业的擅长造房子，艺术专业的善于审美。部分同学不喜欢自己的专业，就将自己的爱好培养成特长。像著名歌手、新晋男神、音乐诗人李建，大学读的是清华大学电子工程系，他不喜欢这个专业，就自学音乐，后来写出了《传奇》。再如著名记者柴静，大学里读的是会计专业，而她的爱好却是演讲和主持，最近拍出了红遍世界的纪录片《穹顶之下》。

读大学时期，我选择的是第一条思路。道理很简单，中文既是我的专业，更是我的爱好。因此，从大一开始，我就苦练中文所特有的技能：写作和演讲。十几年过去了，我成了一名大学老师，并且有机会做了一个演讲人。

当然，不管是坚守专业，还是坚守爱好，选择了一条适合自己的路之后，就要一直走下去，最怕的是中途放弃。一般来说，做事业从白手起家到做到一定的程度，至少需要十年左右的坚守。

我2000年本科毕业，到2012年评上教授，用了整整12年。如果中途放弃了会怎样？14岁时，跟我哥哥学吹笛子，半年后，我成了全村吹笛子吹得第二好的了，但很快就放弃了，如今拿起笛子发现吹不响了；17岁时，读大一，发现跳街舞的男孩总能引起围观和尖叫，所以我想练街舞。教练说，劈个叉看看，我一声惨叫，然后，就没有然后了。

所以说，任何事情，你坚持十年肯定是专家，但只坚持三天甚至三分钟，那就什么都不是。

感谢大学赐给我一技之长，让我自食其力，并且帮助了家人。

第三，大学提升了我的品位。追求有用的东西，当然是人生的目标，但追求无用的东西，更是人生的价值。试想一下，我们一辈子所做的所有事情都是有用的吗？听一首歌有什么用？下一盘棋有什么用？和朋友谈一次心有什么用？听风吟月有什么用？观日出日落有什么用？思念远方的亲人有什么用？倾听教堂的钟声有什么用？可是，不做这些无用的事情，我们的人生会少了什么？

大学的意义，不仅体现在给了我看得见的、有用的东西，更体现在慷慨地赐予我更多看不见的、无用的东西。正是这些无用的东西，在不断地提升我的品位。

品位是什么？只可意会不可言传。不过，我还是要言传。同学们，你们知道我当年为什么要报考湘潭大学的研究生吗？1998年，正读大二的我在《中国大学生》杂志上初见湘潭大学校门，可谓一见钟情：如此的简约，却又如此的不简单！有机会一定要去朝拜一下。两年后，我终于如愿以偿，考入湘潭大学读研究生，毕业后留校任教至今。

湘潭大学的校门，叫“三道拱门”。三道拱门的造价，换算成今日的人民币，不会超过两三万，但却留下了无数美妙的想象：三道拱门到底是什么意思呢？是繁体字的“山”字——勉励师生勇攀真理的高峰？是三个“人”字然后组成一个“众”字——鞭策大家要精诚团结、众志成城？是文、理、工的三位一体——体现湘大是一所综合性大学？是“一生二、二生三、三生万物”哲学思维——启示我们要胸怀天下和宇宙？是一把钥匙的匙尖——寓意谁能握住钥匙的尾端，谁就能开启人生和幸福的大门？

毫无疑问，湘潭大学校门是最素朴的大学校门，也是象征含义最丰富的大学校门，没有之一！

湘潭大学的三道拱门还不是中国最寒酸的大学校门。最寒酸的是西南联大的校门：两根由石头垒砌的柱子上面，横挂着一块黑色的宽木板，上面刻着八个苍劲的白颜色汉字：国立西南联合大学。其造价，换算成今日的人民币，可能也就两三千块钱。但西南联大却是中国最好的大学。我有时开玩笑说，一所大学的品位和它的校门的造价是成反比的。湘潭大学有没有品位呢？看看她校门的造价就知道了！

大学让我懂得，人的品位和他的财富、地位、成就没有必然的关系。

而大学也从四个方面提升了我的品位：

一是仪表层面的。其实，每一位读过大学的人，他外在的形象，给人的感觉都会发生翻天覆地的变化，说得形象点，都变洋气了。而这些变化是花钱买不来的。我本人也是一样。所以我有一句感叹：美男是先天的，但型男是后天的。

二是举止层面的。大学让我懂得，我们日常生活中的行为举止要符合自己的身份。比如人大代表，他开车违规了，不能举着代表证对交警叔叔说：“你知道我是谁吗？说出来吓死了：人大代表，知道不?”学生像学生、警察像警察、老师像老师，我们的举止不说潇洒，至少是得体的。

三是谈吐层面的。让人谈吐不凡的，一是阅历，二是阅读。读大一的时候，我的老师在黑板上写了黄庭坚的三句话送给我们：人不读书，一日则尘俗其间；二日则照镜面目可憎；三日则对人言语无味。还可以说得更通俗一些：一日不读书，别人看不出；二日不读书，开口便爆粗；三日不读书，智商输给猪。

大学里最让人激动人心、流连忘返的，正是图书馆。博尔赫斯问：天堂是什么？博尔赫斯回答：天堂就是图书馆。湘潭大学图书馆有300多万册藏书，走进去，才真正体会到“徜徉在书的海洋”是什么感觉。我不能说图书馆让我有浩然之气，也不能说图书馆让我有逍遥之气，但至少可以说，图书馆没有让我身上染有混社会才能混出来的俗气。

四是精神层面的。仪表、举止、谈吐的潇洒，固然是潇洒，但灵魂的优雅才是真正的优雅。当年的纳粹军官和当年的日本鬼子，要仪表有仪表，要举止有举止，要谈吐有谈吐，但内心却是真正的魔鬼。大学未必能让人变成天使，却帮助我做一个好人。

第四，大学让我努力做一个明白人。大学让我懂得人是为幸福而生的，而不是为成功而活的。成功是别人可以看到的，幸福是自己才能品味的。比如马云，有两点，大家一眼就能看出：一是中国最有钱的男人，二是中国最丑的男人，但是他是中国最幸福的男人吗？那只有“云知道”！

大学让我明白，我不是要做圣人，不是要做伟人，而是要做好人。何谓好人？做损人利己之事的不是好人，做损人不利己之事的更不是好人，做利己不损人之事的是好人，做利己又利他之事的更是好人。

大学让我清楚，一个人有能力是很重要的，但是有能力的基础上，还要有爱才能获得幸福。可以说，没有爱叫做生存，有爱才叫生活。歌中唱到“爱拼才会赢”，而我却主张：“拼爱才会赢。”“爱拼才会赢”是一种事业的态度，而“拼爱才会赢”才是人生的态度。

大学没有让我变成一个完美的人，但却让我学会努力去做一个完整的人，立体的人，饱满的人。这就是大学对于我的意义。

我的演讲即将结束，我也即将和同学们说再见了，再见不是不再相见，而是会再次相见，希望我们有缘在湘潭大学再见！

最后将顾城的几句诗稍作改变，送给你们：

草在结他的籽
风在摇他的叶
你们坐在那里

什么都不说
就很美好！

好的，我演讲结束（短短一节课的演讲，爆发出的笑声和掌声有数十次）。下面有请罗悠悠院长点评。“罗院长”上台后，显得很拘谨，有些语无伦次。在我的提醒和帮助下，她用“有知识、有方法、有生活、有思想”四个词点评了我的演讲。好的，下面，请同学们化身《湘潭大学报》记者，就我刚才的演讲，写一篇消息，下课后交给我带走。

第二节　回到现实：作业点评

我利用三天时间，非常认真地阅读和批改了300份作业（显然受沈从文先生的影响）。然后利用两堂课，对他们的习作进行归类点评。学生习作所普遍存在的问题主要体现为三个方面：一是标题问题；二是表述问题；三是细节问题。

首先看标题问题。居然有1/3的习作没有标题。而有标题的习作，不准确的也比较多。比如：

宋德发教授在湘大
宋德发在羊牯塘（湘潭大学所在地）
做青春的领路人——记宋德发教授
宋德发教授为大一新生致欢迎辞
论大学与我的生活

其次看表述问题。各种奇葩的表述随处可见，让原本平淡无奇的消息充满了喜剧效果：

他的语言简洁有力，他的神情淡定却炯炯有神。（词语搭配不当。）

宋德发，在校教师，拥有博士后学位，并在多家报纸刊物上发表了超过100封的论文。（缺乏生活常识：博士后不是学位，论文也不是论“封”而是论“篇”。）

宋教授乃是讲座界的“老油条”。（没有搞清楚“老油条”的褒贬。）

屋外飘着点点细雨，路上只有三两行人，不由使人心生忧郁。然而室内却是另一番风景。（将新闻当成散文去写。）

湘潭的天气实在令人无奈，特别是三月份，每天阴雨不断，令人很是无奈。（将新闻当成散文去写。）

他年轻有为，年纪轻轻便升上教授；他学富五车，文学研究成果众多；他英俊潇洒，是文学院的倜傥才子。（我的演讲而不是我本人才是这则消息的中心，所以这叫做“在一个错误的地方拍了一个正确的马屁”。）

宋老师说，有人说他像罗大佑，有人说他像刘德华，有人说他像周润发，有人说他像周杰伦，我细细一查，还是觉得他是方文山的头脑，周杰伦的身。（如此调侃，搞笑但不幽默。）

从他的演讲中，同学们感受到了力量，那阳光般温暖的力量。有人说他像罗大佑，有人说他像周润发，有人说他像周杰伦，而这传说中的男人 duang 地一声出现在我们身边，让我们感受到“如何过好大学”这其中的力量。（全身充满了娱乐细胞，更适合做娱乐记者。）

同学们听了都或点头或沉思，就连教室外的公鸡也忍不住发出几声鸣叫。（想象力很丰富，但过于夸张。）

宋教授的演讲实在精彩，搞笑。（“搞笑”这个词用在此处实在搞笑。）

据同学反应，在这次演讲上，欢笑声此起彼伏，掌声不断响起，没有人低头看裤裆，也没有人玩手机，更没有人睡觉。就连课间休息也被忽略了。课后，同学们不无激动地问：“发哥，你这么幽默，家里人知道吗？”（难道记者写新闻可以不到现场，道听途说就可以了吗？）

当说到用热烈的掌声引出宋教授时，在座的老师们用每秒 5 声的掌声并伴随着欢呼声请出了宋教授。（“引出”？难道宋教授是蛇吗？再说每秒 5 声的掌声是怎样的掌声？）

最后看细节问题。有些同学将“宋德发教授”写成了“宋副教授”，甚至将我的学历降低为“硕士研究生”。还有将我的名字写成“宋德华”和“宋德飞”的。更有甚者，将我的姓也改了，改成了“李德发”。

在同学们的一阵阵笑声过后，我开始对“消息”的写作作总结。如果我不先“表演”这场演讲，再让每个学生亲自动手写一写消息，就直接教“消息写作”，那么他们可能会反感和抵触：消息，这么简单，还要你教吗？因为这种反感和抵触，他们自然也很难听得进我讲如何写消息。但现在他们通过亲身的写作，发现原本简单的文体并不是想象的那么简单，甚至自己根本就不会写，因此，当我再去讲消息的写作时，他们自然就听得聚精会神了。

什么是消息呢？消息是新闻传播的最主要的形式。它以简明扼要的文字，准确、迅速地报道国内外新近发生的各种有价值的信息。（何纯等主编：《大学基础写作教程》，高等教育出版社 2014 年，第 267 页。）消息由哪些要素构成呢？即 5W + 1H。5W 是指 When（何时）、Where（何地）、Who（何人）、What（何事）和 Why（何故），1H 是指 How（如何）。请同学对照一下自己的作业，看缺了哪些要素？好的，我们按照 5W + 1H 的要求，来为宋德发教授的“大学与我的生活”写一则消息：

大学如何度过？湘大男神为你解惑（民间媒体）

宋德发教授的开学“第一课”（官方媒体）

本报讯（学生记者 宋子轩）为给对未来充满期待而又容易迷惘的大一新生指点

迷津（何故），2015 年 3 月 21 日下午（何时），法附楼 201 教室（何地），著名学者宋德发教授（何人）应法学院的邀请，为全体新生做“大学与我的生活”的励志演讲（何事）。讲座由法学院院长罗悠悠教授主持。

在演讲中，宋德发教授结合自身丰富的大学生活，用真挚的情感、幽默的语言、生动的案例，从四个角度探讨了大学对于生活的价值：增强体魄、培养特长、提升品位和完善观念。在此基础上，宋德发对新生们的大学生活提出了诸多宝贵的建议。

罗悠悠教授用“有知识”、“有方法”、“有生活”、“有思想”四个词评价宋德发教授的讲座。新生们也纷纷表示，此次讲座让他们对大学如何度过有了更清晰的认识和理解。(如何)

至此，原本枯燥无趣的消息写作在笑声和掌声中顺利结束。虽然这次讲座只是一次游戏，但是，它满足了我对自己职业的未来的所有想象，也满足了同学们对未来的某些想象。没有发生的事情都是有可能的，谁能保证我在有生之年就不会成为某个地区的著名学者呢？谁又能保证在场的同学将来不会成为《人民日报》的名记或者湘潭大学法学院的院长呢？将写作课的每一堂课都变成“中国梦想秀”，这正是我上“写作课”的梦想。

结语　名师研究与自我提升

我对大学教学名师自觉层面的研究，始于 2008 年。当年暑假，我撰写了第一篇论文《研究生导师要做的十件事——以张铁夫先生的研究生培养方式为例》（后发表于《学位与研究生教育》2008 年第 11 期）。2010 年，我以“大学教学名师研究”为题，第一次申报教育学的国家社科基金，便获得批准。获得了经费和精神上的支持后，我研究的步伐便加快了。

随着本书的完稿和出版，本课题的研究就要告一个段落了。但真正的研究其实才刚刚开始。或者说，研究大学教学名师不仅不会随着本课题的结束而结束，反而会随着本课题的结束而伴随我的整个职业生涯。因为研究大学教学名师，对提升自我的教学水平，有着超过想象的推动作用，让我更加确信一点：不研究教学的时候，自以为对教学什么都懂，一研究教学，才发现自己对教学其实一无所知。

首先可以说，不研究大学教学名师，我这个学比较文学和世界文学、教比较文学与世界文学的大学老师，不会有意识地去看那么多教育学的论文和专著，我的教育学知识也将永远停留在当年考教师资格证的水平。通过阅读大量的教育学论文，尤其是一些高水平的教育学专著，如雅斯贝尔斯的《什么是教育》和《大学之理念》、肯·贝恩的《如何成为卓越的大学教师》、保罗·弗莱雷的《被压迫者教育学》、埃恩·海的《教学的智慧——来自世界最好的大学老师的经验》、德雷克·博克的《回归大学之道——对美国大学本科教育的反思与展望》、陈平原的《大学小言》、刘再复的《教育论语》、钱理群的《我的教师梦》，乃至数百部中小学杰出老师撰写的教育随笔等等，我对教学乃至教育的理解更深了。我也渐渐树立了一个读书目标：做非教育学专业大学老师中读教育学书籍最多的人之一。

其次可以说，不研究大学教学名师，我不会写作和发表大学教学法方面的论文和专著。从 2008 年至今，我在《学位与研究生教育》《现代大学教育》《湖南教育》《当代教育论坛》等期刊发表了 30 余篇论文，出版了专著《做一个受欢迎的外国文学老师——西方文学的口语传承》（2010 年）、《如何走上大学讲台——青年教师提高讲课能力的途径与方法研究》（2013 年）、《大学的痛与梦——宋德发教育随笔》

(2014 年)、《用整个的心做大学老师》(2015 年)以及编著《文学名师谈教学》(2012 年)等书籍(其中部分阶段性成果还以“大学教学名师研究及其对青年教师教学水平的提高”为题，独立获得第十届湖南省高等教育省级教学成果奖三等奖)。通过这些论著的写作，我不仅消化了已经阅读过的教育学论著，而且继续拓展了阅读教育学论著的广度和深度。更重要的是，我对大学教学和大学教育渐渐有了自己独到的体会和表达，如对什么是高水平的讲课、如何拥有高水平的讲课、课堂教学与课外教学的联系和区别等问题，我都做了比较自觉的论述。我也渐渐树立了一个写作目标：做非教育学专业大学老师中发表教育学论著最多的人之一。

再次可以说，不研究大学教学名师，我的课堂讲课水平将会一直裹足不前。因为研究大学教学名师，我带着“研究”而非“看热闹”的眼光和心态，观看了迈克尔·桑德尔、谢利·卡根、易中天、王立群、潘知常等人的讲课视频，自觉地观摩了吴广平、王协舟、孙丰国、卢家楣、王金发、刘书林、王立新、侯晟等人的讲课，还阅读了有关过去或者当下大学名嘴们讲课方面的文献。通过这些有意识的行动，我的讲课水平获得了看得见、摸得着的提高：不仅日常讲课获得了学生更高的评分、更广泛的认同，而且代表湘潭大学申报并且主持了国家精品视频公开课——《故事中的人生——西方古典文学选讲》，同时还申报了教育部“精彩一课”——《文学的功能》(正在评审中)。此外，应湖南省教育厅、北京师范大学、西安建筑科技大学、河北师范大学、浙江工业大学、湖南科技大学、湖南科技学院、湖南警察学院、湖南城建职业技术学院、湘潭大学材料与光电物理学院、湘潭大学大学英语教学部、中国比较文学协会、湖南省写作协会等邀请，为青年教师上示范课或者做教学培训数十场。也由于讲课水平的提高，我还将讲台从湘潭大学搬到了其他大学，乃至更广阔的社会，应北京大学、湖南科技大学、湖南警察学院、湖南工程学院、湖南工学院、长沙市一中、长郡中学、明德中学、桃江一中、郴州市一中、冷水江一中、双峰一中、会同一中、梅溪湖长郡中学、涟源一中、宁乡实验中学、宁远一中、衡南一中、上海田园高级中学等学校，以及中国兵器工业集团、湖南省图书馆、长沙市街道办、湘潭市作家协会、湘潭市地税局、湘潭市政府等邀请，做各类演讲 100 余场。

总之，通过研究名嘴而成为名嘴，这是我的终极目标。

最后可以说，不研究大学教学名师，我对课外教学还一无所知。我以前总以为教学就是讲课，一个好老师只要会讲课就可以了；但现在才发现，讲课固然是教学，但教学不仅仅是讲课。一个卓越的大学老师仅仅会讲课还是不够的，还需要有高水平的课外教学。而课外教学，主要包括三个方面：

一是一门课程的课外教学。我 2014 年起开设的写作课，受沈从文、吴广平、孙丰国等人的启示，开始在课堂之外投入大量时间和精力，如批改十次作业(每次有 300 份)，帮助少数有志于写作的学生单独修改文章，并且推荐发表。还创造性地设计了一个平台——“羊牯塘超级演说家”，这个活动既不算工作量，还需要我本人掏钱给获奖学生发奖金。

二是课程之外的本科课外教学，以做班主任为代表。受当年西南联大名师们以及那些杰出的大学班主任们的触动，我开始努力去做一个好的班主任，并有了自己的四个创意。

（1）创立“每周谈话”制度。我以学号为顺序，每周邀请两位同学到我办公室聊聊天。聊天的内容不设禁区，有什么谈什么，一般包括学生已经取得的成绩、目前的困惑和将来的打算。平时我是个沉默寡言的人，但和学生聊天的时候，还是有很多话可以说的。毕竟我是过来人，曾经迷惘过、追求过、奋斗过，有不少求学的经验、教训与学生交流。“每周谈话”对学生的成长是否起到了立竿见影的效果，我不得而知，但可以肯定的是，每个学期能和每位学生都深入地聊一个小时，对拉近师生的距离、联络师生的感情无疑是有帮助的。

（2）定期举办班级表达比赛。中文系也好，新闻系也好，其标志性的能力都是表达能力。而表达能力包括口头表达能力和笔头表达能力。为了引导学生努力培养这两种能力，我赞助600元，在班上搞了个新闻评论比赛，发现了一批写作高手。我还搞过班级讲课比赛。讲课比赛设特等奖一人，一等奖二人，二等奖三人，三等奖五人，其他所有参赛者均为优秀奖，各等级奖均有层次不同的奖品，奖品由我出资购买，花钱不多，但给学生的感觉良好。在第一届班级讲课比赛中，有一批讲课人才脱颖而出。其中性格木讷的唐成军同学正是通过讲课比赛并且获得特等奖，才发现了自己的讲课天赋。他后来跟着我读了比较文学与世界文学专业的研究生，毕业后去了娄底一中当语文老师。

（3）定期举办班级英语词汇大赛。英语等级考试如同鸡肋，食之无味，弃之可惜。我希望班上的学生都能一次性通过四级考试，然后能将更多的精力投入到专业学习中去。据我的经验，四级以及六级考试，考的主要是词汇量，而这些词汇是可以通过短时间的突击记住的。为了刺激学生在短时间内迅速提高词汇量，我在班上搞英语词汇大赛，所有词汇均选自四六级词典。比赛同样设不同的奖项，奖品也由我赞助。后来，班上的四六级过级率也不错，不知道是否有词汇大赛的功劳。

（4）打造班级篮球文化。我自己是一个狂热的篮球爱好者，不只痴迷于看篮球，更痴迷于打篮球。我从打篮球的过程中，收获了强壮的体魄和健康的心理。所以，每当新生入学之时，我便将班上的男生组织起来，一起打篮球。记得我带的第一个班，男生比较多，其中有两个有一定的篮球基础，其他则没有篮球基础，但有对篮球的兴趣。于是每周，我带着他们和中文二班的男生搞班级对抗赛。这样坚持了四年，几个从不摸球的男生，都成了文学院数一数二的球星，在篮球的推动下，他们的学习、工作和爱情之路也非常顺利。遗憾的是，现在文学院的男生几乎看不到了，女生打篮球也不太适合，再去搞篮球活动越来越难。

除了上述的活动，我还鼓励并且出资办班刊、班报等。这些年，我有一个很深的体会就是：加大投入，包括投入时间、财力和情感，才是当好班主任的关键。可惜，我因为各种各样的原因，各项投入都比较有限，和那些真正好的班主任还有不小的差距。

三是研究生的培养。研究生培养的质量主要取决于导师本人的态度和水平。而导师指导研究生，最主要的方式就是在课堂之外手把手地教。我当导师是从模仿我的导师张铁夫先生开始的（周益春、曹顺庆等人也给了我很多的教益）。但是，我导师的方法，有的是模仿不了的。比如说他可以给刊物编辑打电话，说，这里有篇文章，给你推荐一下。再比如他是个君子和圣人，道德上的那种纯净我可望而不可即。有的不需要模仿，比如他一辈子没有批评过学生。其实，现在的孩子，该敲打的时候就需要敲打一下。但在敲打的时候，一定不能冷嘲热讽，伤了人心。更重要的是，我们还需要结合自己的特点和时代的特点，有一些自己独创的方法。下面，我想谈谈我自己在研究生培养过程中的四点努力：

第一，有意识地做一些理论研究：研究如何当导师。不怕大家笑话，我没有担任博导的时候，就开始研究如何当博导，然后在《学位与研究生教育》2012 年第 8 期上发表了一个阶段性成果：《非名牌大学如何培养出名牌博士?》。我没有担任硕导的时候，也开始研究如何当硕导。也就是说，我是 2007 年开始指导硕士生的，但 2007 年之前就开始摸索当硕导的门道了，后来还在《学位与研究生教育》2008 年第 11 期上发表了《研究生导师要做的十件事》；在“学术批评网”2011 年 11 月 11 日发表了《一只“菜鸟”硕导的困惑》。

第二，在态度上，给自己设置一个底线和目标。我的底线是：“永远不占学生的便宜，要让学生多占自己的便宜。”我的目标是：“35 岁前将研究生当弟弟妹妹一样带，35 岁后将研究生当儿子女儿一样带。”

第三，在生活、细节上，尽量帮助研究生。没有电脑的学生，每人配一台电脑。在打印社设置一个账户，学生可以在那里打印、复印，年底我去结账。每年请研究生吃几顿饭，但绝不让研究生请我吃饭。湖南暑假很热，我希望学生留校学习，但寝室里真不是人能住的。我将办公室的钥匙给学生，他们可以在里面自习和休息。我发文章时，会根据需要，给研究生挂个第二作者。当然，有的导师比较讲原则，不吃研究生，也绝不让研究生吃。这方面，我不讲什么原则，如果我觉得给研究生挂着名，可以帮助他毕业和找工作，我愿意给研究生吃一点。

第四，想一些属于自己的培养方法。我以写带读。进校第一个学期，每个学生写一篇自选或者命题文章，三千到五千字。我根据这个判断学生的基础，再决定将他培养成什么样子。学生的优秀文章，我一般修改一到八遍，最后推荐给《世界文化》发表。2005 年，我在天津师范大学读博士，给这家刊物投了一篇文章。然后我骑车去了一趟编辑部（天津外国语大学），编辑周义和先生请我吃了一顿饭。后来我们成了很好的朋友。我离开天津回到湘潭后，一直和周先生保持联系。我的研究生的处女作都是发在这个刊物上的。

我现在的一个愿望是：不能让自己的研究生在专业上、人品上瞧不起自己。我觉得，决定一个导师是否成功的标志，不仅仅看学生的毕业论文写得是否好，以及他以后在专业上的成就（一个学生在专业上的成就，也不仅仅是导师培养出来的），更要看学生在内心深处是如何看这个导师的。一个学生，专业上可能因为各种原因而没有什么成就，但在读研究生期间，他和导师相处得很愉快，他得到了导师真切的关爱和帮助，他也从导师身上学到了不少东西，他毕业后工作和生活都还不错，他从内心深处感谢自己的导师，那么，这个导师依然是成功的导师。

总之一句话，通过研究名师而成为名师，这是我研究大学教学名师最终的目的，也是其最大的意义所在。

参考文献

一、著作

［美］博耶：《美国大学教育——现状·经验·问题及对策》，复旦大学高等教育研究所译，复旦大学出版社 1988 年。

于光远：《导师与研究生的对话》，湖南教育出版社 1989 年。

［德］雅斯贝尔斯：《什么是教育》，邹进译，生活·读书·新知三联书店 1991 年。

王沪宁等主编：《狮城舌战——首届国际大专辩论赛纪实与评析》，复旦大学出版社 1993 年。

［德］马克思·韦伯：《学术与政治》，冯克利译，上海三联书店 1998 年。

缪名春等编：《老清华的故事》，江苏文艺出版社 1998 年。

林钧敬主编：《北大名教授访谈记》，机械工业出版社 1998 年。

陈钧、程达主编：《呼唤名师》，科学出版社 2000 年。

［美］博耶：《关于美国教育改革的演讲》，涂艳国、方彤译，教育科学出版社 2002 年。

余斌：《西南联大 昆明记忆》（文人与文坛），云南民族出版社 2003 年。

钟叔河、朱纯主编：《过去的大学》，长江文艺出版社 2005 年。

王铁军主编：《名校长名教师成功与发展》，江苏人民出版社 2005 年。

董云川：《找回大学精神》，云南大学出版社 2005 年。

牛小玢：《师者——清华经管学院教授访谈录》，机械工业出版社 2006 年。

周国平：《周国平人文讲演录》，上海译文出版社 2006 年。

蔡栋主编：《说不尽的易中天》，湖南人民出版社 2006 年。

何兆武口述，文靖撰写：《上学记》，生活·读书·新知三联书店 2006 年。

［德］雅斯贝尔斯：《大学之理念》，邱立波译，上海人民出版社 2007 年。

徐百柯：《民国那些人》，中央编译出版社 2007 年。

潘知常：《谁劫持了我们的美感——潘知常揭秘四大奇书》，学林出版社 2007 年。

教育部高等教育司组编:《名师颂》(第一卷),教育科学出版社 2007 年。

教育部高等教育司组编:《名师颂》(第二卷),教育科学出版社 2007 年。

教育部高等教育司组编:《名师颂》(第三卷),教育科学出版社 2008 年。

潘知常:《〈红楼梦〉为什么这样红——潘知常导读〈红楼梦〉》,学林出版社 2008 年。

潘知常:《说〈水浒〉人物》,上海文化出版社 2008 年。

周作宇主编:《人文的路线——北京师范大学名师教学访谈录》,北京师范大学出版社 2008 年。

季水河、何云波主编:《理想的守望与追寻——张铁夫先生治学育人之路》,岳麓书社 2008 年。

西南联大北京校友会编:《我心中的西南联大——西南联大建校 70 周年纪念文集》,清华大学出版社 2008 年。

谢泳:《西南联大与中国现代知识分子》,福建教育出版社 2009 年。

萧承慎:《教学法三讲》,福建教育出版社 2009 年。

郭九苓主编:《教学的魅力——北大名师访谈录》,北京大学出版社 2010 年。

教育部高等教育司组编:《名师颂》(第四卷),教育科学出版社 2010 年。

付八军:《大学教师的培养与成长》,中国社会科学出版社 2010 年。

张琳、孙占龙主编:《北大名师》,北京大学出版社 2010 年。

郭务强:《握手名师——一位中学校长的拜师手记》,珠海出版社 2010 年。

刘道玉:《大学的名片——我的人才理念与实践》,湖南教育出版社 2010 年。

王小妮:《上课记》,华侨出版社 2011 年。

吴铎主编:《师魂——华东师范大学老一辈名师》,华东师范大学出版社 2011 年。

刘道玉:《拓荒与呐喊——一个大学校长的教改历程》,世界知识出版社 2011 年。

易中天:《易中天文集》(16 卷),上海译文出版社 2011 年。

易中天:《中国智慧》,上海译文出版社 2011 年。

刘再复:《教育论语》,福建教育出版社 2012 年。

李晓波、陆道坤:《思想演变与体制转型——中国教师教育回眸与展望》,江苏大学出版社 2012 年。

朱永新:《中国古代教育思想史》,中国人民大学出版社 2012 年。

陈雁:《师道——口述历史中的复旦名师文化》,复旦大学出版社 2012 年。

廉思:《工蜂——大学青年教师生存实录》,中信出版社 2012 年。

宋德发主编:《文学名师谈教学》,湘潭大学出版社 2012 年。

北京市教育委员会高等教育处[等]联合组织编写:《高校名师的教学视野》(第一辑),首都师范大学出版社 2012 年。

周文辉等编:《导师论导——研究生导师论研究生指导》(第 2 版),北京理工大学出版社 2012 年。

[美] 迈克尔·桑德尔:《公正——该如何是好?》,朱慧玲译,中信出版社

2012 年。

［美］德雷克·博克：《回归大学之道——对美国大学本科教育的反思与展望》（第二版），侯定凯等译，华东师范大学出版社 2012 年。

陈平原等：《民国大学——遥想大学当年》，东方出版社 2013 年。

野莽：《刘道玉传》，华文出版社 2013 年。

宋德发：《如何走上大学讲台——青年教师提高讲课能力的途径与方法研究》，湘潭大学出版社 2013 年。

［美］泰勒·本－沙哈尔：《幸福的方法——哈佛大学最受欢迎的幸福课》，汪冰等译，中信出版社 2013 年。

［德］鲁道夫·斯坦纳：《斯坦纳给教师的实践建议》，温鹏译，贵州教育出版社 2013 年。

冯长根：《如何当好博士生导师》，中国科学技术出版社 2013 年。

王小妮：《上课记 2》，华侨出版社 2013 年。

野莽：《刘道玉传》，华文出版社 2013 年。

宋德发：《大学的痛与梦——宋德发教育随笔》，湖南人民出版社 2014 年。

［美］肯·贝恩：《如何成为卓越的大学教师》（第 2 版），明廷雄等译，北京大学出版社 2014 年。

［巴西］保罗·弗莱雷：《被压迫者教育学》（修订版），顾建新等译，华东师范大学出版社 2014 年。

［美］谢利·卡根：《耶鲁大学公开课——死亡》，贝小戎译，北京联合出版公司 2014 年。

［澳］埃恩·海：《教学的智慧——来自世界最好的大学老师的经验》，邢磊译，华东师范大学 2014 年。

［英］亚瑟·克里斯托弗：《大学之窗》，佘卓桓译，黑龙江教育出版社 2014 年。

二、论文

郑大钟：《做思想上的知心者，学术上的合作者》，《学位与研究生教育》1989 年第 4 期。

卫兴华：《恪尽职守 甘为人梯》，《学位与研究生教育》1995 年第 4 期。

宋燕：《大学教学学术及其制度保障》，华中科技大学博士学位论文 2001 年。

张楚廷：《再论大学的使命》，《大学教育科学》2002 年第 1 期。

汪青松：《论高校名师的内涵及其培养》，《广西师范学院学报》2002 年第 4 期。

胡银根：《论大学教授》，《江西师范大学学报》2003 年第 6 期。

周红：《高等学校教学名师内涵辨析》，《煤炭高等教育》2004 年第 4 期。

陈列：《论大学教学名师》，《福建师范大学学报》2004 年第 6 期。

綦珊珊、姚利民：《教学学术内涵初探》，《复旦教育论坛》2004 年第 4 期。

王毓珣：《名师概念及特征辨析》，《天津市教科院学报》2005 年第 4 期。

钱理群：《王瑶怎样当北大教授》，《教书育人》2007 年第 1 期。

杨兴林：《高校教学名师的基本内涵及要求》，《北京机械工业学院学报》2007 年第 2 期。

王建华：《大学教师发展——“教学学术”的维度》，《现代大学教育》2007 年第 2 期。

时伟：《大学教学的学术性及其强化策略》，《高等教育研究》2007 年第 5 期。

姚利民、綦珊珊：《教学学术型大学教师特征论》，《湖南大学学报》2007 年第 5 期。

宋德发：《研究生导师要做的十件事——以张铁夫先生的研究生培养方式为例》，《学位与研究生教育》2008 年第 11 期。

蔡宝来、车伟艳：《国外教师课堂教学行为研究——热点问题及未来趋势》，《课程　教材　教法》2008 年第 12 期。

李欢：《博耶教学学术思想研究及启示》，河南大学硕士学位论文 2010 年。

侯定凯：《博耶报告 20 年——教学学术的制度化进程》，《复旦教育论坛》2010 年第 6 期。

黄修毅：《爱上网络公开课——哈佛大师们的平民讲堂》，《人物画报》2010 年第 16 期。

曾维华：《地方大学教学学术问题与对策研究》，江西师范大学硕士学位论文 2011 年。

吴浩：《逃课　淘课　蹭课——网络公开课风靡现象的反思与启示》，《中国青年研究》2011 年第 9 期。

易文：《迈克尔·桑德尔的讲课艺术及对理论教学的启示》，《高教论坛》2012 年第 1 期。

艾华：《“教学学术”视域下大学教师专业发展新解读》，《重庆文理学院学报》2012 年第 3 期。

王贵林：《教学学术：教学型大学教师发展的基本选择》，《高等工程教育研究》2012 年第 3 期。

丁妍等：《课堂教学受欢迎教师具有什么样的特征——基于复旦大学问卷调查的分析》，《复旦教育论坛》2012 年第 4 期。

何晓雷等：《美国大学教学学术研究 20 年：成绩、问题与展望》，《比较教育研究》2012 年第 9 期。

钟志贤：《开放大学的教学学术——内涵、意义及方法》，《中国远程教育》2012 年 9 月。

宫宝芝：《对话式教学——弗莱雷与桑德尔的理论及实践》，《教育评论》2013 年第 4 期。

杨春梅、杨艳平：《哈佛大学大班通识课〈公平与正义〉的教学特点》，《教育评论》2013 年第 4 期。

刘伟等:《高校教师教学学术的内涵解读及提升策略》,《高等农业教育》2013年第8期。

傅吉艳、陈仕品:《哈佛大学视频公开课〈公正〉及其启示》,《中国教育信息化》2013年第11期。

周莉:《视频公开课教师课堂教学行为研究——以哈佛〈公正〉课为例》,南京师范大学硕士学位论文2013年。

杜瑞军:《从教学学术到教学实践——卓越教师基本特征探析》,《新疆师范大学学报》2014年第1期。

张运生:《迈克尔·桑德尔公开课问题教学法成功原因辨析》,《商丘师范学院学报》2014年第2期。

朱炎军:《大学教学学术研究——缘起、进展及趋势》,《开放教育研究》2014年第2期。

郜战红:《桑德尔公正课对高校思想政治理论课教学的启示》,《重庆高教研究》2014年第3期。

宋鑫等:《"教学学术"视角下的大学教学现状研究——基于北京大学的大样本调查》,《中国大学教学》2014年第8期。

冉娟:《"教学学术"传播方式个案研究》,西南大学硕士学位论文2014年。

谷凌燕:《迈克尔·桑德尔〈正义〉课中的讨论式教学研究》,中南大学硕士学位论文2014年。

后　记

这是我个人的第六部专著。

唯一一部没有自己作序，也没有请他人作序的专著。

但是，后记，照例还得写一个。

我是一个喜欢写书的人，但以我的起点和天赋，原本是写不了这么多本的。

比较合理的解释就是：十几年来，我每天都在埋头写。谈不上废寝忘食、夜以继日，但至少没有寒暑假的概念。

在工作上，我对教学、写作之外的事情和别人的事情越来越不关注。

不是我境界高，而是我实在没有多余的时间和心情去关注。

这样的心态和姿态让我对英国诗人兰德的诗歌《生与死》理解得更为深刻：

我和谁都不争
和谁争我都不屑
我爱大自然
其次就是艺术
我双手烤着生命之火取暖
火萎了 我也准备走了

和大多数人一样，我是一个有追求的人，我相信自己这辈子一定可以在一件事情上做得比较专业。

但我不是一个贪婪的人，我从不相信自己可以在任何领域都成为专家。

我喜欢写书，是为了更好地教书。

不为别的，仅仅是为了维护一个大学教师的职业尊严。

我之所以在比较文学与世界文学领域之外，写了这么多教学方面的书，也是如此。

我知道，“体制原因”往往成了我们不作为甚至犯错误最大的借口，比如贪官说自己之所以腐败全是因为体制。

真的是这样吗？那在同样的体制之下，为何还有那么多清廉的官员？

再比如说大学老师之所以重科研轻教学是体制所迫。

真的是这样吗？那为何每所大学还是有那么多既有职业水平又有职业道德的名师？

都是体制惹的祸，似乎很正确，却是一句不折不扣的废话。

虽然常常自诩为"型男"，但其实我只是一个不起眼的中年男人，一个走在大街上回头率为零的个体。

我的外表和我的才能，都肯定无法改变现实，但足以改变自己。

这种心态和姿态，让我对那段著名碑文（藏于伦敦威斯敏斯特大教堂的地下室）理解更加深刻：

当我年轻的时候，我的想象力从没有受过限制，我梦想改变这个世界。

当我成熟以后，我发现我不能改变这个世界，我将目光缩短了些，决定只改变我的国家。

当我进入暮年后，我发现我不能改变我的国家，我的最后愿望仅仅是改变一下我的家庭。但是，这也不可能。

当我躺在床上，行将就木时，我突然意识到：如果一开始我仅仅去改变我自己，然后作为一个榜样，我可能改变我的家庭；在家人的帮助和鼓励下，我可能为国家做一些事情。然后谁知道呢？我甚至可能改变这个世界。

我很幸运，没有在行将就木之时才明白这个道理。

我现在和未来所做的一切，与胸怀天下无关，与拯救天下苍生无关，与生命的终极意义无关。

但是谁说改变自己，让自己变得更好一些，不是另一种担当和责任？

所以，当今的大学重不重视教学，那是他们的事情。

我自己重视就可以了。

大学重不重视我的"重视"，我也不关心了。

只要我的重视能够实实在在地提高自己的教学水平，帮助到我的学生，我就心满意足了。

学者谢有顺说，在中国，历来不缺提口号者，甚至不缺有头脑和思想的人，但缺能把好的想法付诸实践，并实践成功的人。

也就是说，中国从来不缺空谈的思想家，但缺强有力的行动家。不管能否成功，总要有人去实践，去行动。

我愿意做那个孤独的实践者。

其实，我并不孤独。我发现，我的努力得到了很多好心人百分之百无私的鼓励和帮助。

我在这里不言感谢了吧。

我想将所有的感谢刻在我的心中。

著名教育家刘长铭说：能在学生们的青春记忆中存留对成长的包容与尊重、关爱与美好，能和一群志同道合的同仁一起老去，能看着孩子们不断成长而心安理得地老去，也是一种幸福。

这也是我想说的话。

图书在版编目(CIP)数据

大学教学名师研究 / 宋德发著. —湘潭：湘潭大学出版社，2015.9

ISBN 978-7-81128-863-6

Ⅰ. ①大… Ⅱ. ①宋… Ⅲ. ①高等学校—教学管理—研究—中国 Ⅳ. ①G647.3

中国版本图书馆 CIP 数据核字 (2015)第 223785 号

大学教学名师研究

宋德发 **著**

责任编辑：陈美桥
封面设计：孙艺哲
出版发行：湘潭大学出版社
社　　址：湖南省湘潭市 湘潭大学出版大楼
电话(传真)：0731-58298966　邮编：411105
网　　址：http://press.xtu.edu.cn
印　　刷：国防科技大学印刷厂
经　　销：湖南省新华书店
开　　本：787×1092　1/16
印　　张：16.5
字　　数：390 千字
版　　次：2015 年 9 月第 1 版
印　　次：2015 年 9 月第 1 次印刷
书　　号：ISBN 978-7-81128-863-6
定　　价：42.00 元